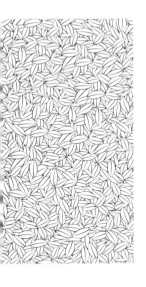

윤리적
자연주의

12가지의 현대적 논쟁들

Susana Nuccetelli, Gary Seay 편저

박병기, 김동창, 이슬비 공역

윤리적 자연주의

• • •

윤리적 자연주의는 좁게는 도덕적 속성과 사실이 있고, 적어도 그것은 자연적 속성과 사실이라는 신조로 구성되어 있다. 아마도 이러한 신조에 대해 초기의 제거주의자들과 비자연주의자들은 직관적으로 반대의견을 제시했을 것이다. 윤리적 자연주의는 근래에 이르러 지난 세기까지 철학자들이 점유하고 있었던 도덕적 속성과 사실의 지위에 대한 논쟁에서 핵심적 역할을 하게 되었다. 윤리적 자연주의는 현재 이러한 논증을 이끌어가는 주도적인 영향력을 행사하고 있는데, 특히 비인지주의의 다양한 유형일 뿐만 아니라 가장 정교한 형태의 비자연주의라 할 수 있는 제거주의의 도전에 맞설 수 있는 충분한 근거들을 통해 그 영향력을 행사한다. 이 책에 담겨 있는 12개의 글은 최근에 발달한 분석철학과 사회과학의 관점에서 이러한 논쟁들을 다루고 있고, 이러한 논쟁에 직면해 있는 신조를 재평가하기 위한 이전에 없었던 새로운 토대를 제공해줄 것이다.

SUSANA NUCCETELLI는 미네소타 세인 클루드 스테이트 대학교 철학과 정교수로 『*New Essays on Semantic Externalism and Self-Knowledge*』(2003)의 편자이고 Gary Seay와 『*Philosophy of Language : The Central Topics*』(2007)를 공동으로 편저했다. 저서로는 『*Latin American Thought : Philosophical Problems and Arguments*』(2002)가 있다.

GARY SEAY는 뉴욕 주립 대학교 메드가 에버스 콜리지 철학과 정교수로 Susana Nuccetelli와 『*How to Think Logically*』(2007)와 『*Latin American Philosophy*』(2004)를 공동집필했고, 『*Themes from G. E. Moore : New Essays in Epistemology and Ethics*』(2007)의 공동 편자이다.

들어가는 글

이 책에 수록되어 있는 글들은 두 핵심 명제의 결합으로 구성된 윤리적 자연주의ethical naturalism에 대한 새로운 관점을 제공한다. 그 명제 중 하나는 도덕적 속성property과 사실fact이 있다는 것이고, 다른 하나는 그러한 속성과 사실이 자연적 속성과 사실이라는 것이다. 윤리적 자연주의를 이렇게 이해한다면 윤리적 자연주의는 과학에 의해서 관찰된 세계로서 모든 것이 있다is라는 지극히 물리주의적 관점을 따르는 일반적 의미의 철학적 자연주의와는 구별된다. 철학적 자연주의가 윤리적 자연주의를 분명히 포함하는 것은 아니지만, 철학적 자연주의는 윤리적 자연주의자들의 핵심 주장을 모두 거부하거나(오류이론처럼) 본질적으로 그 주장을 후퇴시키는(반실재론처럼) 도덕성에 대한 제거주의자들의 관점과 그 맥락을 같이 한다. 하지만 제거주의자들 특히 비인지주의의 다양한 유형 중 제거주의가 그동안 막강한 영향력을 행사하면서, 윤리적 자연주의는 최근까지 철학적 자연주의의 한 유형으로 분류되어 왔는데, 이것은 어쩌면 1903년 무어G. E. Moore가 제시한 열린 물음 논증과 같은 자연주의에 대한 강력한 반론의 결과일지도 모른다. 하지만 마음철학 philosophy of mind과 언어철학의 비약적인 발전과 더불어 최근 30년 동안 자연주의에 제기되었던 반론에 대한 회의론이 급증하게 되었고, 이러한 점들은 윤리적 자연주의에 대한 관심을 재고하는 데 기여했다.

현재 윤리적 자연주의가 철학적 자연주의에 대응하는 방식은 도덕적 속성과 사실이 있고 특히, 그러한 속성과 사실이 마음, 언어와 독립하여 이해될 수 있다는 것이다. 이러한 맥락에서 윤리적 자연주의자들은 비자연주의자들과 경쟁관계에 있다. 왜냐하면 비자연주의자들은 도덕적 속성과 사실을 비자연적 속성과 사실로 환원하는 것은 불가능하다는 실재론적 해석을 고수하기 때문이다. 하지만 최근의 흐름은 철학적 자연주의의 영향으로 도덕 존재론과 인식론에 대해서는 예외를 허용하는 경향을 보이고 있다. 더욱이 초기의 비자연주의의 입장과 비교해보면 현대의 비자연주의자들은 비자연적 속성이나 사실을 형이상학적 과잉으로 보는 것에 대해 그다지 우호적이지 않다. 더욱이 오늘날 자연적인 것에 대한 도덕적인 것의 수반이 광범위하게 수용되고 있음에도, 비자연주의자들은 어떻게 자연적 속성과 사실이 도덕적 속성과 사실을 수반하는가에 대하여 여전히 의심을 품고 있다. 이러한 학문적 흐름과 비자연주의에 제기되는 날카로운 반대의견들은 오늘날 철학자들을 윤리적 자연주의의 목소리를 확장하는 데 기여할 수 있는 도덕 실재론으로 이끌었다.

하지만 윤리적 자연주의자들의 호소력은 일반적인 철학적 자연주의자들의 관점뿐만 아니라 도덕 언어에 대한 표상주의자들의 입장과도 합치된다는 윤리적 자연주의의 특성에 기반하고 있다. 어떤 측면에서 보면 윤리적 자연주의의 주장은 현대 과학을 통해 물리 세계 안에서 도덕적 가치의 위상 문제를 해결할 수 있을지도 모른다는 도덕성에 대한 반제거주의자들의 입장을 전달하는 것처럼 보이기도 한다. 만약 윤리적 자연주의가 옳다면 자연적 질서 안에 도덕이 어떻게 위치하는가라는 철학적 자연주의자들의 수수께끼는 의외로 쉽게 해결된다. 그리고 이 때, 어떤 도덕적 속성과 사실들은 적어도 자연적 속성과 사실들에 부수적이거나 동일한 것일지도 모른다. 또 다른 측면에서 보면 윤리적 자연주의는 도덕적 용어와 문장에 대한 표상주의라는 또 다른 매력 있는 메타윤리학을 포기하지 않고도 철학적 자연주의의 수수께끼를 해결할 수 있다. 실재론적인 윤리적 자연주의자들은 적어도 일부의 도덕적 용어들은 규칙적인 자연적 속성들을 나타내고, 어떤 도덕적 문장들은 '어떤 것 thing'이 왜 도덕적인가에 대한 공통된 직관을 파악하는 것이 가능하다고 주장한다. 이러한 윤리적 자연주의자들의 입장을 따른다면 적어도 어떤 도덕적 문장들은 명증적인 도덕 실재론을 통해 확증되는 진리 조건을 갖는다.

하지만 윤리적 자연주의를 구성하는 두 개의 핵심 명제에 반드시 일치하지 않는 여러 종류의 윤리적 자연주의가 있다. 그중 일부는 실재론적으로 윤리적 자연주의를 해석하거나 상대주의적 해석을 선호하기도 한다. 또한 윤리적 자연주의는 도덕적 속성과 사실이 온전히 자연적 속성과 사실로 환원 가능한가에 따라 구분될수도 있다. 윤리적 자연주의자들의 입장은 도덕적 용어와 문장들이 의미론적으로 자연적 용어와 문장들과 관련성을 갖는지 여부에 따라 더 큰 이론상의 불일치를 드러낸다. '분석적 자연주의'라고 불리는 입장은 도덕적 용어와 문장들이 의미론적으로 자연적 용어와 문장들과 관련성이 있다고 본다. 하지만 '형이상학적 자연주의'는 도덕적인 것과 자연적인 것 사이에는 배타적인 속성과 사실들이 포함되기 때문에 서로 상대적 관련성을 갖는다고 주장한다.

이러한 논쟁들은 주로 이 책의 앞부분에서 중점적으로 다루었다. 앞장들은 윤리적 자연주의에 대한 신념을 가지고 있는 사람들에게 제기될 수 있는 인식론적·형이상학적 문제들에 초점을 두고 있다. 이러한 문제 중에는 환원적인 윤리적 자연주의에 대한 인식론적 도전으로 잘 알려진 것도 있다. 즉, 어떠한 경험적인 방법론도 경쟁하는 윤리 이론들 중에서 무엇을 결정할 것인가에 대한 영향력을 행사할 수 없다는 것이다. 이러한 도전은 길버트 하만Gilbert Harman의 기여 중 하나이다. 하만의 관점에서 보면, 규범적 기능주의와 결부되어 있는 자연주의적 환원은 윤리적 자연주의가 직면한 주요한 인식론적 도전과 결코 접점을 찾을 수 없다. 그럼에도 불구하고 반응 의존적 관습 이론과 사회적 관습 이론은 그러한 도전에 대응할 수 있는 근거들을 가지고 있다는 것이다. 하만의 글이 갖고 있는 또 다른 중요성은 현재 도덕 심리학 안에서 논의되고 있는 도덕성과 언어, 그리고 도덕성에서 죄책감과 성격의 역할 간 병렬 가능성에 대한 진화론적 원인들을 제시한 것인데, 이것은 직접적인 자연주의적 접근을 포함한다.

데이비드 코프 David Copp는 윤리적 자연주의자들이 충분히 주의를 기울여야 하는 데렉 파핏(Derek Parfit, 2011)의 윤리적 자연주의에 대한 반론들을 충분히 고찰하고 있다. 파핏의 주장에 따르면 윤리적 자연주의는 도덕적 속성과 사실의 규범성을 설명할 수 없다. 하지만 코프는 환원론, 비분석적 실재론이 보여주는 것처럼 윤리적 자연주의는 규범성을 설명하는 데 있어 아무런 문제가 없다는 것을 보여준다. 그는 주로 파핏과 조나단 댄시(Jonathan Dancy, 2006), 데이비드 맥너턴 David McNaughton, 그리고 피어스 롤링(Piers Rawling, 2003)이 윤리적 자연주의의 규범성 문제에 대하여 제기한 논증을 검토하고 그들과 비슷한 형식으로 그 주장을 반박한다. 코프 자신의 평가에 따르면 이러한 시도는 자연적 속성이나 사실이 규범적일 수 있다는 것을 보여주는 데 나름 성공적이다.

로저 크리스프 Roger Crisp의 글은 모든 유형의 윤리적 자연주의가 비자연주의와 양립할 수 없다는 일반적인 주장에 대해 물음을 던진다. 그는 적어도 어떤 형태의 윤리적 자연주의는 최근에 파핏이 옹호하고 있는 형태의 비자연주의와 모순 없이 양립할 수 있다고 주장한다. 이러한 자연주의와 비자연주의 사이의 모순은 윤리적 자연주의를 광범위하게 비자연주의와 양립할 수 없는 관점으로 고수해온 것과도 관련이 있다. 크리스프는 실재론자, 비분석적 자연주의자, 그리고 이들의 반대 진영이라 할 수 있는 비자연주의자들 사이에 해결할 수 없는 불일치는 없다는 점에 주의를 기울이고 있다. 그들의 논쟁은 종종 하나의 변증법적인 교착상태에 빠지곤 하는데, 크리스프는 윤리적 자연주의의 규범성에 이의를 제기하는 파핏의 최근 논증에 대한 반론을 통해 이를 해결해보고자 한다. 그는 파핏의 주장과 달리 규범적 사실과 속성은 자연적 사실과 속성 그 이상은 아니라는 윤리적 자연주의자들의 핵심적 주장을 정당화할 수 있는 충분한 논리적 여지가 있음에도, 비자연주의자들이 이러한 점을 지나치게 간과하고 있다고 지적한다. 크리스프는 윤리적 자연주의와 비자연주의 진영 간의 주요한 차이점은 그들의 목적과 관련되어 있다고 설명한다. 즉, 자연주의자들의 목적이 자연적 세계 안에서 닻을 내릴 수 있는 규범성을 찾아내는 것인 반면에, 비자연주의자들은 규범적 속성이 갖는(과학을 통해 찾아낼 수 있는 것과는 대비되는) 고유성을 찾아내는 것을 목적으로 한다. 하지만 크리스프의 주장처럼 두 진영 사이에 타협의 여지가 있다면 그것은 양쪽 모두 비환원적 창발론(크리스프는 이것을 마음철학에서 창발론의 메타윤리학적 유사물로 간주한다)의 관점에서 드러나는 규범적 속성의 수반을 수용할 수 있다는 점이다.

프랭크 잭슨Frank Jackson의 기여는 그가 인지주의자뿐만 아니라 윤리적 자연주의자들에게도 오랜 도전으로 여겨져온 문제에 착수하고 있다는 것인데, 그 문제는 어떻게 도덕적 언어가 표상될 수 있는지, 그리고 자연적 속성과 윤리적 속성

을 동일시하는 시도들 사이의 광범위한 불일치를 어떻게 조정할 것인가에 대한 것
이다. 이 작업을 위해 윤리적 자연주의자들은 반드시 도덕적 용어에 대한 분명한
의미론을 다루어야만 하는데, 그중 하나가 도덕적 용어를 연구하는 많은 경쟁자
들 사이에서도 자연주의자들은 도덕적 용어의 의미 있는 역할을 자연주의적으로
설명할 수 있다는 것이다. 이러한 주류적 견해에도 불구하고 잭슨은 외재주의자
들의 의미론은 자신의 '연결망적 설명 network account'이라는 조건을 충족시키는 데
실패한다고 생각한다. 연결망적 설명에 따르면, 윤리적 용어나 개념은 연결망 그
자체로 일부 상호 협상을 통한 것일지라도 경쟁적인 사용자들 사이에서 본질적인
동의를 이루는 데 유익한 역할을 하는 소통 시스템을 형성할 수 있다. 이러한 근본
적인 동의 가능성은 자연적 속성과 동일시되는 도덕적 속성에 대해서도 크게 모순
되거나 불일치하지 않는다는 것이다.

리처드 조이스 Richard Joyce의 글은 윤리적 자연주의에서뿐만 아니라 도덕적 회
의주의(예를 들어, 오류이론이나 비인지주의)에 대해서도 제기될 수 있는 다른 종류의 문
제를 제기하고 있다. 즉, 윤리적 자연주의와 도덕적 회의주의 모두 분명하지 않을
수 있는 개념적 이유에 근거하여 서로 상반된 설명을 한다. 만약 조이스가 옳다면
윤리적 자연주의와 도덕적 회의주의의 상반된 설명은 콰인 Quine이 의미론에서
주장한 불확실성에 영향을 받은 것일지도 모른다. 이러한 노선을 따르는 급진적
입장을 뒷받침하기 위해 그는 데이비드 루이스 David Lewis의 초기 작업을 끌어온
다. 루이스는 개념의 애매모호함에서 비롯되는 몇 가지 증거를 포함하여 윤리적
자연주의와 도덕적 회의주의 사이의 논쟁을 제기한다. 문제를 더 악화시키는 것
은 윤리적 자연주의와 도덕적 회의주의가 직면하는 불확실성의 문제를 해결하는
데 이용할 수 있는 실용적인 근거들이 전혀 없다는 것이다.

말하자면 도덕적 자연주의와 도덕적 회의주의는 콰인에 의해서 제기된 불확실성과 조이스가 밝힌 메타윤리적 다원주의 양쪽 모두에 의해서 설명될지도 모른다. 하지만 다른 곳에서 조이스(2001, 2006)는 윤리적 자연주의에 대립하는 의견들을 넘어서는 오류이론을 지지하는 이유를 제시한다. 테렌스 쿠네오 Terence Cuneo 의 글은 조이스의 글에서 제시된 결론 중 하나인 범주성 논증에 대한 문제를 다루고 있다. 쿠네오의 관점에 따르면 이러한 논증은 '임의성 문제 arbitrainess problem'에 대한 고민인데, 왜냐하면 임의성 문제는 지극히 자의적이고 일상적인 도덕적 관습의 속성을 다루는 것이기 때문이다. 게다가 만약 쿠네오가 옳다면 오류이론에 대한 조이스의 방어는 또 다른 문제에 직면하게 된다. 즉, 조이스가 도덕 이론의 수용가능성에 대하여 제시한 기준에 오류이론보다 도덕적 자연주의가 더 부합하기 때문이다.

쿠네오가 논증하는 것처럼 비록 윤리적 자연주의가 조이스가 제기한 범주성 논증이라는 도전에 직면할지도 모르지만, 윤리적 자연주의를 구성하고 있는 두 개의 핵심 명제를 출발점으로 삼기 위해서는 우선 윤리적 자연주의에 여전히 남아 있는 반대 의견에 적극적으로 응답해야 한다. 그러한 반대 의견 중 가장 유명한 것이 무어 G. E. Moore가 '자연주의적 오류'와 함께 제시한 '열린 물음 논증'이다. 비록 이것이 모든 종류의 도덕적 자연주의를 침식시키는 논증으로 확장되는 데에는 실패했지만, 그것은 여전히 분석적인 도덕적 자연주의에 반대하는 어떤 직관적 힘을 갖고 있는 것으로 정당화되곤 한다. 반대로 분석적 자연주의가 자연주의적 오류를 범한다는 주장을 하는 사람은 거의 찾아볼 수 없다. 수산나 누세텔리 Susana Nuccetelli와 게리 세이 Gary Seay의 논문은 무어주의자들의 관점을 통해 잭슨(1998, 2003)과 마이클 스미스(Michael Smith, 2000)의 분석적 자연주의가 결국 오류임을 재차 확인하고 있다(무어가 자연주의적 오류를 제기할 때 그의 마음속에 어쩌면 그러한 생각이 없었을지도 모름에도 불구하고 말이다).

물론 윤리적 자연주의에 대한 비자연주의자들의 반대의견은 "기술적인 차이 없이는 필연적으로 규범적인 차이도 없다."는 광범위하게 수용되고 있는 슬로건이 보여주듯이 자연적인 것에 대한 도덕적 수반을 설명할 수 없다는 그들 스스로의 문제에 봉착하게 된다. 이 책에 실린 마이클 릿지Michael Ridge의 글은 비자연주의에 대항하는 수반 입장을 재구성하고 있다는 점에서 큰 공헌을 하고 있다. 비자연주의에 대한 자연주의자들의 반론은 어떻게 표준적으로 환원할 수 없는 비자연적 속성과 사실들이 온전히 자연적 속성과 사실들이 될 수 있는가를 설명하는 데 초점을 두고 있다. 하지만 릿지는 환원할 수 없는 비자연적 속성들이 무엇인가에 대해 비자연주의자들이 분명히 설명할 수 없다는 점을 치밀하게 논증함으로써 그들에게 반론을 제기하고 있다. 비록 랄프 웨지우드(Ralph Wedgwood, 2007)가 최근에 제기한 비자연주의적 설명이 표준적으로 구성된 수반 입장을 넘어선다고 할지라도, 릿지는 랄프의 논증이 자신이 제시한 치밀한 논증 방식을 벗어날 수 없다고 주장한다.

적어도 초기의 무어주의자들과 같은 비자연주의자들이 자연주의에 제기한 또 다른 문제점은 그것이 타당한 도덕 인식론과 모순된다는 점이다. 이와 관련하여 이 책에 담겨 있는 로버트 아우디Robert Audi의 글은 도덕적 속성과 사실에 관한 지각perception에 기초한 인식론은 그러한 모순이 없다는 것을 보여주고자 한다. 아우디의 기획은 비자연주의에게 이용할 수 있는 도덕적 속성과 사실들에 관한 자연주의적 인식론이다. 아우디의 기획을 구성하는 조각 중 하나는 도덕적 속성을 기술하는 어떤 판단은 인식론적으로 보면, 적어도 어떤 종류의 인식에 그 토대를 두고 있어야 한다는 것이다(표상적인 인식의 종류가 아니라고 할지라도 말이다). 그리고 만약 도덕적 속성의 기술을 가능하게 하는 인식의 종류가 있다면 그러한 인식은 지각적인 앎의 일종이 되어야 하고, 이것은 윤리적 자연주의뿐만 아니라 '비환원적 실재론'에도 유용한 '자연주의적 닻내림 naturalistic anchor'이라 할 수 있다. 아우디의 비환원적 실재론은 비환원적인 도덕적 속성들이 자연적 속성들에 대해 결과적이라는 점을 고수하는 '결과론적 consequentiality' 신념이다. 더욱이 이 이론은 무어('내재적 가치의 개념' 안에 드러난 관점, 1922a) 처럼 고전적인 비자연주의자들의 비환원적 실재론적 관점과 일치하는 이론으로도 설명이 가능하다. 만약 아우디의 제안이 비자연주의보다 비환원론적 실재론으로 던져지는 것을 굴복시킬 수 있는 무엇인가를 찾아낸다면 결국, 종종 자연주의를 훼손하는 것으로 여겨지는 '기이함 queerness'에 대한 인식론적 문제를 피할 수 있을지도 모른다.

최근의 마음철학 연구나 경험 심리학의 분과들은 비교적 신뢰성이 낮은 방법이라고 할 수 있는 사고실험과 직관에 지나치게 의존하고 있는 비자연주의의 인식론적 기반을 약화시킬지도 모른다. 로버트 쉐이버 Robert Shaver 는 비자연주의에 대한 자신의 연구에서 이러한 결론들을 탐색한다. 그의 글은 실험주의자들이 지나치게 의존하고 있는 사고실험에 대한 비자연주의자들의 논증 전략이 과연 그들의 관점을 지지해줄 수 있는가를 엄밀하게 검토한다. 그 역시 실험 철학자들의 경험적 전략을 고찰한다. 이러한 전략을 살펴보는 것은 실험주의자들의 전략이 비자연주의자들의 전략을 넘어서는 어떤 전반적인 이점을 가지고 있다는 생각에 대한 회의주의와 이에 대한 논리적 여지를 보여주기 위한 것이다. 하지만 쉐이버의 글은 비자연주의자들이 선호하는 선험적 논증의 두 가지 유형 중 하나인 소위 잘못된 원인 논증을 약화시키는 최근의 경험적 연구 결과에 호소하고 있다.

　　세레지오 테넨바움 Seregio Tenenbaum의 기여는 다양한 유형의 실재론적인 도덕적 자연주의가 외재주의, 인간의 동기에 대한 이론과 일치될 수 있는가에 대하여 묻고 있다는 점이다. 테넨바움은 스미스(Michael Smith, 1994)가 제기한 '페티시즘 fatishism'을 다룬다. 유덕한 행위자들은 반드시 그들이 도덕적으로 옳다고 믿는 *특정한specific* 목적을 추구하는 비파생적인 동기를 갖는다. 그리고 외재주의 이론은 유덕한 행위자들을 오로지 도덕적으로 옳은 것을 하려는 직접적인 비지시적 욕구를 통해 이해한다. 테넨바움은 스미스의 의견을 재구성한 후에, 스미스의 반론에 대하여 충분한 면역력을 갖추고 있는, 실재론적인 도덕적 자연주의자들이 이용할 수 있는 유덕한 동기에 대한 이해가 있다고 주장한다.

　　스미스는 자신의 글을 통해 철학적 자연주의자들은 '도덕적 절대주의'가 아니라 그 경쟁자인 도덕적 상대주의를 선호할 수밖에 없다는 하만의 언급(2000a)에 도전하고 있다. 스미스의 관점에서 보면 자연주의는 도덕적 상대주의나 절대주의가 옳은지 어떤지에 대하여 침묵하고 있을 뿐만 아니라, 하만은 이러한 신념들 사이에 존재하는 불일치의 진짜 원인을 밝혀내는 데 실패하고 있다. 스미스에 의해서 재구성된 도덕적 절대주의는 칸트 Kant 나 브렌타노 Brentano, 그리고 어윙 Ewing과 같은 이론가들에게 영향을 받은 현대의 많은 이론가들이 지지하는 도덕적 합리주의의 한 유형이다. 스미스에게서 하만의 논증은 오로지 우리가 잠정적으로 행위자의 의도 형성을 통제할 수 있는 확실한 원리를 생각할 수 있을 때에만 건전한 것으로 드러나게 된다. 하지만 자연주의와 모순이 없는 경쟁적인 주장들이 도덕적 절대주의자들에게 유용한 것이 될지도 모른다. 일찍이 그러한 주장들은 절대주의자와 상대주의자들 사이의 불일치를 설명하는 데 절대주의자들이 제시하는 신념과 욕구의 기능적 역할에 대한 상대주의적 묘사가 옳은지 어떤지 대신에 자연주에 대하여 그렇지 않다는 것을 드러내는 것을 보여줄 수 있다. 더욱이 만약 하만에 대한 스미스의 반론이 옳다면 자연주의자들이 도덕적 상대주의를 선호한다는 주장에 대한 하만의 논증은 건전하지 못한 것이 될지도 모른다. 그리고 이것은 결국 자신의 논증을 지지를 위한 하나의 주장, 즉 도덕적 요구와 충분한 이유들 사이의 관계에 제기된 하나의 확실한 가설로만 남겨질 것이다.

역자 서문

우리는 왜 윤리적이어야 하는가? 이 물음은 한편으로 당연한 것을 왜 묻느냐는 힐난의 대상일 수 있지만 다른 한편으로 복잡하고 중층적인 논쟁을 불러일으키는, 윤리학과 도덕교육학의 핵심 질문으로서의 성격을 지닌다. 특히 도덕교육의 장에서 이 물음은 교사 스스로 그에 대한 답을 갖고 수업 방법과 기법의 차원에서 접근하지 못할 경우 근본적인 회의와 곤란으로 이끄는 계기로 작동하기도 한다.

우리가 이 물음에 대한 답을 찾는 과정은 두 단계로 전개될 수 있다. 첫 번째는 이 물음 자체에만 초점을 맞추고서 왜 윤리적으로 살아야만 하는지의 이유를 찾아가는 실천적 단계이고, 두 번째는 그때 우리가 공유하고 있거나 공유할 수 있는 윤리적임, 또는 도덕성이 도대체 무엇인지를 묻는 메타적 단계이다. 우리에게 익숙한 것은 주로 첫 번째 단계여서 그 답도 일정하게 나와 있지만, 그것으로 이 물음이 온전히 해소되지 않는다는 사실을 인정하지 않을 수 없는 곤혹감을 떨쳐버리기는 어렵다.

이 곤혹감은 윤리적이어야 하는 이유를 자신의 이익에 근거해 제시하는 이기주의나 공리주의적 관점을 넘어서, '인간은 본질적으로 윤리적이다'와 같은 본질적 관점을 택하고자 할 때 더 심각한 형태로 부상한다. 왜냐하면 이 관점이야말로 도대체 도덕성 또는 윤리적임을 이루는 속성이 무엇이고, 그 속성을 알 수 있는 방법이 무엇인지를 연속적으로 물을 수밖에 없기 때문이다.

　동서양 윤리학 또는 윤리사상사에서 이 곤혹감을 해소하거나 최소한 줄이고자 하는 노력은 주로 인간의 본성 속에 선함의 단서나 부처의 본성[佛性]이 내재해 있다는 넓은 의미의 자연주의적 관점에서 이루어졌다. 만약 그런 선함의 단서나 불성을 인정하고 받아들인다면, 윤리적이어야 하는 이유 또는 근거는 바로 그 내재적 본성이 된다. 윤리적 자연주의를 해석하는 방식이 하나로 통일되어 있지는 않지만, 최소한의 내포로 동의할 수 있는 것은 이 책의 편저자가 잘 요약하고 있는 것처럼 두 가지이다. 하나는 도덕적 속성과 사실이 있다는 점이고, 다른 하나는 그러한 속성과 사실이 모두 자연적이라는 것이다.

　윤리적 자연주의를 정의하는 데 핵심을 이루는 이 두 명제는 사실 일상적 수준의 눈으로 보면 낯선 것 같지만, 윤리학과 철학의 자연주의 논의에서는 말할 것도 없고 우리 일상의 도덕 감정과 판단 준거에 비추어보면 그다지 새로운 것도, 어려운 것도 아니다. 우리가 어떤 도덕 감정을 느끼거나 판단을 내릴 때 이미 그 과정에서 도덕적인 것 또는 윤리적인 차원이 존재함을 당연히 전제하기 때문이다. 다만 그것이 존재하는 형식이 돌이나 나무가 존재하는 물리적인 존재성과는 다른 것일 뿐이라는 사실도 잘 알고 있다.

　문제가 되는 것은 오히려 그 도덕적인 것의 원천 또는 뿌리의 문제다. 유교에서는 그것을 하늘[天命]이라 하고 불교에서는 붓다의 본성이라고 하며, 그리스도교와 이슬람 같은 아브라함의 유일신 전통 속에서는 하느님(또는 하나님)이라고 한다.

고대 그리스인들은 그것을 이성의 뿌리를 찾아가는 과정으로 설정하면서 결국 플라톤의 이데아 같은 완전한 이상향으로 그리고자 했다. 이 모든 전통들이 인간성 안에 내재해 있는 도덕성 또는 윤리성의 존재를 인정하면서도 각각 그 뿌리 또는 원천은 하늘로 상징되는 자연이나 깨침을 얻어 열반에 든 붓다, 아니면 이데아와 같은 이상적인 세상 또는 유일신으로서의 하느님으로 다르게 받아들여온 것이다. 이 전통들을 윤리학에서는 각각 자연주의와 형이상학 전통으로 구분하여 왔다.

이 책의 저자들이 주로 관심을 갖는 문제는 당연히 자연주의 전통에 속하는 윤리학적 논의이지만, 그렇다고 해서 전통적인 형태의 자연주의를 그대로 반복하고 있는 것은 아니다. 그들은 이미 철학적 자연주의 논쟁 속에서 정리된 이야기들을 윤리적 자연주의와 비교하거나 확장하는 등의 방법으로 윤리적 자연주의 본연의 논쟁에 참여하고 있다. 그 구체적인 모습은 편저자의 '들어가는 글'에서 충분히 다루고 있으므로 더 이상의 첨언은 불필요할 것으로 판단된다.

역자들은 윤리학과 도덕심리학을 주된 학문적 배경으로 설정하는 도덕교육학을 전공하는 사람들이다. 최근 그 도덕심리학이 도덕과학적 접근으로서의 윤리학의 외연 속으로 포함되는 경향이 나타나고 있기 때문에, 도덕교육의 주된 배경 학문은 넓은 의미의 윤리학이 되는 셈이다. 이 윤리학은 철학적 윤리학이나 신학적 윤리학의 범위를 넘어서는 학제적 성격을 지니고 있는데, 윤리적 자연주의는 이 광의의 윤리학이 무엇을 의미할 수 있는지를 보여주는 좋은 예이기도 해서 지속적인 관심을 가져오던 중에 이 책을 발견하고 번역하기로 마음을 모았다.

이 책의 초역은 이슬비 선생과 김동창 박사가 담당했다. 이슬비 선생는 '들어가는 글'과 1, 2, 3, 9, 10, 12장을 맡았고, 김동창 박사는 4, 5, 6, 7, 8, 11장을 맡았다. 초역을 서로 바꾸어 검토하면서 번역의 일관성과 체계성을 확보하고자 했고, 박병기는 전체 내용을 조감하면서 글의 흐름을 잡고 오역 가능성을 최소화하고자 했다. 그럼에도 여러 사람의 논문을 모은 책이다 보니 각 장의 내용 사이에 일관적인 연계성도 부족하고, 역자들의 역량과 여건 문제도 겹쳐 여전히 어렵게 느껴지거나 어느 곳에 오역이 숨어 있을지 저어하는 마음을 떨쳐버리기 어렵다.

그럼에도 이 책을 내기로 결심한 데는 도덕교육학을 중심에 두고 윤리적 자연주의에 깊은 관심을 갖고 있는 두 젊은 학자 김동창 박사와 이슬비 선생의 적극적인 관심과 함께 국내에서는 이 분야에 관한 다양하고 심층적인 논의를 다룬 책을 발견하기 어렵다는 현실적인 이유가 크게 작동했다. 이 책을 내는 것을 계기로 두 사람의 학문적 성취가 질적으로 깊어질 수 있기를 기대하고, 도덕교육학과 윤리학 분야 모두에서 유용하게 활용될 수 있기를 기대하는 마음 또한 크다.

2015년 겨울

역자들을 대표하여 **박 병 기**

목 차

제1장

도덕 철학에서의 자연주의

Gilbert Harman

//////////

제1장

도덕 철학에서의 자연주의

Gilbert Harman

1.1 들어가는 글

1.1.1 철학과 철학적 방법론에 대한 좁은 개념과 넓은 개념

철학에서 자연주의는 광범위한 의미의 철학에서 보면 특별한 경우이다. 왜냐하면 철학적 자연주의의 개념 안에는 어떤 특별한 철학적 *방법method*이나 철학적 *주제subject matter*가 없기 때문이다.

이러한 방식으로 철학을 생각하는 것은 철학을 다른 원리들과 상호작용하거나 연속선상에 있는 것으로 간주하는 것이다.

*미학aesthetics*은 분명히 철학, 문화, 음악, 그리고 미술의 일부를 다루고 있다. 21세기 미학에 있어 가장 중요한 개론서를 저술한 비어즐리 Monroe Beardsley는 '신 新비판론'의 주요 측면에 대한 핵심적 언급을 한 사람이다.

좀 더 최근에는 울하임 Richard Wollheim과 단토(Arthur Danto, '최소한의 예술'이라는 표현을 고안한 사람)가 예술론과 비판론의 영역에서 의미 있는 영향력을 행사하고 있고, 이것은 그 자체로 또 하나의 중요한 논의의 대상이 되고 있다. 네하마스 Alexander Nehamas 역시 현대의 또 다른 중요한 인물 중 하나이다.

인류학anthropology. 인류학자들은 종종 철학과 관계를 맺기도 하고 특정 문화

의 도덕성을 연구하는 인류학자들은 종종 자신을 철학자로 소개하기도 한다. 각 부족의 윤리학을 연구하기 위해 브랜트 Richard Brandt는 호피 족 Hopi과 래드 John Ladd는 나바호 족 Navaho과 함께 생활했다. 또 인류학자 스퍼버 Den Sperber는 철학자 스퍼버와 같은 사람이다.[1]

경제학economics. 최근의 대표적인 인물로는 노직 Robert Nozick, 센 Amartya Sen이 포함되고 롤즈 John Rawls, 고티에 David Gauhier, 기바드 Aleen Gibbard, 브룸 John Broome, 프티트 Philip Pettit 등의 훨씬 더 많은 사람들이 있을 것이다. 이들 중 대다수의 사람들은 정치 이론과 관련되어 있다.

*언어학linguistics*은 또 다른 매우 분명한 경우다. 철학자들은 생성문법의 초기 발전에 기여했다(예를 들어, 카츠(Jerry Katz)와 포더(Jerry Foder)). 촘스키Chomsky의 사상은 수많은 사람들에 의해서 논의되고 심화되었다(예를 들어, 지프(Paul Ziff), 퍼트남(Hillary Putnam)). 잘 알려진 바와 같이『정의론』의 첫째 챕터 마지막 부분에서 롤즈는 생성문법은 도덕적 이론을 위한 훌륭한 모델이 될지도 모른다고 제안했다.[2] 실제로 노직의 초기 이론은 이것이 어떻게 가능한가를 보여주기 위한 시도를 했다.[3] 또 미하일 John Mikhail은 이러한 생각의 일부를 발전시키기도 하였다.

최근 언어학의 발전은 철학에 대한 관심이나 철학과의 상호작용을 통해 이루어졌다. 그리고 일련의 철학자들과 언어학자들을 포함하는 의미론에 대한 연구는 다른 학문 분야와의 교류와 연합을 통해서 이루어졌다.

심리학psychology 역시 또 다른 분명한 경우다. 롤즈는『정의론』에서 타당한 도덕 이론은 발달 심리학(특히, 피아제에 해당하는)에 민감할 필요가 있음을 제안했다. 정의에 대한 초기 롤즈의 연구는 피아제 이론을 계승한 심리학자 콜버그(Lawrence Kohlberg, 1981, 1984)의 영향을 받았다.

데이빗슨 Donald Davidson은 트버스키 Amos Tversky와 카흐네만 Daniel Kahneman과 같은 심리학자들이 비합리적인 인간들이 어떻게 합리성을 해석할 수 있는가에 대한 한계를 수용하기 위해 합리성을 균형적으로 논의했다.

변명에 대한 오스틴(J. L. Austin, 1956-1957)의 연구는 달리 John Darley와 그의 동료들이 수행한 아동의 발달에 대한 심리학적 연구에 영향을 주었다.

근래의 심리학자들과 철학자들은 많은 문제에 대하여 끊임없는 학문적 교류를 진행하고 있다. 이에 관련된 철학자들은 데닛 Daniel Dannett, 스티치 Stephen Stich, 그리고 도덕 심리학의 전반적인 영역에서 활동하고 있는 젊은 신진학자들이 포함될 수 있다.[4]

한 가지 중요한 문제는 사회 심리학이 인격 특질의 일반적 개념을 훼손하는지 어떤지, 그리고 확실한 형태의 덕 윤리학을 위협하는 것은 아닌지와 관련되어 있다. 하지만 또 다른 많은 문제들이 있다.

컴퓨터 과학computer science. 인공 지능, 기계 학습, 그리고 이 밖에도 컴퓨터 과학과 관련된 주제들은 마음철학과 밀접한 관련을 갖는다. 예를 들어, 철학자 폴락(Jhon Pollock, 1955)은 인식론적 원리에 일치하는 추론을 자극하는 컴퓨터 프로그램을 설계하여 인식론을 연구했다.

*과학 철학philosophy of science*은 또 다른 분명한 경우이다. 철학자들은 양자이론을 해석하는 논의를 하면서 물리학적 내용들을 풍부하게 담고 있는 글들을 발표했을지도 모른다(예를 들어, 나의 동료인 핼버슨(Hans Halvorson)).

나는 줄곧 철학에 대하여 논의했는데, 철학이 나에게 언어학, 인공 지능, 그리고 인지 과학에 대한 흥미를 갖도록 했기 때문이다. 나의 초기 저술들은 언어학에 대한 것이었다.[5] 그 후 도널드 데이빗슨과 나는 곧장 언어학자들과 철학자들이 공

동작업을 할 수 있는 워크샵을 조직했다.[6]

그 후에 심리학자인 밀러 George Miller와 나는 프린스턴 대학에 인지 과학 연구소를 출범시켰고 인지 과학 학부 과정을 개설했다. 최근에 나는 언어학, 심리학, 컴퓨터 과학, 그리고 엔지니어링에 대한 통합적 능력을 주제로 강의를 하고 있다.

프린스턴 대학에 있는 대다수 나의 동료들은 하나 또는 다양한 측면에서 광범위한 의미의 철학적 견해를 갖고 있다.

1.1.2 자연주의

철학적 자연주의는 자연과학을 포함하는 다양한 방법들과 상호작용하는 광범위한 개념의 철학에 해당하는 한 예라고 할 수 있다. 자연주의적 관점에서 봤을 때, 건설적인 철학자들은 철학의 특정 분야에서 이론화된 것과 다른 분야에서 이론화된 것을 엄밀하게 구분하지 않을 뿐만 아니라, 지나치게 사변적인 이론적 개념을 적게 만들어내는 사람들이다(내 관점에서 보면 철학의 분야를 엄격하게 구분하는 것은 그 분야를 대표하는 일부 사람들의 관심일 뿐이다).

자연주의 역시 유효한 자연 과학을 활용하는 방법론적 자연주의를 통해 탐구되는 자연적 세계 안에서의 존재론적 측면이나 형이상학적 측면을 갖고 있다.

나는 이러한 논지를 따라 우선 도덕 심리학 안에서 자연주의의 확실한 측면을 다루고 윤리학 안에서 자연주의적 환원과 관련된 형이상학적 문제들에 착수할 것이다. 그리고 이러한 논의들이 이루어진 후 도덕 심리학의 영역에서 최근의 자연주의적인 방법론적 접근들이 어떻게 이루어지고 있는가에 대하여 언급할 것이다.

1.2 자연주의적 환원

윤리학에서 자연주의적 환원은 (자연주의적으로 간주된) 사실들의 세계 안에서 가치의 자리나 위치를 마련하고자 하는 시도이다.

어떤 관점에서 보면 선이나 옳음과 옳지 않음은 과학을 통해 기술되는 자연주의적 세계 안에 위치할 수 있는 속성이 아니다. 자연주의자들은 윤리학에서 이러한 관점이나 속성에 대한 비자연주의적 입장을 부정하기 위한 시도를 하거나 아니면 도덕적으로 옳고 그른 행위나 선과 악, 정의와 불의 같은 존재를 확실한 자연적 속성과 동일시하기 위한 시도를 할지도 모른다.

가장 직접적인 자연주의적 환원 전략은 자연적 사실들에 도덕적인 것의 수반을 주장하는 것이다. 행위자가 도덕적으로 마땅히 무엇인가를 해야만 한다는 것에 대한 가변성은 그에 해당하는 (자연적) 사실들에 대한 가변성을 필요로 한다. 즉, 이것은 행위자, 어떤 특정한 상황에서 가능한 행위들 그리고 그러한 가능한 행위 중에서 도덕적으로 허용되는 행위 사이에 복잡한 자연적 관계가 포함되어 있다는 것이다.

예를 들어, 행위 공리주의가 행위자가 해야만 하는 도덕적으로 허용되는 것에 대하여 분명한 설명을 제시할 수 있다고 가정해보자. 이러한 가정에 따른 수반 전략은 행위자에게 도덕적으로 허용되는 것은 행위자에게 주어진 상황에서 효용성을 극대화하는 행위와 함께 존재하는 상황과 동일시된다.

좀 더 일반적으로 이러한 전략은 도덕적으로 허용되는 것이 무엇이든지 간에 행위자, 행위 그리고 행위자가 도덕적으로 허용되는 상황에 관련되어 있는 자연적 관계를 유지하면서 주어진 상황에서 도덕적으로 허용된 가능한 행위를 하는 것과 동일시된다.

자연주의적 환원이나 동일성 이론 또는 상황에 맞게 도덕적으로 허용 가능한 행위를 해야 한다는 주장에 대해 그것이 '도덕적으로 허용된' 것의 *의미/meaning*를 파악하는 데 실패하고 있다는 반론은 타당하지 않다.

구체적인 도덕적 사례 *case*들이 자연주의에 대한 방법론적 문제를 제기한다는 것은 사실인데, 왜냐하면 서로 다른 도덕적 이론들 사이에 불일치가 나타날 수 있기 때문이다. 이에 대한 구체적인 예로는 공리주의적 사회 대비 이론, 덕 이론, 칸트주의를 비롯한 다른 많은 다른 경쟁적인 유형의 이론들이 있다. 그렇다면 이러한 이론들 사이의 경쟁을 해결하기 위해서, 특정한 과학이론들을 통해 테스트한 세계에 이러한 이론들을 적용하고 검증해봄으로써, 어느 한 이론을 자연주의적으로 수용하는 방식은 가능한가?

나는 이러한 물음에 직접 대답하는 대신 규범적 기능이론, 반응 의존적 이론 그리고 사회적 관습 이론들과 관련되어 있는 자연주의적 환원에 대하여 고찰해보고자 한다.

1.2.1 규범적 기능주의와 덕 윤리학

어떤 종류의 덕 윤리학[7]은 기능에 대한 가정으로부터 규범적 결과들이 도출된다는 규범적 기능주의에 호소한다. 예를 들어, 시계의 가장 핵심적 기능은 정확한 시간을 유지하는 것이다. 시계의 기능에 의하면, 좋은 시계는 그 시계의 소재가 무엇인가가 아니라 보는 사람에게 정확한 시간을 안내하는 것이다.

더욱이 시계는 그것의 기능적 의미에서 평가된다. 따라서 *좋은(훌륭한; good)* 시계는 시간을 정확하게 유지하고 안내하는 시계다. 만약 그렇지 않다면 그 시계는 어딘가 *잘못된/wrong* 것이고 *결함이 있는/defective* 것이다. 이처럼 좋은 시계의 특징은 정확한 기능을 하는 시계의 *덕/virtue*에 달려 있다.

신체 기관 역시 그것들이 갖고 있는 적합한 기능에 의해 특징지어진다. 심장의 속성이나 기능은 일정하고 지속적으로 혈액을 펌프질하는 것이다. 폐는 호흡 작용을 담당하는 기관이다. 심장이나 폐가 무엇으로 만들어졌는지 또는 어떤 모양으로 생겼는가는 그다지 중요한 문제가 아니다. 관련된 기능이 중요하다. 실제로 그러한 기능을 제대로 할 때 좋은 심장이나 폐가 되는 것이다. 심장이 그 기능을 제대로 발휘하지 못해서 불규칙적으로 펌프질을 하거나 혈액을 제대로 내보내지 못한다면 그 심장은 *나쁜/bad* 심장이고 어딘가 *잘못된/wrong* 것이다. 심장의 *덕*은 규칙적인 펌프질과 혈액을 제대로 내보내는 것을 포함한다.

인간들은 기능이나 목적과 관련된 사회적 역할을 갖고 있다. *훌륭한/good* 교사는 학습할 능력을 갖추고 있는 학생들을 잘 가르치는 사람이다. 학생들이 일정한 학습 수준에 도달하지 못한다면 그 교사는 어딘가 *잘못된/wrong* 교사이다. 교사의 덕은 학생들이 학습할 능력이 있다면 그들을 잘 가르치는 것을 통해 규정된다. 배우고자 하는 학생들을 가르칠 수 없는 교사는 교사로서 *좋은 본보기/a good example*도 아니고 *진정한/real* 교사라고 할 수 없다. .

인간이라는 존재와 꿀벌이나 침팬지와 같은 유정적 존재들의 *본성/nature*은 그들이 사회적 존재라는 것이다. 훌륭한 인간 존재는 용기와 연민 같은 다양한 *덕*들을 가지고 있다. 용기나 연민의 결핍은 하나의 결핍이다. 용기가 결핍되어 있는 남자는 남자로서 *좋은 본보기*도 아니고 *진정한* 남자라고 할 수 없다.

하지만 이처럼 기능주의로부터 도덕적 평가를 이끌어내려는 관점은 여러 문제점을 드러낸다. 인간이라는 존재는 그들의 본성의 일부로서 기능이나 목적을 갖고 있는가? 좋은 삶이나 최선의 삶에 관련되어 있는 기능이나 목적이 있는가? 이러한 기능이나 목적을 자연주의적으로 규정화할 수 있는가? 가장 중요한 점은 과학적 가설을 통해 검증할 수 있는 방식의 세계 안에서 최선의 삶에 대하여 경쟁하는 이론들을 자연주의적 방식으로 검증하는 것이 가능한가이다.

1.2.2 반응 의존적 이론과 사회 관습 이론

또 다른 부류의 자연주의적 접근은 도덕적 범주들에 대한 가능성을 인간의 반응과 동일시하는 관점인데, 이러한 방식에서 보면 색깔을 구분하는 것은 종종 일반적 지각을 하는 사람의 어떤 것과 동일시된다.

흄 David Hume과 스미스 Adam Smith는 공감에 대한 다른 해석을 바탕으로 서로 다른 유형의 공감을 주장한다. 흄은 공감에 대한 설명에 하나의 분기점이 된다. 흄주의자들에게 공감은 어떤 사람을 타자와 함께 공명하게 하고, 타자가 느끼고 인지하는 것을 거의 유사하게 느끼도록 이끄는 것이다. 이러한 점은 공리주의적 결과를 산출하는데, 왜냐하면 사람들은 불행보다 행복을 선호하기 때문에 그러한 상황에 얽혀 있는 사람들의 행복을 선호하게 될 것이기 때문이다.

이러함 흄의 견해에 대해 스미스는 흄의 공감 개념은 불행한 사람이 공감을 필요로 하고 그들이 타자에게 공감을 받았을 때 더 좋은 느낌을 갖는다는 사실을 설명할 수 없다는 반대의견을 제시했다. 흄적인 공감적 공명은 행복한 사람과 관계하는 사람을 행복하게 만들지도 모르고 그때, 행복한 사람은 그와 관계하는 사람들의 불행에 공명하게 될지도 모른다. 왜냐하면 관계하는 사람들에 대한 공감은 불행한 사람을 더 불행하게 만들기 때문에 공감에 대한 흄의 생각은 틀렸다는 것이다.

스미스는 일상적 공감은 *시인 approval*을 포함한다고 주장한다. 만약 어떤 사람이 작은 고통과 슬픔을 겪고 있다면 그것을 인식하거나 지각한 관찰자는 그 사람에게 공감하지 않을 수도 있다. 왜냐하면 그 관찰자는 고통을 당하고 있는 사람의 반응을 시인하지 않기 때문이다. 스미스에 따르면 사람들은 공감을 선호하는데, 왜냐하면 그들이 타자로부터의 공감을 원하기 때문이다. 더욱이 스미스의 관점에서 보면, 관련된 시인의 종류는 공동체의 기준을 내면화하는 경향이 있다. 즉, 타자의 시인을 요구하는 나는 타인들이 나를 어떻게 생각할 것인가를 고려하게 된다. 나는 그들 중의 하나로서 내가 어떻게 반응할 것인가를 생각할 것이고 이런 식으로 그들의 기준을 내면화한다. 이것은 어떤 사람이 옳거나 그른 것에 대하여 생각하는 것은 자신이 속한 사회의 관습적 실행에 더 많은 영향을 받는다는 흄과는 다른 관점을 산출한다. 스미스의 이론은 (타자의) 반응 의존적 이론인 반면에 흄보다는 도덕성을 좀 더 사회적 관습의 문제로 보았다.

흄이 사회적 관습을 정의와 관련되어 있는 도덕성의 중요한 측면으로 간주하는 것은 사실이다. 흄은 사람들이 일반 복지를 증진시키고자 하는 자신들의 관습을 시인하는 경향을 갖기 쉬움을 밝혔다. 하지만 스미스에게서 사회적 관습은 시인과 시인되지 않음에 더 직접적으로 영향을 준다.[8]

1.2.3 상대주의에 대한 우려

내가 생각하기에 가장 우려되는 자연주의적 환원은 상대주의적 함축이다. 스미스의 이론은 분명히 상대주의적이다. 왜냐하면 누군가의 공감을 얻는다는 것은 직접적으로 지엽적 관습에 영향을 받기 때문이다. 다른 사람에 대한 반응 의존적 이론들을 관련된 반응까지 일반화하는 것 즉, 일반적으로 시인하는 것은 다양한 관습과 개인적 가치들에 직접적으로 영향을 받기 때문이다. 그리고 기능주의적

이론들은 최선의 삶, 삶의 목적, 도덕적 결함 등의 개념과 같은 도덕적 결론들은 결국 상대적인 것이라고 주장할지도 모른다.

일부 도덕성에 대한 절대론적(비상대적인) 환원은 도덕성의 개념이 그것과 경쟁하고 있는 경쟁자들보다 더 우월하다는 것을 어떻게 보여줄 것인가라는 인식론적 문제에 직면하게 된다. 이러한 문제는 경쟁하는 도덕적 구조는 있지만 그 세계를 검증하기 위한 확실한 방식은 없다는 것이다. 이를 지동설에 대한 벨라민 Gardinal Bellarmine과 갈릴레오 Galileo의 논쟁과 비교해 생각해보자. 그들의 논쟁은 절대적인 부동적 상태에 있는 지구가 있다는 것을 주장하는 것이었다. 그들의 논쟁에 대한 적절한 해결책은 그 상태가 언제나 상대적이라는 것을 증명하는 것과 관련되어 있다. 사실 이러한 결론은 절대적으로 움직이지 않는 상태가 무엇인가에 대하여 경쟁하는 관점들 사이에 경험적 차이가 없다는 것에 토대를 두고 있다.

이와 유사하게, 자연주의적 관점에서 보면 어떤 것이 절대적으로 옳고 그르다고 믿을 만한 이유가 없다는 주장은 근본적인 도덕적 차이를 해결할 수 있는 경험적 차이는 없다는 것이다(Harman, 1996).

일부는 도덕적 상대주의에 대한 믿음은 도덕적 허무주의를 수용하는 것일지도 모른다는 반응을 보이는데, 적어도 도덕적 가치 그 자체의 문자적 개념은 절대주의적이지 상대주의적이지 않다. 하지만 이것은 마치 운동의 상대성을 믿는 것이 사물이 움직이거나 휴식을 취한다는 생각을 포장하여 보여주는 것이라고 말하는 것과 같다.

특정 시대뿐만 아니라 최근까지도 일부의 사람들은 무엇인가 도덕적으로 잘못된 행동을 하는 것은 신의 명령을 어긴 것이라는 믿음을 갖고 있었을지도 모르지만 오늘날 많은 사람들은 무신론자가 되어버렸다. 그러한 믿음을 고수하고 있는 사람들에게 만약 신이 존재하지 않는다면 도덕적으로 허용되지 않을 것은 아무 것도 없다. 하지만 오늘날 신의 존재에 대한 회의주의가 등장하게 되었고 그들은 그 전과 동일한 도덕적 원리를 수용하는 주장을 계속하는 대신에 도덕성이 신의 의지의 표현이라는 믿음을 단념하였다. 같은 맥락에서 도덕적 절대주의를 맹신하던 일부 사람들도 도덕적 상대주의가 그 전처럼 동일한 도덕적 원리들을 수용함으로써 진실이 될 수 있음을 받아들이고 있다.

1.2.4 진화론적 규명에 대한 대응으로서 자연주의

비공리주의적인 도덕적 직관의 정체를 규명하기 위한 최근의 일부 시도는 자연 선택에 의한 진화라는 관점에서 직관에 대한 가능한 설명을 제시한다. 이러한 주장은 도덕적 직관은 사실과 관련 없는 요인들에서 일어난다는 것이다. 즉, 직관이 무엇이든지 이것을 발달시키고자 하는 경향성은 다음 세대에게 유전자 전달을 돕기 위한 것일지도 모른다.

반면에 일부 이론가들은 이러한 진화론적 설명이 여전히 유효하고 올바른 규범적 관점으로서 여겨져 별다른 도전을 받지 않는 공리주의와 경쟁할 수 있는 직관의 정체를 규명할 수 있다고 주장한다(Greene, 2008a; Singer, 2005). 또 다른 이론가들은 만약 그러한 설명이 비공리주의적 직관의 정체를 규명한다면 그것들은 공리주의를 지지하기 위한 직관 또한 보여줄 수 있을 것이라고 주장한다(Kahane, 2011).

자연주의는 종종 이러한 진화론적인 규명 논증에 대한 대응을 제공한다. 색깔 인식에 대한 진화론적 규명 시도와 이에 대한 자연주의적 대응을 비교해보자. 자연주의적 대응은 색깔 인식을 우리가 어떻게 색깔을 인식할 수 있는가에 의해 결정되는 반응 의존적 속성과 동일시하는 것이다. 만약 이것이 옳다면 어떻게 우리가 색깔을 경험할 수 있는가에 대한 진화론적 설명은 하나의 규명된 설명이라 할 수 없다. 이와 유사하게 만약 어떤 것이 옳거나 옳지 않다는 것이 이미 고찰한 방식들 중 하나라면 도덕적 직관에 대한 진화론적 규명은 하나의 규명된 설명이라고 할 수 없다(Street, 2006).

이러한 모든 점들은 내가 도덕성의 자연주의적 환원이 가능하다는 것을 지속적으로 주장하는 것을 가능하게 해준다.

1.3 도덕 심리학

나는 이제 자연주의적 관점으로부터 어떻게 도덕 심리학의 확실한 문제들을 검토해볼 수 있는가에 대하여 논의하고자 한다.

한때 철학자들은 도덕 심리학을 선험적 의미와 개념들에 기초를 두고 있는 일종의 탁상공론적인 문제를 다루는 영역으로 치부했다.[9]

자연주의적 접근은 이러한 방법론을 거부하고 좀 더 간주관적 접근을 요구하는 과학적 심리학과 연결되어 있는 경험적 주제들을 다루는 도덕 심리학을 받아들인다(Doris, 2010; Doris and Stich, 2008; Sinnott-Armstrong, 2008a).

나는 도덕 심리학 안에서 좀 더 특수한 주제라고 할 수 있는 도덕 이론에 대한 안내자로서 언어학, 죄책감, 그리고 인격 특질에 대하여 논의하고자 한다.

1.3.1 언어학적 유비

언어학은 다양한 언어들 사이에 존재하는 외형적인 큰 차이점에도 불구하고 보편적 문법 이론을 목표로 한다. 도덕성에 대한 확실한 큰 차이점에 직면하여 도덕 이론은 어쩌면 이와 유사하게 보편적인 도덕적 문법을 전개할 수 있을지도 모른다.

생성문법

현대 언어학 연구의 주요한 대상은 영어, 독일어, 모호크어, 그리고 중국어와 같은 일상적 의미에서의 언어가 아니다. 이러한 의미에서 어떤 일상적 언어는 국가적이거나 지리적 경계에 반드시 일치하지 않는 방식으로 혼합되어 있는 방언dialect들을 갖고 있다. 잘 알려진 표현처럼 (일상적 의미에서의) 언어는 육군과 해군이 함께 쓰는 방언이다. 플라망어를 다른 언어가 아니라 프랑스어의 한 방언으로 이해하는 것은 사회적이거나 정치적 문제이지 언어 과학의 문제가 아니다. 이것은 두 발화자는 적어도 어딘가 다른 어휘들을 갖고 있는 방언들을 갖게 될지도 모른다는 것이다. 촘스키와 다른 언어학자들은 고유한 개인이 가지고 있는 속성으로서 언어는 내재적 문법이나 1인칭 문법 I-grammar에 의해 관념적으로 구분될 수 있다고 주장한다. 실제로 한 개인이 만약 2개 국어에 능통하다면 그는 하나 이상의 '1인칭 문법'을 가질 수 있다.

도덕 이론가들에게 유용한 언어와 도덕성 사이의 유비 연구의 주요한 주제는 도덕성을 한 집단의 도덕성보다는 내재적 문법이나 1인칭 문법과 같은 것에 의해 구분될 수 있는 특정한 개인의 속성으로 제안하는 것이다.

특정한 개인적 언어의 생성문법은 명사, 단어, 형용사, 전치사 등을 포함하는 언어의 언어학적 구조를 특징지을지도 모른다. 하나의 생성문법은 수량사의 영역과 다른 연산자에 달려 있는 어떤 표현의 의미의 중요한 측면을 특징지을 수도 있다. 문법 또한 그러한 표현의 발음 측면을 특징지을 수도 있고 가능한 해석에 대한 표현들의 발음에 관련될지도 모르는데, 이런 식으로 생성문법은 확실한 음성과 의미 관계를 지시한다.

　유비적인 생성 도덕적 문법은 한 개인의 도덕적 기준을 분명하게 규정하기 위한 시도를 할지도 모른다. 마치 1인칭 문법이 내가 사용하고 있는 특징적인 언어적 어휘에 의해 문법에 맞는 문장의 구조로 규정화되는 것처럼, 1인칭 도덕성 I-morality은 특징적인 어휘를 사용하여 허용 가능하거나 허용 불가능한 행위의 구조를 규정화할지도 모른다. 생성 도덕적 문법은 하나의 행위 문법이 될지도 모른다(또는 어떤 것을 도덕적으로 평가할 수 있는가에 의존하는 상황 문법 등이 될지도 모른다).

　생성문법의 규칙은 반복적 속성을 갖고 있다. 이러한 규칙들은 큰 문장은 작은 문장을 포함하고, 작은 문장은 더 작은 문장을 포함하는 것을 함축하는데, 이러한 포함은 반복적이고 제한이 없다. 유비적으로 보면 하나의 행위는 그 안에 더 작은 행위들을 포함할지도 모른다. 생성적인 나의 도덕성은 누군가 무엇을 하는 것은 옳은 것을 포함하는 것이고, 무엇을 하지 않는 것은 옳지 않은 것을 포함한다는 것으로 이러한 논리는 반복적이다. 즉, 누군가 무엇을 하도록 하는 것은 옳지 않다는 것이 옳지 않다는 것이고, 옳지 않다는 것은 옳지 않기 때문이라는 식의 반복논리가 포함되어 있다.

　사람들이 어떤 행위자가 의도적으로 어떤 행위를 했는지 그렇지 않은지에 대하여 분명하게 표면적으로 판단되는 서술적 주장들의 수용 여부는 그들이 행위의 부수적 효과에 대한 확실한 규범적 주장을 수용하고 있는가에 따라 결정된다. 또 그 행위자가 하나의 확실한 결과에 기인해서 행동했는가를 판단하는 것은 그 행위자에게 도덕적 결함이 있는지 어떤지에 대한 판단에 달려 있을 수도 있다. 예를 들어, 식물이 말라 죽은 것이 탐이라는 아이가 물을 주는 것을 잊어버린 것이 원인이 될 수 있는지를 판단하는 것은 탐이 식물에 물을 주어야만 하는 의무를 갖고 있는 가에 대한 우리의 생각에 일정부분 의존한다. 이러한 주장은 특정한 상황이나 행위와 관련된 구조적 서술이 그 자체로 종종 이미 그 안에 규범적 평가를 포함하고 있을지도 모른다는 것이다.

잘 알려진 바와 같이 촘스키(1972)는 언어학적 문법의 발달 안에서 그가 '수행 performance'이라고 부르는 것과 '역량 competence'이라고 부르는 것을 구분했다. 촘스키에게서 '역량'은 개인들의 내재화된 문법을 의미한다. 그는 언어 사용에 영향을 주는 모든 다른 요인들에 대해 '실행'이라는 용어를 선호했다. 촘스키의 프레임 안에서 개인들의 언어적 직관은 촘스키적 의미의 개인의 역량을 반영할 것일 수도 있고 그렇지 않을 수도 있다.

언어학적 관점을 받아들인 도덕 이론에서 우리는 개인들의 내재적 도덕성이나 한 개인의 직관이나 행위를 결정하는 다양한 다른 요인들과 이에 대비되는 도덕적 '역량' 사이의 구분을 가정하는 것이 가능한지 어떤지를 고려할 수 있다. 언어학에서 이에 대응하는 주장은 이론적으로 풍부하게 해명되어 왔다. 도덕적 이론의 관점에서 그러한 주장은 특징적인 도덕적 역량과 1인칭 도덕성이 있다는 것을 가정하는 것에 대한 결과이다.

보편성 universals

공식화된 기본적인 언어학적 원리들을 아이들에게 정확하게 가르칠 수 없을지라도, 아이들은 타인과의 상호작용을 통해 언어를 습득한다. 이렇게 보면 인간은 그러한 원리들을 만족시키는 1인칭 문법을 획득하기 위한 선천적인 경향을 갖고 있는 것으로 보인다.

이와 유사하게 일부 도덕 철학자들은 일상적인 도덕적 직관은 확실한 비가시적 규칙들을 따른다고 주장해왔다. 일례로 도덕적 직관은 어떤 유형의 이중 효과를 반영한 것일지도 모른다.

이중효과 : 어떤 사람 X가 다른 사람 Y를 구하기 위해 고의적으로 해를 끼친 것이 (b) 만약 X에게 해를 끼치는 것이 단지 Y를 구하기 위한 시도의 의도적이지 않은 부수효과로 예견되는 것이라기보다는 (a) 만약 X에게 해를 끼친 것이 Y를 구하기 위한 수단의 일부로 의도된 것이라면 이것은 옳지 않다.

또 다른 예로 톰슨(Thomson, 1976)[10]은 어떤 일상적인 도덕적 직관은 다음과 같은 원리를 반영할지도 모른다고 제안했다.

편향 : Y에게서 기인하는 과정에 의해서보다 다른 사람에게 해를 주는 과정의 편향에 의해 X를 구하는 것이 낫다.

이러한 원리들은 일반적으로 인식되는 것도 아니고 이것은 마치 아이들에게 이것을 명확하게 가르칠 수 없다는 것과도 같다. 만약 아이들이 이것을 명확하게 배우지 않더라도 이러한 원리들을 포함하는 도덕성을 획득할 수 있다면 그것은 반드시 그것을 획득하려는 경향성을 갖고 있어야만 한다. 그리고 만약 이러한 도덕성을 획득했다면 우리는 아이들에게 자연적으로 획득할 수 있는 모든 자연적 도덕성 안에서 그러한 원리들의 발견을 기대할 수 있을지도 모른다.

또 다른 측면에서 도덕성은 임신중절과 유아 살해, 안락사, 노예 제도, 여성의 도덕 지위, 순결에 대한 남녀 차별적인 접근, 계급 제도, 인육을 먹는 문화, 육식, 일부다처제가 가능한 이유, 평등과 자유 간의 상대적 중요성, 개인 대 집단 간의 문제, 타자를 돕는 것에 대한 도덕적 요청을 어떻게 확장할 것인가, 외집단과 내집단에 대한 의무, 종교의 중요성, 기본적인 예절의 중요성, 개인적인 덕에 관련된 중요성 등과는 다르다.

언어학은 아이들이 제한적인 경험 속에서 적은 수의 매개변수를 통해서도 자신이 사용하고 있는 언어의 '핵심적 core' 구문론을 획득한다는 증거를 갖고 있다. 구문의 다른 비핵심적 측면들은 아마도 예외적으로 학습되는 것이다(Baker, 2001).

언어학적 유비는 원리와 매개변수를 포함하는 도덕성의 이론을 발달시키는 것이 가능한지 어떤지에 대한 고찰을 제안한다. 예를 들어 모든 도덕성은 다음과 같은 형식의 원리들을 수용할지도 모른다. 'G라는 집단의 구성원들에게 피해를 주지 않기 위해서 F그룹의 구성원들에게 당신의 자원을 나누어 주어라.' G와 F는 다른 것에 대하여 하나의 도덕성과 일치하지 않는다.

그렇지만 우리는 도덕적 원리들과 매개변수에 대한 생각을 하기 전에 도덕성의 다양성에 대한 분명한 생성적 설명을 할 필요가 있다.

나는 도덕성과 언어학 사이의 유비를 통해 주장되는 다양한 문제들을 서술했다. 나는 생성적 '도덕 문법' 안에 무엇이 포함되어야 하는가를 논의하고 보편적인 언어학적 문법에 대응하는 보편적인 도덕적 문법 안에 무엇이 포함되어야 하는가를 논의했다. 나는 그러한 유비에 의해서 논증되는 주장들이 충분히 다룰 만한 가치가 있다고 믿는다.[11]

1.3.2 죄책감

나는 도덕 이론가들이 죄책감과 관련된 오류들을 만들어내고 있다고 믿는다. 이때 죄책감은 민감성과 더불어 도덕적 양심을 갖는 것과 동일하고, 만약 어떤 사람이 중요한 죄책감에 대한 민감성이 결여되어 있다면 도덕적일 수 없다는 중대한 죄책감이라는 의미에서 정의된다(나는 이러한 생각들이 도덕적인 사람들이 이렇게 요구되는 중대한 죄책감에 대한 경험에 실패한 이론가들 개인의 경험을 일반화한 것은 아닌가라는 생각이 든다).

(중대한) 죄책감은 무엇을 요구하는가? 죄책감은 적어도 어떤 사람이 무엇인가 잘못된 것을 하고 있다는 죄책감에 대한 생각이나 인상을 반드시 포함해야만 한다. 죄책감을 느끼는 것은 일반적으로 이러한 것들을 포함한다. 하지만 냉혈한인 사이코패스는 중대한 죄책감을 경험하지 않고도 그러한 생각을 갖고 있을지도 모른다.

죄책감은 이것보다 더 많은 것을 요구한다. 적어도 (행위자는) 후회를 한다. 후회를 하는 행위자의 감정을 그 자체로 충분하다고는 할 수 있다. 특히 냉혈한의 사이코패스는 죄책감에 대한 사소한 거리낌도 없이 도덕적으로 잘못된 무엇인가를 했다는 후회를 할지도 모른다.

일반적으로 그 이론가들은 중대한 죄책감을 느낀다는 것은 전형적으로 더도 말고 자벌적 self-punishment이거나 깊은 수치심으로 고민하는 것을 포함한다고 주장한다(물론 깊은 수치심은 자신의 외모, 말투, 부모 또는 대통령에 대하여 수치심을 느끼는 것보다는 좀 더 일반적이다).

어떤 중대한 죄책감이나 수치심의 느낌은 다른 사람들이 옳지 못하다고 생각하거나 수치심을 느끼는 것을 자신에게 내면화한 것일지도 모른다. 중대한 죄책감 역시 옳지 못한 것에 대한 다른 사람의 외적 평가 대신에 비난과 모욕감을 내면화한 것일지도 모른다.

이것은 우리가 도덕성과 중대한 죄책감 사이의 관계에 대하여 제시된 다음과 같은 주장을 거부할 필요가 있음을 보여준다. (1) 잘못된 행동은 중대한 죄책감을 정당화한다. (2) 도덕성은 부분적으로 중대한 죄책감의 관점에서 정의될 수 있다. (3) 잘못된 행동에 대하여 중대한 죄책감을 허용하지 않는 것은 비정상적이다. (4) 잘못된 행동에 대하여 중대한 죄책감에 대한 허용 가능성은 도덕적 동기를 위한 필수조건이다.

이러한 중대한 죄책감이 도덕성의 핵심이라는 주장에 대하여 의문을 갖는 이유는 다음과 같다. 첫째, 어떤 다른 도덕적 행위자가 그러한 중대한 죄책감을 허용하지 않는다는 것을 *상상하는imagine*것이 훨씬 더 쉽다. 둘째, 일부 유명한 도덕적 모범들이 분명하게 중대한 죄책감을 가지고 있었다는 것을 허용하기는 힘든데, 니체의 초인과 아리스토텔레스의 완전하게 덕스러운 인간이 그 예이다.

게다가 나는 내 스스로가 중대한 죄책감을 허용하지 않는다. 왜냐하면 나는 내가 꽤 도덕적이라고 생각하고 많은 사람들이 나에게 자신들 또한 중대한 죄책감을 허용하지 않는다고 말하기 때문이다.

뇌의 결함을 가지고 있는 사이코패스, 나르시시스트, 그리고 아동에 대한 연구에 토대를 두고 있는 일부 경험 심리학적 증거들은 종종 중대한 죄책감의 느낌을 도덕성의 핵심으로 생각하도록 한다. 정신 병리학에 대한 헤어(R. D. Hare, 1993)의 표준적 척도는 잘못된 행동에 대한 죄책감의 결여를 포함하고 있다. 하지만 이러한 연구들로부터 내릴 수 있는 결론은 중대한 죄책감이 도덕성에 대해 핵심적이라는 것은 '모든 A가 B이다.'와 '모든 B는 A이다.'를 구분하지 못한다는 것이다. 수많은 도덕적 사람들이 죄책감을 받아들이는 것이 아니고 병리학적이며 나르시스적이거나 뇌에 손상을 입은 것이 아니다. 또 예를 들어, 사이코패스는 중대한 죄책감이 결여되어 있을 뿐만 아니라 (좀 더 중요하게는) 공감과 같은 다른 도덕적 동기도 분명히 부족하다.

이것은 또한 종종 중대한 죄책감을 갖기를 기대하는 것은 이미 한 행위가 잘못되었을지도 모른다는 것을 나타내는 방식으로 생각된다. 하지만 어떤 행위가 중대한 죄책감을 갖지 않으면서도 잘못될지도 모른다는 신념이나 생각을 갖기에 충분하다.

어떤 사람은 중대한 죄책감을 느끼지 않기 위해 옳은 것을 하도록 동기화될지도 모른다. 하지만 모든 사람이 이러한 동기를 갖는 것은 아니다. 다른 사람에 대한 배려나 옳은 것을 하는 것은 그 자체로 동기화되기에 충분하다.

물론 중대한 죄책감을 갖게 하고 이것을 표현하는 것이 잘못된 행동을 하는 사람들을 교화시키는 사회적 기능을 갖고 있다는 것은 사실이다. 하지만 도덕적 인간은 적어도 중대한 죄책감에 쉽게 영향을 받지 않아도 어떤 잘못에 대하여 정직하게 뉘우칠 수 있고 타자에 대한 공감을 표현할 수 있다.

이러한 점들은 중대한 죄책감의 의미에서 도덕성을 정의하는 것이 하나의 오류임을 보여준다. 중대한 죄책감에 대한 정당한 기준을 위반하면서 도덕적 기준을 정의하거나 누군가의 개인적 도덕적 기준을 중대한 죄책감으로 정의하는 것은 분명 잘못이다. 이러한 일반적인 오류에 대한 나의 분석은 중대한 죄책감을 도덕성과 동일시하거나 핵심적 요소로 여기는 사람들은 내성적 도덕 심리학을 죄책감에 영향을 받는 개인에 의한 일종의 경험적 통찰로 취급하는 데서 비롯된다는 것이다.

죄책감에 대한 나의 관점은 다음과 같이 정리할 수 있다. 첫째, 도덕성은 중대한 죄책감에 대한 민감성을 요구하지 않는다. 둘째, 도덕적 인간이 중대한 죄책감에 쉽게 영향을 받는다는 것은 다른 측면에서 일종의 결함을 갖고 있는 것이라고 생각한다. 셋째, 중대한 죄책감에 쉽게 영향을 받지 않으면서 (도덕적으로) 성장하는 것이 가능하다고 생각한다. 넷째, 만약 누군가 그러한 죄책감에 쉽게 영향을 받는다면 그 스스로 그러한 영향에서 벗어나는 것이 가능하다고 생각한다.

죄책감에 대한 철학적 강조는 어디에서 기인한 것인가? 나는 이것이 내성 introspection의 방법에서 기인한 것이라 생각한다. 일부 철학자들은 자신들이 가지고 있는 도덕관과 죄책감 사이의 관련성을 찾아내고, 그 관련성이 모든 사람들에게 적용될 수 있는 것이라고 생각했다. 하지만 그들은 자신들의 결론에 대한 경험 연구적인 검증 작업에는 실제로 착수하지 않았다.[12]

1.3.3 인 격

마지막으로 인격 특질에 대해 다루고자 한다. 어떤 사람이 매우 광범위하고 확고한 인격 특질에 기인한다는 주장은 매우 성급할 수 있지만 사실 그러한 인격 특질은 매우 희귀한 것으로 보인다. 만약 이러한 특질들이 모두 존재한다면 말이다. 이것은 확고한 인격 특질로서 덕을 다루는 유형의 덕 윤리학에 대하여 의문을 던지는 것이다.

사회 심리학자들은 일반적인 사람들이 중요한 사회적 요인들은 간과하는 반면, 확고한 인격이나 성격 특질에 대한 호소를 통해 행위를 설명하려는 경향을 갖고 있다는 점을 밝혀냈다. 이러한 경향은 어떤 것의 원인보다는 표상에 더 주의를 기울이는 인식론적 경향성과 관련되어 있는 것으로 보인다.

심리학자들이 종종 '확증 편향'이라고 부르는 것은 자신의 신념이나 생각과 일치하는 증거는 받아들이고 그렇지 않은 증거는 받아들이지 않는 관찰자가 갖고 있는 강력한 경향성이다(Ross and Nisbett, 1991).

특정한 세계 안에서 확고한 인격 특질이나 성격 특질에 대한 어떠한 개인차도 없음에도 사람들은 여전히 차이점이 있다고 강하게 믿고 있다. 이것은 그러한 특질로 사람들을 구분할 수 있다는 주장이 사실은 생각보다 그다지 명백하지 않다는 것을 의미한다. 사실 어떤 사람들이 다른 사람들과 구분되는 인격 특질이나 성격 특질을 가지고 있다는 주장은 '명백하게' 보일지도 모르지만 실제로는 '근본 귀인 오류'라는 우리의 경향성에 의한 것임이 밝혀졌다.

사람들은 종종 타인이 보여주는 일상적이지 않은 행위의 옳음이나 옳지 않음을 평가하는데, 이러한 평가상의 차이점을 만드는 것이 무엇인지에 대한 문제가 남아 있다. 당신이 모르는 어떤 사람이 행하는 그러한 일상적이지 않은 행위에 대하여 인식하거나 알고자 할 때, 당신은 그 사람의 행위를 어떤 좋거나 나쁜 특질에 귀인시키려는 강한 경향성을 갖고 있다.

왜 많은 철학자들이 인격에 토대를 둔 덕 윤리학을 진지하게 받아들였을까? 내성적 직관의 방법에 의존했을 때 사람들이 상대적인 종류의 인격 특질을 가지고 있다는 점은 분명해 보인다. 하지만 사회 심리학자들은 그러한 인격 특질의 존재와 철학자들이 왜 그런 생각을 하는가에 대해 의문을 던졌다. 예를 들어, 당신이 심장 쇼크를 일으킨 것으로 보이는 어떤 사람을 지나쳐버리는(사실은 그 사람의 오른쪽 옆을 걷고 있던) 신학생을 보았을 때 당신은 그 학생을 엄청나게 몰인정한 사람이라고 생각할지도 모르지만 사실 그 학생은 그저 바빴을 뿐이다.

밀그램 실험은 피험자들이 단계적으로 구성된 전기 충격을 다른 사람에게 집행하도록 설계되었다. 이 실험에서 가장 쟁점이 되는 부분은 전기 충격을 중지시키는 명확한 지점 없이 구성된 전기 충격의 단계성은 피험자가 직접적으로 명령을 받았을 때에만 다음 단계의 충격을 집행할 수 있음에도 왜 피험자가 다른 사람에게 충격을 주라고 하는 명령에 복종하는가를 설명하는 것이다(Milgram, 1974).

밀그램 실험이나 이와 관련된 실험들은 특정한 상황의 국면에서 행위자로서 개인들이 자신의 인격 특질보다는 상황의 특수성에 따라 행위한다는 것을 보여준다. 하지만 실험 설계 초기에 관찰자들은 피험자들의 비도덕적 행위의 원인이 그들이 갖고 있는 인격적 결함에 있기 때문이라고 생각하면서 피험자들의 이타적 행위나 전기 충격을 중지하려는 책임감을 느끼기를 원했다. 하지만 관찰자들의 생각은 틀렸다. 인격은 실험의 결과를 설명할 수 없었다.

이러한 증거들은 인간들을 상대적으로 협소한 특질로 구분하는 것을 가능하게 할지도 모르지만, 우리가 일반적으로 인간들이 갖고 있다고 간주하는 인격과 성격 특질의 종류에 일치하는 광범위하고 고정적인 기질들에 상응하는 특질들은 없다는 것을 보여준다(Doris, 2002; Kunda, 1999).

우리는 대응하는 인격 특질로부터 성실이나 불성실, 용기와 비겁, 동정이나 냉정의 개인적인 행위들을 구분해야만 한다. 인격이나 성격 특질의 일반적인 개념은 상응하는 종류의 행위와 더불어 상대적인 방식에 일치하는 비교적 광범위한 기질에 토대를 두고 있는 것이다. 아리스토텔레스 유형의 덕 윤리학은 통속 심리학과 공유하고 있는 부분이 있는데, 그것은 기초적인 광범위한 인격 특질을 허용하지 않는다는 것이다.

왜 많은 철학자들은 인격에 기반한 덕 윤리학을 진중하게 받아들이는가? 내성적 직관의 방법에 의하면 사람들은 어떤 종류의 인격 특질을 분명히 갖고 있는 것으로 보인다. 하지만 사회 심리학은 그러한 인격 특질의 존재와 그에 대한 철학자들의 생각에 대해 의문을 제기한다.

1.4 요 약

지금까지 내가 기술한 것은 도덕성에 대한 현대의 자연주의적 접근에 대하여 무엇인가를 말하려는 시도였다. 이러한 시도는 자연주의적 환원에 대한 좀 더 전통적인 문제들에 대한 서술을 통해 시작되었다. 그런 후에 자연주의적인 도덕 심리학 안에서 논의되고 있는 세 개의 주류적인 문제들을 다루었는데, 그것은 도덕 이론을 위한 언어적 유비의 가능성, 죄책감을 다루고 있는 도덕적 이론의 문제, 인격 특질의 비존재와 관련된 것이었다.

1 예를 들어, 브랜트(Brandt, 1954); 래드(Ladd, 1957); 스퍼버(Sperber, 1973); 스퍼버와 윌슨(Sperber and Wilson, 1986)이 있다.

2 롤즈(Rawls, 1971, section 9).

3 노직(Nozick, 1968).

4 도리스(Doris, 2010); 시놋-암스트롱(Sinnott-Armstrong, 2008a).

5 하만(Harman, 1963).

6 데이빗슨과 하만(Davidson and Harman, 1972)을 참고하라.

7 풋(Foot, 2001); 허스트하우스(Hursthouse, 1999); 톰슨(Thomson, 2008a).

8 흄과 스미스의 이러한 차이점에 대해서는 하만(Harman, 2000b)을 참고하라.

9 일례로 챈(Chan, 2008)을 살펴볼 수 있다.

10 하지만 그 후에 발표된 그의 논문(2008b)을 보아라.

11 이에 대한 좀 더 자세한 논의와 참고는 로이더와 하만(Roedder & Harman, 2010)을 참고하라.

12 이에 대한 진전된 논의는 하만(Harman, 2009)과 말리(C. Maley)의 발표되지 않은 논문인 "Against Guilt-Free Morality"를 참고하라.

제2장

규범성과 이유 :
규범적 자연주의에 반대하는 파핏의 5가지 논증

David Copp

제2장

규범성과 이유 :
규범적 자연주의에 반대하는
파핏의 5가지 논증

David Copp

도덕적 자연주의자들과 비자연주의자들은 모두 도덕적 속성이 있다는 것에 동의하는 도덕 실재론자이다. 예를 들어, 그들은 어떤 행위가 도덕적으로 옳거나 옳지 않은 행위의 속성을 가질 수 있고, 사회구조 또한 정의롭거나 정의롭지 못한 속성을 가질 수 있다는 점에 전적으로 동의한다. 자연주의자와 비자연주의자들은 도덕적 사실이 있다는 점에도 마찬가지로 동의한다. 그들은 고문이 도덕적으로 옳지 않은 이유는 고문이 도덕적으로 옳지 않다는 사실에 기인하기 때문이라고 생각한다. 이 글은 반자연주의자들의 입장은 잠시 미뤄두고 자연주의자와 비자연주의자들 사이의 논쟁을 다룰 것인데, 자연주의자와 비자연주의자들 또한 자신들의 입장을 구분하는 데 동의할 것이다.[1] 자연주의자와 비자연주의자들은 도덕적 속

*　　이 글의 초고에 대해 유용한 코멘트를 해준 밴도르프(Adam True Bendrof), 덴시, 맥너턴, 누세텔리, 파핏, 세이, 그리고 스미스에게 감사의 말을 전하고 싶다. 또한 이 글에서 다루고 있는 생각들을 함께 논의했던 윤리학과 관련된 주제들을 다루는 Davis 모임의 구성원들에게 감사의 마음을 전한다. 더불어 이 글의 또 다른 버전을 출판해준 코렐 대학의 모든 관계자들에게도 감사의 마음을 전한다.

성과 사실들의 본성에 대해서는 서로 입장을 달리한다. 거칠게 보면, 자연주의자들은 도덕적 속성과 사실들을 (다른) 자연적 속성과 사실들이 형이상학적·인식론적으로 갖고 있는 모든 중요한 측면과 유사하다고 생각한다. 나는 비자연주의자들이 일차적으로 이러한 생각을 부정한다고 생각하는데, 왜냐하면 그들은 자연주의가 도덕적 속성과 사실들의 *규범성normativity*을 설명할 수 없다고 생각하기 때문이다.

물론 일부 자연주의자는 도덕적 속성과 사실들이 규범적이라는 것을 부정할지도 모른다. 그리고 이에 대한 근거로서 도덕적 속성과 사실에는 규범성과 유사한 어떠한 점도 없다고 주장할 것이다. 하지만 나는 이러한 주장을 그다지 추천하고 싶지 않을 뿐만 아니라 이에 대한 논의는 잠시 미뤄둘 것이다. 예를 들어, 고문이 옳지 않다는 것은 적어도 어떤 의미에서는 규범적이기는 하지만 고문이 널리 퍼져 있다는 것 자체가 규범적이지 않다는 점은 명백한 사실로 보인다. 더욱이 이러한 차이점이 적어도 옳지 않음의 속성이 널리 퍼져 있음의 속성과는 다른 측면에서 기인한다는 것은 분명해 보인다. 나는 이 글의 목적을 위해 필요한 경우 자연주의자들이 도덕적 속성과 사실들이 규범적이라는 비자연주의자들의 주장에 동의한다는 주장을 전개할 것이다. 비자연주의자들은 이러한 사실과 속성을 구성하는 규범성이 무엇인가에 대하여 동의하지 않을지도 모르지만, 그들은 어떤 의미에서는 규범적이라는 나의 주장에 동의할 것이다. 만약 내가 옳다면 자연주의와 비자연주의자들의 근본적인 쟁점은 자연주의가 규범성을 설명할 수 있는지 어떤지의 문제와 관련되어 있다.

나는 이 글에서 덴시 Jonathan Dancy(2006), 맥너턴 David McNaughton, 그리고 롤링 Piers Rawling(2003)의 입장을 따르고 있는 파핏(2011)이 최근에 자연주의에 제기한 다섯 개의 논증을 검토할 것이다. 파핏의 논증은 자연주의가 규범성을 설명할 수 없음을 보여주기 위한 것이다. 이 논증을 이해하는 데 필요할 뿐만 아니라 이 논증의 성패를 좌우하는 것이 무엇인지를 알기 위해서는 자연주의자들과 비자연주의자들이 '자연적 natural' 속성이나 사실을 어떻게 이해하고 있는가를 파악할 필요가 있다. 더불어 어떤 속성이나 사실의 '규범성 normativity'이 무엇인가에 대해서도 이해해야 한다. 이를 위해 나는 2.1절에서는 자연적 사실의 개념을, 그리고 2.2와 2.3절에서는 규범성의 개념을 다룸으로써, 파핏이 제기한 다섯 개의 논증에 대한 전체적인 윤곽을 제시할 것이다. 그리고 2.4절에서는 규범성에 대한 나의 핵심적 설명을 제시하고 이를 통해 그 논증들의 문제점을 분명히 보여줄 것이다. 그리고 이어지는 2.5~2.9절에서는 파핏이 제기한 논증들의 문제점을 구체적으로 비판할 것이다. 이러한 일련의 과정을 통해 자연주의는 규범성을 설명할 수 없다는 파핏의 논증이 오류임을 보여줄 것이다.

2.1 자연적 사실과 자연적 속성

이번 절에서 나는 자연주의자들과 비자연주의자들 사이에서 일어나고 있는 핵심적인 논쟁이 무엇인가를 설명하려고 한다. 왜 그 논쟁이 철학적으로 문제가 될까? 나는 우선 자연적 사실과 속성의 개념을 명료화할 것이다. 그리고 결론적으로 자연주의자들이 어떻게 그 논쟁을 해결할 수 있는가를 설명할 것이다. 자연주의만이 보여줄 수 있고 비자연주의자가 보여줄 수 없는 것은 무엇일까?

이 논쟁에 참여하는 참가자들은 모두 자연적 속성이 있다는 점에 동의할 뿐만 아니라 도덕적 속성이 있다는 점에도 동의한다. 하지만 그러한 자연적 속성의 종류가 무엇인지에 대해서는 서로 불일치를 이룬다.[2] 이러한 방식으로 보면, 두 입장 사이의 불일치는 사실상 거의 분류상의 문제로 보일지도 모른다. 하지만 거기에 는 그 이상의 문제가 포함되어 있다. 이 논쟁의 본질을 이해하기 위해서 우리는 지 극히 철학적인 문제로 보일지도 모르는 결정적인 무엇인가를 살펴볼 필요가 있다. 자연주의자들은 도덕적 속성이 자연적 속성이라고 주장하기는 하지만 그것이 무 엇을 의미하는가는 분명하지 않다. 뿐만 아니라 더 중요하게는 철학적으로 자연 주의자들이 옳은지 그른지가 왜 문젯거리인지 분명하지 않다.

이미 언급한 것처럼, 도덕적 속성과 사실의 규범성을 자연적으로 설명할 수 있 는지가 근본적인 문제라고 생각한다. 비자연주의자들은 철학적으로 중요하고 심 오한 방식에서 도덕적 속성과 사실의 규범성은 자연적 속성으로부터 분리되어야 한다는 입장을 고수한다. 왜냐하면 그들에게 규범적인 것은 자연적 속성과 사실 과는 다른 형이상학적·인식론적 범주에 속하기 때문이다. 어떠한 형태의 비자연 주의라도 이러한 생각을 배후에 깔고 있다. 자연주의자들은 도덕적 속성과 사실 이 비규범적 속성과 사실과는 구분된다는 점에 동의한다. 하지만 그럼에도 이러 한 도덕적 속성과 사실들의 규범성이 자연적으로 설명될 수 있다는 입장을 유지한 다. 비록 도덕적 속성과 사실이 규범적이라고 할지라도 자연주의자들에게 이러한 속성이 철학적으로 근본적인 방식에서 형이상학적·인식론적으로 구분된다는 의미는 아니다.

관련하여 몇 개의 비유를 생각해보자. 생물학자들은 유기체는 무기체와는 '선 천적으로 다르거나', '본질적으로 다른' 것이라고 주장한다.[3] 그들은 유기체의 속 성은 무기체의 실체와 구분되거나 무기체의 물리적 속성을 배제할 때 결정적으로 드러난다고 주장한다. 물론 이러한 주장에 반대하는 사람들은 이를 인정하지 않 는다. 이원론자들은 고통에 빠져 있는 것과 같은 특수한 의식적 경험 상태를 포함하는 정신 상태는 한 인간이 가지고 있는 물리적으로 전혀 이해할 수 없는 상태로 물리적 상태와는 근본적으로 구분되는 전혀 다른 상태라고 주장한다.[4] 이원론에 반대하는 사람들은 정신 상태를 물리적으로 이해하려는 시도는 배제되어야 한다는 주장을 수용하지 않는다. 나는 자연주의자들과 비자연주의자들 사이에 일어나고 있는 논쟁이 물리주의의 타당성에 대한 논증보다는 자연주의의 타당성에 대한 논증의 종류와 유사하다고 생각한다. 이러한 논증은 도덕적 속성의 규범성이 하나의 자연적 현상이나 자연적으로 설명될 수 있는가에 관한 것인데 이것을 '자연주의적 설명의 문제 naturalistic explanatory issue'라고 부르자.[5] 규범성을 설명하는 데 핵심적 배경은 어떤 사실이나 속성이 어떻게 규범적이 되는가를 설명하는 것이다. 왜냐하면 이러한 배경 문제를 어떻게 규정하느냐에 따라 자연주의적 설명의 문제가 규정되기 때문이다.[6]

　이 문제를 이해하기 위해서 우리는 자연적 현상 natural phenomenon의 개념을 이해할 필요가 있다. 무어 G. E. Moore가 생각하기에 도덕적 자연주의의 고유한 논제는 '도덕적 속성은 자연적 속성이다.'라는 주장이다.[7] 무어는 자연적 속성의 개념을 설명하기 어렵다는 점(실제로 무어도 혼란스러워했다)을 『윤리학 원리』의 두 번째 판의 서론에서 드러냈을 뿐만 아니라, 자신에게 제기된 '비판에 대한 반론'에서 "희망이 보이지 않을 정도로 혼란스럽다."라고 표현했다(Moore, 1993a[1903], p.13; Moore, 1968, p.582). 그럼에도 그가 『윤리학 원리』에서 도덕적 자연주의에 대하여 최초로 내린 정의는 여전히 막강한 영향력을 행사하고 있다. '자연주의적 윤리학 naturalistic ethics'에 따르면 무어는 "윤리학은 경험적이거나 적극적인 과학이다. 이것의 결론은 경험적 관찰과 귀납법의 수단을 통해 모두 세워질 것이다."라고 말하였다 (Moore, 1993b[1903], section, 25, p.91). 그리고 그는 자신의 의미하는 '자연'은 '자연과학이나 심리학의 주제'라는 점을 덧붙였다(section 26, p.92).

많은 사람들이 무어의 논지를 쫓아 과학의 주제에 의해 언급되는 자연적 속성이나 사실의 개념을 설명하려고 시도하였다. 예를 들어, 파핏은 "하나의 일반적 정의에 대해서 만약 어떠한 사실이 자연과학이나 사회과학을 연구하는 사람들에 의해 탐구되거나 논의된다면 이러한 종류의 사실은 자연적이다."[8]라고 언급했고, 쉐이퍼-란다우 Russ Sharfer-Landau는 도덕적 속성이 "자연과학이나 사회과학의 완전한 유형 안에서 무기한으로 드러날지도 모른다."라는 주장으로 자연주의자들을 특징지었다.[9] 이러한 정의를 '자연주의적 학문 분야의 문제 naturalistic disciplinary issue'라고 부르자.

이처럼 자연주의적인 학문 분야를 규정하는 것과 관련하여 제기될 수 있는 첫 번째 문제는 여러 종류의 사실과 속성들이 자연적이 된다는 것이 반드시 과학적 탐구를 통한 것이 아닐 수도 있다는 것이다. 일례로 1966년식 캐딜락보다 무게가 더 나가는 속성을 가질 수 있다. 또 예리한 칼이 갖고 있는 속성, 그리고 9월에 태어났다는 것의 속성과 자갈이 되는 것의 속성도 그런 경우다. 이러한 예를 드는 것은 결코 어렵지 않다. 엔지니어링은 일반적으로 과학과 구분되지만 엔지니어링에 대하여 흥미를 갖는 것은 그럴듯하게 자연적인 것이 될 수 있다. 예를 들어, 완충다리가 되는 것의 속성에 대해서 생각해보자. 비자연주의자들은 규범성을 엔지니어링이 갖고 있는 속성의 의미나 앞서 내가 이와 유사한 것으로 제시한 여러 종류의 예시들의 의미로 이해할 수 있다는 생각을 거부할 것이다. 물론 이러한 속성들이 과학에서 흥미로운 주제가 아니라는 사실에 대한 근본적인 문제를 언급하는 것이다.

자연주의적 학문 분야를 규정하는 것과 관련하여 제기되는 두 번째 문제는 과학과 과학 이외의 다른 시도들 사이에 분명한 경계가 설정되어 있지 않다는 것이다. 윤리적 문제들은 종종 사회과학을 통해 탐구된다. 예를 들어, 경제학자들은 분배 정의에 관한 이론을 연구한다.[10] 우리가 이러한 경제학의 영역을 비과학적인 문제를 다루고 있는 것으로 정당화할 수 있는가는 분명하지 않다. 역사가들 또한 종종 자신들의 연구에서 도덕적 판단을 내리는데, 이때 역사가 사회과학인지 아닌지를 문제 삼는 것 또한 어딘가 애매한 부분이 없지 않다.[11] 윤리학을 하나의 과학으로 보는 것이 일면 애매하기는 하지만 왜 그것이 문제가 되는지는 분명하지 않다. 내가 말하고자 하는 것은 분명 규범성을 자연주의적으로 설명할 수 있는가에 대한 것이지 과학적으로 설명할 수 있는가에 대한 것은 아니다.

이러한 이유로 나는 우리가 자연주의적인 학문 분야의 문제를 폐기할 수 있다고 생각한다. 무어는 윤리적 결론은 "경험적 관찰과 귀납적 방법론을 통해 모두 정립될 수 있다."라는 언급이 자연주의자들을 이해하기 위한 더 나은 접근법이라고 제안했다. 우리는 이 지점에서 무어가 도덕적 자연주의에 대하여 하나의 인식론적 정의를 제안하고 있음을 알 수 있다. 이러한 정의에 따르면 윤리적 지식은 *경험적empirical*이거나 무어의 언급처럼 '경험적 관찰과 귀납적 방법'에 토대를 두고 있다. 물론 우리가 선험적인 개념적 지식이나 분석적인 도덕적 진리들을 가지고 있음을 부정하는 것이 자연주의의 일부는 아니다. 따라서 자연주의자들은 도덕적 사실이든 어떤 지식이든지 간에 우리가 갖는 있는 정당화된 종합적 신념은 경험을 통해 그리고 경험 안에서 형성된 것으로서 본질적인 도덕적 진실은 경험적이라는 입장을 유지할 것이다. 더욱이 도덕적 속성은 어떤 지식이나 우리가 가지고 있는 정당화된 신념이 경험 안에 있는 것이고, 그것들을 예증하기 위한 부분은 실제로 경험적인 방법을 통해서 가능한 것이다. 또는 한걸음 더 나아간 자연주의자들은 우리가 본질적인 도덕적 지식들이나 정당화된 종합적 신념을 갖거나 가질 수 있지만, 그러한 도덕적 지식이나 정당화된 신념은 선험적이지 않다는 입장을 택하게 될지도 모른다.[12] 이러한 입장을 자연적인 것에 대한 '경험적 개념 empirical conception' 이라고 부르자.

나는 자연주의와 비자연주의 사이의 근본적인 불일치는 '자연주의적 설명의 문제'와 관련되어 있다고 생각한다. '자연적'인 것에 대한 경험적 개념의 문제는 규범성이 경험적 현상인가에 대한 것이다. 이때, 자연주의자들은 경험적 개념에 대해 도덕적 속성과 마찬가지로 규범적이 되는 것의 속성 또한 자연적이거나 경험적이라는 주장을 방어할 필요가 있다. 하지만 자연주의자들이 만족스러운 방식으로 자연주의적 설명의 문제를 다루기 위해서는 단지 이러한 주장을 방어하는 차원을 넘어서야 한다. 그들은 하나의 사실이나 속성이 어떤 호소나 참조, 명시 없이 규범적으로 된다는 것이 무엇인지를 설명할 필요가 있다. 그리고 다시 규범성에 대한 설명에서 어떤 비경험적인 사실이나 속성을 넘어서는 호소나 참조, 명시 없이 어떤 것이 옳지 않다는 것과 같은 도덕적 속성을 갖게 되는 것이 무엇인지 설명해야만 한다.

스터전 Nicholas Sturgeon은 개별적인 도덕적 속성을 M, 그리고 하나의 자연적 속성을 N이라고 할 때, 자연주의자들은 M은 N과 동일하다는 즉, 도덕적 속성은 자연적 속성이라는 사소한 명제조차도 위반하고 있다고 강조한다. 만약 M이 하나의 자연적 속성이고 M이 그 자체와 동일한 것이라면, M이 어떤 자연적 속성과 동일하다는 것은 즉, 그 자체라는 것이다(Strugeon, 2006, p.98). 우리는 하나의 자연적 속성은 규범성을 갖고 있는 도덕적 속성과 동일하다는 자연주의자들이 누락한 원칙을 추가할 수 있을지도 모른다. 물론 이것은 만약 하나의 자연적 속성이 규범적이 되는 것이 그 자체에 대하여 동일한 것이라면, 규범적인 된다는 것의 속성은 어떤 자연적 속성과 동일한 것 즉, 그 자체인 경우이다.

그러나 나는 종종 자연주의자들이 자연주의적 설명의 문제를 해결하기 위해 하나의 속성과 사실이 규범적이 된다는 것이 무엇인지를 설명하고자 할 때, 실질적이고 철학적으로 만족스러운 설명을 해야만 한다고 주장했다. 자연주의자들 또한 옳지 않다는 것과 같은 하나의 도덕적 속성을 갖는다는 것이 무엇인지를 설명하기 위한 실질적이고 철학적으로 만족스러운 설명을 제시할 필요가 있음을 인정하고 있다고 믿는다. 이를 위해 나는 자연주의자들이 "규범적이 된다는 것은 N이 된다는 것이다."라는 명제와, 이때 'N'은 하나의 자연적 속성에 의하여 정립된 용어로 대체 가능하다는 중요하고 설명적이고 철학적으로 흥미로운 명제를 이상적으로 방어해야 한다고 생각한다. 또 자연주의자들이 도덕적 속성을 갖는다는 것을 설명하기 위한 실질적이고 철학적으로 만족스러운 설명을 제시할 때 "M이 된다는 것은 N*이 된다는 것이다."와 이때 'N'은 '옳지 않음'처럼 도덕적 단정이나 하나의 도덕적 속성에 의하여 정립되는 용어로 대체 가능하다는 명제 역시 방어할 수 있다고 믿는다.[13] 만약 철학적으로 충분한 방식으로 자연주의적 설명의 문제 해결을 목적으로 한다면 이때, 도덕적 자연주의는 반드시 '환원적 reductive'이어야만 한다.[14]

이러한 종류의 환원적 자연주의는 "규범적이 된다는 것은 N이 된다는 것이다." 그리고 "M이 된다는 것은 N*이 된다는 것이다."라는 형태의 결정적 진술들이 분석적이거나 개념적 사실들이라는 더 진전된 논제를 위반하는 것은 아니다. '분석적 analytic 자연주의' 역시 이러한 진전된 논제를 받아들이지만 자연주의와 마찬가지로 이를 위반하는 것은 아니다. 이러한 이유로 나는 환원적 자연주의의 한 유형으로 결정적 진술들이 분석적이거나 개념적 사실들은 아니라고 주장하는 '비분석적 non-analytic 자연주의'에 초점을 맞출 것이다.

자연주의적 설명의 문제를 해결하기 위한 그 다음 포인트는 자연주의자들이 속성－동일성 형태의 진술을 넘어서는 실질적이고 철학적으로 만족스러운 설명을 제시하고 방어하기 위해서 요구되는 설명을 제시하기 위해 필요하다. 비자연주의자들은 그러한 문장들이 사실이 아니라는 점을 논의할 필요가 있다. 그들은 속성－동일성 진술을 넘어서는 진술들이 사소한 것이거나 오류(여기에는 중요하거나 참은 없다)임을 반드시 보여주어야만 한다. 또 그러한 종류의 속성－동일성 진술들에 대한 철학적 설명이 왜 문제가 되는지도 반드시 보여주어야만 한다.

그러나 규범성에 대한 만족스러운 자연주의적 설명이 없다는 비자연주의자들의 논증이 성공했다고 가정해보자. 비자연주의가 옳다는 것이 규범성이 근본적으로 분석 불가능하고 선험적이라는 입장과 자연주의의 입장이 일치한다는 것을 지지하는 것은 아니다. 비록 규범성에 대한 철학적으로 만족스러운 설명이 없다고 할지라도, 도덕적 속성이 규범적으로 되는 것의 속성을 갖고 있는 것처럼 도덕적 속성이 자연적 속성이라는 것은 여전히 사실일지도 모른다. 스터전이 제시한 이러한 종류의 비환원적 자연주의는 사실일지도 모른다. 하지만 문제는 자연주의가 진실인지 어떤지보다는 만약 우리가 만족스러운 방식으로 자연주의적 설명의 문제를 해결하고자 하는 목적을 포기한다면, 우리 스스로 비환원적 자연주의를 방어하는 것에 한계를 드러내게 된다는 것이다.

이번 절에서 나는 자연주의자들과 비자연주의자들 사이의 논쟁을 주로 철학적 입장을 통해 다루었는데, 왜냐하면 그러한 논쟁이 어떤 속성이나 사실이 규범적인 된다는 것이 무엇인지를 설명하기 위한 중요하고 배경적인 문제이기 때문이다. 자연주의적 설명의 문제는 규범성이 자연주의적으로 설명될 수 있는가에 대한 문제이다. 이것은 특정한 유형의 환원적 자연주의를 방어할 수 있는지 어떤지에 대한 중요한 물음을 제기한다. 나는 환원적 자연주의를 분석적 환원주의와 비분석 환원주의의 두 종류로 구분하였다. 철학적으로 본질적이고 흥미로운 논쟁거리인 속성−동일성 진술에 대한 환원적 입장을 방어하고 이를 통해 자연주의적 설명의 문제를 해결하기 위해서는, 두 가지 종류의 환원주의를 모두 다루어야 한다. 하지만 비분석적 자연주의는 이러한 동일성 주장들이 분석적이거나 개념적 사실이라는 더 진전된 논제를 위반하지 않기 때문에 더 쉽게 방어할 수 있다. 이제 핵심물음은 특정한 유형의 비분석적 자연주의를 방어할 수 있는가에 대한 것이다.

2.2 규범적 사실과 규범적 속성

규범적 사실과 속성은 종종 '규정적 prescriptive'이거나 '행위−지침 action-guiding' 또는 '명령적 authoritative'인 것으로 언급되기도 하지만, 이러한 용어들은 그다지 유익하지 않을 뿐만 아니라 규범성의 속성에 대한 어떠한 합의도 담고 있지 않다. 우리는 도덕적 사실과 속성이 갖고 있는 여타의 속성들로부터 규범적 속성을 구분해 볼 필요가 있다. 문제는 도덕적 속성들의 규범성을 구성하거나 그 안에 무엇이 포함되어야 하는가에 대한 근본적인 불일치가 있다는 것이다. 이러한 점 때문에 자연주의적 설명의 문제는 방어하기가 어렵고, 철학자들은 종종 이 문제를 의도적으로 회피하는 듯한 언급을 하기도 한다. 비자연주의자들은 하나의 도덕적 사실이 규범적이 된다는 것은 반드시 어떠한 특정한 특징을 가져야 하는 것이라고 주장할지도 모르지만 자연주의자들은 이를 부정한다. 자연주의자들은 도덕적 속성이 갖고 있는 어떠한 특징을 설명하기 위해 총력을 기울일 것이다. 그리고 비자연주의자들은 자연주의자들이 이러한 설명을 할 수 있다는 것에는 동의할지도 모르지만, 그러한 설명이 도덕적 속성의 규범성을 설명할 수 있다는 것을 부정하기 위해 총력을 기울일 것이다. 규범성의 개념에 대한 합의가 어렵다는 것은 자연주의적 설명 문제에 대한 논쟁이 좌절되거나 결론이 나지 않을 수도 있음을 의미한다.

더욱이 도덕성이 단지 우리가 찾고 있는 규범적 속성과 사실의 영역으로만 구성되는 것은 아니라는 점은 분명하다. 정당화된 신념에 대한 사실이나 행위들의 대안을 선택하기 위한 도구적 이성들에 대한 사실 등을 포함하는 많은 종류의 비도덕적 사실들이 규범적일 수 있다. 예를 들어, 자기 자신의 전도유망한 미래에 대하여 충분한 관심을 기울이는 것은 그 자체로 타당한 근거를 갖는 실천 이성의 요구다. 자연주의자들은 일반적으로 단지 도덕적 속성과 사실의 규범성뿐만 아니라 규범성의 일반적 의미에 대한 해명을 원할지도 모른다. 게다가 그것은 단지 도덕성이 하나의 자연적 현상인지 아닌지에 대한 것일 뿐만 아니라 *규범성normativity*이 하나의 자연적 설명인지 아닌지에 대한 것이다. 우리는 단지 도덕적 자연주의뿐만 아니라 규범적 자연주의의 타당성과도 관련되어 있다.

'엄격하게 규범적인' 도덕적 사실들이 어떻게 다른 종류의 규범적 사실들과 구분되는가에 대해서는 의견이 분분하다. 일부의 견해는 규범성의 토대로서 실천 이성을 제시한다. 이러한 견해를 따르면 도덕적 요구는 오로지 실천 이성의 요구일 때에만 규범적이다. 다른 견해를 가진 사람들은 도덕성을 규범성의 정수로 여긴다. 이러한 견해를 따르면 만약 두 개의 요구 사이에서 갈등하는 상황에서 도덕적 요구는 실천 이성의 요구를 넘어서는 것이다. 또 다른 관점에서는 도덕성을 합리성과 동등한 것으로 간주한다. 이러한 관점에서는 도덕적 요구가 비록 실천 이성의 요구와 갈등한다고 할지라도 또 실천 이성에 의해서 요구되는 무엇인가를 넘어설지라도 규범적이다. 이처럼 엄격한 규범성에 대한 논의는 자연주의적 설명의 문제를 더욱 혼란스럽게 한다. 자연주의자들은 도덕적 사실이 하나의 확실한 특징을 갖는다고 주장할 것이다. 그리고 비자연주의자들은 이러한 특징을 갖는 방식을 통해 규범적이 된다는 것에는 동의하겠지만 도덕적 사실과 규범성과의 엄밀한 비교를 통해 경쟁적인 종류의 규범성을 주장할 것이다.

이 글에서 규범성의 개념 자체를 심도 깊게 살펴볼 수는 없다. 나는 이미 다른 글을 통해 규범성의 개념을 살펴보았기 때문에 내 스스로 이 문제를 반복하여 언급하고 싶지 않다.[15] 그러나 어쩌면 우리는 규범성의 정의에 대해 다소 거칠기는 하지만 내가 '*관련성 정의relevance characterization*'라고 부르는 다음과 같은 정의에 동의할 수 있을지도 모른다.

하나의 규범적 사실은 우리가 무엇을 해야 하는지 또는 무엇을 선택해야 하는지에 대한 우리의 결정에 직접적이고 본질적으로 관련되어 있다. 이러한 규범적 사실의 내용 덕분에 이것은 우리의 결정이나 선택을 이끌거나 안내한다.

물론 이러한 정의는 애매한 부분도 있고 좀 더 명료화할 필요가 있다. 즉, 정확히 어떤 종류의 규범적 사실이 결정이나 선택과 관련되어 있는지에 대해서나 규범적 사실이 결정이나 선택을 이끌거나 안내한다는 것이 정확하게 무엇을 의미하는지에 대해서는 어느 정도 논의의 여지가 남아 있다.[16]

하지만 우리는 관련성 정의를 규범적 속성의 개념을 설명하는 데 이용할 수 있다. 고문이 도덕적으로 옳지 않다는 사실을 생각해보자. 이러한 사실은 분명 어떤 사람에게 고문 행위를 할 것인가를 결정하는 것과 고문을 지지하는 입장을 표명할 것인지를 선택하는 것과 관련되어 있기 때문에 관련성 정의에 따르면 이것은 규범 적이다. 중요한 점은 이러한 사실이 고문의 *옳지 않음wrong*을 구성한다는 것이다. 고문이 널리 퍼져 있다라는 사실은 규범적이지 않고 이러한 사실은 고문은 옳지 않다는 사실과 중요한 차이점을 갖는다. 후자의 사실이 고문의 옳지 않음wrongness 에 대한 것인 반면에, 전자의 사실은 고문의 널러 펴져 있는 상태being에 대한 것이 다. 따라서 고문이 옳지 않다는 사실을 규범적인 것으로 볼 수 있는 이유는 고문이 옳지 않음의 속성으로 구성되어 있다는 사실 때문이다. 이러한 의미에서 옳지 않 음은 하나의 규범적 속성이다.[17]

자연주의자들과 비자연주의자들은 서로 다른 방식으로 관련성 정의를 해석 할지도 모른다. 덴시가 제시한 예처럼, 어떤 행위 A가 누군가의 복지를 감소시키 지 않으면서도 많은 사람들을 복지를 더 증진시킬 수 있다고 가정해보자(Dancy, 2006, p.134). 이러한 사실은 A를 해야 할지 어떨지를 결정하는 것과 직접적인 관련성 을 갖고 있는 것으로 보인다. 비록 이러한 사실이 분명하게 자연적 사실이라고 할 지라도 만약 관련성 정의를 통해 규범성으로 설명될 수 있다면 이것은 규범적인 것이다. 자연주의자들은 이러한 점에 안도할지도 모른다. 그러나 덴시는 이러한 종류의 사실은 직관적으로 비규범적이고 더욱이 이러한 종류의 사실들을 규범적 인 것으로 간주하는 것은 "비자연주의자들이 자연적 사실은 규범적인 사실이 될 수 없다고 할 때 이것이 어떠한 결론을 가져오는지"를 보여주는 데 전혀 도움이 되 지 않는다고 언급했다(Dancy, 2006, p.143, n. 9, p.134). 이어서 그는 관련성 정의가 사실들 의 규범성에 대한 충분조건이 아니라 최선의 필요조건을 제시하는 것이라고 언급 했다. 하지만 다른 측면에서 보면 덴시가 제시한 예는 왜 자연주의자와 비자연주 의자들이 서로 다른 방식으로 관련성 정의를 해석하고 있는가를 보여준다. 비록 이러한 종류의 사실이 무엇을 해야만 하는가와 같이 어떤 결정과 관련된 물음이라고 할지라도 비자연주의자들은 이것이 A를 하는 것이 옳다는 사실처럼 규범적인 사실들의 직접적이고 직관적인 방식과는 관련이 없다고 주장할 것이다.[18]

덴시에게 핵심적인 규범적 사실들은 무엇을 해야만 하는가 또는 무엇을 해야만 하는 이유에 대한 사실들이다. 자연주의자들은 "규범적 사실들은 직면한 실천적 관련성(타당성)에 책임을 져야 한다; 규범적 사실들은 무엇을 해야만 하는가라는 물음에 대하여 분명하게 대답해야 한다(Dancy, 2006, p.136)." 비규범적 사실들은 규범적으로 상대적일 수 있지만 무엇을 해야만 하는가라는 물음에 대한 대답을 하는데 비규범적 사실들을 참고하는 것은 가능하다. A를 하는 것이 누군가의 복지를 감소시키지 않으면서도 더 많은 사람들의 복지를 증진시킬 수 있다는 사실을 생각해보자. 이러한 사실은 A를 해야만 하는 이유나 A를 해야 하는 이유가 될 수 있다. 분명하지는 않지만 앞서 제시한 방식을 통해 나는 당신에게 무엇인가를 해야만 한다고 말할 수 있을지도 모른다. 그러나 이러한 사실들을 그 자체로 규범적이라 할 수는 없는데, 왜냐하면 무엇을 해야 하는가라는 질문에 대하여 분명하고 직접적인 대답을 제시하는 것이 아니기 때문이다. 하지만 이러한 사실들에 대하여 *about* 어떤 사실들은 규범적이다. 그것은 하나의 사실로 간주되는 F라는 메타사실인데 이것은 누군가 A를 해야만 하는가 또는 A를 해야 하는 이유 중 하나를 통해 행위 A에 대한 규범적 관계 안에서 정립된다. 덴시는 이러한 종류의 메타사실들은 "모든 다른 규범성을 이해하기 위해 참고하는 핵심적인 규범적 사실"이라고 제안했다(Dancy, 2006, p.137). 이러한 종류의 개별적인 메타사실은 좀 더 기본적이고 단순한 규범적 사실들이 무엇을 해야만 하는가 또는 무엇을 해야 하는 이유는 무엇인가에 대한 것처럼 무엇을 해야 하는가에 대한 직접적이고 명백한 대답을 제공한다.[19] 나는 덴시의 이러한 설명을 '명백한 대답'으로 명명하고 이를 참고할 것이다.

　내가 덴시의 설명을 참고하기는 하지만 그의 설명은 사실 그다지 만족스럽지 않다. 그의 주장에 대한 다음과 같은 두 개의 문제 제기가 그 이유라고 할 수 있다. 첫째, 만약 엘리스가 빌에게 무엇을 해야 하는가에 대해 물었다면 가장 직접적이고 분명한 대답은 'A를 해'라는 명령 형식의 대답(R. M. Hare, 1952, section Ⅰ.Ⅰ 참고)이다. 만약 빌이 "너는 도덕적으로 A를 해야만 해." 또는 "네가 A를 해야만 하는 타당한 이유가 있어."라고 대답한다면, 엘리스는 빌이 "B를 하는 대신에 A를 해야 한다." 라고 생각한다고 상상할지도 모른다. 덴시는 무엇을 해야 하는가라는 물음에 대한 가장 명백하고 직접적이고 실질적인 대답은 언제나 규범적 주장이라고 응답했다.[20] 하지만 만약 빌이 "A를 하는 것이 어떤 사람의 복지를 감소시키지 않으면서도 더 많은 사람들의 복지를 증진시킬 수 있어."라고 말한다면, 그의 대답은 만약 그가 "너는 도덕적으로 A를 해야만 해."처럼 명백한 규범적 대답을 하는 것보다는 덜 명백하고 직접적이지도 않으면서 분명치 않은 것으로 생각될 것이다. 각각의 경우에서 엘리스는 '하지만 B를 하는 대신에 A'라고 빌이 생각하고 있다고 상상할 수 있다. 둘째, 하나의 진술이 어떤 물음에 대한 직접적 대답인지 어떤지는 그 질문과 대답이 어떻게 형성되는가formulated에 달려 있는 것이지 단순히 그 대답이 참고하고 있는 사실이 무엇인가에 달려 있는 것이 아니다. 당신이 나에게 무하마드 알리Muhammad Ali가 태어난 곳을 질문했다고 가정해보자. 만약 내가 카시우스 클레이Cassius Clay가 미국에서 태어났다고 대답한다면, 비록 알리가 미국에서 태어났다는 사실과 클레이가 미국에서 태어났다는 사실이 동일하다고 할지라도 나는 당신의 질문에 직접적이고 명백하게 대답한 것이 아니다. 이러한 이유로 덴시의 설명은 충분하지 않다. 나는 이 두 번째 문제에 초점을 맞추고자 한다.

파핏은 "규범성은 이유나 명시적 이유를 포함하는 것으로 이해하는 것이 최선이다(Parfit, 2011, v.Ⅱ, p.269)."라는 입장을 고수하면서, 자신이 사용하는 대부분의 '규범적'인 개념은 그가 '이유-함축적 의미 reason-implying sense'라고 부르는 것임을 밝힌다(v.Ⅱ, p.310). 그는 "내가 *이유-함축적 의미*로 부르는 것으로 *규범적인 것*을 주장할 때, 나는 이러한 주장이 우리 또는 타자가 무엇을 하거나 해야 하는 어떤 이유나 명시적 이유를 가정하거나 포함한다는 것을 거칠게 의미하는 것이다(v.Ⅱ, p.268)." 파핏은 '당위 ought', '권고 should', 그리고 '강제 must'의 용어(v.Ⅰ, p.38)와 마찬가지로 '좋음 good'과 '나쁨 bad'의 용어(v.Ⅰ, p.33)도 이유-함축적 의미로 사용된다고 주장한다. 파핏은 어떤 사실이 우리에게 무엇인가에 대한 이유를 제공하는 것은 그러한 이유에 대한 선호를 고려한 것이라고 언급한다(v.Ⅰ, p.31). 그는 "모든 이유들은 규범적 영향력을 가지고 있다."고 생각했다(v.Ⅰ, p.35). 파핏은 우리가 어떤 다른 것을 제쳐두고 특정한 방식을 통해 행위에 대한 가장 적합한 이유를 갖는다면 그것을 어떤 행위를 하는 방식에 대한 우리의 결정적인 decisive 원인으로 여길 수 있다고 규정했다. 그리고 그는 어떤 행위를 하게 된 우리의 이유가 결정적일 때 이것은 '결정적인-이유-함축적 의미 decisive-reason-implying sense'에서 우리가 해야만 하는 무엇이라고 규정한다(v.Ⅰ, p.33). 그는 '당위'의 다른 의미가 있기는 하지만 '몇몇의 도덕적 의미'가 포함되어 있다고 생각했다(v.Ⅰ, p.37).

비규범적 사실들도 우리에게 무엇인가를 해야만 하는 이유를 제시할 수 있다. 예를 들어, 우리가 걸어가는 길 앞에 독을 잔뜩 품은 독사가 있다는 사실은 우리가 그 길을 피해가야 하는 충분한 이유를 제시해준다. 이러한 의미에서 보면 이 사실은 충분히 이유-포함적이거나 이유-함축적이다. 하지만 우리가 길을 피해가야만 ought 한다는 사실처럼 규범적 사실들은 더 엄격한 의미에서 이유-함축적이다.

내가 생각하기에 파릿이 주장하는 규범적 사실들은 어떤 이유의 존재를 수반하고 있음을 의미하는 것 같다. 길 위에 독사가 있다는 사실은 우리가 길을 피해가야 하는 이유가 있다는 것을 수반하지 않는다. 그러나 파릿은 거기에 "우리는 도덕적으로 행동해야만 하는 어떠한 이유도 갖고 있지 않다(v. I, p.38)."에 대한 관점이 있다는 것을 인식했다. 그러므로 우리는 우리가 무엇인가 도덕적으로 행동해야만 한다는 사실이 이것을 해야 하는 이유를 수반한다는 주장을 할 수 없다. 만약 내가 이해하는 방식이 옳다면 파릿의 주장은 도덕적 사실들은 이유-함축적 의미 안에서 규범적이라는 주장을 할 수 없다는 것을 의미한다. 따라서 파릿의 관점은 문제점에 봉착하게 된다. 파릿의 관점은 그의 의도와는 달리 어떤 비규범적 사실들을 규범적인 것으로 설명하는 것을 피하기 위해서는, 도덕적 사실들이 이유-함축적 의미에서 규범적인 것이 아니라는 결론에 도달하게 된다. 이러한 결론을 피하기 위해서 파릿은 도덕적 사실들이 이유의 존재를 수반한다는 것을 보여주는 논증을 제시해야 할 것이다. 더욱이 그러한 논증이 부재하는 상황 속에서 파릿 자신이 강조하는 이유-함축적 의미에서 봤을 때, 도덕적 자연주의가 도덕적 사실들의 규범성을 설명하는 데 결점을 가지고 있다고 지적하는 것은 옳지 않다.

덴시는 파릿처럼 규범성이 무엇인지에 대해서 별도로 언급하지 않은 채 자신들이 주장하는 핵심적인 규범적 개념과 자신들이 강조하는 이유를 통해 규범성을 설명하는 것을 비판했다. 그는 비자연주의자들이 자연적인 어떤 것도 규범적이지 않다는 것을 보여주기 위해서는 규범적인 것이 무엇인지를 반드시 설명할 필요가 있다고 주장한다(Dancy, 2006, p.136). 이러한 비판은 매우 유용한 것이기에 기억해두어야 한다. 물론 덴시의 설명은 규범적 사실들이 무엇을 해야만 하는가라는 물음에 대한 대답을 말하는 사실 즉, 규범적 사실들의 속성을 강조하는 것일 뿐이라는 유사한 비판에 열려 있다. 하지만 이것은 모든 규범적 사실들이 규범성이 무엇인가에 대해서는 우리에게 어떠한 것도 말해주지 않는다는 공통적인 비판에 해당하는 것이다.

만약 내가 옳다면 자연주의자들, 그리고 비자연주의자들 모두 어려운 상황에 빠지게 될 것이다. 자연주의적 설명의 문제는 만약 우리가 규범성에 대하여 공유하고 있는 설명이나 개념이 부족하다면 제대로 정의하기 어렵다. 물론 이것이 규범성의 구성요소에 대한 이론을 우선적으로 논의하자는 것을 의미하는 것은 아니다. 하지만 우리가 상반된 목적을 가지고 논의를 전개하는 것은 아니라는 점은 확실히 해두어야 한다. 만약 우리가 규범성에 대한 설명이나 개념을 공유하고 있지 않다면, 자연주의자들의 설명과 이러한 설명에 대한 정당화는 분명 명료하지 않을 것이다. 더불어 자연주의에 반대하는 논증이 성공적인지 그렇지 않은지에 대해서도 아무것도 말할 수 없을지도 모른다. 하지만 그럼에도 불구하고 나는 이제 자연주의에 반대하는 다섯 개의 논증을 살펴보고 이에 대해 응답해보고자 한다.

2.3 파핏의 다섯 개의 논증

도덕적 자연주의에 반대하는 가장 유명하고 많이 언급되는 논증은 무어의 '열린 물음 논증'이다. 여기서는 이에 대해 별도로 다루지 않을 것인데 그 이유는 첫째, 다섯 개의 논증에 집중하고자 하는 것이고 둘째, 나의 관점에서 보면 무어의 논증이 건전하지 않기 때문이다(이와 관련해서는 Dancy, 2006, pp.130-131; Stergeon, 2006, pp.93-99를 참고하라). 더욱이 무어의 논증은 분석적 자연주의에 대해서는 어느 정도의 타당성을 갖고 있을지는 모르지만, 내가 관심을 갖고 논증하고 있는 비분석 자연주의에 대해서는 전혀 타당성이 없어 보이기 때문이다. 이제 제시할 새로운 다섯 개의 논증 중 일부는 어쩌면 무어가 반증하고자 시도한 분석적 자연주의와 유사한 문제에 비분석적 자연주의가 직면하고 있음을 보여줄지도 모른다. 하지만 나는 무어의 논증과 새로운 다섯 개의 논증 사이의 관계를 별도로 탐구하지는 않을 것이다.

　새로운 논증들은 어떤 측면에서 보면 분명 이전의 논증들과 중복되는 부분이 있지만 이것을 명백하게 구분하는 것은 쉽지 않아 보인다. 그럼에도 나는 다섯 개의 논증들을 구분할 것이다. 각각의 논증들은 도덕적 사실과 속성이 자연적이 될 수 없다는 것을 보여주고, 이를 통해 규범성의 개념에 대한 다양한 방식이 있음을 드러내고자 한다. 만약 파핏의 논증이 성공한다면 자연적 사실과 속성은 규범적인 것이 될 수 없다.

　규범성에 대한 우선적이고 어쩌면 가장 근본적인 생각은 파핏처럼 이유-함축적 의미로 규범성을 이해하는 것이다. 이러한 주장은 자연주의가 실천 이성에 대한 방어 가능한 설명을 제시할 수 없다는 것이다. 첫 번째 논증을 '이유에 대한 논증'이라고 부르자. 두 번째 논증은 비록 자연적 사실이 왜 규범적 사실을 성립시키는가를 설명할 수 있다고 할지라도, 거기에는 규범적으로 관련된 *relevant* 사실과 규범적인 *normative* 사실 사이의 차이가 여전히 존재한다는 것이다. 어떤 some 자연적 사실을 원인으로 해서 *because* 어떤 some 규범적 사실이 성립된다. 만약 어떤 some 규범적 사실이 다른 that 자연적 사실이라면 우리는 그 의미를 파악할 수 없다. 이러한 논증을 '원인 논증'이라고 부르자. 어떤 환원적 자연주의 이론은 개별적인 규범적 속성 M은 반드시 어떤 자연적 속성 N과 동일해야만 한다고 주장한다. 세 번째 논증에 따르면, 그러한 속성-동일성 논제는 N은 M이라는 결과로부터 규범성을 도출한다. 직관적으로 그러한 주장은 본질적이고 규범적으로 보이지만 만약 자연주의자들이 옳다면 이 주장은 옳지 않을 수도 있다. 이 주장을 '규범성 반대 논증'이라 부르자. 네 번째 논증인 '사소함에 대한 논증'에 의하면, 만약 M과 N이 동일하다면 그때 N이 M이라고 주장하는 것은 N은 N이라는 사소한 주장과 동일한 것이다. 또 M이 N이라는 주장 역시 N은 N이라는 사소한 주장과 동일하다. 하지만 이때 속성-동일성 이론이 전달하고자 하는 중요한 정보가 무엇인지는 분명하지 않다. 만약 자연주의가 사실이라면 이것은 사소한 주장에 불과하다. 마지막 논증은 만약 자연주의가 옳다고 하더라도 거기에는 분명한 도덕적 주장이 없다는 것이다. 이러한 입장에서 보자면 자연주의는 허무주의와 유사하다. 나는 이러한 입장을 부정하기 위해 나약한 자연주의자들의 딜레마를 고찰할 것이다.

선행 연구에서 나는 규범적 자연주의의 한 유형을 제안했다(Copp, 1995; 2007). 나는 자연주의에 반대하는 5개의 논증을 긍정적인 관점에서 살펴볼 것이지만, 어떻게 자연주의자들이 그러한 논증들에 반박할 수 있는가를 보여주기 위한 경우를 제외하고는 내가 제시한 자연주의의 유형에 대해서는 가급적 언급하지 않을 것이다. 다음 절에서는 이러한 작업에 대한 토대를 놓기 위해서 내 주장에 대한 기본적인 생각들을 간략하게 소개하고자 한다.

2.4 규범성과 규범적 지배의 문제

내 관점에서 보면, 규범적 사실과 사실은 인간이라는 존재의 일상적인 삶 속에서 그들이 직면하는 상황에서 만나게 되는 발생적인 generic 문제들에 대한 분명한 해결책이나 개선 방식과 관련되어 있다.[21] 나는 이것을 규범적 지배 normative governance의 문제라고 부르는데, 왜냐하면 우리가 규범의 타당한 체계에 동조하고 따를 때 어떤 문제를 더 잘 해결할 수 있기 때문이다. 이러한 종류의 문제 중 가장 중요하고도 익숙한 문제가 사회성과 자율성의 문제이다.

사회성의 문제는 모든 인간이 직면한 문제라고 할 수 있다. 왜냐하면 인간이 한 사회 속에서 살아갈 수밖에 없음에도 불구하고, 종종 그들은 자신들이 원하는 삶의 방향으로 사회를 만들어가기보다는 오히려 그러한 사회에 좋지 않은 영향을 주거나 그러한 사회를 만드는 데 방해가 될 수도 있는 불일치나 갈등의 원인을 만들어내기고 하고 또 그러한 사회 속에서 살아가기 때문이다. 한 사회에서 통용되는 도덕적 코드는 이러한 문제를 개선하는 데 도움을 줄 수 있는 구체적인 내용content을 제공할 수 있다. 즉, 한 사회의 도덕적 코드는 사회 구성원들이 왜 협력을 해야 하는가에 대한 동기와 사회 구성원 간의 불일치나 갈등을 피하기 위해 '친사회적 pro-social' 방식으로 행동해야 한다는 동기를 제공해준다. 물론 어떤 도덕적 코드들은 이러한 방식과는 다른 역할을 할지도 모른다. 도덕적 코드에 대한 나의. 사회 중심적 society-centered. 제안은 거칠게 말하자면, 도덕적 사실은 어떤 사회의 문제를 개선하는 데 최선의 역할을 하는 그 사회에서 통용되는 도덕적 코드의 내용이라는 것이다. 이것을 '이상적 코드 ideal code'라고 부르자. 이 개념은 우리가 도덕적으로 어떤 행동을 요구받는다는 사실은 이상적 코드가 우리에게 그것을 하도록 요구하기 때문이라는 사실이라는 것이다. 즉, 우리가 어떤 것을 해야 하는 결정적인 도덕적 이유를 갖는 것은 이상적 코드가 우리에게 그것을 요청하기 때문이라는 것을 필요충분조건으로 갖는다. 이러한 관점을 따르면, 도덕성은 한 사회 체계 안에서 일어나는 문제나 한 사회에서 모든 사람들이 안락하고 성공적으로 살아가기 위해서 풀어야 할 문제들에 대한 해결책이다.[22]

자율성의 문제는 각 개인들이 심리적 복잡성과 특정한 시대를 살아감으로 인해 직면하는 문제로, 상당히 익숙한 문제라고 할 수 있다. 우리는 특정한 가치를 가지고 있고 이러한 가치의 성공적 실현 문제에 큰 심리적 의미를 부여한다. 우리는 가치 실현에 성공했을 때의 느낌을 향상시키거나 지속하고자 하는 경향이 있고, 가치 실현에 실패했을 때 느끼는 부끄러움이나 죄책감은 줄이고자 하는 경향이 있다. 이러한 의미에서 우리의 가치는 우리의 '정체성들identites'의 일부를 구성한다. '자율적인' 개인은 자신이 추구하는 가치에 따라 자신의 삶을 잘 다스린다. 문제는 우리가 쉽게 충동이나 유혹에 빠지고 종종 우리의 가치에 대한 헌신이 흔들린다는 것인데 특히, 우리의 가치가 불확실하거나 세속적인 것과 거리가 먼 경우에는 더욱 그렇다. 우리가 어떤 규범에 동의한다는 것은, 우리의 자율성이 우리의 가치와 일치하는 삶을 살아가도록 하는 동기를 향상하거나 강화함으로써 가치에 대한 헌신의 문제를 개선하도록 요구받는 것이다. 이것을 '자율성 규범autonomy norm'이라고 부르자. 나의 주장은, 우리가 어떤 행위에 대한 최선의 실천적 합리성을 갖고 있다는 것은 '자율성 규범' 요구의 작용이라는 것이다. 우리가 실천적 합리성의 문제로서 어떤 것을 해야 한다는 것은 자율성 규범이 그것을 우리에게 요구하기 때문이라는 것을 필요충분조건으로 갖는다. 우리가 어떤 것을 해야 할 결정적인 실천적 이유를 갖는다는 것은 자율성 규범이 그것을 우리에게 요구하기 때문이라는 것을 필요충분조건으로 갖는다. 우리가 무엇인가를 하기 위한 결정적인 이유를 갖는다는 사실은 자율성 규범이 우리에게 그것을 요구한다는 사실이다.[23]

　규범적인 도덕적 사실과 실천적 이유의 사실에 대한 나의 설명은 모든 종류의 규범적 사실에 대한 설명을 제시하기 위해 일반화될 수 있다. 나는 이렇게 일반화된 관점을 다원적-목적론pluralist-teleology이라고 부른다. 다원적이라는 것은 다른 종류의 규범적 사실이 있다는 것을 의미한다. 예를 들어, 도덕적 이유들을 포함해서 자기-토대적인self-grounded 실천적 이유, 인식론적 이유 등 다른 종류의 이유들이 있을 수 있다. 목적론이라는 관점은 규범적 지배의 문제에 대한 해결책에 '근거를 두고 있는' 규범성을 설명하기 위한 것이다. 다원적-목적론은 모든 종류의 이유들에 대한 하나의 통합된 설명을 제공하는 것을 목적으로 한다.

다원적-목적론은 비분석적 규범적 자연주의의 일종이기는 하지만 그것의 이론적 내용이나 핵심적 주장들이 개념적 또는 분석적으로 진실이라는 것을 주장하려는 것은 아니다. 따라서 나는 이러한 견해를 자연주의에 반대하는 다섯 개의 논증을 검증하는 데 이용하고자 한다. 단연코 이것은 비분석적 규범적 자연주의를 보여주고자 하는 것이 아니다. 이와 관련하여 끊임없는 물음들이 제기될 수 있겠지만 나는 이것들을 잠시 제쳐두고자 한다. 왜냐하면 이 글에서 나의 핵심 작업은 자연주의에 반대하는 다섯 개의 논증을 검토하는 것이기 때문이다.

2.5 파핏의 논증 1 : 이유 논증

(규범성에 대한) 자연주의적 설명의 문제는 자연주의와 비자연주의 사이에서 일어나고 있는 논쟁의 핵심이다. 그래서 만약 우리가 규범성을 이유-함축적인 것으로 이해할 수 있다는 파핏의 주장을 수용한다면, 핵심적인 물음은 자연주의가 이유들에 대한 하나의 타당한 설명을 제시할 수 있는가, 제시할 수 없는가이다. 파핏은 자연주의와 비자연주의 사이의 논쟁에서 '이유들은 가장 치열한 전쟁터'라고 기술했다. 파핏은 먼저 '비도덕적인 실천적 이유들'로 자연주의를 공격한다. 그는 만약 자연주의가 여기에서 실패한다면 '도덕성에 적용되었을 때'도 마찬가지로 실패할 것이라고 믿는다(Parfit, 2011, v. Ⅱ, p.269).

자연주의자와 비자연주의자는 모두 하나의 자연적 사실 F가 어떤 사람에게 하나의 실천적 이유를 제시해줄 수 있다는 점에 동의한다. 예를 들어, 당신이 먹을 음식에 독이 들어 있다는 사실은 그 음식을 먹어서는 안 되는 이유를 제시해준다. 이러한 경우에 그 사실 F는 이유에 대한 규범적 속성을 부여한다. F라는 사실이 개인에게 무엇인가를 해야 할 이유를 제시해준다는 메타사실 역시 규범적이다. 그리고 이러한 메타사실 역시 규범적 속성을 획득한다. 이러한 메타사실과 주장들은 파핏의 언급처럼 이유가 되는 것의 속성처럼 간과되기 쉽다. 하지만, 파핏은 이러한 종류의 속성과 사실, 그리고 주장은 '더 이상 환원 불가능한 규범적인 irreducibly normative'인 것인지 어떤지가 문제라고 지적한다(Parfit, 2011, v. II, p.280, pp.266-267). 즉, 그는 어떤 이유가 규범적인 것의 속성을 갖게 되는지 어떤지, 그리고 규범적인 사실과 주장이 이러한 속성을 갖게 되는지 어떤지의 문제는 비규범적 용어 안에서도 "정의되거나 재규정될 수 있다."고 설명한다.[24]

파핏은 위에서 제시한 구절 어딘가에서 *분석적* analytic 자연주의에 대한 논의를 하고 있다. 내가 설명한 것처럼, 분석적 자연주의는 고유한 자연주의적 동일성 주장들은 분석적이거나 개념적 진실이라는 환원적 자연주의의 기본적인 신념을 추가한 것이다. 나는 비분석적 자연주의에 초점을 맞추고자 하는데, 왜냐하면 비분석적 자연주의는 분석적 자연주의의 동일성 주장을 옹호하는 것을 목적으로 하기 때문이다. 파핏은 이 문제를 이러한 일반적 의미에서 설명하지 않았다. 대신에 그는 다음과 같은 실천적 이유에 대한 주관주의를 통해 설명하지만 이러한 주장들은 분석적이거나 개념적 진실이라고 주장하지는 않기 때문에, 파핏의 설명에 의하면 규범적 주장은 명백히 '더 이상 환원 불가능한 규범적인' 것으로 설명될 수 있다. 이것은 불필요한 혼란을 일으키고 있다. 나는 대신에 이러한 속성들을 포함한 이유, 사실, 그리고 주장들의 속성을 갖는다는 것은 '자연주의적으로 환원 가능' 하지만 '분석적으로 환원 불가능'하다는 비분석적 자연주의에 대하여 말할 것이다.

하나의 사실이 어떤 사람이 무엇인가를 해야 하는 이유를 제시해줄 수 있는가라는 핵심적 물음은 정보를 제시해줄 수 있어야 할 뿐만 아니라, 철학적으로 만족스러운 자연주의적 설명이나 환원적 설명도 제시해주어야 한다. 이것은 행위자를 P, 어떤 사실을 F, 그리고 행위를 A라고 한다면, F가 P에 관련되어 있다는 것은 F는 P가 A를 해야 할 이유로 서로 관계를 맺고 있다는 것이다. 이러한 관계에 대한 자연주의자들의 설명은 F와 P, 그리고 A 사이에서 성립되는 자연적 관계 N과 동일시될 수 있다는 것이다. 그리고 F가 P가 A를 해야 하는 이유가 된다는 것은 *is* P와 A에 대한 N과의 관계 안에서 A가 정립된다는 주장일지도 모른다. 문제는 파핏이 이러한 주장이 사실이라는 논증을 제시할 수 있는가에 대한 것이다.

파핏은 이러한 핵심적 물음에 대해 일반적 용어로 설명하지 않는다. 대신에 그는 다음과 같은 실천 이성에 대한 주관주의를 통해 그 물음을 고찰한다.

> F가 어떤 사람이 A를 해야 하는 결정적인 이유를 제시해준다 *is*는 것은 그러한 F가 "한 개인의 현재의 목적에 맞는 온전한 요구를 제공해주거나 절차적인 합리적 숙고를 한 후에, 이 사람이 무엇을 하거나 무엇을 선택하는 데 매우 강력한 동기를 부여하는", 즉 A를 하도록 하는 이유가 된다는 것이다(2011, v. Ⅱ, p.270).

파핏이 제시한 논증의 일부는 이러한 주장이 개념적이거나 분석적 사실이라는 논제에 대한 반박을 의도하고 있는 것으로 보인다. 예를 들어, 그는 만약 이러한 주장이 하나의 개념적 또는 분석적 사실이라면 이유에 대한 주관주의는 '본질적인 규범적 주장'이 될 수 없을지도 모르지만 이것은 '감춰진 동의어 반복(2011 : v. Ⅱ, p.277)'이 될 것이고, 이보다 더 중요한 것은 이유에 대한 주장들은 규범적인 것이 되

지 않을 뿐만 아니라 어떤 결정이나 행위의 선택에 이용할 수 없게 될 것이라고 주
장한다(2011 : v. II, pp.278-285). 나는 이에 대한 반대의견을 제시하지 않을 것이다. 왜
냐하면 중요한 물음은 파핏이 그 주장을 부정하기 위한 타당한 이유를 갖고 있는
가에 대한 것이지 그가 자연주의자들의 주장이 개념적이거나 분석적 사실이라는
것을 부정하기 위한 타당한 이유를 갖고 있는지에 대한 것이 아니기 때문이다.

파핏은 만약 주관주의가 사실이라면 이때 한 사람이 무엇인가를 해야할 결정
적인 이유를 갖는다는 주장은 그 사람이 가지고 있는 현재의 목적에 맞는 온전한
요구를 제공해주는 것은 사소한 *trivial* 것이 될지도 모른다는 유사한 반대논증을
의도하는 것일지도 모른다고 언급한다. 이러한 언급은 어떤 사람의 현재의 목적
에 맞는 온전한 요구에 대한 정보를 제공해주는 것은 그 요구에 맞는 것을 최선으
로 실행한 것과 동일한 사실이라는 주장이다. 이러한 종류의 논증은 뒷부분의 '2.8
절 파핏의 논증 4 : 사소함에 대한 논증'에서 구체적으로 다룰 것이다.

파핏이 이유에 대해 분석적 주관주의 analytic Subjectivism의 관점에서 논증을 하
고 있는 것처럼 보일지도 모르지만, 그의 추론은 이유에 대한 분석적 주관주의의
비분석적 유형에 대한 한 쌍의 논증을 따르는 것에 불과하다. 첫 번째 논증에 따르
면, 어떤 것을 해야만 하는 것에 대하여 그것을 하기 위해 모든 것을 고려한다는
사실은 이유−함축적 의미에서 규범적이다. 하지만 주관주의에 따르면 한 사람이
어떤 것을 하기 위해 모든 것을 고려하는 것이 그 사람이 그것을 해야만 하는 결정
적인 이유를 갖는 것은 아니다. 왜냐하면 그 행위는 '그 사람이 갖고 있는 현재의 목
적에 맞는 온전한 요구에 대한 최선의 실행'이 아닐지도 모르고 이후의 절차적인
합리적 숙고를 통해 그러한 선택이나 행위가 동기화되는 것은 아니라고 생각할 수
있기 때문이다. 파핏은 다음과 같은 두 개의 사례를 제시했다. '불이 난 호텔'에서

앨런은 창가에 있었고 그가 불을 피할 수 있는 유일한 방법은 창문 아래의 수로로 뛰어내리는 것밖에 없다. 이 상황에서 모든 것을 고려했을 때, 비록 뛰어내리는 것이 그의 현재의 목적을 위한 최선의 실행이나 이상적인 숙고 후에 그가 선택한 것이 아닐지라도 앨런은 뛰어내려야만 한다(2011, v. II, p.292). 영화 '리벤지 Revenge'에서 브렌다는 자신의 적을 살해하고자 한다. 이것이 그녀의 현재의 목적을 위한 최선의 실행이나 모든 것에 대한 이상적인 숙고 후에 선택한 것이라고 할지라도 브렌다는 살인을 해서는 안 된다(2011, v. II, p.281, p.284). 따라서 주관주의는 모든 것을 고려한 후에 한 개인이 무엇인가를 해야만 하는 것에 대한 사실이 이유-함축적 의미에서 필연적으로 규범적이지 않다는 것을 포함하고 있다. 주관주의는 의미론적 오류이론를 범하고 있다. 우리가 불이 난 호텔에서의 앨런과 리벤지의 브렌다에 관련된 모든 심리적 사실들에 대해서 안다고 할지라도 또 그러한 사실들이 주관주의에서 주장하는 것이라고 할지라도 우리는 여전히 앨런은 수로로 뛰어내려야만 하고 브렌다는 자신의 적을 죽여서는 안 된다고 생각할 것이다. 만약 주관주의가 사실이고 우리가 이러한 주장에 동의한다면, 그때 우리는 이유들에 대해 우리가 갖고 있는 신념의 진리 조건에 반드시 오류를 범할 수밖에 없을 것이다(2011, v. II, pp.292-293). 따라서 이성에 대한 주관주의는 수용하기 어렵다.

이와 같은 분석적 주관주의의 논증은 적어도 다음과 같은 주요한 문제를 가지고 있다. 첫째, 규범성을 반드시 의미-함축적 의미에서만 이해할 수 있는지는 분명하지 않다. 나는 일찍이 이러한 생각에 대한 우려를 언급했었다. 둘째, 많은 경우 의미론적 오류이론은 매우 그럴듯하게 보인다는 점이다. 예를 들어, 파핏이 언급한 것처럼 열은 분자들의 동역학적 에너지임에도 불구하고 많은 사람들은 이것을 인식하지 못한다(2011, v, II, p.299). 같은 맥락에서 자연주의자들은 많은 사람들이 자신들의 규범적 신념이 어떤 사실로부터 드러난 것임을 이해하지 못한다고 말할 수 있을지도 모른다. 셋째, 비록 파핏의 논증이 비분석적 주관주의를 약화시킨다고 할지라도 이로 인해 자연주의가 주관주의에 대해 명확한 태도를 가진 경우를 제외하고는 자연주의가 약화되는 것은 아니다.

파핏은 자연주의가 주관주의를 피할 수 없다고 생각했다. 그는 "철학적 자연주의자들이 자연적 질서 안에 규범성의 자리가 관련되어 있다고 주장하는 것은 규범적 영향력 normative force이 동기적 영향력 motivational force을 가지고 있다는 주장일 뿐 그 이상은 아무것도 아니다."라는 다월 Stephen Darwall의 말을 인용했다.[25] 파핏의 관점에 의하면 "주관주의 이론은 사실들의 광범위한 다양성이 어떻게 우리에게 이유들을 제시해주는가에 대한 통합된 설명을 제공해줄 수 있기" 때문이다. 주관주의자들은 사실들의 광범위한 다양성은 "나의 현재의 목적을 위해서 관련된 모든 실행들과 어떤 숙고의 과정을 거친 후에 어떤 것을 하도록 동기를 부여해주고 그것을 선택하는 것"을 확신시켜 줌으로써 그러한 행위를 해야 하는 이유를 제시해준다고 주장한다. 파핏은 "만약 자연주의자들이 주관주의자가 아니라면 자연주의자들이 사실들의 광범위한 다양성이 어떻게 우리에게 이유를 제시해줄 수 있는가를 설명할 수 있는 방법은 없다(2011, v, Ⅱ, p.364)."고 결론을 내린다.

물론 이유에 대한 주관주의는 하나의 특수 이론이고 어떤 철학자들은 규범적 영향력의 측면에서 규범성에 대한 다른 방식의 설명을 추구하기도 한다.[26] 비록 우리가 규범성을 반드시 동기적인 영향력을 갖고 있다는 측면에서 설명해야 한다고 생각할지라도 반드시 주관주의를 수용할 필요는 없다. 더욱이 자연주의적 이론들은 규범성을 단순히 동기적 영향력의 측면에서 설명하지 않는다.[27] 나는 이에 대한 일례로 다원적-목적론을 2.4절에서 제시했다. 다원적-목적론은 다양한 종류의 이유들이 있고 이유들에 대한 통합된 설명을 제공할 수 있을 것이라는 주장이다. 따라서 파핏은 자연주의자들이 이유에 대한 주관주의를 위반하고 있다는 주장을 하기 위해 잘못된 생각을 하고 있는 것처럼 보인다.

　물론 주관주의를 피하기 위하여 다원적-목적론이라는 나의 이론만을 고려할 필요는 없다. 일부 철학자들은 도덕적으로 요구되는 어떤 것을 하기 위한 타당한 실천 이성을 갖고 있는 행위자가 만약 완전하게 합리적이라면, 그 행위자는 그 이성을 어떻게 행동해야만 하는가를 결정하는 데 이용한다는 것을 필연적 진실로 간주한다. 내가 생각하기에 이러한 논제는 잘못된 것이기는 하지만 이것이 도덕적 자연주의와 양립 가능하다는 점을 다른 곳에서 다루었다(Copp, 2010a). 만약 이러한 논제가 옳다면, 그때 자연주의자들은 사실상 자신들의 실천 이성이 자신들의 이론을 제약하기 때문에 실천 이성의 이론을 제약하기 위한 이 논제를 택할 수밖에 없다. 이러한 접근에 대해 자연주의자는 우선 도덕성에 대한 자연주의적 이론을 제시한 후에 도덕적으로 무엇인가를 해야할 타당한 이유를 제시해주는 실천 이성 이론을 제시할 수 있을 것이다. 나는 이러한 생각을 다른 곳에서 좀 더 자세하게 다루었다(Copp, 2010a). 이 글의 목적을 위해서 중요한 점은 이러한 종류의 접근이 유용하다는 것이다. 이것이 의미하는 것은 자연주의자들이 자신들의 도덕적 이론이 상대적인 방식에서 주관주의적이라는 점을 제외하고는 실천 이성에 대한 주관주의에 대해 명확한 태도를 드러낸 것은 아니라는 점이다. 실천적 이유들에 대한 자연주의자들의 언급은 그들이 말하는 도덕성이 무엇인가에 달려 있을지도 모른다.

2.6 파핏의 논증 2 : 원인 논증

이 논증은 규범적 사실의 획득 덕분에 in virtue of 또는 획득으로 인해 생기는 규범적 사실과 비규범적 사실의 차이에 대해서 다루고 있다. 즉, 이것은 그 자체로 규범적인 사실과 규범적으로 관련된 사실 사이의 차이에 대한 것이다(Parfit, 2011, v. Ⅱ, pp.298-303). 어떤 규범적 사실은 규범적으로 관련된 어떤 사실의 획득으로 인해 규범적 속성을 획득된다.[28] 예를 들어, 만약 사형 제도가 옳지 않다면 거기에는 사형 제도를 옳지 않은 것으로 만드는 분명한 사실들이 있다. 더 일반적으로 만약 어떤 행위가 옳지 않다면 반드시 이러한 행위가 옳지 않다는 이유로 인한 비도덕적 특징 feature들을 갖고 있어야만 한다. 어쩌면 거짓말을 하는 것이 옳지 않은 것도 이러한 이유일지도 모른다. 옳음이나 옳지 않음 또는 정의나 부정의, 선이나 악이 관련되어 있는 어떤 다른 특징들이 없다면 아무것도 아닐 수 있다.

맥너턴과 롤링은 규범적 자연주의가 이 지점에서 문제를 갖고 있다고 생각했다. 환원적 자연주의자들은 어떤 특정한 자연적 속성 N과 개별적인 규범적 속성 M이 동일하다는 이론을 반드시 제시해야만 한다. 하지만 맥너턴과 롤링은 만약 환원적 자연주의자들의 주장이 타당한 것이 되기 위해서는 적어도 반드시 어떤 것을 M이라고 할 수 있는 것은 N이기 때문에 M이라는 경우이다. 하지만 만약 그렇다면 어떤 것이 M된다는 것은 N이 된다는 것과 동일하지 않다. '관련성으로 인한 것'은 비대칭적이다. 하나의 사실과 그 사실 자체 사이를 가질 수 없다(McNaughton and Rawling, 2003, p.33). 만약 어떤 행위가 옳지 않다면 그 행위가 옳지 않은 것은 그 행위의 어떤 자연적 속성들이 옳지 않기 때문이고, 이는 옳지 않음은 옳지 않음의 자연적 속성과는 구분된다는 것을 의미한다. 예를 들어, 공리주의적 자연주의에 따르면 도덕적 옳음의 속성은 행복을 극대화하는 속성이다. 이것을 수용한다면 우리는 행복을 극대화하는 어떤 행위를 하는 것이 옳게 행위하는 것이다. 맥너턴과 롤링은 만약 이것이 타당하다면, 그리고 이때 만약 어떤 행위가 옳은 것을 하는 것이라면 그것은 행복을 극대화하기 때문이라고 말한다(McNaughton and Rawling, 2003, p.42). 하지만 만약 그렇다고 하더라도 이들의 이론은 잘못된 주장이다. 왜냐하면 그들의 주장을 인정한다 할지라도, 옳은 것을 하는 것의 속성과 우리가 행복을 극대화할 수 있는 행위를 하는 것의 속성은 구분되기 때문이다. 따라서 공리주의적 자연주의자들은 그 속성들이 다름 아닌 바로 그 속성과 동일한 것인 경우에 옳은 것이 된다. 자연주의적 이론이 타당하지 않거나 이것이 잘못된 것이거나 둘 중 하나이다.

문제는 '~으로 인해'의 '환원적 사용'이다. 만약 빌이 엘리스에게 플린 플론 Flin Flon이 매니토바 Manitoba 주에 있다는 것을 알고 있는지 어떤지를 묻는다면, 엘리스는 빌이 이것이 사실이라는 것을 알고 있음으로 인해 *because*, 그리고 빌이 정당하게 이것을 믿고 있기 때문이라고 생각하고 대답할 것이다. 아마도 그녀는 지식은 정당화된 진정한 신념이다 *is* 라는 생각을 하고 있기 때문에 대답할 것이다. 그녀가 사용하는 '~으로 인해'는 '환원적 ~으로 인해'의 일례라고 할 수 있다. 또 다른 예를 들자면, 우리는 평면 위의 한 점에서 일정한 거리에 있는 점들로 이루어진 곡선이기 때문에 이러한 확실한 특징을 가지고 있는 것을 원이라고 말할 수 있을지도 모른다. 이것은 분명히 하나의 원이 되는 것은 평면 위의 한 점에서 일정한 거리에 있는 점들로 이루어진 곡선이 되는 것이라는 명제와 양립 가능하다.[29] 파핏 역시 이와 관련하여 하나의 예를 제시한다. 누군가 어떤 물체의 분자들이 더 활동적으로 움직이기 때문에 어떤 물체가 뜨거워진다고 말할 수 있을지도 모른다. 파핏은 "이처럼 더 큰 에너지를 갖게 되는 것은 이 물체가 더 뜨거워졌기 때문에서 기인한 것은 아니지만 더 뜨겁게 된 상태와 동일하거나 더 뜨겁게 된 무엇과 동일한 것이다. 열은 운동에 의한 에너지다 *is*.”라고 말한다(Parfit, 2011, v. Ⅱ, p.299).

파핏은 ‘사소한 trivial’ 의미에서 마치 빨강 redness이라는 속성이 빨간색 사물을 빨갛게 만드는 것처럼 옳은 행위를 하도록 만드는 속성이 옳음 rightness이라고 결론 내린다.[30] 하지만 “어떤 행위가 다른 속성을— 누군가의 생명을 구해주는 것처럼— 갖는다고 할 때 이 사실은 이 행위를 옳은 행위로 만들 수 있다.”는 것은 역시 다른 의미이다. 하나의 속성이 어떤 행위를 옳게 ‘만들 수 있다 make’는 것을 본질적인 규범적 의미라고 부르자. 파핏은 이와 같은 본질적인 규범적 의미에서 “어떤 행위의 속성이 이러한 행위를 옳게 만들 수 있다는 것은 두 개의 매우 다른 속성들 사이에서 이루어진 관계다.”라고 주장한다(Parfit, 2011, v. Ⅱ, p.301). 예를 들어, 어떤 행위가 누군가의 생명을 구해줄 수 있다는 사실이 그 행위를 옳은 것으로 만든다고 할 때 누군가의 생명을 구해주게 만드는 것의 속성은 분명히 그 행위를 옳게 만드는 속성과는 구분된다는 것이다.

맥너턴과 롤링은 자연주의는 단지 규범적으로 관련되어 있는 비규범적 속성들과 규범적 속성들을 동일시하는 것만이 ‘최선 at best’이라고 언급한다. 파핏 또한 일부 자연주의가 이러한 오류를 범하고 있다고 주장한다.[31] 하지만 나는 자연주의가 반드시 이러한 오류를 범하고 있다고 생각하지 않는다. 예를 들어, 공리주의적 자연주의에 따르면 어떤 행위가 옳게 되는 것은 행복을 극대화하는 행위이다. 공리주의적 자연주의자들은 행복을 최대화하는 것은 옳은 행위를 만드는 속성이거나 옳은 행위는 그것이 행복을 최대화하기 때문에 옳다고 말할 것이다. 하지만 그들은 환원적 의미에서 이러한 주장을 의도하고 있을지도 모른다. 맥너턴과 롤링은 자신들의 주장이 환원적 의미에서가 아니라 본질적인 규범적 의미에서 최선이라는 것에는 반대할지도 모른다. 하지만 이러한 주장을 지지해줄 만한 어떠한 독립적 논증도 제시하지 않고 이러한 주장을 하는 것은 논점 회피에 불과하다.

공리주의적 자연주의는 단지 하나의 사례일 뿐이다. 하물며 다른 종류의 비분
석적 도덕적 자연주의는 그들이 도덕적 옳음이나 옳지 않음과 동일시하고 있는 속
성이 단지 본질적인 규범적 의미에서 행위를 옳게 또는 옳지 않게 만드는 속성이
라는 그럴듯한 반대의견에 해당하지 않는다. 예를 들어, 2.4절에서 서술한 사회−
중심적 관점에 따르면, 옳지 않음의 속성은 특정 사회가 갖고 있는 문제를 개선하
는 데 도움을 줄 수 있는 주류의 도덕적 코드에 의해 허용되지 않는 것의 속성이다.
나의 관점에서 보면 이러한 속성은 그 행위를 옳지 않은 것으로 만든다. 그 행위가
이러한 속성을 갖고 있기 때문에 그 행위는 옳지 않은 것이다. 분명히 나는 이러한
주장들을 환원적 의미에서 이해하는 것을 목적으로 하고 있다.

2.7 파핏의 논증 3 : 규범성 반대 논증

규범성 반대 논증은 도덕적 자연주의에 반대하는 파핏의 핵심논증으로 보인
다. 이 논증의 목적은 어떠한 자연적 사실도 이유−함축적 의미에서 규범적일 수
없다는 것을 보여주기 위한 것이다. 파핏은 "모든 자연적 사실과 이유를 포함하고
있는 규범적 사실 사이에는 매우 큰 차이가 있다."고 언급했다(Parfit, 2011, v. Ⅱ,
p.310). 즉, 규범적 사실과 자연적 사실은 "서로 결코 중첩될 수 없는 두 개의 전혀 다
른 범주 속에 있다(v. Ⅱ, p.324)."는 것이다. 우리가 지금 방어하려고 하는 것은 자연
주의의 비분석적 형태라는 것을 반드시 인식한다고 할지라도, 파핏은 규범적 개
념을 규범적 속성이 되는 것을 가능하도록 제약하는constrain 무엇이라고 결론을
내린다. 이러한 규범적 개념들은 다양한 가능성에 열려 있기 때문에 우리는 반드
시 비개념적 토대 위에서 그것들 사이를 결정해야만 한다. 하지만 "많은(어떤) 다른

가능성들은 개념적으로 배제된다." 열 feat의 개념은 열이 되는 것을 가능하도록 제약하는 무엇이라고 생각해볼 수 있다. "열은 양배추나 왕이 되는 것으로 나타나는 것이 아니다. … 이러한 주장들의 의미에서 보면 그것들은 가능하게 참 true으로 될 수 있는 것이 아니다." 이와 유사하게 도덕적 자연주의와 규범적 자연주의는 가능하게 참으로 될 수 있는 것이 아니라고 파핏은 주장한다(2011, v. Ⅱ, p.325).

> 당신은 (불이 난)호텔의 맨 윗층에 있고 그로 인해 엄청난 두려움을 느끼고 있는 상태라고 가정해보자. 하지만 당신은 거기에서 뛰어내리지 않는 한 불길을 피할 수 없다는 것을 알고 있다. … 이때 당신은 뛰어내릴 수도 있고 should, 마땅히 뛰어내려야만 하고 ought to, 반드시 뛰어내려야만 must 하는 결정적인 이유도 갖고 있다. 만약 이러한 규범적 신념들이 참이라면, 이러한 사실 truth들은 단지 어떤 자연적 사실들로 구성된 것이나 자연적 사실 그 자체(뛰어내리는 것은 당신의 현재의 목적에 맞는 온전한 요구를 제공하는 데 가장 최선일지도 모른다는 사실처럼)와 가능하게 동일한 것이 될 수 없다.

이것이 파핏이 말하는 규범성 반대논증이다(2011, v. Ⅱ, pp.326-327).

파핏은 이 논증을 비자연주의를 지지하도록 이끄는 확실한 아이디어라고 표현하는데, 그 아이디어란 자연적 사실은 규범적인 것이 될 수 없기 때문에 자연주의는 개념적으로 불가능하다는 것이다. 하지만 이것은 사실 매우 빈약한 논증이다. 이 논증은 규범적 개념들은 규범적 속성이 자연적일 수 있다는 가능성을 제외한다는 하나의 전제만을 가지고 있다. 이것은 그 논증의 목적을 위해서는 타당할지도 모르지만 파핏은 우리가 왜 그러한 전제를 수용해야 하는지에 대해서는 어떠한 이유도 제시하지 못한다. 위에서 파핏이 열을 예로 들고, 이것을 다시 불이 난 호텔에 적용한 논증은 단순한 비유일 뿐 핵심 전제에 대한 제시나 설명은 아니다. 그렇다면 이제 파핏이 제시한 비유와 예에 대해 다시 생각해보자.

열의 개념이 열이 양배추나 왕이라는 가능성을 불가능하게 한다는 것은 그럴듯하다. 이와 유사하게 옳음의 개념이 로켓이나 퓨마 또는 노란색 장미의 가능성을 불가능하게 한다는 것도 그럴듯하다. 하지만 그러한 개념이 이러한 가능성들을 불가능하게 한다는 것이 우리에게 옳음이 자연적 속성이라는 가능성을 불가능하게 한다고 생각해야 하는 이유를 제시해주는 것은 아니다. 내 생각에는 자연주의자들이 마치 열을 순무라고 생각하는 것과 비슷한 오류를 범하고 있다고 생각할만한 어떠한 이유도 없다.

어떤 사람이 열이 물리적 속성이라는 것을 개념적으로 배제시키고, 이에 기초하여 열이 활동적 에너지가 아니라는 결론을 내렸다고 생각해보자. 이 사람은 활동적 에너지의 전환이 필연적으로 열의 전환과 상관관계가 있다는 것에는 동의하겠지만, 개념적 기초에서 보자면 그 열이 활동적 에너지가 될 수 *있다be*는 점을 부정할 것이다. 우리는 이처럼 정당하지 않은 주장에 동조할 수 없다. 우리는 열의 개념이 분자이론을 불가능하게 한다고 생각하는 이유가 무엇인지를 우선적으로 물어야 할지도 모른다. 이와 유사하게 우리는 왜 규범적 개념이 규범적 속성을 자연적 속성이라는 가능성을 불가능하다고 생각하는지에 대한 이유를 물어야 한다.

파핏은 자신의 입장을 보여주기 위해 불이 난 호텔의 예를 제시했다. 하지만 이 예에서 그는 별도의 논증 없이 단지 호텔 안에 있는 사람이 뛰어내려야 하는 결정적인 이유를 갖는다는 사실은 "단지 어떤 자연적 사실과 가능하게 동일한 것이 될수 없다."고 주장한다. 그는 실천 이성에 대한 주관주의를 의도하고 있을지 모르지만 그 문제는 분명 일반적이다. 파핏은 어떤 사람이 뛰어내려야 하는 결정적인 이유를 갖는다는 사실은 *어떤any* 자연적 사실과 가능하게 동일한 것이 될 수 없다는 것을 주장하고 싶어 한다. 우리는 파핏에게 왜 그런가라는 질문을 던질 필요가 있다. 파핏이 제시한 이유의 개념을 우리의 물음에 대한 대답으로 받아들이는 것은 충분하지 않을 뿐더러 오히려 문제를 한걸음 후퇴시키는 것처럼 보인다. 우리는 파핏이 왜 그가 제시한 이유의 개념이 어떤 사람이 뛰어내려야 하는 결정적인 이유를 갖는다는 사실과 어떤 자연적 사실이 "동일한 것이 될 가능성이 없다."는 생각에 대한 근거가 되는지에 대해서도 충분한 설명을 들을 필요가 있다.

덴시 또한 그 스스로 규범성 반대논증이라는 부르는 자연주의에 반대하는 논증을 제시했다. 덴시도 파핏처럼 규범적 속성이나 사실은 타당하게 자연적 속성이나 사실이 될 수 없음을 보여주는 것을 목적으로 한다. 그의 기본적인 생각은"만약 우리가 도덕적 사실이나 우리가 무엇을 해야만 하는 이유에 대한 사실을 자연적 사실과 동일시한다면 그것들의 규범성은 상실된다."는 것이다(Dancy, 2006, p.132). 이를 통해 덴시는 자신의 규범성에 대한 분명한- 해답적 설명을 보여주고자 한다. 그는 자연적 사실들은 결코 무엇을 해야 하는가에 대한 명백하고 직접적인 해답을 제시해줄 수 없다고 주장한다. 자연적 사실 F는 규범적으로 관련되어 있을지도 모른다. 규범적으로 관련되어 있다는 것은 무엇인가를 해야 하는 이유가 있거나 어떤 행위를 옳게 만드는 경우와 관련된 것일지 모르지만, 만약 그렇다고 하더라도 F에 대한 더 규범적인 사실들이 F와 동일한 것은 아니다. 덴시는 더욱이 이러한 종류의 메타사실은 자연적 사실이 아니라고 주장한다. 이에 대해 그는 "실천적 관련성에 대한 또 다른 사실의 사실과 실천적 관련성에 대한 사실 사이에는 다른 주제가 있다."라고 언급한다(Dancy, 2006, p.139).

핵심적 물음은 왜 자연적 사실이 실천적 관련성에 대한 또 다른 사실에 대한 메타사실이 될 수 없는가이다. 덴시는 사실의 규범성은 실천적 관련성의 구체적인 주제에 의존하고 있고 어떠한 자연적 사실도 사실들의 실천적 관련성에 대한 사실과 같은 주제를 가질 수 없다고 주장한다. 예를 들어, 그는 "이것은 단지 진리 truth가 아니다. … 어떤 행위가 행복을 최대화한다는 사실은 그 사실이 그 행위를 옳게 만든다는 사실의 사실과 같은 주제이다."라고 말한다(Dancy, 2006, p.140). 물론 이것은 옳은 말이지만 핵심은 아니다. 공리주의적 자연주의자들은 옳음을 행복을 극대화하는 것의 속성과 동일시했다. 이 경우에 던져야 할 물음은 어떤 행위가 행복을 극대화하는 것이 그 행위를 옳게 만들지도 모른다는 사실이 왜 자연적 사실이 될 수 없는가이다. 덴시는 마치 우리가 경험적 지식이나 그러한 사실에 대한 정당화된 신념들을 갖는 것처럼 자연적 사실을 다룰 수 없다고 강조한다(Dancy, 2006, p.139). 하지만 그는 이것이 하나의 논증이 아니라는 점을 인정한다. 그 또한 어떤 메타사실이 자연적이라는 것을 인정한다. 예를 들어, 뜨거운 난로 위에 손을 올리면 화상을 입을 수 있기 때문에 손을 올려서는 안 된다라는 사실은 하나의 자연적 사실이다.[32] 만약 자연적 메타사실들이 있을 수 있다면 왜 규범적 메타사실들은 자연적인 것이 될 수 없는가?

덴시는 "여기서 비자연주의자로 이끄는 것은, 어떤 특징이 실천적으로 관련되어 있다는 것은 분명 실천적 관련성이 없다는 어떤 주장과는 전혀 다른 종류의 주장을 하기 위한 생각이다."라고 주장한다. 덧붙여서 그는 "무엇을 해야 하는가라는 실천적 물음에 대답하는 직접적이고 간접적인 방식들 사이에는 필연적인 구분이 있다."라고 언급한다(Dancy, 2006, p.141). 문제는 어떤 상태가 직접적으로 질문과 대답이 어떻게 체계화되었는가에 의존하고 있는 물음에 대한 대답인가 하는 것이지 그 대답이 인용하고 있는 사실이 무엇인가는 아니다. 예를 들어, 만약 컵에 물 water이 담겨 있는지 어떤지에 대한 물음에 내가 '물 eau'이 담겨 있다고 대답한다면 이것은 그 물음에 대한 직접적이고 분명한 대답은 아니다. 물 eau이 담겨 있다는 사실이 물water이 담겨 있는 사실과 구분될 수 있다는 것을 아직은 보여줄 수 없다. 이와 유사하게 만약 내가 A를 하는 것이 옳은 것인지 어떤지를 묻는다면, 당신이 A를 하는 것이 행복을 극대화하는 것이라고 대답하는 것은 나의 물음에 대한 직접적이고 분명한 대답은 아닐지도 모른다. A를 하는 것이 행복을 극대화한다는 사실이 A를 하는 것이 옳은 것이 될지도 모른다는 결론을 아직은 내릴 수 없다.

2.8 파핏의 논증 4 : 사소함에 대한 논증

파핏은 사소함의 개념과 밀접하게 관련되어 있는 세 개의 논증을 제시하지만 실제로 이 논증들은 한 덩어리이다. 첫째, 파핏은 만약 규범적 자연주의가 사실이라면, 그때 우리가 본질적이고 규범적인 것을 매우 분명하게 안다고 주장하는 것은 그것을 사소한 것으로 대체하는 것이라고 주장한다. 둘째, 그는 만약 규범적 자연주의가 사실이라면, 이것은 사소한 것이 될 것이라고 주장한다. 규범적 자연주의가 단지 거짓일 경우에만 규범적인 것은 본질적이고 흥미로운 것이 될 수도 있다는 것이다. 이것을 논증을 받아들인다면 셋째, 규범적 주장은 규범적이고 자연적인 사실 양쪽 모두를 진술할 수 없다. 파핏은 이것을 사실 – 진술 Fact-Stating의 논증이라고 부른다. 세 번째 논증은 앞선 단락에서 언급한 규범성에 대한 덴시의 논증과 유사한데, 덴시 역시 앞선 두 개의 논증과 비슷한 유형들을 제시했다.

첫째 논증의 배후에 놓여 있는 핵심적인 생각은 덴시가 언급했다. 그는 모든 형태의 자연주의는 명백하게 옳은 것으로 만들어주는 것으로 보이는 어떤 속성과 더불어 시작되고 그때 옳음과 그 속성은 동일시된다고 주장한다. 그의 주장은 옳다는 속성을 통해 그 행위가 옳다고 주장하는 것은 지극히 사소하다는 것이다. 또는 자연주의자들이 이유-제시적 속성을 선택하고 이것을 옳음과 동일시하는 것은 그렇게 함으로써 이러한 속성이 우리에게 옳은 것을 해야한다는 이유를 제시해준다는 주장을 사소한 것으로 만들어 버린다는 것이다(Dancy, 2006, p.140). 또는 다른 방식으로 자연주의자들은 분명히 사소하지 않은 것을 사소한 것으로 만들어 버린다는 것이다. 예를 들어, 공리주의적 자연주의자에 따르면 옳음은 행복의 극대화라는 속성과 같다. 따라서 행복을 극대화하는 행위가 옳다는 제안은 행복을 극대화하는 행위가 행복을 극대화한다는 동어반복적인 것이기 때문에 분명히 사소하다. 그러나 덴시의 언급처럼 "우리가 모든 것을 완벽하게 잘 안다."라는 제안은 사소한 것은 아니지만 대신에 도덕적으로 본질적이고 논쟁적이다(Dancy, 2006, pp.131-132). 이 논증은 일반화될 수 있다. 모든 유형의 규범적 자연주의는 개별적인 규범적 술어 M은 분명하게 하나의 자연적 속성에서 기인하는 N이라고 표현되는 어떤 동일한 속성에서 기인하는 것이라는 입장을 고수할 것이다. 따라서 "어떤 것이 N이라는 것은 M이다."라는 형태에 의해 표현된 문장은 규범적으로 사소하다는 것을 함축한다는 것이다. 그리고 누군가는 다시 개별 사례에서는 이러한 문장들이 사소하지 않다는 것을 확인할 수 있다고 주장할 것이다.

파핏은 공리주의적 자연주의는 별다른 것이 없고 이 이론이 직면하는 문제가 무엇이든 그것은 다른 모든 유형의 도덕적 자연주의가 직면할 것이라고 생각했기 때문에, 공리주의적 자연주의를 통해 자신의 논증을 전개했다(Parfit, 2011 : , v. Ⅱ, p.341). 파핏은 이 논증을 다음과 같이 체계화한다.[33] 공리주의적 자연주의의 입장을 따르면, 어떤 것을 해야만 하는가의 속성은 행복을 극대화할 수 있는 행위의 속성과 동일한 것이다. 이제 어떤 행위가 행복을 극대화하는 것은 P를 해야만 한다는 주장으로 생각해보자. 파핏은 이 주장을 (A)라고 부른다. 파핏의 주장처럼 직관적 으로 (A)는 하나의 본질적인 규범적 주장이고 본질적인 규범적 사실에 대한 긍정 적 진술이다. 문제는 만약 공리주의적 자연주의가 사실이라면 "(A)는 어떤 행위가 행복을 극대화하고 이러한 행위가 행복을 극대화한다고 할 때, 단지 사소한 사실 을 진술하는 또 다른 방식에 불과하다."는 것이다. 아직 (A)는 분명히 이러한 방식 에서 사소한 것이 아니다. 그래서 만약 (A)가 본질적인 도덕적 주장이라면 공리주 의적 자연주의는 진실이 아니다.[34]

　　일부 공리주의적 자연주의자는 어쩌면 (A)가 본질적인 규범적 주장이 아니라 고 응답할지도 모른다. 그는 우리가 행복을 극대화하는 무엇인가를 해야만 하는 것은 이러한 것들이 행복을 극대화하기 때문이라는 입장을 고수하겠지만, 이때 '~때문이라는' 것은 본질적인 규범적 의미보다는 환원적 의미에서 이해될 수 있다 는 것을 의도할지도 모른다. 하지만 이러한 응답은 만족스럽지 않다. 파핏의 언급 처럼 (A)는 직관적으로 하나의 본질적인 규범적 주장이다. 나는 공리주의적 자연 주의를 받아들이기 어렵다는 파핏의 의견에 동의한다. 하지만 이것을 규범적 자 연주의로 성급하게 일반화하는 것 또한 받아들이기 어렵다.

　　덴시는 자신의 논증이 단지 확실한 형태의 자연주의 즉, 공리주의적 자연주의 에 대한 작업일 뿐이라는 점을 인정한다.[35] 왜냐하면 행복을 극대화하는 행위가 옳 다는 공리주의적 자연주의의 제안은 직관적으로 (본질적인 규범적 의미에서) 어떤 행 위를 옳게 만드는 무엇인가에 대하여 분명하게 설명하고 있는 것처럼 보이기 때문 이다. 덴시는 자신의 논증을 "우리가 어떤 행위가 옳은 속성을 가지고 있기 때문에 (*because it has such a property*, 이때 '~때문에는' 본질적인 규범적 의미에서의 '~ 때문에'이다) 그 행위를 옳다고 말하는 것은 우리가 행복하다고 언급하는 종류의 속성"을 도덕적 속성과 동일시하는 이론들에 대한 작업이라고 생각한다. 그러나 이 논증은 또 다른 정당성을 획득하는 데에는 실패한다. 예를 들어, 덴시는 이러한 논증이 잭슨의 '기이함 oulandish' 주장에 대해서는 타당성을 확보하지 못한다고 생각했는데, 잭슨에 따르면 옳지 않음은 '방대한 선언적인 서술적 속성 vast disjunctive descriptive property'과 동일하다.

잭슨은 마치 거짓말, 약속 어기기 또는 아이들의 욕설이 보여주는 것처럼 옳지 않음은 매우 거칠고 직관적으로 어떤 행위가 옳지 않게 될 수 있는 모든 선언적인 '방식들'로 구성되어 있다고 언급한다.[36] 그렇다면 이러한 방대한 선언적인 서술적 속성들을 갖고 있는 행위는 옳지 않다는 주장을 살펴보자. 잭슨은 이것이 일반적인 본질적—규범적 주장이 아니라 속성—동일성 주장을 함축하는 것이라고 주장한다. 따라서 이 논증은 그의 주장에 대한 타당성을 확보하지 못한다. 나의 사회—중심적 주장에서 보자면 옳지 않음이란 (거칠게) 사회의 문제를 개선할 수 있는 주류의 도덕적 코드에 의해서 제외되는 것이다. 다시 돌아와, 이러한 속성을 갖고 있는 행위가 옳지 않다는 주장은 일상적인 본질적—규범적 주장이 아니다. 나는 이 논증이 속성—동일성 주장을 함축하고 있다고 생각할 뿐만 아니라 나의 주장에 반대하는 타당성 또한 얻지 못한다고 생각한다.

사소함에서 기인하는 두 번째 논증은 더 성공적이지 못하다. 자연주의의 환원적 형태는 개별적인 규범적 속성이 어떤 특정한 자연적 속성과 동일시될 수 있음을 주장한다. 예를 들어, 그들은 옳지 않음은 어떤 자연적 속성 N과 동일하다고 주장한다. 문제는 만약 이러한 주장이 참이라면, 이것은 N은 N과 동일하다는 주장이고 이것은 사소한 것이 되어버린다는 점이다. 그리고 만약 규범적 자연주의가 참이라면 이것의 핵심적 주장이라 할 수 있는 속성-동일성 주장은 사소한 것이 되어 버리거나 가치 없는 논쟁이 될지도 모른다(Parfit, 2011, v. Ⅱ, pp.338-339를 참고하라).

　파핏은 속성-동일성 주장은 모든 속성이 그 자체와 동일하다고 주장하는 것이기 때문에 사소한 것이라고 말한다. 하지만 파핏은 어떤 참인 속성-동일성 주장은 그 자체로 중요한 정보를 함축할 수 있음을 간과하고 있다. 예를 들어, 물의 속성과 H_2O 분자들로 구성된 것의 속성이 동일하다는 논제는 물이 갖고 있는 속성의 본성 nature과 물의 화학적 구성에 대한 중요한 정보를 우리에게 제공해준다.[37] 규범적 자연주의자들은 핵심적인 속성-동일성 주장에 대한 유사한 어떤 것을 언급함으로써 파핏의 논증에 응답할 수 있다. 즉, 자연주의자들의 핵심 주장은 단지 규범적 속성이 자연적 속성 그 자체와 동일하다는 것에 대한 사소한 정보뿐만 아니라 규범적 속성의 본성에 대한 중요한 정보를 제공해줄 수 있다. 이것을 (규범적 자연주의자들의) '정보 대응 information response'이라고 부르자. 공리주의적 자연주의자들은 핵심적인 속성-동일성 주장을 통해, 우리가 무엇을 해야만 하는가의 속성과 행복, 그리고 행복을 구성하는 요소들의 속성이 어떻게 특정한 방식으로 관계 맺는가에 대해 언급함으로써 파핏의 논증에 대응할 수 있다. 또한 잭슨은 방대한 선언적인 서술적 속성과 옳지 않음이 동일하다는 주장을 통해 우리에게 옳지 않음의 본성에 대한 무엇인가 놀랄 만한 것을 제시함으로써 파핏의 주장에 대응할 수 있다. 그리고 나는 사회-중심적 이론이 도덕적 속성들의 본성에 대하여 의미 있는 무엇인가를 말해줄 수 있다는 구성된 핵심적 속성-동일성 주장으로 파핏의 주장에 대응할 것이다.

　우리는 '정보 대응'을 명료하게 하기 위해서 킹 Jeffrey King의 '구조화 가설 structed propositions' 이론을 사용할 수 있다. 킹의 접근에 따르면, 비록 물이 H_2O라고 할지도,

물이 H₂O라고 하는 명제는 '물은 물이다'라는 동어반복식의 사소한 명제와는 다르다는 것을 주장하기 위한 충분한 여지가 있다는 것이다. 물론 이러한 생각을 자세하게 설명하는 것은 이 글의 범위를 벗어나는 것이 될지도 모른다.[38] 하지만 킹 이론의 핵심은 자연주의자들이 옳지 않음은 자연적 속성 N과 동일하다는 주장이 단지 N은 N과 동일하다는 사소한 주장과는 다르다는 것을 말할 수 있는 충분한 여지를 가지고 있다는 것이다.[39]

그러나 불행히도 구조화 가설 이론은 자연주의자들이 내가 강력한 사실-동일성 strong fact-identification 논제라고 부르는 무엇인가를 위반하고 있는 것은 아닌가라는 난감한 기술적 문제를 수면 위로 떠오르게 한다. 구조화 가설 이론은 우리가 개별 명제에 속성을 부여하기 위한 세부적 fine-grained 기준이라 할 수 있는 것을 우리에게 제시해준다. 만약, 우리가 하나의 사실을 참인 명제라고 가정한다면 명제들에 속성을 부여하기 위한 세부기준은 사실들에 속성을 부여하기 위한 유사한 세부기준을 우리에게 제시해줄 수 있다.[40] 이것은 우리에게 사실들의 세부적 설명에 대한 오류를 범하도록 한다. 이러한 설명에 따르면 N은 N과 동일하다는 사소한 사실로부터 옳지 않음은 N과 동일하다는 사실을 구분하기 위한 여지가 있다. 문제는 만약 우리가 이러한 사실들을 구분할 수 있다면, 그때 우리는 사형제도는 N이라는 자연적 사실로부터 사형제도가 옳지 않다는 사실을 구분하는 오류를 범한다는 것이다. 이것은 사실들에 대한 세부적 설명은 규범적 자연주의와 양립할 수 없다는 것을 인정하는 것처럼 보일지도 모른다. 만약 이와 같다면 구성된 명제 이론은 규범적 자연주의자들에게 골칫거리가 될 것이다.

이러한 우려는 자연주의자들이 반드시 주장해야만 하는 것이 무엇인가에 대한 오해에서 기인한다. 자연주의자들은 자연적 속성과 규범적 속성을 반드시 동일시해야만 한다. 그들은 각각의 규범적 속성 M은 어떤 자연적 속성 N에 대해, 어떤 자연적 속성 N이 M이 된다는 것은 N이 되는 것이라고 주장해야만 한다. 하지만 만약 M과 N이 동일하다면, 이때 자연주의자들이 개별 사실의 의미에서 M은 어떤 것이 N이라는 사실과 반드시 동일하다고 주장하는 것이 강한 사실−동일성 논제를 수용하는 것을 의미하는가는 상당히 까다로운 문제이다. 자연주의자들이 옳지 않게 되는 것은 N이 되는 것이라고 말한다고 가정해보자. 이때 그들은 사형제도가 옳지 않은 것은 반드시 이것이 N인 경우라고 말해야만 한다. 더욱이 그들은 사형제도가 옳지 않다는 주장은 사형제도가 어떤 다른 속성이 아니라 자연적 속성 N에서 기인하기 때문이라고 말해야만 한다. 그럼에도 불구하고 적어도 내가 이해한 사실들에 대한 세부 설명에 의하면, 비록 자연주의자들의 이론이 사실이라고 할지도 사형제도가 옳지 않다는 사실은 사형제도는 N이라는 사실과는 다른 것이 될지도 모른다. 그리고 옳지 않음은 N이라는 사실은 N은 N이라는 사실과는 다른 것이 될지도 모른다. 이와 유사하게 비록 물이 H_2O라고 할지라도, 이러한 사실은 H_2O는 H_2O라는 사실과는 다르다. 그리고 컵 안에 물이 담겨 있다는 사실은 컵 안에 H_2O가 담겨 있다는 사실과도 다르다. 간단하게 말해서, 자연주의자들이 반드시 규범적 속성은 자연적 속성이고 규범적 사실은 자연적 사실이라고 주장해야하기는 하지만, 사실들에 대한 세부 설명에서 보면 자연주의자들이 강한 사실−동일성 논제를 위반하는 것은 아니다. 어쩌면 내가 이 글에서 이러한 점을 간과하고 있을지도 모른다. 우리가 자연주의자들이 강한 사실−동일성 논제를 위반하고 있다고 생각할 수 있는가의 문제는 우리가 사실을 무엇이라고 생각하느냐에 달려 있다.

파핏이 제기한 사소함에 대한 마지막 논증인 사실−진술 논증은 자연주의자들이 강한 사실−동일성 논제를 위반하고 있다는 생각에 근거하고 있는 것처럼 보인다. 파핏은 '비분석적 자연주의자들에 따르면' 어떤 참인 규범적 주장은 '어떤 다른 비규범적, 자연주의적 주장에 의해 진술될 수 없는' 사실을 진술하고 있다고 말한다. 문제는 이러한 비규범적 주장은 "규범적 사실을 진술할 수 없다."는 것이다. 이러한 주장을 따른다면 그때, 규범적 주장에 의해 진술되는 사실은 규범적 사실이 아니다. 이것은 터무니없는 주장이 아닐 수 없다. 파핏은 이 논증의 전제 중 하나가 부정되지 않는 한 비분석적 자연주의는 오류라고 기술한다(Parfit, 2011, v. Ⅱ, pp.338-339).

그렇다면 이제 자연주의자들이 강한 사실—동일성 논제를 위반하고 있다는 가정 하에 논의를 전개해보자. 이때, 파핏이 인식한 것처럼 그 논증의 전체적인 비중은 "비규범적 주장은 규범적 사실을 진술할 수 없다."는 전제에 달려 있다. 이 전제는 파핏의 논증에서 (6)번에 해당된다. 자연주의자는 확실히 이 전제를 부정할 것이다. 파핏은 이 전제를 옹호하기 위해서 이성에 대한 주관주의와 규범성에 대한 이유—함축적 개념에 의지하는데, 이러한 입장에 따르면, (6)번 전제가 사실인지 어떤지는 비규범적 주장이 이유—함축적 사실을 진술할 수 있는지 어떤지의 문제라는 것이다.

이성에 대한 단순한 유형의 주관주의에 따르면, 어떤 사람 P가 A를 하는 결정적인 이유의 속성은 A를 하는 것이 P의 욕구를 가장 잘 충족시켜주는 것의 속성과 동일하다고 생각하기 때문이다. 'P는 A를 해야 하는 결정적인 이유를 갖고 있다는 것은 참이다'를 (S)라고 부르자. 파핏은 이성에 대한 주관주의를 따른다면, (S)에 의해 진술된 사실은 A를 하는 것은 P의 욕구를 가장 잘 충족시켜주는 것이다(U)라는 자연주의적 주장에 의해서도 진술될 수 있다고 주장한다. 파핏은 (U)는 규범적 사실을 진술할 수 없다고 주장하는데, 이것은 물론 파핏이 본래 제안한 논증의 (6)번 전제를 포함하는 것이다. 만약 (U)가 규범적 사실을 진술한다, 이것은 아마도 (S)와 동일한 사실을 진술하는 것이고, 이때 거기에는 "우리가 무엇을 해야 하는 결정적인 이유를 갖고 있다."는 것의 '특징적인' 규범적 속성도 필연적으로 없을 것이다. 그리고 만약 그러한 특징적인 속성이 없다면, (S)에 의해 진술된 사실이 규범적이라는 것과 (U)에 의해 진술된 사실이 규범적이라는 것은 아무런 의미가 없다고 파핏은 주장한다. 그러나 이성에 대한 주관주의는 오류인데 왜냐하면, (U)는 규범적이고 자연적인 양쪽 모두의 사실을 진술하고 있기 때문이다. 파핏은 "비슷한 논증들이 다른 모든 형태의 비분석적 자연주의에도 적용된다."고 결론을 내린다(Parfit, 2011, v. Ⅱ, p.341).

근본적으로 우리가 무엇인가를 해야 하는 결정적인 이유를 갖는다는 사실이 규범적이라는 주장은, A를 하는 것이 우리의 목적을 위한 최선의 실행이 되는 것의 속성과는 다를 때 단지 A를 해야만 하는 결정적인 이유의 속성이라는 것이다. 그러나 이러한 주장은 논점을 일탈한 것이다. 만약 우리가 어떠한 자연적 속성도 이유-함축적 의미에서 규범적이 될 수 없다고 생각한다면 이것은 그럴듯해 보인다. 만약 우리가 그렇게 생각한다면 그때, 이유-함축적 의미에서 어떤 이유가 갖는 속성은 어떤 자연적 속성과는 다른 것일 경우를 제외하고는 어떠한 속성도 규범적인 것이 될 수 없는 것처럼 보일지도 모른다. 더욱이 이성에 대한 주관주의를 따르면 A를 하는 것이 우리의 목적을 위한 최선의 실행일지도 모른다는 사실은 이유-함축적 의미에서 봤을 때는 규범적인데, 왜냐하면 그 사실이 A를 해야 하는 결정적인 이유를 포함하고 있기 때문이다. 이러한 이유로 이성에 대한 주관주의는 우리의 목적을 위한 최선의 무엇인가를 한다는 것은 *is* 우리가 그것을 해야 하는 결정적인 이유를 갖게 되는 것의 속성이다. 따라서 내가 보기에는 사실-진술 논증은 성공적이지 못하다. 이것은 자신들이 이미 거부한 규범적 자연주의가 단지 설득력 있는 것처럼 보일 수도 있다는 전제에 달려 있다.

2.9 파핏의 논증 5 : 약한 자연주의자들의 딜레마

'강한 자연주의자 Hard Naturalist'들은 우리가 순수한 자연적 언어 안에서 규범적 사실들을 표현하고 있는 규범적 주장을 하기 위해서 규범적 언어를 사용할 필요는 없다고 주장할지도 모른다. 도덕적 용어는 우리의 언어와 도덕적 개념으로부터 분리될 수 있는데, 왜냐하면 우리의 언어와 도덕적 개념은 어떤 표현력을 상실하지 않고도 우리의 생각으로부터 분리 될 수 있기 때문이다. '약한 자연주의자들'은 이러한 결론을 주장할지도 모르고, 우리가 여전히 규범적 주장을 하는 데 규범적 언어를 사용해야 할 이유를 있다고 강조할지도 모른다.

그러나 파핏은 모든 자연주의자들이 규범적 주장이 사실에 대한 진술을 의도하고 있다는 것에 이의를 제기한다. 더욱이 이러한 관점에서 보면, 단지 자연주의적 의미에서 규범적 사실을 표현할 수 없는 경우에만 규범적 언어를 사용할 이유가 있다. 하지만 자연주의자들은 물론 이러한 주장을 부정한다. 파핏은 약한 자연주의는 이치에 맞지 않는 주장이라고 결론을 내린다. 자연주의자는 강한 자연주의적 관점에 위배된다(Parfit, 2011, v. Ⅱ, pp.364-366). 이러한 주장들을 통해 그는 강한 자연주의는 규범적 주장들이 중요하지 않다는 것을 함축하고 있고 "자연주의는 허무주의 nihilism와 유사하다."는 결론을 내린다(v. Ⅱ, p.368).

내가 생각하기에 파핏의 이러한 결론은 완전히 잘못된 것이다. 비록 규범적 사실이 자연적 사실이라고 하더라도, 어떤 자연적 사실은 다른 것들보다 더 중요하고 그래서 규범적 사실은 중요한 것이 될지도 모른다. 내 신발이 갈색이라는 사실보다 내가 먹을 음식에 독이 들어 있다는 사실이 훨씬 더 중요하다. 자연주의자들은 이러한 사실이 그 자체로 하나의 자연적 사실이라고 말할지도 모르고, 일반적으로 규범적 사실은 매우 중요한 비중을 갖는 사실이라고 주장할 수 있다. 비록 그러한 사실들을 표현하는 데 규범적 언어를 사용할 필요가 없다고 할지라도 이러한 주장은 가능하다.

더욱이, 비록 자연주의의 규범적 주장이 순수하게 어떤 자연주의적 주장을 하게 하는 정보를 함축하고 있다는 파핏의 주장이 옳다고 하더라도 나는 약한 자연주의자들이 이를 방어할 수 있다고 생각한다. 규범적 자연주의자들은 우리가 도덕적 주장을 할 때 단지 의사소통적 정보를 넘어서서 규범적인 도덕적 언어를 사용한다고 주장한다. 내가 제안한 실재적-표현주의 realist-expressivism의 한 부류는 하나의 규범적인 도덕적 주장은 규범적인 도덕적 진술과 더불어 이와 관련된 적극적인 태도를 모두 표현한다고 주장한다.[41] 예를 들어, 내가 고문은 옳지 않다는 규범적인 도덕적 주장을 진술하는 것은 (고문을 포함하여) 옳지 않은 행동에 대한 반감을 동시에 표현하는 것이다. 이러한 관점은 왜 우리가 비록 규범적인 자연주의가 참이라고 할지라도 규범적 언어를 사용하는가에 대한 이유를 설명해준다. 나는 또 우리가 도덕적 언어를 지속적으로 사용하고자 하는 인지적 이유를 갖고 있기 때문에 도덕적 주장들에 대한 자연주의적 사실조건은 상당히 복잡하다고 생각한다. 우리는 도덕적 주장을 유지하기 위한 타당한 이유를 갖고 있을지도 모르고 자연주의적 맥락에서 이러한 언급을 하는 데 초조해야 할 이유가 없다. 이러한 이유로 나는 실재적-표현주의와 사회-중심적 관점의 결합은 약한 자연주의에 우호적이라고 생각한다.

2.10 결 론

　　파핏의 논증은 미묘하고 복잡하지만 정교하다. 그러나 만약 내가 옳다면, 그것들 중 어떤 것도 성공적이지 못할 뿐만 아니라 누군가는 그러한 논증들에 의문을 품게 될 것이다. 파핏의 논증에는 다음과 같은 세 개의 결정적인 실수가 있어 보인다. 첫째, 불행히도 파핏은 자연주의자들이 어떠한 선택지도 없이 동기적인 영향력의 의미에서만 규범성에 대한 설명을 시도하고 있다고 생각했다. 나는 이것을 오류라고 생각한다.[42] 나의 다원적─목적론처럼 자연주의적 이론들은 동기적인 영향력의 의미에서만 규범성을 설명하는 것을 목적으로 하지 않는다. 둘째, 파핏은 규범적인 사실들은 이유─함축적이라고 생각한다. 하지만 그가 진지하게 받아들이고 있는 이유들에 대한 자연주의적 설명은 단지 실천 이성에 대한 주관주의일 뿐이다. 그는 이유와 규범성에 대한 다른 자연주의적 설명이 가능할 수 있음을 간과했다. 셋째, 파핏은 자연주의자들의 속성─동일성 주장에 의해 어떤 중요한 정보가 전달될 수 있다는 것을 파악하지 못했다. 그는 과학적인 속성─동일성 주장과의 비유를 제시했지만, 내가 생각하기에 이러한 비유는 규범적 자연주의자들의 속성─동일성 주장들이 어떻게 정보를 전달하고 흥미를 유발할 수 있는가를 보여주지 못했다.

　　규범적 자연주의에 대한 파핏의 실험은 매우 큰 의미가 있지만 이 글에서는 그것을 충분히 다루지 못했다. 나는 규범적 자연주의에 반대하는 그의 논증을 비판적으로 고찰했지만 자연주의를 옹호하기 위해 자연주의자들이 사용한 논증들에 대한 그의 재반론 역시 살펴보지 못했다. 이러한 반론들은 중요하다. 더욱이 자연주의에 반대하는 다른 논증들 역시 이 글에서는 다루지 못했다. 하지만 규범적 자연주의를 충분하게 옹호하기 위해서는 자연주의에 반대하는 논증들을 참고할 필

요가 있다.[43]

　파핏은 만약 규범적 자연주의가 참이라면 그때 많은 철학자들이 학자적인 삶의 상당 부분을 잃어버리게 될 것이라고 생각한다. 그는 시즈윅, 로스, 그리고 자기 자신이 학자적인 삶의 상당한 부분을 상실하게 될지도 모른다고 우려했다(Parfit, 2011, v. II, pp.303-305, p.367). 내가 보기에 그의 생각은 완전히 틀렸고 그의 우려는 단지 기우杞憂에 불과하다. 무엇이 옳은가, 옳지 않은가의 논쟁과 우리가 무엇을 해야만 하는가에 대한 논쟁, 그리고 규범적인 도덕적 이론이 무엇인가에 대한 논증은 규범적 속성이 자연적 속성인지 어떤지와 무관하다.

　이러한 논쟁들은 비록 규범적 자연주의가 참이라고 할지라도 여전히 유익하고 중요할 수 있다. 철학적으로 중요한 많은 것들이 규범적 자연주의와 비자연주의 사이에 일어나는 논쟁의 성패에 달려 있다. 자연주의자들은 도덕적 속성과 이유가 되는 것의 속성을 포함하는 규범적 속성에 대한 본질적이고 철학적으로 만족스러운 설명을 제시하는 것을 목적으로 한다.[44] 자연주의자들은 그러한 설명을 제시할 수 있기를 원하고 그러한 설명이 자연주의적으로 될 수 있다는 입장을 고수한다. 비자연주의자들은 자연주의자들의 프로젝트의 성공을 비관적으로 예측한다. 그러나 이 프로젝트는 부정할 수 없는 철학적 중요성을 갖고 있다.

1   이러한 것을 다루는 나의 목적은 어떤 것에 대한 도덕적 속성에서 기인하는 진실한 도덕적 상태
    나 사실이 있다는 도덕 실재론의 입장을 드러내는 것이다. 이 입장을 다양한 반론들과 함께 다루
    고 있는 부분은 코프(Copp, 2006b, pp.7-8)을 참고할 수 있다. 이 글의 목적을 위해서 나는 사실은
    하나의 진실한 상태라는 입장을 취할 것이다. 또 '속성'이라는 단어는 무엇인가를 예측하도록 하
    는 데 기여하는 것으로, 즉 (확실하지 않은 맥락 안에서의 사용을 포함해서) 예측에 대한 명제를
    참으로 만드는 조건이라고 할 수 있다. 우리가 "고문은 도덕적으로 옳지 않다."라는 문장을 단정
    적으로 언급하는 것은 '도덕적으로 옳지 않음'이 이러한 상태를 참으로 예측하도록 하는 조건에
    대한 무엇인가 기여하고 있다는 것을 표현한 것이다. 나는 이러한 점이 도덕적 옳지 않음의 속성
    에도 기여하는 것이라고 말하는 것이다.

2   자신들을 스스로 자연주의자라 칭하는 일부 철학자들은 도덕적 또는 다른 규범적 속성이 하나
    의 자연적 속성이라는 것을 부정한다. 하지만 그럼에도 불구하고 그들은 규범적 속성과 자연적
    사실 사이에 충분한 유사관계가 있다는 약한 형태의 자연주의를 인정한다. 예를 들어, 웨지우드
    (Ralph Wedgwood)는 "모든 조건부적인 규범적 사실들은 자연적 사실들 안에서 실현된(realized)
    것이다."라고 주장하고 이것을 자연주의의 한 형태로서 규정하였다(2007, p.6, p.145). 여기서 나
    는 이러한 종류의 이론들은 제쳐둘 것이다. 이 글에서 내가 고찰하고자 하는 논증들은 규범적 속
    성들이 자연적 속성이라고 주장하는 이론들을 반박하는 의도를 갖고 있는 것들이다.

3   벡텔과 리차드슨(Bechtel and Richardson, 1998). 이 비교는 파핏(Derek Parfit, 2011, v. Ⅱ, p.324)이
    제시한 것이다.

4   이러한 주장의 고전적 명제는 네이글(Nagel, 1974)에서 확인할 수 있다.

5   이것은 왜 어떤 사람이 보편적인 형이상학적 자연주의에 대한 헌신 없이도 도덕적 자연주의자
    가 될 수 있는가라는 근본적인 문제를 설명할 수 있는 방법이다. 이러한 사람들은 규범성이 자연
    주의적으로 설명될 수 있다고 믿지만 수학적 사실들이 자연적 사실인지 어떤지 또는 초자연적
    사실인지 어떤지에 대한 확신은 없다.

6   이러한 점은 내가 어떤 속성이나 사실이 규범적이 되는가에 대하여 철학적으로 흥미로운 비자
    연주의적 설명의 가능성을 열어두었음을 의미한다. 웨지우드는 규범적 속성과 사실이 자연적
    속성과 사실이라는 점은 부정하면서도 스스로를 자연주의자라고 밝힌다. 왜냐하면 "모든 조건
    부적인 규범적 사실들은 자연적 사실들 안에서 실현된(realized) 것이다(2007, p.6)."라는 견해를
    통해 규범성에 대해 설명할 수 있기 때문이다. 여기서 흥미로운 문제는 웨지우드의 이론을 자연
    주의로 인정할 수 있는가 그렇지 않은가가 아니라 규범성에 대한 그의 설명이 만족스러운가 그
    렇지 않은가이다.

7   무어(Moore, 1993b[1903], section 29, p.91), 무어가 선을 하나의 자연적 속성으로 보았는지 그렇
    지 않은지에 관련된 부분은 우리가 따로 논의하지 않아도 된다.

8   파핏(Parfit, 2011, v. Ⅱ, p.305). 파핏은 이러한 주장이 애매할지도 모른다는 점을 인정했다(p.306).

9   쉐이퍼-란다우(2003, p.59). 결국 쉐이퍼-란다우는 이 정의를 인식론적으로 해석했다.

10 예를 들어, 로머(Roemer, 1996).

11 스터전(Nicholas Sturgeon, 1985).

12 자연주의의 인식론적 정의에 대한 좀 더 자세하고 신중한 논의는 코프(2007, 1장, why naturalism?)

를 참고할 수 있다. 이 밖에도 쉐이퍼-란다우(2003, p.61), 파핏(2011, ⅴ. Ⅱ, pp.306-307)을 참고할 수 있다. 스터전(Strugeon)은 인식론적 정의를 반대한다(2006, pp.109-110).

13 자연주의자들이 자연적 속성 N*이 규범적이라고 주장하는 것은 도덕적 속성 M이 규범적인 것과 동일하다는 것을 가정하고 있다는 점에 주의해야 한다. 만약 자연주의가 옳다면, 그리고 만약 도덕적 속성이 규범적이라면 어떤 자연적 속성들 또한 규범적이다.

14 스터전은 자신이 '비환원적 자연주의'라고 부르는 것을 옹호하는데, 이에 따르면, 도덕적 속성들이 자연적 속성들임에도 불구하고 거기에는 "M이 된다는 것은 N이 된다는 것이다."라는 형태의 진실하고 중요한 문장이 있을지도 모른다는 것이다(2006, pp.98-99). 이러한 종류의 비환원적 자연주의는 설명상의 문제에 대하여 만족스러운 해답을 내놓지 못한다. 나는 이러한 스터전의 입장을 따라 '비환원적 자연주의'라는 용어를 사용하고자 한다.

15 이에 대한 논의는 코프(Copp, 2007, 8장 ["Moral Naturalism and Three Greeds of Normativity"]); (2009; 2010a; 2010b)를 살펴보아라.

16 덴시는 개인적인 대화에서 이러한 관련성의 개념이 규범적인 것이 될지도 모른다고 언급했다. 비록 그렇다고 할지라도 내가 여기서 의도하는 것은 단지 규범성에 대한 하나의 정의일 뿐 환원적 정의는 아니다.

17 물론 여기서 속성의 본성에 대한 형이상학적 논증은 없다. 이와 관련해서는 각주 12를 참고하라.

18 관련성 정의에 따르면 일부 도덕적 사실들은 규범적인 것으로 간주되지 않을 수도 있다. 예를 들어 관련성 정의에서 보면, [고문은 도덕적으로 옳지 않다 또는 뉴욕의 서쪽은 캘리포니아다]라는 사실 중 하나는 규범적인 것이 아니다. 그럼에도 불구하고 모든 '기본적인(basic)' 도덕적 사실들은 규범적인 것으로 간주할 수 있다 — 기본적인 도덕적 사실들은 어떤 것의 도덕적 속성을 구성하는 사실이다. 즉, '기본적인' 도덕적 상태는 어떤 것에 대한 옳지 않음이나 도덕적 선함처럼 도덕적 속성에 기인하는 것이다. 고문이 도덕으로 옳지 않다는 사실을 '기본적인' 의미에서 보자면 도덕 실재론자들이 이해하는 것처럼 이러한 사실은 고문이 옳지 않음의 속성을 가지고 있다는 것으로 구성된 것이다. 어떤 기본적인 도덕적 사실은 관련성 정의에 따르면 규범적인 것이 될지도 모른다. 왜냐하면 어떤 그러한 사실은 비규범적인 것으로부터 규범적인 것을 구분해주는 선택과 결정에 직접적으로 관련되어 있기 때문이다.

19 여기서는 평가적 사실에 대한 덴시의 설명은 다루지 않았다. 그는 평가적 사실들이 무엇을 해야 하는가를 정당화해주지 않더라도 행동의 차이를 설명해줄 수 있기 때문에 규범적이라고 언급한다(Dancy, 2006, pp.137-138). 문제는 평가적 사실들이 무엇을 해야 하는가에 대한 직접적이고 명백한 대답을 제공할 수 없다는 것이다. 따라서 그것이 어떻게 행동해야 하는가에 대한 차이를 만들지라도 어떤 행위 A가 누군가의 복지를 감소시키지 않으면서 많은 사람들의 복지를 더 증진시킬 수 있다는 사실과 마찬가지로 비규범적 사실들과 동일한 것으로 보인다.

20 덴시는 개인적인 대화에서 이렇게 응답했다.

21 자세한 내용은 코프(Copp, 2009)를 참고하라. 또 내가 이 단락의 각주에서 언급하고 있는 논문과 책들도 참고할 수 있다.

22 자세한 논의는 코프(Copp, 2007, introduction)와 이러한 생각에 대한 초기의 견해가 담겨 있는 코프(Copp, 1995)를 참고하라.

23 이에 대한 자세한 논의는 코프(Copp, 2007, 10장 ["The Normity of Self-Grounded Reason"])를 참고

하라. 이 글에서 나는 '자율성의 규범'보다는 '가치 기준'을 주로 언급했다. 왜냐하면 자율성의 규범이 우리의 기본적인 필요들에 의해서 우리에게 주어진 이유들을 제쳐놓고 문제를 단순화하여 발전된 개념이기 때문이다. 관련된 논의는 코프(Copp, 2001, 1995, pp.172-188)를 살펴보아라.

24 파핏은 '비규범적 용어' 안에서 정의되거나 재규정될 수 없다면 이것은 '더 이상 환원 불가능한 규범적인' 개념, 주장 또는 사실이라고 부를 수 있다고 설명한다(Parfit, 2011, section 24[82], 572).

25 다월(Darwall, 1992 : p.169). 파핏의 인용은 2011, v. Ⅱ, p.363. 다월은 1993, p.80에서도 유사한 주장을 했고, 파핏은 2011, v. Ⅱ, p.294에서 이를 다시 인용했다.

26 이와 관련해 규범성을 분명하게 설명하기 위해 도덕적 신념과 동기 사이의 관계에 대한 내재주의를 전개한 일부 철학자들이 떠오르는데, 예를 들어 스미스(1994, esp. 3장)를 참고하라.

27 나는 규범성이 동기의 측면에서 설명될 수 있다는 생각이 잘못된 것임을 주장했다. 관련된 논의는 코프(Copp, 2007, 10장 ["Moral Naturalism and Three Grades of Normitivity"])를 참고하라.

28 맥키(J. L. Mackie, 1977, p.41)는 "이 세계에서(in the world) '~때문에(because)'가 의미하는 것이 무엇인가?"라는 잘 알려진 물음을 던졌다. 그는 여기에 형이상학적 '기이함'이 있다고 주장했다. 일반적으로 만약 어떤 것이 규범적 속성을 갖는다는 것은 반드시 이것의 어떤 비규범적 자연적 속성에 대해 '결과적'이거나 '수반적'인 것이 되어야만 한다. 어떤 행위가 고의적인 학대 행위의 부분이기 때문에 잘못된 것이라고 생각해보자. 이에 대해 맥키는 '~때문에'를 통해 의미를 갖는 것이 무엇인가라고 묻는다. 그 관계는 인과적이지 않고 이것은 '수반이나 의미론적 또는 논리적 필연성'이 될 수 없다. 누군가 '~때문에 관계'가 자연적 관계가 아니라고 주장하는 것은 도덕적 자연주의가 반드시 오류일 수밖에 없다는 결론을 내리는 것이다. 하지만 비자연주의자들 또한 반드시 이러한 관계의 기반이 무엇인지를 설명해야만 한다. 이러한 점은 블랙번(Blackburn, 1985)을 참고할 수 있다. 또 이와 관련된 논의는 맥너턴과 롤링(McNaughton and Rawling, 2003)을 참고하라.

29 이 예는 원래 치머만이 제시한 것으로, 나는 코피(Brian Coffey)의 것을 인용했다

30 파핏(Parfit, 2011, v. Ⅱ, p.300). 여기서 파핏이 사용하는 사소함이라는 단어는 내가 다음의 논의할 '사소함에 대한 논증'을 미리 보여준 것이다.

31 그는 비록 어떤 자연적 속성이 행위를 옳게 만드는 속성이라고 할지라도, 이것은 옳은 상태의 속성을 따르는 것은 아니라는 점을 강조한다(Parfit 2011, v. Ⅱ, p.300). 우리는 어떤 자연적 속성이 본질적 규범적 의미에서 옳은 행위를 만드는 독특한 특성임을 보여주는 것을 통해 자연주의의 진리를 정립할 수 없다. 우리는 이러한 자연적 속성이 환원적 의미에서 옳은 행위를 만들 수 있을지도 모른다는 것을 보여줄 수 있을지도 모른다. 이것은 우리가 이러한 자연적 속성이 옳음과 동일하다는 것을 보여줄 수 있다는 것을 의미한다.

32 이 예시는 덴시(2006, p.142)가 제시한 것을 내가 일부 변형한 것이다.

33 파핏(2011, v. Ⅱ, pp.343-344)을 참고하라. 내가 이 단락에서 논의하고 있는 주제에 대한 인용은 모두 같은 부분 pp.343-344에서 확인할 수 있다.

34 불행하게도 파핏은 논점을 회피하는 방식으로 논증을 전개하고 있다. 그는 규범적 주장들을 "어떤 것이 확실한 자연적 속성들을 가지고 있을 때 이것이 어떤 다른 규범적 속성을 가지고 있다는 것을 진술하거나 포함할 때 긍정적이다."라고 규정한다. 그리고 나서 그는 만약 (A)가 공리주의적 자연주의가 진실이라는 하나의 긍정적인 규범적 사실과 목적을 진술한다면 (A)는 하나의 사

실을 진술할 없다고 주장한다(2011, ⅴ. Ⅱ, p.343). 하지만 파핏의 규정에 따르면 이것은 (A)가 긍정적인 규범적 사실을 진술하고 있는 주장이라는 맥락에서 논점을 회피하는 것이다. 왜냐하면 공리주의적 자연주의는 행복을 극대화하는 것의 속성은 우리가 해야만 하는 것의 속성과 다르다는 것을 부정하기 때문이다. 따라서 파핏이 비록 공리주의적 자연주의가 오류임을 보여줬다고 할지라도 (A)는 하나의 긍정적인 규범적 사실을 진술하고 있다고 주장할 수 없다.

35 덴시(Dancy, 2006, p.132). 이번 절은 모두 덴시(2006)가 p.132에서 제시한 논증과 인용을 따른 것이다.

36 잭슨(Jackson, 1998, pp.129-151). 잭슨과 프티트(Jackson and Pettie, 1995)를 참고하라. 잭슨의 주장에 대한 나의 논의는 코프(Copp, 2007, 4장 ["Moral Necessities in a Contingent World"], pp.135-137).

37 파핏((2011, ⅴ. Ⅱ, pp.334-346)을 참고하라. 파핏은 pp.336-337에서 "동일한 사실에 대해서 의미가 서로 다른 두 개의 주장을 하고 있다."고 말하는데, 그것은 '참조적 의미(referential sense)'와 '정보적 의미(infomational sense)'이다. 나는 이러한 주장이 애매하다고 생각하기 때문에 이에 대한 언급은 하지 않을 것이다.

38 킹(1998)의 이론에 따르면, 물이 H_2O라는 명제는 H_2O는 H_2O라는 명제와 다른 구조를 갖고 있기 때문에 구분된다. 나는 예전에 규범적 자연주의자들은 킹의 이론을 이용할 수밖에 없을 것이라고 제안했었다(Copp, 2007, 4장 ["Moral Necessities in a Contingent World"], 129, n. 37).

39 구성된 명제 이론 역시 덴시와 파핏 모두에 의해서 제시된 사소함으로부터의 첫 번째 논증을 약화시킨다.

40 킹의 구성된 명제 이론에 따르면 물이 H_2O라는 명제는 H_2O는 H_2O라는 명제와 구분된다. 따라서 만약 하나의 사실의 하나의 참인 명제라면 그때, 물은 H_2O라는 사실은 H_2O는 H_2O라는 사실과 구분된다(King, 1998).

41 코프(Copp, 2007, 5장 ["Realist Expressivism : A Neglected Option for Moral Realism"], pp.153-202) : 그리고 코프(Copp, 2008).

42 나는 이러한 오류를 "Moral Naturalism and Three Grades of Normativity"에서 다루었다(Copp, 2007, 10장).

43 나는 2007년의 글에서 이에 대한 몇몇의 논증을 다루었다. 예를 들어, 나는 "도덕적 쌍둥이 지구(moral twin earth) 논증"에 대하여 6장(pp.203-229)에서는 "도덕적 쌍둥이 지구에서의 우유와 꿀, 그리고 좋은 삶"을 7장(pp.230-245)에서는 "도덕적 속성들에 대한 언급 : 다시, 도덕적 쌍둥이 지구"를 다루었다.

44 나는 여기서 비환원적 자연주의를 예외로 두고자 한다.

제3장

자연주의 :
그 넓이를 느껴보라

Roger Crisp

///////////

제3장

자연주의 : 그 넓이를 느껴보라

Roger Crisp

1. 우리가 확실하게 해야 할 주장은 어떤 사람이 특정 방식으로 행위를 해야 할 이유는 갖는 것처럼, 어떤 행위가 옳지 않거나 난폭하다거나 또는 어떤 그림이 위대하거나 비루하다는 것은 규범적이거나 평가적인 사실이나 속성을 포함한다는 것이다. 이때 이러한 사실이나 속성의 형이상학적 지위와 관련된 물음이 제기된다. 많은 철학자들이 이러한 물음에 대해 이른바 '자연주의적' 대답에 경도되어 있다. 여러 종류의 자연주의가 있고, 이러한 맥락에서 보면 비자연주의 역시 자연주의의 일종이라 할 수 있다. 때때로 자연주의와 비자연주의의 입장 차이는 결코 그 거리를 좁힐 수 없는 것으로 보인다. 예를 들어, 규범적이고 평가적인 허무주의의 극단적 형태에 동조하는 자연주의자들을 생각해보자. 이들의 주장에 따르면 규범적이고 평가적인 사실이나 속성은 결코 없고 우리는 그러한 것에 대한 언급을 그만두어야 한다. 왜냐하면 평가적 사실이나 속성들에 대한 언급은 일종의 진화론적 표

*   이 글의 초고에 대하여 매우 유용한 조언을 해준 파핏에게 특별한 감사를 전하고 싶다. 더불어 이 섹션의 편집자인 아우디와 2010년 옥스퍼드 대학에서 개최된 옥스퍼드/스칸디나비안 도덕 철학 컨퍼런스의 청중이었던 덴시, 로빈슨(Daniel Robinson), 스타(Daniel Star), 그리고 장월(Nick Zangwill)에게도 감사의 마음을 전한다. 이 글은 내가 보스턴 대학 철학과의 핀들레이 방문 교수로 재직하는 동안 완성되었다. 나는 그곳의 학문적, 사회적, 그리고 실제적 지원에 감사의 말을 전하고 싶다.

현주의evolutionary expressivism에 의해 오류로 드러날 수 있기 때문이다. 스스로를 비자연주의자라고 칭하는 사람들 중 어느 누구도 이러한 관점을 수용하지 않을 것이다. 하지만 만약 우리가 자연주의와 자연주의를 거부하는 동기가 무엇인지를 찾아낼 수 있다면, 좀 더 허용적인 형태의 자연주의를 제안할 수 있을 것이고 이것이 바로 내가 이 글을 쓰는 목적이다. 나의 목적이 성공한다면 우리는 비자연주의의 입장을 타당하게 수용하기에 충분한 폭이 넓은broad 자연주의의 한 유형을 찾아낼 수 있을 것이다.

2. 나는 자연주의와 자연주의를 거부하는 동기가 무엇인지를 본격적으로 논의하기 전에 우선 다음과 같이 관점을 조금 좁혀 보고자 한다.

첫째, 나는 규범성에 대한 이해를 행위에 관련된 이유를 주장하는 것으로 잠시 논의를 제한할 것이다. 이것은 단지 규범적인 것과 평가적인 것 사이의 관계에 대하여 제기되는 문제를 피하기 위한 것이다(사실, 나는 폭이 넓은 자연주의적 관점을 믿기 때문에 평가적 주장을 규범적 주장처럼 다룰 수 있다고 주장할 것이다).

둘째, 내가 규범적 사실과 규범적 속성 양쪽 모두를 넘어서는 논의를 전개한다는 점에 주의해야 한다. 물론 만약 철학적으로 규범적 사실과 규범적 속성에 대한 의견일치가 있다면 이것은 문제가 되지 않을 것이다. 하지만 양쪽 모두에 대한 상당한 의견 불일치가 존재한다. 따라서 만약 이러한 논의를 제한하는 것이 가능하다면 나는 그 편이 더 나을 것이라고 생각한다. 나는 우리가 관련된 사실보다는 속성으로서 그 논쟁을 이해할 것을 제안할 것이다.[1] 왜냐하면 어떤 의미에서 보면 사실은 속성보다 후방에 위치하는 것이기 때문이다(Fine, 1982, p.53 참고). 사실은 속성과 관련되어 concern 있기 때문에 어떤 사실에 대한 개념은 속성에 대한 설명을 우선적으로 요구한다. 물론 속성이 참이 아닐지라도 (참이 아니라는) 사실의 속성이 있을 수 있다.

셋째, 모든 형태의 자연주의가 규범적 속성이 있다는 것을 수용한다는 가정(즉, 자연적 속성의 어떤 광범위한 실제적 개념들로 규범적 속성들이 구성된다는 가정)을 잠시 접어두고자 한다.

마지막으로 나는 논의의 초점이 가능한 세계, 추상적 주제 등의 광범위한 형이상학적 물음으로 빠지지 않도록 하기 위해서, 그 초점을 실제 세계 안에서 이루어지는 어떤 특정한 행위로 제한하고자 한다.[2] 그리고 이 논증의 단순화를 위해 전체적인 행복의 균형을 극대화하는 행위를 해야 한다는 행위 공리주의를 다룰 것이다.

3. 그렇다면 자연주의와 자연주의를 거부하도록 하는 동기를 찾고자 할 때, 우리는 자연주의를 어떻게 이해해야 할까? 이러한 물음에 대해 우리 모두가 수용할 수 있는 유일한 것은 다양한 유형의 자연주의들 사이에 합의된 어떠한 견해도 없다는 것이다(예를 들면, Ridge, 2008, Introduction). 따라서 나는 우리가 핵심적으로 다루어야 할 문제가 무엇인지에 대한 대략적인 윤곽을 제시하는 것으로 논의를 시작하고자 한다. 내가 이해한 자연주의자에 따르면, 속성은 어떤 의미에서 세계에 대한 과학적 개념의 일부로 명시되는 한에서만 형이상학적으로 인정할 수 있다(Moore, 1903, p.40). 이것은 과학적 개념이 형이상학적 개념에 대한 구성을 포함하는가라는 물음을 제기한다. 나는 우리가 심리학, 인류학, 사회학 등을 수용하는 매우 포괄적인 접근을 해야 한다고 생각한다. 이때, 비자연주의는 포괄적인 접근을 하더라도 이 세계에 대한 과학적 개념의 일부로 규범적 속성을 정의할 수 없다는 견해이다.

자연주의자와 비자연주의자들 사이의 논쟁을 이처럼 과학적 탐구를 통해 접근하는 것은 어떤 의미에서 보면 인식론적인 것이다. 이러한 인식론적 접근은 한 쪽 측면에서는 규범윤리학의 내용으로서 형이상학적 관점이지만, 다른 측면에서 는 과학의 내용이다. 시즈윅은 『윤리학의 방법 *The Methods of Ethics*』 서두에서 "윤리 학을 공부하는 사람은 인간으로서 마땅히 무엇을 해야만 하는가에 대한 종합적이 고 엄밀한 일반적 지식을 얻기 위한 시도를 해야만 한다. … 이것은 하나의 과학이 과학의 주제를 위해 어떤 현실적인 actural 존재의 부분을 일부로 갖고 있어야만 한 다는 일반적인 생각이다."³ 자연주의자들에 따르면 "무엇인가를 마땅히 해야만 한다."(규범적인 것)는 것은 비규범적인 것(시즈윅이 '현실적인 존재의 부분'이라고 부르는 어떤 것)과의 관계를 부담하는 것으로, 어떤 중요한 의미에서 보면 이것은 비규범적 인 것에 뿌리를 내리고 있는 것으로 보인다.⁴ 물론 이러한 관계는 분명히 같은 것도 있지만 다른 것도 있을 수 있다. 그리고 그 관계는 자연주의와 비자연주의의 속성 을 좀 더 명료하게 함으로써 자세하게 설명할 수 있다.

4. 어떤 유형의 자연주의는 분석적이다. 무어는 『윤리학 원리』에서 이 유형을 주로 자연주의에 대한 자신의 관점으로 제시했다. 이 관점에 따르면, 과학적 세계관과 의 일관성은 단지 의미론적으로 정당화되는 것이다. 왜냐하면, 의미론적 정당화 는 규범적 속성에 대한 용어와 확실한 자연적 속성들에 대한 용어가 동일한 의미 를 갖는다고 주장하는 것이기 때문이다. 최근에 프랑크 잭슨은 "어떤 행위가 옳다 는 것이 분석적이라는 것은 서술적 속성들이 논증과 비판적 성찰을 통해 드러난 통속적 도덕성"에 의한 옳음과 동일한가의 문제를 논의함으로써 이러한 입장을 다시 주목받도록 했다(Jackson, 1998, p.133). 이러한 관점이 무어의 '열린 물음' 논증의 함정에 빠지지 않는다고 비자연주의자들을 설득하는 것은 어려울지도 모른다.

5. 최근 10년 사이에 제기된 좀 더 일반적인 형태의 비분석적 NA 자연주의는 좋음은 어떤 자연적 속성과 동일하지 않다는 것을 보여주기 위해, 무어가 제시한 이른바 "속성들에 대한 의미론적 실험"의 실패에 대한 대응책을 찾고자 한다(Brink, 1989, p.162). 가장 일반적으로 사용되는 비유들 중 하나는 퍼트남이 제시한 것이다(Putnam, 1967). '열'과 '분자의 활동적 에너지'는 분명히 다른 의미를 갖는다. 하지만 열이 분자의 활동적 에너지인지 어떤지가 열린 물음이라고 해서 이것이 우리에게 열은 분자의 활동적 에너지가 아니라는 것에 대한 논쟁을 유발하는 것은 아니다.[5] 우리가 이러한 개념들이 동일한 속성에서 기인한다는 것을 찾아낸다면 그 물음은 닫혀 버린다. 만약 우리가 비분석적 자연주의자들의 주장처럼 행위 공리주의를 참으로 가정한다면, 행복의 극대화 개념 *concept*은 옳음과는 다르기 때문에(마치 열의 개념이 분자의 활동적 에너지의 개념과 다른 것처럼), '행복의 극대화(우리가 자연적인 속성을 택할 수 있게 될지도 모르는)'의 속성 *property*은 '옳게 되는 것(규범적인 것)'으로서의 속성과 동일하다.

비분석적 자연주의는 표준적인 유형의 열린 물음 논증을 회피하고 있기 때문에 분석적 자연주의보다는 비자연주의에 좀 더 적합하다. 하지만, 비자연주의자들이 규범적 속성과 자연적 속성 사이의 차이점에 대한 논의를 요구하는 것은 동일성 이론의 타당성을 확보하는데 그것이 매우 중요하기 때문이다. 예를 들어, 파핏의 규범성 반대논증을 생각해보자(Parfit, 2011, v. Ⅱ, pp.324-327). 열 *heat*의 예는 어떤 종류의 기본적인 특징을 통해 열이 된다고 주장하는 사람들과 분자의 활동적 에너지를 통해 열이 된다고 주장하는 사람들 사이의 논쟁이다. 하지만 이 관점은 말하자면, 열을 진지하게 양배추가 되는 것이라고 할 수 없다는 주장과 다름없다. 파핏의 논증은 수로로 뛰어내리지 않는 한 당신은 죽게 될 것이라는 '불이 난 호텔'의 사레에 의존하고 있다.[6] 비분석적 자연주의자들과 비자연주의자들은 호텔에서 뛰어내리는 것이 어떤 것을 해야만 하는 속성을 갖고 있다는 것에 동의할지도 모른다. 하지만 자연주의자들은 이러한 속성은 마치 어떤 사람이 목적을 위해 주어진 최선의 것을 실행하는 것처럼 어떤 자연적 속성과 동일한 것이라고 주장할 것이다.

자연주의자들의 반론에 대해 파핏은 우리가 완전히 다른 *different* 두 개의 속성을 가지고 있다고 대응한다. 당신이 무엇인가 옳은 것을 하게 되는 것의 속성과 당신의 목적을 위해 주어진 최선의 것을 하는 것과 동일하다는 주장은 열은 양배추라는 주장과 다르지 않다. 그리고 이러한 주장에 타당성을 더해주는 좋은 근거들이 있다. 겉으로 보기에 어떤 것이 옳거나 *right*, 어떤 것을 해야만 하거나 *ought* 또는 어떤 것을 해야 할 이유 *reason*가 있다는 것에 대한 주장은 단지 어떤 사건에 대한 확실한 자연적 상태를 기술하는 것과는 다른 범주에 속해 있는 것처럼 보인다. 가장 직접적으로 설명하자면 이러한 것들이 실제로는 다른 종류의 속성들에 대한 주장이라는 것이다. 열과 분자의 활동적 에너지의 경우는 그렇지 않지만 물리적 이론과 그 증거들의 본체 body가 동일하다는 설명은 받아들일 수 있다. 하지만 파핏은 규범적 속성과 자연적 속성의 경우는 이론과 그 증거들의 본체가 없기 때문에 우리는 여기서 둘 사이에 매우 큰 개념적 차이가 있다(이것은 현실에서의 실제적 차이를 반영하는 것이다)는 설명을 받아들일 수밖에 없다고 주장한다.

하지만 파핏의 주장에 반대하기 위해서 언급할 수 있는 것들이 적지 않다. 우선 파핏의 비유 그 자체의 한계이다. 무엇을 해야만 하는 것의 속성과 누군가 주어진 목적에 대해 최선을 실행하는 것의 속성이 동일하다는 것은 상당히 역직관적 counter-intuitive이다. 하지만 공간이 휘어져 있다는 것과 같은 역직관적 주장들은 하나의 사실로서 일반적으로 받아들여질 수 있다. 더욱이 자연주의자들의 주장이 열은 양배추(또는 공간이 휘어져 있다)라는 것처럼, 어떤 역직관적 주장과 동일한 것은 분명 아니다. 실제로, 타당해 보이는 이론과 그 증거들 사이의 관계 '덕분에 in virtue of' 어떤 것을 해야만 하는 것과 확실한 자연적 속성들 사이에 유사한 관계가 성립할 수 있다는 설명을 받아들여야만 한다. 이에 대해, 하만이 고양이에게 불을 지르는 행위는 적어도 고양이가 받는 괴로움으로 인해 in virtue of 부분적으로 옳지 않다고 제시한 예가 보여주듯이 가장 완고한 비자연주의자라고 할지라도 이에 동의할 수밖에 없을 것이다(1977, 1장).[7]

우리는 하나의 교착상태에 빠졌다. 파핏은 규범적 속성과 자연적 속성은 서로 동일한 것이 될 수 없는 전혀 다른 것이라고 주장하는 반면에, 자연주의자들은 이러한 주장을 부정한다. 사실 이러한 해결책으로 특별히 제시할 만한 것도 없다. 즉, 이러한 상황에 모든 사실들이 처해 있다고 해도 과언이 아니다. 사실 이러한 논쟁에 대한 해결책으로 제시할 만한 것도 딱히 없다. 행복의 극대화라는 속성과 행복의 극대화의 옳음을 동일시하는 논증은 전혀 새롭거나 난해한 것이 아니다. 말하자면 모든 사실들이 이러한 상황에 처해 있다고 해도 과언이 아니다. 그리고 이러한 점에서 자연주의와 비자연주의 사이의 형이상학적 관계 회복 가능성에 대하여 물음을 던지는 것은 가치 있는 일이다.

6. 두 개의 서로 다른 이유들이 서로의 입장을 떠나 자연주의와 비자연주의를 따르도록 한다. 한쪽 측면에서 자연주의자들은 세계에 대한 과학적 개념 안에 규범적 속성의 닻을 내리고자 할 것이고, 과학적 개념을 넘어서 신비로운 것으로 남아 있는 비자연적 속성에 규범적 속성이 귀속되는 것을 피하려고 할 것이다. 또 다른 측면에서 비자연주의자들은 자연적이거나 '서술적인' 속성들, 그리고 규범적 속성

들 사이의 매우 분명하고 의미 있는 차이점을 통해 그것들을 구분하고자 할 것이다.

형이상학적으로 환원적인 형태의 비분석적 자연주의에 따르면, 물의 속성은 H_2O의 속성과 동일하다는 것과 유사한 방식으로 옳음의 속성이 행복의 극대화라는 속성과 동일하다는 것은 논의된 주장을 넘어서는 것이다. 물과 옳음의 양쪽 모두에서 사실상 속성은 단지 하나뿐이다. 나는 이제 비록 비분석적 자연주의자들이 속성에 대한 의미론적 문제를 검증하기 위해 구성한 근본적인 열린 물음 논증을 비교적 잘 논증했다고 할지라도, 자연주의자들이 자연적 속성과 규범적 속성 사이의 관계를 더 강하게 주장하도록 만든 물과 열의 비유를 사용하고자 한다.[8] 자연주의자들이 원하는 모델은 규범적 속성을 이 세계에 대한 과학적 개념으로부터 고립시키지 않는 동시에 환원적인 동일성 주장을 하지 않음으로써 자신들의 주장을 완수하는 방식이다.[9]

최근 10년 동안 마음철학에서 환원의 개념은 수반의 개념으로 대체되었다.[10] 정신적 mental 속성과 물질적 physical 속성 사이의 관계에 대한 고찰은 '물'과 '열'의 비유보다 규범적 속성과 자연적 속성 사이의 관계에 대하여 좀 더 유익한 모델을 제공할 수 있을지도 모르는데, 그 이유는 다음의 두 가지로 생각해볼 수 있다.[11] 첫째, 물과 H_2O 양쪽 모두의 속성은 표면적으로 보기에는 물리적인 반면에, 규범적 속성과 자연적 속성은 적어도 상당히 다른 두 개의 범주에서 이 논증에 참여하고 있다.[12] 따라서, 정신적 속성과 물질적 속성의 비유는 자연주의적으로 비자연주의자들을 만족시킬 수 있는 수용 가능한 차이점이 있을지도 모른다는 가능성을 보여준다. 둘째, 정신적 속성과 물질적 속성들 사이의 관계에 대한 고찰은 옳음과 같은 규범적 속성들이 적어도 어떤 수준에 대해서는 다양하게 multiply 실현 가능하다는 것을 보여줄 수 있을지도 모른다.

현대철학에서 물리주의는 일반적으로 정신적 상태를 수반 *supervenient* 이나 물리적 상태와 동일시하는 입장이다(예를 들어, Horgan, 1993; p.556). 내가 이해하는 비분석적 자연주의와 비자연주의는 물리주의처럼 주로 형이상학적 입장이다. 아래의 설명에 따르면 비분석적 자연주의의 환원주의는 물리주의의 형태와 유사하다.

물리주의 : 모든 정신적 속성 F에 대해 어떤 물질적 속성 G가 있다면,[13] 그러한 F=G이다.

비분석적 자연주의에 따르면,

비분석적 자연주의 : 모든 규범적 속성 P에 대해 어떤 자연적 속성 Q가 있다면, 그러한 P=Q이다.

마음이론이 물리주의와 완전히 반대의 입장이라면 그것은 강한 이원론 strong dualism이다.[14]

강한 이원론 : 정신적 속성들과 물질적 속성들은 다르기 때문에, 그것들 사이에는 어떠한 수반관계도 없다. 정신적 속성들 안에서의 차이점과 본질적인 물질적 속성들 안에서의 차이점은 아무런 관련이 없다.

우리는 메타윤리학에서의 이와 유사한 입장을 강한 이원론적 비자연주의 Strong Dualist Non-Naturalism라고 부를 수 있다.

강한 이원론적 비자연주의 : 규범적 속성들과 자연적 속성들은 다르기 때문에, 그들 사이에는 어떠한 수반관계도 없다. 규범적 속성들 안에서 의 차이점과 자연적 속성들 안에서의 차이점은 아무런 관련이 없다.

이것이 파핏의 입장은 아니다(실제로 나는 어떤 누구도 이러한 생각을 하지 않는다고 생각한다). 파핏은 자연적 속성이 규범적 속성을 수반한다는 것을 수용하였다. 실제로 그는 거의 확실하게 김재권(1984)의 "강수반 Strong Supervenience ── 즉, 이 세계 안에서의 어떠한 수반 관계도 모든 가능한 세계를 넘어선다는"을 받아들이고 있다.[15] 만약 행위 공리주의가 참이라면, 그때 이 세계 안에서 우리가 무엇을 해야만 하는가의 속성은 전체의 이익을 극대화한다는 자연적 속성에 수반하고 이러한 관계는 필연적이다. 그러니까 어떤 행위가 행복을 극대화하지만 우리가 무엇을 해야만 하는가에 대한 속성은 결여하고 있거나 또는 어떤 행위가 행위자가 무엇을 해야만 하는가의 속성은 갖고 있지만 행복을 극대화하는 것의 속성은 결여하고 있는 세계는 가능하지 않다는 것이다. 한 행위를 옳게 만드는 무엇인가는 오로지 이것이 행복을 극대화하는 것 덕분이다 in virtue of.

내가 언급한 것처럼, 마음철학에서 (이원론에 대한 거부와 함께) 수반을 수용하는 것은 일반적으로 그들을 물리주의자로 분류하기 위한 충분조건이다. 물리주의는 환원주의가가 될 필요가 없을 뿐만 아니라 분석적이 될 필요도 없다.[16] 비분석적인 비환원적 물리주의 Non-Analytic Non-Reductive Physicalism에 따르면,

비분석적인 비환원적 물리주의 : 정신적 속성들과 물질적 속성들에 대한 용어는 다른 의미를 갖는다. 정신적 속성과 물질적 속성은 다르다. 하

지만 모든 정신적 속성 F에 대해, 어떤 물질적 속성 G가 있다면, 그러한 F는 G에 의해 강력하게 수반된다(G는 F를 강하게 수반한다).

이와 유사한 입장이 메타윤리학에서는 비분석적 자연주의의 비환원적 형태 Non-Reductive form of Non-Analytic Naturalism가 될 것이다.

비분석적 자연주의의 비환원적 형태 : 규범적 속성과 자연적 속성의 용어는 다른 의미를 갖는다. 규범적 속성과 자연적 속성은 다르다. 하지만 모든 규범적 속성 P에 대하여 어떤 자연적 속성 Q가 있다면, 그러한 P는 Q에 의해 강력하게 수반된다(Q는 F를 강하게 수반한다).

이러한 관점은 파핏이 광의의 자연주의 wide naturalism라고 부른 것과 양립할 수 있다.

광의의 자연주의 : 비록 규범적 속성이 환원적으로 규범적이라고 할지라도 규범적 속성은 자연적 속성이 될지도 모른다. 왜냐하면 이러한 속성들은 비규범적인 자연주의적 용어 안에서 충분하게 기술하는 것이 가능하지 않을 수도 있기 때문이다.[17]

파핏은 자연과학을 '지나치게 모호하다 too vague'고 언급했다. 그리고 그가 이러한 자연과학이 자연성에 대한 척도를 제공하고 있다고 언급했다 할지라도, 그가 광의의 자연주의를 강하게 반대하는 것은 아니다. 하지만 내가 제안하고자 하는 것은 만약 우리가 강수반의 개념에서 사용하는 규범적인 것과 (자연과학의 측면에서 이해할 수 있는) 자연적인 것 사이의 관계를 자세하게 설명할 수 있다면, 자연적인 것에 대한 개념은 타당하고 유용한 개념이 될 것이라는 점이다. 실제로 파핏이 강한 이원론적 비자연주의를 부정하고 강수반을 수용했다는 것은 우리가 그의 관점을 비자연주의가 아니라 비분석적 자연주의의 비환원적 형태로 특징지을 수 있다는 것일지도 모르는데, 이런 식으로 자연주의와 비자연주의 사이의 차이를 마무리할 수 있을까?

이러한 마무리는 지나치게 섣부른 것이다. 최근 마음철학자들 중 일부는 직접적으로 물리주의자도 아니고 직접적으로 이원론자도 아닌 입장에서 논의를 전개하고 있다 ― 그들은 정신적인 것과 물질적인 것 사이의 차이를 넘어서고자 한다. 이러한 입장은 비분석적 자연주의의 비환원적 형태에 대해 사실상 '의미 있는 차이점 *significant* distinctness'을 추가한 창발론 emergentism이다.

> 창발론: 정신적 속성과 물질적 속성은 다른 의미를 갖는다. 정신적 속성과 물질적 속성은 의미 있게 *significantly* 다르다. 하지만 모든 정신적 특성 F에 대해 어떤 물질적 특성 G가 있다면, 그러한 F는 G에 강력하게 수반된다(G는 F를 수반한다).

창발론은 정신적 속성과 물질적 속성 사이의 의미 있는 차이점을 주장하기 때문에 종종 비물리주의의 일종으로 보이기도 한다. 파핏의 입장이 비자연주의와 유사하게 보일지라도, 그가 규범적 속성과 자연적 속성 사이의 차이점에 대하여 제기한 핵심을 우리는 일종의 규범적 창발론 namative emergentism이라고 부를 수 있을지도 모른다.

규범적 창발론 : 규범적 속성과 자연적 속성은 다른 의미를 갖는다. 규범
적 속성과 자연적 속성은 의미 있게 *significantly* 다르다. 하지만 모든 규범
적 특성 P에 대해 어떤 자연적 특성 Q가 있다면, 그러한 P는 Q에 강력하
게 수반된다(Q는 P를 수반한다).

규범적 창발론은 본질적으로 여러 유형의 자연주의들이 조정을 거친 것이라
고 할 수 있다. 왜냐하면 규범적 창발론의 한 측면이 이원론적 비자연주의라면, 다
른 측면은 마치 마음 철학에서의 창발론처럼 이원론(정신적인 것은 물질적인 것과는 매
우 다른 것이다)과 물리주의(수반을 부정하는 것은 매우 어렵다) 양쪽 모두를 포함시켜 그
것을 결합하는 것을 목적으로 하기 때문이다. 하지만 비환원적 물리주의자들은
마음의 경우에 정신적 속성과 물질적 속성이 다르다는 것을 이미 *already* 받아들이
고 있다는 것을 상기해야만 한다. 말하자면 그들은 속성 이원론자이다. 창발론
자들은 만약 어떤 '행동 behavior'을 하위 수준의 속성과 그 "수준 level에 관련되어
있는 법칙들에 대한 완전한 지식을 토대로 하여 서술할 수 없다면 속성은 창발적
이라는 개념처럼 조금 더 나아간 생각에 토대를 두고 있다. 현대의 마음 철학에서
여전히 논쟁거리인 창발에 대해 어떻게 분명한 정의를 내릴 수 있을까? 실제로 어
떤 관점에서는 창발을 강한 공시적 수반으로 생각한다(예를 들어, McLaughlin, 1997;
O'Connor and Wong, 2005, p.64). 맥도널드와 맥도널드(McDonald and McDonald, 2010,
pp.12-13)는 창발에 대한 서로 다른 세 개의 노선을 동일시한다. (i) 창발은 단지 수적
인 numerical 것일 뿐만 아니라 메레올로지적인 차이 또한 요구한다(역주 – 메레올로지

(mereology) : 부분과 전체 사이의 관계를 추상적으로 연구하는 학문). 창발적 속성은 물질적 속성에 대해 단지 법칙적으로 의존하고 있을 뿐 형이상학적으로 의존하고 있는 것은 아니다. (ii) '강' 수반은 아래쪽을 향하는 인과관계, 즉 기본적 수준의 인과관계에 대한 비환원적 인과관계를 요구한다. (iii) 강수반이 '아래로 향하는 인과관계'를, 즉 낮은 수준의 인과관계에 대한 비환원적인 인과관계를 요구한다는 논쟁은 흥미롭고 중요하지만 이것이 자연주의와 비자연주의 사이의 메타 윤리적 논쟁에 특별하게 관련되어 있는지 어떤지는 분명하지 않다. 지금 현재로는 자연적 속성과 규범적 속성 사이의 관계 덕분에 *in virtue of*로 설명하는 편이 자연주의자들과 하나의 가설로서 작동하는 비분석적 자연주의의 비환원적 형태의 입장과 스스로를 동일시하는 비자연주의자들 양쪽 모두를 위해 가장 현명한 길이다.[18] 나는 이러한 논쟁이 그 자체로 자연주의자들과 (주류의) 비자연주의자들을 만족시킬 수 있는 이 세상에 대한 광범위한 과학적 개념 안에 포함될 수 있을 것이라고 생각한다. 비자연주의자들이 원하는 것은 규범적 속성과 자연적 속성이 형이상학적으로 완전히 다르다는 것보다는 강수반의 한 형태를 따라 필연적 참을 진술하는 윤리적 원리를 찾아낼 수 있다는 것 아닐까? 그리고 규범적 속성에 대해 자연주의자들이 두려워하는 것은 강수반의 관계뿐만 아니라 자연적 속성에 대해 규범적 속성이 완전히 독립함으로써 자연적 속성과의 분명한 일치가 아닐까?[19]

7. 또 한 가지 분명하게 자연주의자들이 걱정하는 것은 자신들이 비자연적 속성에 대한 존재론적 개요를 갖고 있을지도 모른다는 것이다. 환원적인 비분석적 자연주의는 규범적 속성은 '그 자체에 대하여' 성립하는 것을 허용하는 '속성 이원론'을 통해 잃게 되는 것이 있다고 말할지도 모른다.

여기서 한 가지 우려가 되는 것은 인과관계에 대한 것이다. 비분석적 자연주의의 비환원적 형태와 같은 관점들은 만약 어떤 규범이 정신적 속성에 의해 인과적으로 작동한다면 그것은 무엇과 관련된 것인가라는 문제에 직면한다. 하지만 이러한 문제에 대답할 수 있다면 그것은 규범적 속성의 인과적 영향력을 설명하기 위한 하나의 거대한 도전이 될지도 모른다. 물론 여기에 쉽지 않은 문제들이 산적해있다는 것은 부정할 수는 없다. 하지만 비분석적 자연주의의 비환원적 형태를 구성하는 요소들에 대한 몇 개의 가능한 선택지가 있다. 그 하나는 규범적 사실들이 확실한 자연적 사실들의 원인이 될 수 있다는 것을 허용하는 것이다. 파핏은 이 세상 안에 어떤 것이 존재하고 있기 때문에 어떤 것이 존재하는 것이 최선의 방식이라는 평가적 사례를 제시했다(2011, v, II, pp.306-307). 또 우리는 어떤 사람이 고통을 피하기 위해 창문에서 뛰어내려야 하는 이유가 그 사람의 숙고의 결과라는 의미로 물리적 사건들의 어떤 집합을 설명할 수 있을지도 모른다. 두 번째 선택지는 앞서 제시한 비유처럼 (어쩌면 양쪽 모두 현상학적으로 되는 것을 허용하는)규범적 속성과 정신적 속성을 다루기 위해서는 계속 유효한 것일지도 모른다. 세 번째 선택지는 규범적 속성과 정신적 속성 사이에는 어떤 불일치가 있다는 것을 수용하는 것이다. 하지만 두 속성 사이에 불일치가 있다고 하더라도 하나의 속성만을 받아들이는 것을 거부하기 위해서는 하나의 속성이 반드시 인과적 역할을 해야만 한다.

8. 또 다른 우려는 좀 더 직접적으로 인식론적인 것이다. 자연주의자들은 마음의 문제와 관련하여 정신적 속성은 그 자체로 과학적 개념의 일부로 간주될 수 있다고 주장한다. 하지만 우리는 이미 마음의 과학으로서 심리학과 다른 학문들을 허용하고 있기 때문에 결국 마음의 문제와 관련된 경험적 발견으로 인한 유용성은

미미하다. 하지만 그렇다고 해서 규범성에 대한 인식론이 수용하기 어려운 비경험적인 것에 불과한가?

이러한 도전에 직접적으로 대응하는 자연주의자들에 따르면, 규범적인 속성은 오로지 수반을 통해 자연적 세계와 일치될 수 있기 때문에 규범적 인식론 역시 자연적이다. 그리고 만약 규범윤리학이 규범적 사실에 대한 첨부를 우리에게 제시하는 것이 적어도 잠재적이라면 이것은 규범윤리의 옳음 안에서 자연과학이 그 자체로 드러나게 되는 것일지도 모른다. 자연주의에 경도되어 있는 인식론자들에게 일반적으로 자연과학은 상당히 경험적인 ─ 즉, 비규범적이고 후험적인 ─ 것처럼 보일 수도 있고, 계획된 탐구처럼 필연적인 성공 그 자체에 기인하는 것으로 보일지도 모른다. 그리고 분명한 합리주의적 대안은 ─ 체계적인 선험적 사실의 세계를 파악하기 위해 일종의 비추리적 능력에 호소하는 ─ 그러한 인식론자들을 자칫하면 롸이트 Crispin Wright 의 제안처럼 '공허한 자축 empty self- congratuation'으로 보이게 할지도 모른다(2005, p.157).

스터전 Nicholas Sturgeon 은 도덕 인식론에 대한 경험적 설명을 제안한 비교적 최근의 윤리적 자연주의자 중 한 명이다.[20]

우리가 물이 H_2O 라거나 열이 분자의 활동임을 아는 것은 직관에 의한 것이다. 이것들은 오히려 근본적으로 경험적 증거에 토대를 두고 있는 이론적 관찰에 의해 드러나는 것이다. 그래서 만약 윤리적 자연주의자들이 윤리적 사실에 대한 우리의 지식이 다른 자연적 사실들에 대한 우리의 지식과 상당히 동일한 방식으로 존재한다는 입장을 유지한다면, 그들은 윤리학 안에서 기본적인 원리의 지식들 또한 경험적 토대를 갖고 있다는 입장을 유지하게 될 것이다(Sturgeon, 2006, pp.97-98).

스터전은 윤리학에서 경험적 추론의 한 예로 다양한 경험적 가정들에 기초하는 모든 삶에 대한 지침으로 상식적인 '이차적 원리'에 일치하는 것을 선호하는 결과주의자들의 논증을 제시한다(Sturgeon, pp.544-545). 하지만 스터전이 주목하듯이 여기서 경험적 논증은 단지 좀 더 근본적인 윤리적 주장들의 배경에 대한 반론(특히 결과주의 그 자체에 대한)을 야기할 뿐이다. 우리가 경험적 탐구의 특성을 통해 정립된 자연과학을 통해 일차적인 윤리적 원리들을 파악할 수 있다는 주장은 어떻게 타당성을 얻을 수 있는가?

여기서 스터전은 자연과학이 다양한 배경적 가설과 실험 결과들을 드러내기 위한 방법으로 일종의 '반성적 평형 reflective equilibrium'에 의존하고 있다는 것에 주목했다(2006, pp.104-105). 이러한 배경적 가설들은 그 자체로 토대론의 전통에서 이해하고 있는 구성적인 직관적 지식을 구성하는 것이 아니다. 차라리 온전한 스토리는 정립주의자들과 비직관주의자들에 의한 것이다.

하지만 비록 우리가 일반적인 학문 분야의 유추에 따라 좀 더 일반적 의미의 반성적 평형이라는 맥락에서 이해할 수 있는 개별적 인식론 안에서의 규범윤리학을 개별적 인식론 안에서 이해할 수 있는 자연과학처럼 받아들인다고 할지라도, 규범윤리학이 하나의 충분한 자연과학이 될 수 있을까? 여기서 우리는 '사실 is'과 당위 ought의 구분이라는 오래된 논제로 돌아가야 한다. 오래전 시즈윅의 주장처럼, "인간 행동의 다양성에 대한 일반 법칙이나 동질성을 알아내려는 시도가 있다면 그것은 설명적 explained이라는 것은 분명하다."라는 시즈윅의 주장은 본질적으로 이러한 행위의 다양성은 옳다 right는 것 중에서 하나를 결정하기 위한 시도와 구분

되어야 한다(1907, p.2).[21]

나는 대부분의 자연주의자들이 스터전처럼 윤리학과 '긍정적인positive' 과학들 사이의 유추를 원하지 않을 것이라고 생각한다. 그들에게 윤리학은 수학이나 논리학과 같은 다른 학문 분야와 마찬가지로 자연과학으로부터 자율성의 영역으로 남겨져야 하는 학문 분야이다. 하지만 그렇다고 할지라도 강수반을 통해 비규범적 속성 안에 규범적 속성의 닻을 내리고, 근본적으로 비자연주의를 포용하는 동시에 물리적 상식성을 확보하기 위한 자연주의는 폭이 넓은 자연주의여야 한다. 규범적 인식론의 물음은 수학과 논리학의 인식론이 그러하듯이 열린 채로 남겨두어야 하지만 이것은 별개의 문제이다.

1　물론 이것은 속성이라는 측면에서 관련된 사실들에 대한 논증을 제한할 수 있다는 의미이다.

2　가능한 세계와 다른 형이상학적 개념들은 논의의 과정에서 드러나게 될지도 모르지만 그것은 단지 우리가 우리의 전형적인 실제적 행위의 속성들에 대한 자세한 설명을 하는 경우에 한해서 이다.

3　시즈윅(Sidgwick, 1907, pp.1-2). "현실적 존재의 부분"에 대해 '무엇이 있는가'과 '무엇을 해야만 하는가' 사이의 차이에 대해 무엇인가를 덧붙이고자 할 때, 그것은 과학적 또는 예술적 목적에 대해 거의 일치하는 생각의 목적처럼 '무엇이 있다고 할 수 있는가?' 또는 '무엇이 있어 왔는가?' 라는 다양한 형태에 따라 상대적으로 환원될 수 있다는 것이 합리적으로 보일지도 모른다."라는 시즈윅의 주장(2000, p.62)에 주목하라.

4　이 용어는 아우디의 것으로 이 책의 제4장인 아우디의 글을 참고하라.

5　또 다른 표준인 비유는 물과 H_2O가 동일하다는 것이다. 퍼트남(Putnam, 1975).

6　파핏의 논증이 사실에 대한 것이기는 하지만 속성의 관점에서도 재고될 필요가 있다.

7　윤리학에서 환원주의적 주장은 특히 그 이유와 관련하여 "신은 분명하지 않은 힘이다."와 같은 하나의 주장처럼 "파급적 함축"을 피하기 위한 하나의 흥미로운 논증이다(Schroeder, 2005).

8　일례로 스터전은 마음은 반드시 환원적이어야만 한다는 것을 인정하는 것은 정신적 속성은 물리적이라는 믿음을 드러내는 것임을 보여준다(Sturgeon, 2003, p.537).

9　이에 대한 간략한 조망은 핀레이(Finlay, 2010, p.335)를 참고할 수 있다.

10　이것이 환원주의자들이 수반의 개념을 멀리한다는 것을 의미하는 것은 아니다(실제로 일부 철학자들은 환원적 개념 그 자체를 수반이라고 생각했다 — 예를 들면, Dupré[1993, pp.96-97]).

11　이에 대한 일례로 쉐이퍼-란다우(Shafer-Landau, 2003, p.73-87)의 주장을 살펴볼 수 있다. 쉐이퍼-란다우는 규범적 속성은 자연적(또는 '기술적')인 것에 의해 구성된다는 주장과 수반이 필연적으로 결합한다고 주장한다. 만약 여기서 구성이 동일성과 동등한 것이라면, 그때 쉐이퍼-란다우를 비자연주의자보다 비분석적 자연주의자로 기술하는 것이 훨씬 더 나을지도 모른다. 그리고 만약 구성이 동일성과 동등한 것이 아니라면, 그때 구성의 개념은 아마도 피하는 것이 최선일지도 모른다. 쉐이퍼-란다우에 초점을 두고 메타윤리학적 맥락에서의 수반에 대한 좀 더 회의적인 논의는 릿지(Ridge, 2007)의 논의를 살펴보라.

12　댄시(Dancy, 2006, p.139). 물의 경우는 설명상의 환원을 가질 수 있다. 예를 들어, 고통, 그리고 고통과 관련되어 있는 C-섬유가 실제로 규범성과 자연적 속성을 갖고 있는지는 분명하지 않다.

13　또는 물리적 속성 G^1, G^2 … G^n의 집합. 나는 이러한 논리합을 필요한 부분만을 수정하여 각각의 개별적 특징에 맞추어 다루었다.

14　물론 전통적인 이원론은 속성보다는 실체와 관련되어 있다. 내가 여기서 '강한' 이원론이라고 부르는 이유는 환원 없이 수반을 인정하는 물리주의의 유형을 종종 '속성(속성) 이원론'이라 부르기 때문이고, 수반을 부정하는 어떤 형태의 이원론은 분명히 이원론보다는 분명히 더 강한 측면이 있기 때문이다.

15　이에 파핏은 블랙번(Simon Blackburn)의 '혼성도덕세계 금지(Ban on Mixed Moral Worlds)'의 설명에 대한 요청을 회피할 수 있다(Blackburn, 1985).

16　마음철학에서 분석적 지위는 관련하여 중요한 논문인 스마트(Smart, 1959)의 논문에 의하면 지

금은 거의 유명무실해졌다.

17   파핏(2011 : ⅴ. Ⅱ, p.306)이 본래 제안한 넓은 자연주의는 속성들보다는 사실들에 관련되어 있다.

18   규범적 창발론자들 역시 이러한 개념을 자신들의 설명 안에서 비규범적 속성들로부터 관련된 수수께끼와 같은 규범적 창발에 대한 혐의를 벗어나기 위해 사용하기도 한다.

19   내가 논한 것처럼 이러한 독립적인 본성과 그 개념을 명료화하기 위한 연구 로(Lowe, 2010)를 참고할 수 있는데, 여기에는 규범적 속성의 독립적 개념에 대한 탁월한 소개가 담겨 있다.

20   왜냐하면 스터전은 좋음을 그 자체로 하나의 자기−정립적(self-standing)인 자연적 속성이라고 주장했기 때문인데(2006, pp.98-99), 이것은 비자연주의자로서 그의 형이상학을 유도하는 것처럼 보이기도 한다(Finaly, 2010, pp.335-336 참고). 하지만 자연적 것의 형이상학적 영역들로 인해 인식론을 통해 존재를 이끌어낼 수 있기 때문에 우리는 자연주의적 형이상학을 산출하기 위해 자연주의적 인식론을 기대할 수 있을지도 모른다.

21   파핏(2011 : ⅴ. Ⅱ, p.265); 쉐이퍼−란다우(2003, p.4)를 참고할 수 있다.

제4장

윤리적 자연주의와 언어철학

Frank Jackson

\\\\\\\\\\

제4장

윤리적 자연주의와 언어철학

Frank Jackson

이 글은 형이상학과 언어철학의 교차점에 놓여 있는 오래된 문제를 다루는데, 그 문제는 다양한 맥락에서 발생한다. 우리가 다룰 맥락은 윤리적 자연주의ethical naturalism이다. 이유는 우선 이 책이 윤리적 자연주의에 관심을 기울이고 있고, 또 내가 윤리학과 관련해서 자연주의자이기 때문이다. 윤리적 자연주의가 갖고 있는 문제점에 대해 널리 통용되는 해결책이 있다. 그것은 인과적−외재적 관점을 도입하는 것인데 이 글에서는 내가 왜 그러한 관점을 거부하는지 설명할 것이다. 그리고 대안적 해결책으로 도덕적 용어에 대한 '연결망적 설명'을 제안하고자 한다.

나는 윤리적 자연주의와 언어철학에서의 표상주의적 관점에 관한 고찰로 글을 시작할 것이다. 이는 우리의 문제를 확인하는 데 도움이 되기 때문이다. 비록 윤리적 자연주의가 오래된 문제이기는 하지만 그것이 무엇인지 규정할 수 있는 명확한 표준적인 방법은 아직 없다. 앞으로 보면 알겠지만 윤리적 자연주의는 분석의 역설과 관련되어 있다.

4.1 윤리적 자연주의란?

윤리적 자연주의란 윤리적 속성은 자연적 속성이라는 입장이다. 그렇다면, 자연적 속성이란 무엇인가? 그것은 자연과학에서 말하는 일련의 속성들이다. 실업 수준, 고통의 정도, 물체가 지면으로 떨어지는 성향 등은 양자의 질량만큼은 아니지만 역시 자연적인 속성들이다. 도덕적인 것은 비도덕적인 것에, 규범적인 것은 비규범적인 것에 수반한다고 주장할 때, 그러한 주장을 하는 사람들이 마음속에 품고 있는 그런 속성들이 자연적 속성이다. 자연적 속성은 두 가지 유형의 수반 논제의 토대가 된다.

그러므로 자연주의는 윤리학적 입장일 뿐만 아니라 형이상학적 입장이기도 하다. 우리는 마음에 관해 이중적 태도를 보이는 이론들을 거부한다. 왜냐하면, 그러한 이중적인 태도는 '유령 같은spooky' 속성들 속에서 헤매는 것이기 때문이다. 이러한 관점에서 무어식의 비자연주의(G. E. Moore, 1903)를 거부할 뿐만 아니라, 윤리적 속성들이 자연과학에서 논의되는 속성들과 구분된다고 보는 이론들 역시 거부한다. 그들 또한 유령 같은 속성들을 말하기 때문이다. 물론 후자는 전자에 비해 논의가 좀 더 복잡하기는 하다. 특히 '유령 같은'이라는 다소 극단적인 용어는 좀 더 면밀한 검토가 필요하다. 우리는 여기에서 이에 대한 면밀한 검토를 할 것이고 그 논리를 재음미해볼 것이다.

첫째, 윤리적 자연주의는 전형적인 실재론의 면모를 보이는데, 윤리적 속성이 자연적 속성과 동일시된다고 주장할 뿐 아니라 그에 대한 구체적인 예시들을 제시한다. 윤리적 자연주의는 윤리학 영역에서 만날 수 있는 실재론의 한 유형이다. 어떤 행동은 (도덕적으로) 선하다, 어떤 행동은 (도덕적으로) 옳지 않다 등에 관한 실재론적 가정은 윤리적 자연주의의 중요한 일부이다. 자연주의자들은 이 세계에 선함,

옳음과 같은 반자연주의적 속성들이 존재하지 않는다고 강하게 믿는다. 우리는 이미 우리가 살아가는 이 세계에 관해 많은 것을 알고 있고 이러한 앎에 근거할 때 우리는 자연스럽게 윤리적 자연주의자가 된다. 이 지점에서 우리는 표현주의 expressivism에 동의하는 측면이 있다. 표현주의는 윤리적 속성의 존재를 부정한다 는 점에서 자연주의의 한 유형으로 분류될 수 있을 것이다. 윤리적 용어가 포함된 표현은 특정한 유형의 자연주의적 해석이고, 에이어 A. J. Ayer가 주장하는 이모티 비즘emotivism은 이러한 표현주의의 전형적인 사례라고 할 수 있다.[1] 그러나 이 글 에서는 윤리학 분야에서 인지주의의 실재론 유형인 윤리적 자연주의에만 주목할 것이다. 인지주의를 표현주의와 구분지어주는 지점은 인지주의자들이 윤리적 속 성을 진지하게 다룬다는 점이다.

그렇다면 윤리적 속성을 진지하게 다룬다는 것은 무엇을 의미하는가? 이것이 속성들에 대한 분석적 존재론 논쟁으로 회귀하는 것을 의미하지 않는다. 윤리적 자연주의에 해당하는 어떤 입장이 윤리적 속성과 자연적 속성을 동일시한다면 그 입장은 윤리적 속성을 진지하게 다룰 것이다. 표현주의자이면서 동시에 자연주의 자인 사람이 "이것은 잘못이다."를 통해 화자의 마음 상태가 갖는 자연주의적 본질 에 관한 주장을 할 경우, 그리고 '속성 property'과 관련하여 윤리적 속성에 관한 주장 을 할 경우 이들은 잘못된 것이 갖는 속성을 이런저런 자연적 속성과 동일시한다. 그리고 이러한 자연적 속성들은 다양한 심적 상태와 관련된 속성들일 것이다.

둘째, 우리가 관심을 갖는 윤리적 자연주의의 유형은 강한 유형의 윤리적 자연 주의이다. 윤리적 자연주의를 강한 유형으로 만드는 것은 자연적 속성의 의미를 설명하는 방식에 달려 있다. 다음과 같은 주장을 하는 사람이 있다고 가정해보자.

선한 것 = 우리 스스로 이루게 되기를 바라는 이상화된 것

이러한 주장을 하는 사람들은 제거할 수 없는 규범적 요소를 갖는 욕구와 여러 심적 상태들을 설명하고 있다. 그렇다면 그들은 선한 것을 자연화하고 있는 것인가? 어떤 의미에서는 그렇다. 오른쪽에 언급되어 있는 속성은 일반적으로 '자연적'이라는 용어를 포함하는 자연적 속성이지만, 또 다른 의미에서 보면 그것들은 선한 것을 자연화하지 않는다. 그것들은 선한 것을 비규범적 용어를 통해 규정 가능한 특정한 속성과 동일시하지 않는다. 비규범적인 것 the non-normative에 대한 규범적인 것 the normative의 수반, 그리고 도덕과 무관한 것 the non-moral에 대한 도덕적인 것 the moral의 수반은 이것의 특수한 사례이다. 이러한 수반과 관련하여 강한 자연주의자들은 비도덕적인 것 속에 존재하는 패턴 pattern으로서 도덕을 설명한다. 따라서 그들의 목표는 진리의 형식을 발견하는 것이다.

선한 것 = 그렇고 그런 것

그렇다면, 도덕과 무관한 패턴이란 무엇을 말하는가? 선한 것을 도덕과 무관한 속성과 동일시하기 위한 설명을 찾는다는 것은 쉽지 않은 일이다. 그리고 그것은 라이프니츠의 법칙 Leibniz's law을 위반하는 것일 수도 있다. 따라서 자연주의자들은 오히려 도덕과 무관한 요소들의 배열들 속에서 어떤 공통점 commonality을 찾고자 한다. 밀도는 부피와 질량에 관한 사실들 사이에 존재하는 패턴 혹은 공통점이다. 밀도는 질량을 부피로 나눌 때 도출되는 패턴이고 속도는 위치와 시간에 관한 사실들 사이에 존재하는 패턴이다. 모양은 어떤 점들과 그것들의 위치에 관한 사

실들 사이에 존재하는 패턴이다. 이와 같은 논리에서 자연주의자들에게 윤리적인 것은 윤리와 무관한 것들 사이에 존재하는 패턴이라고 할 수 있다.

바람 desire, 이상화된 것 being idealized 등의 개념이 비규범적인 것이라고 설명하면서 그들은 윤리적 자연주의자가 된다. 그리고 이 글에서 나는 윤리적 자연주의를 다음과 같은 의미로 사용할 것이다.

선한 것 = 우리 스스로 이루게 되기를 바라는 이상화된 것

이러한 주장을 하는 사람들은 그 구성요소들이 비규범적이라고 주장하는 실수를 범하고 있지만 그렇다고 그들이 행위의 목적을 잘못 인도하는 오류를 범하고 있는 것은 아니다.

비규범적인 것들 속에 존재하는 패턴은 비규범적인 것들의 배열들 속에서 우리가 인식할 수 있는 패턴이다. 이러한 의미에서 심적인 것에 관한 윤리적 자연주의자들의 입장은 유물론자들의 그것과 유사하다. 유물론자들은 심적인 것 the mental을 비심적인 것 the non-mental과 동일시하지 않는다. 그렇게 하는 것은 라이프니츠의 법칙을 위반하는 것이다. 그들은 심적인 것을 비심적인 것들의 배열과 동일시한다. 그들의 주장에 따르면 사람들은 비심적인 구성요소들을 적절하게 종합하여 그들의 마음속에 (의식적인 심적 상태들을 포함하여) 새로운 창조물을 만들어 낼 수 있다. 구성요소에 대한 배열 방식을 통해 비심적인 것에서 심적인 것을 창조해 낸다. 하지만 각각의 조각들은 비심적인 것이고, 비심적인 것들 사이의 관계 역시 그 자체로 심적인 것을 구성하지도 않는다. 조각들의 종합이 마음을 창조한다. 그러나 종합되는 것들은 모두 비심적인 것이다. 레고 블럭을 가지고 트럭을 만들 수

있지만 이때 우리는 트럭을 구성하는 부품들을 전혀 사용하지 않는다. 유물론에 *필요한 만큼 변형을 가하라*mutatis mutandis. 라는 방식으로 이해하는 것은 '신의 전지전능함'의 견지에 서는 것이기도 하다. 여기에서 핵심은 신이 비심적인 구성요소들을 가지고 의식을 만들 수 있다는 점이다. 이는 곧 비심적인 구성요소들의 합성을 통해 의식을 만들 수 있다는 것을 말한다. 좀 더 일상적인 수준에서 보면 우리 유물론자의 눈에는 이러한 일들이 매 순간 일어나는 것으로 보인다. 결국 의식을 지닌 존재로 성장한다는 것, 심적 상태를 지닌 존재로 성장한다는 것은 곧 비심적인 방식을 통해 비심적인 것들을 종합해가는 과정이라고 할 수 있다.[2]

윤리적 자연주의에서 이러한 종합aggregation에 관한 이야기는 윤리적 자연주의의 일부일 뿐이다. 속성들은 자연계 내에 존재 가능한 패턴들에 상응하는 것이다. 이와 같이 언급하면서도 나는 이러한 패턴이 부가적인 것들additions인지에 대해서는 아직 분명한 입장을 택하지 못하고 있다. 우리는 앞서 속성에 대한 분석적 존재론의 입장을 거부한 바 있다. 그 중에서도 특히 유명론nominalism과 유사성을 갖는 논의를 거부한 바 있다. 그러나 나는 패턴이 존재해야 한다고 주장한다. 비록 그것이 매우 선언적인 것이 될지라도 말이다.

비도덕적인 것을 종합하는 과정에서 우리는 언제 패턴을 인식하게 되는가? 원칙적으로 투사 가능성 projectibility을 확보할 때라고 말할 수 있을 것이다. 자연주의의 핵심 주장은 도덕적 속성들이란 비도덕적인 것의 배열 속 패턴들, 즉 투사 가능한 유사성이다(그러므로 패턴이 선언적인 한, 가치에 대한 비환원적 다원주의는 참이라고 할 수 있다).

마지막으로 윤리학의 자율성과 자연주의와의 관계에 관한 문제가 존재한다. 이와 관련하여 우리가 다룰 쟁점은 속성이 유령과 같은 어떤 것으로 설명될 수 있다는 점이다.

윤리학의 자율성을 지지하는 이들의 입장은 다음의 글을 통해 거칠게나마 요약될 수 있을 것이다.

윤리와 무관한 것에 대한 윤리적인 것의 수반은 윤리적 속성들의 담지자들 그 하나하나가 순수하게 윤리와 무관하다고 말하는 것이다. 윤리와 무관한 속성들에 윤리적 속성들을 부과하는 것은 잘못된 것이다. 다른 말로 하면, 이는 믿어야 할 이유가 전혀 없는 유령 같은 속성들을 믿는 것과도 같다고 할 수 있다. 게다가 이는 맥키(1977)의 오류이론 error theory에 맞설 방도도 없다. 그러나 패턴은 다음과 같은 의미에서 창발할 수 있다 emerge. 윤리적 개념을 갖고 있는 이들에 의해서만 파악될 수 있는 그런 윤리와 무관한 것들 사이의 통일성이 존재할 수 있다. 윤리적 개념들에 숙달된 사람은 그렇지 않은 사람들에게는 보이지 않을 그런 패턴을 인지할 수 있다. 선 the good 개념에 대한 확실한 이해가 부재한 상태에서도 도덕적으로 선한 것으로 설명되는 항목들을 일련의 패턴으로 그려낼 수 있다. 그리고 옳음 등 다른 윤리적 개념들 또한 이와 다르지 않을 것이다.

이와 같은 입장에 서 있는 사람들은 비환원적 자연주의의 길을 개척한다. 나는 그들의 논의가 자연주의에 관한 비인지주의 유형들 중 그럴듯한 하나의 유형을 개척한 것에 불과한 것이라고 생각한다.[3] 그와 같은 것들은 다른 모든 자연주의자들도 말할 수 있는 것들이고 또 말해야 하는 것들을 말하고 있는 것에 불과하다. 앞서 우리가 논의했던 밀도를 가지고 논의를 이어 가보자.

　내가 당신에게 중간 정도 크기의 각기 다른 물건들을 준다고 생각해보자. 그리고 당신은 그것들 사이에 존재하는 공통점을 발견해야 한다. 당신은 각각의 대상들에 대해 그것들의 유연성, 질량, 부피 등을 확인하고 또 그것들이 무엇으로 만들어졌는지를 살펴볼 것이다. 처음에는 어떠한 새로운 것도 떠오르지 않는다. 비록 대상들에서 파악되는 공통의 속성들이 존재하지만 그것들은 당신이 찾아야 하는 그런 속성들이 아니다. 당신은 시작부터 그러한 공통적인 속성들을 알고 있었다. 당신은 각 대상들의 질량을 부피로 나누는 시도를 하고 각각의 대상들에서 공통적인 무언가를 찾았다고 답할 수 있게 될 것이다. 대상들은 그 밀도가 동일하다. 하지만 당신은 밀도 개념을 이해하는 것과는 별개로 이러한 패턴을 이해할 가능성은 전혀 없다. 이것은 우리에게 중요하다. 패턴을 이해하는 것은 밀도 개념 하에 데이터를 가져오는 것이다. 사물의 상태를 기술하는데, 당신은 당신의 언어 저장고 속에 '밀도 density'라는 단어를 가지고 있을 수도 있고 없을 수도 있지만 당신은 통일성을 파악하는 열쇠가 되는 밀도 개념에 의거하여 대상들을 범주화한다.

　동일한 논리가 도덕을 구성하는 도덕과 무관한 것들 속의 패턴들을 발견하는 데에도 적용된다. 우리가 위에서 살펴보았듯이 자연주의를 도덕적인 것을 도덕과 무관한 것과 동일시하는 입장이라고 생각하는 것은 상당히 잘못된 것일 수 있다. 이는 마치 유물론이 심적인 것을 물리적인 것과 동일시하는 입장이라고 주장하는 것과도 같다. 그러나 두 이론 모두 도덕과 무관한 것, 그리고 비심적인 것을 가지고 만들 수 있는 모종의 패턴들에 관하여 그 나름의 주장을 한다. 우리는 도덕과 무관한 것들 속에서의 패턴을 파악하기 위해 도덕 개념을 이해해야 할 필요가 있다.

4.2 속성 없는 윤리적 자연주의?

윤리적 속성들에 관한 논의를 거부하면서도 윤리적 자연주의자가 되는 한 가지 길은 적절한 표현주의 유형을 수용하는 것이다. 하지만 당신이 여전히 자연주의자로 남길 원한다면 윤리적 속성들에 관한 문제를 피할 수 있는 또 다른 길을 모색해볼 수 있다. 첫째, 윤리적 속성들에 대한 논의가 불필요하다는 점을 강조하는 것이다. 윤리에 관한 표현주의자들의 논의 방식은 잘못된 전통의 일부이고 우리는 표현주의자도 아니며 게다가 윤리는 (속성을 갖기 때문이 아니라) 행위의 이유들과 관련을 맺고 있다. 실천되어야 하는 행위는 그것이 무엇이든 간에 '실천되어야 함 *ought to be done-ness*'의 속성을 갖는 것이 아니라, 실천되어야 할 모종의 이유를 갖는 것이다. 여기에서 우리는 이런저런 행동을 해야 할 이유가 있다는 것이 무엇을 의미하는지에 관해 인지주의적 입장에서 논의를 진행해 나갈 것이다. 이런저런 행동을 해야 할 이유가 있다는 것을 확인하는 것은 그 행동이 어떤 이유를 갖는지에 관해 이야기하는 것이므로 행위 주체의 태도를 표현하는 것이 아니다. 그러나 우리는 도덕적 속성에 관한 문제를 비켜갈 것이다. 물론 "A를 해야 할 압도적인 도덕적 이유가 존재할 때 A를 실천하는 것은 도덕적으로 옳은 것이다."라고 말하는 것과 그것이 적절한 벨소리나 호각소리와 결합할 때, 그렇게 생각하는 것은 참(아마도 선험적인 참)이라는 것은 충분히 인정될 수 있는 것이다. 여기에서 더 나아가면 윤리학자들이 설명해야 할 속성인 옳음의 속성이 존재한다고 주장하게 되고 그러면 오류가 발생하게 된다. 하지만 그런 도덕적 속성의 존재 여부보다는 오히려 (도덕적) 행위를 할 (도덕적인 종류의) 이런저런 이유가 존재한다는 것을 설명할 필요가 있다. 우리는 술어의 존재로부터 그에 상응하는 모종의 속성이 존재할 것이라는 생각을 전개한 유서 깊은 철학자의 오류를 갖고 있다.

이러한 생각은 행위 이유에 관한 잘못된 관점에서 근거한 것이다. 이유는 관련된 행위와 무관하게 제시될 수 없다. 특정한 상황 하에서— 어떤 이들은 '특정한 상황 하에서'라는 한정구가 쓸데없다고 말할 것이다— 무고한 아이를 의도적으로 살해하는 행위가 그러한 행위를 하는 것이 도덕적으로 왜 잘못될 수 있는지 결정적인 이유를 제공한다고 가정해보자. 이것은 행위의 본질 때문이다. A를 하기 위한 이유는 A의 본질에 수반한다. C 상황 하에서 R이 A를 하기 위한 이유는 되지만 B를 하기 위한 이유가 되지는 않는다고 하면, 이는 곧 A와 B 사이에 존재하는 차이 때문일 수 있다. 이것은 이런저런 상황 하에서 그런저런 것이 그러한 행동을 할 도덕적 이유라고 행위를 특징짓는 이론은 결국 그 행위 자체를 통해 다시 그 행위의 본질을 설명하는 것에 불과하다.

모든 인지주의자들은 도덕적 속성을 믿는 것 같다. 그래서 그들은 도덕적 속성이 무엇인가의 문제에 직면해야 하고 또 그럴 필요도 있다. 윤리학에서 근본이 되는 것은 이런저런 상황 하에서 그런 식으로 행위를 하기 위한 도덕적 이유가 존재한다는 입장을 취하는 자연주의자들은 도덕적 속성의 참된 정체를 밝힐 자신들만의 확실한 방법을 갖고 있어야 한다는 것이다. 예를 들어, 그들은 이런저런 방식을 통해 옳은 것의 속성에 관해 조사할 것이다. 그리고 그러한 조사의 대상이 되는 행위는 곧 이런저런 유형의 이유를 갖는 행위일 것이다. 그리고 행위에 대한 이러한 조사는 의미 있는 조사가 될 것이다.

이제 우리의 문제에 초점을 맞추어 논의를 전개해보도록 하자.

4.3 왜 무언가를 굳이 말하려고 애를 쓸까?

나는 파티에 가기 위해 운전하고 있다. 그런데 길을 잃었다. 당신은 나에게 지도를 건네준다. 그래서 나는 파티에 참석할 수 있게 된다. 어떻게 그렇게 될 수 있지? 당신이 나에게 지도를 건네준 것이 나로 하여금 도로 갓길에 차를 멈추게 했고 이는 주변에 있던 경찰의 주의를 끌게 하였다. 경찰은 나에게 다가와 무슨 문제가 있는지 물었고 내 문제를 알게 된 그들은 친절하게 나를 파티 장소까지 안내해주었다. 그러나 이는 일상에서 일어날 수 있는 일반적인 상황은 아니다. 일반적인 상황에서 핵심은 지도에 사물이 표시되는 방법을 내가 알고 있는지의 여부이다. 지도를 넘겨주는 행위 그 자체도, 지도 위에 그려진 선, 모양, 형태들도 열쇠가 되지는 못한다. 여기에서 결정적인 것은 내가 지도를 볼 줄 안다는 것이다. 그것은 내가 지도가 말하는 것처럼 실제 도로 등이 그와 같이 존재한다는 것을 알 수 있다는 것이다. 지도에 관한 나의 지식과 정확한 지도, 그리고 운전 실력이 내가 파티에 참석할 수 있는 원천이 된다. 누군가 "굳이 지도를 사람들에게 건네줄 필요가 있을까?"라고 묻는다면 지도를 받는 사람들은 지도가 존재하는 사물을 어떻게 표상하는지 자신이 알고 있다고 답해야 할 것이다.

"행위의 옳음은 약속을 지키는 것이다." 또는 "사람들이 옥스팜에 더 많은 돈을 기부하지 않는 것은 그르다."와 같은 문장에 대해서도 마찬가지의 논의를 제시할 수 있다. 윤리학 영역에서 인지주의적 입장을 견지하는 이들에게 이와 같은 문장들은 사태를 특정한 방식으로 표상하게 한다. 그리고 그러한 표상들의 영향력은 주체가 표상을 어떻게 이해하는가에 달려 있다.

늘 그렇듯이 그것은 그렇게 단순하지 않다. 앞서 언급했던 파티 장소에 도달한 이야기와 같은 일반적이지 않은 사례들이 있다. 어떤 사람이 공무원에게 주식거래와 관련하여 '내부자 거래는 그른 일'이라는 말을 전해 듣게 된 경우를 생각해보자. 주식거래와 관련하여 이런 말을 들은 것이 그 사람에게 미치는 영향력은 이기심을 통해 잘 설명될 수 있다. 사람들은 다음과 같은 실천적 추론을 할 것이다.

> 공무원이 "내부자 거래는 그르다."라고 말한다면, 내부자 거래에 대한 벌칙이 있을 것이다.
> 내가 내부자 거래에 관여한다면, 딱 잡히기 좋은 시기이다.
> 나는 처벌받고 싶지 않다.
> 그러므로 나는 내부자 거래를 하지 말아야 할 것 같다.

그러나 오류이론가로 분류되지 않는 인지주의자들에게 표준적인 사례는 도덕적 권고가 도덕적 문장의 존재 근거가 되는 사태를 어떻게 표상하는가를 아는 것에 달려 있다는 응답의 근거로 작용할 수 있어야 한다. 아마도 사태에 관한 문장들은 거짓이라는 입장을 취하는 오류이론가들은 우리가 도덕적 문장을 사용해야 할 때 문제를 받아들이는 태도, 그리고 도덕적 문장을 듣게 될 경우 그것에 우리가 어떻게 반응해야 하는가에 관한 태도의 문제에 대한 것이라고 말할 것이다. 그리고 이에 대한 그들의 입장은 주식거래의 예를 통해 언급했던 실용주의적 고려들 속에 놓여 있다. 표현주의자들은 표상representation에 관한 이야기를 송두리째 거부할 것이다. 그러나 나를 포함하여 윤리학에서 자연주의와 인지주의를 견지하는 이들에게 윤리적 문장을 말해야 하는 적절한 시기, 그리고 다른 사람이 말하는 윤리적 문장에 적절히 대응하는 방법 등은 문장의 주요한 기능으로 작동해야 한다. 곧 그러한 것들이 문장의 주요한 내용을 이루어야 한다는 것이다. 인지주의자들이 윤리적 문장을 말할 때와 윤리적 문장을 들었을 때 대응하는 방법을 결정하는 데 가장 중요한 것은 그들이 존재해야 한다고 말하고자 하는 상태를 수용할 수 있는지의 여부에 달려 있다. 그러므로 우리는 문장이 존재해야 하는 것을 어떻게 표상하는지에 관해 더 잘 알아야 한다. 지도의 가치는 사물들에 대한 지도의 표상들 간 연합에 달려 있다.

우리는 지금 우리가 갖고 있는 문제를 명백히 말할 수 있는 입장에 있다.

4.4 왜 우리는 모두 윤리적 자연주의자가 되지 않는가?

자연주의가 참이라면 윤리적 속성은 모두 자연적 속성일 것이다. 하지만 또 사물을 표상하는 방식 중 우리가 어떤 것이 옳다고 말할 때 그것은 이러저러한 자연적 속성을 지니고 있다고 말하는 것이다. 더욱이 우리는 언어를 통해 사물은 어떻게 존재하고 '옳은'과 같은 용어는 언제 사용하는지 더 많이 알아야 할 필요가 있다는 것에 주목했다. 그렇지 않으면 우리가 사용하는 단어는 별 의미를 갖지 못하게 될 것이기 때문이다. 이는 곧 러시아어만을 사용하는 사람이나 화성인에게 말을 할 때 'right'를 사용하는 것이 별반 의미를 갖지 못하는 것과도 같다. 자연주의가 참이라면 우리 모두는 어째서 자연주의자가 되지 않는 것일까? 더 나아가 왜 모든 자연주의자들은 옳음 rightness, 도덕적 선 moral goodness의 자연적 속성에 관해 의견의 불일치를 보이는 것일까? 자연주의자들과 비자연주의자들 간의 불일치뿐만 아니라 자연주의자들 사이의 불일치가 그리도 큰 이유는 무엇인가?

나는 우리의 문제가 오래된 분석의 역설과 관련되어 있다는 것을 서두에서 언급했고 이는 실제로도 그러하다. 그러나 나는 개념적 분석에 관한 논의 없이 우리의 문제가 발생했다는 것을 강조하고 싶다. 나는 더 이상 분석의 역설을 우려할 필요가 없다고 느낀다. 왜냐하면 일련의 분석 프로그램이 더 이상 신뢰를 받지 못하고 있기 때문이다. 이와 동일한 수준에서 우리는 사물에 관해 말하는 것이 왜 가치가 있는지 단어를 사용하는 것이 왜 가치가 있는지에 관해서 고민해야 할 것이고, 이것이 곧 우리가 가지고 있는 문제이기도 하다. 'poisonous(독성이 있는)'라는 단어를 사용하는 것은 "그것을 마시지 마라. 독성이 있는 거야."라는 맥락 속에서 가치가 인정될 수 있다. 왜냐하면 화자와 청자는 그 단어가 지니고 있는 속성을 알고 있기 때문이다. 그리고 문장이 상황을 어떻게 표상하는지 알 수 있기 때문이다. 윤리적 용어들을 필요한 만큼 수정하라. 만약 인지주의, 특히 자연주의가 참이라면 더욱더 필요한 부분들을 필요한 만큼 수정하라.

이 글의 남은 부분에서는 우리의 문제에 답하기 위한 서로 다른 두 가지 길을 살펴볼 것이다. 하나는 윤리적 속성을 연립방정식을 푸는 것과 비슷하게 생각하는 것이다. 이는 곧 윤리적 개념을 서로 연동하는 연결망 속에서 포착한다. 그리고 그 연결망은 일정 부분 협상의 산물이다. 또 다른 길은 퍼트남 H. Putnam[4] 으로부터 영감을 얻은 것으로 자연적인 종류의 지칭 reference에 관한 최근 연구들에서 비롯된 것이다. 나는 우선 후자의 견해에 왜 내가 동의하지 않는지를 살펴볼 것이다.

4.5 지칭을 결정하는 것들

다음은 우리에게 매우 익숙한 논의이다.

> 먼 옛날 우리는 '물 water'이라는 용어의 지칭은 마시기에 적합하고 하늘에서 떨어지며, 실온에서는 액체 상태로 존재하고 냄새가 없는 등 물과 관련된 속성들을 충분히 함축한다고 생각했다. 하지만 이는 잘못된 생

각이라는 것을 우리는 이제 알고 있다. 지칭은 모종의 인과적 사실을 통해 결정된다. 이러한 인과적 사실을 직접적으로 설명하는 방법과 관련해서, 그리고 인과적 사실을 설명하려는 시도가 유의미한 것인지 여부에 관해서는 논쟁의 여지가 있다. 그럼에도 다음과 같은 폭넓은 합의가 존재하는 것도 사실이다. (i) 우리가 사용하는 '물 water'은 우리가 인과적으로 상호작용하는 어떤 것을 언급하기 위해 의도한 말이다(누구도 하늘에서 떨어지는 것의 약어로 '물'을 사용할 수 없다고 우리에게 말하지 않는다. 이 세계는 빅브라더가 임의적으로 좌지우지하는 그런 1984가 아니다. 이러한 주장은 우리가 실제 단어를 사용하는 방식과 관련된다). 우리가 '물'을 사용하는 방식에 대한 이러한 지적은 그 지칭이 모종의 인과적 사실들에 따르고 있는 이유를 설명한다. (ii) 이 이론의 한 가지 이점은 입장의 변화 속에서도 여전히 변하지 않고 보존되는 지칭을 허용한다는 것이다. 물의 본질에 대한 사람들의 생각은 시간이 지나면서 변화가 있었다. 그러나 그러한 입장 변화에도 대상은 동일하게 남아 있었다. 그 대상을 식별하기 위해 '물'이라는 말을 사용할 수 있는 능력이 여전히 보존되는 것처럼 말이다. 그러나 이는 입장의 변화에도 '물'이 지칭하는 바가 동일한 경우에 한해 참이 될 수 있다. 이와 같은 지적들은 질량, 에너지, 원자 등에도 적용된다. 이러한 것들에 대한 우리의 믿음은 지속적으로 변해왔다. 그러나 그 믿음의 대상들은 변하지 않았을 뿐만 아니라 그 대상들을 식별하기 위해 '질량', '에너지', '원자' 등의 말을 사용하는 우리의 능력 또한 변하지 않았다. (iii) '물'이라는 지칭은 비록 그것이 만족스럽다고 할지라도 단어의 사용자에 따라 불명료할 수 있다. 우리는 '물'이 H_2O를 지칭하는 것임을 안다. 그러나 이는 비교적 최근의 발견이다. 지칭을 결정하는 과정에서 중요한 인과적 역할을 수행하는 것이 1800년대 초 밝혀진 사실, 곧 물은 H_2O라는 발견을 포함한다. 그렇지만, 1700년대 영어를 사용하는 사람들 역시 '물'이 의미했던 것을 알고 있었다. 그리고 이러한 지적은 '원자' 등에도 동일하게 적용될 수 있다.

위의 대략적인 논의는 모호할 뿐 아니라 여러 열린 문제들을 내포하고 있다. 그러나 윤리적 용어에 지칭의 접근법을 적용하는 것은 문제를 해결하는 데 도움이 될 것이고 더 나아가 그것은 윤리적 용어들에 대한 매력적인 관점일 수 있다.[5] 위와 같은 생각을 지지하는 사람들이 말하듯이 윤리적 용어에 위의 접근법을 적용한다면, 우리는 그것들을 이해하는 것이 곧 그것들이 지칭하는 바가 무엇인가를 자연스럽게 산출하지 않는다는 사실을 인정할 수 있다. 이는 곧 자연주의가 참이라 해도 윤리적 속성은 자연적 속성이라는 주장은 여전히 논란이 될 수 있다고 보는 것은 전혀 이상하지 않다는 것을 의미한다. 그리고 자연적 속성을 윤리적 속성과 동일시하는데, 자연주의자들 간에도 의견차가 존재하는 것 또한 사실이다. 퍼트남과 그의 지지자들은 윤리적 용어를 이해하는 것이 곧 지칭을 산출하지는 않는다고 말한다. 그러므로 우리는 옳은 것, 나쁜 것 등에 대한 실제 입장이 서로 다를 수 있고, 또 그것들에 대한 불일치를 인정할 수 있다. 퍼트남류의 지칭에 관한 인과적 접근은 칸트와 공리주의자들이 '옳은 right'이라는 말을 사용할 때 양자 모두 동일한 속성을 언급하고 있다는 관점을 인정한다. 그럼에도 어떤 것이 옳다는 것, 그리고 그것이 왜 옳은가에 대한 양자 간 큰 차이점이 존재한다는 것 또한 인정할 수 있다. 물론 윤리적 용어가 자연적 용어 속으로 들어오는 과정에서는 실질적인 변형이 요구된다. 우리는 지나치게 '물'과 '원자'와 관련된 논의에 얽매일 필요는 없다는 것이다. 핵심은 자연적인 용어들의 지칭이 그것을 사용하는 사람이 알지 못하는 외적 요인들, 특히 인과적 요인들에 의존한다는 것이다. 그것은 우리가 윤리적 용어들의 지칭에 관해 생각할 때 자연주의자들의 통찰이 필요하다는 것을 의미한다.

나는 재검토해본 이러한 지칭에 관한 논의를 부정하지는 않는다. 이러한 논의의 대중적인 인기는 당연한 것이지만 면밀한 조사와 검토의 과정 속에서는 살아남지 못할 것이다. 우리의 조사는 지칭이 의미하는 바가 모호하다는 점에 주목하여 시작했다. 어떤 의미에서 이해는 지칭에 대한 무지와 양립할 수 있다. 우리 모두는 '가장 키가 큰 여자'라는 구절을 이해하지만 우리 중 일부만이 가장 키가 큰 여자가 누구인지 안다는 의미에서 그 구절이 지칭하는 바를 안다. 그러나 어떤 의미에서 우리 모두는 '가장 키가 큰 여자'의 지칭을 안다. 우리는 어떤 여자를 가장 키가 큰 여자로 생각할 수 있게 하는 것이 무엇인지 안다. 즉, 우리는 어떤 여자가 가장 키가 큰 여자가 되기 위해 가져야 할 속성을 안다. 결과적으로, 우리는 '메리는 키가 가장 큰 여자이다' 혹은 '나는 키가 가장 큰 여자가 누구인지 모른다' 고 말할 때 사물의 존재 방식에 관해 우리가 알고 있는 것이 무엇인지 안다. 그것은 '가장 키가 큰 여자'가 의미하는 것이 무엇인지를 이해하는 것으로부터, 그리고 사물의 존재 방식에 관한 정보에 근거하여 구절의 유용성을 설명한다. 가장 키가 큰 여자가 되는 것이 어떤 것인지 모르는 사람은 메리는 키가 가장 큰 여자이다 혹은 그렇지 않다고 말할 때 내가 메리에 관해 제공하는 정보를 이해하지 못할 것이다.

여기에서 우리가 관심을 갖는 것은 지칭의 두 번째 의미이다. 우리의 문제는 사물의 존재 방식에 관해 정보를 제공해주는 문장 속 윤리적 용어들을 이해하기 위한 관찰에서 비롯된다. 그래서 우리 인지주의자들은 윤리적 용어를 포함하는 문장을 산출하기 위한 정당한 이유를 제공해야 한다. 따라서 우리가 답해야 할 문제는 다음과 같은 것이다. 윤리적 용어의 지칭에 관한 인과이론의 한 유형이 있다면 그것은 영어를 이해하는 이들에게 정보를 제공한다는 측면에서 윤리적 용어들의 역할에 관해 무엇을 말할 수 있는가?

그러나 이것은 결코 답하기 쉽지 않은 문제이다. 문제는 'K'라는 용어의 지칭에 관한 인과이론은 'K'에 관해 정보를 제공하는 것과 관련하여 어떠한 표준적인 답도 존재하지 않는다는 것이다. 지칭은 충분히 많지만 지칭과 정보 제공적 가치 사이의 연결은 거의 없다. 그리고 양자 간의 연결은 그 자체로 논쟁이 되는 이차원주의two-dimensionalism의 맥락 속에서 발생한다. 그러나 우리는 여기에서 두 가지 선택을 생각해볼 수 있다.

첫째, 어떤 외재론자나 지칭의 인과이론을 지지하는 이들은 화자가 윤리적 용어를 사용할 때 그는 사물이 어떻게 존재하는가에 관해 말하는 바가 전혀 없다고 본다. 그런 경우에 지칭에 관한 이런 이론은 우리의 문제에 침묵한다. 좀 더 일반적으로 윤리적 용어를 포함하는 문장을 이해하거나, 그런 문장을 만들 경우 그것의 정보제공적 가치의 문제에 관해 침묵한다. 또한 청자가 윤리적 용어를 포함하고 있는 문장을 들었을 때, 우리 모두가 그것에 주목해야 하는 이유에 관해서도 역시 침묵한다.

둘째, 또 다른 외재론자나 지칭에 관한 인과이론의 입장을 갖는 이들은 화자가 윤리적 용어를 사용할 때 그들은 사물이 어떻게 존재하는가에 관하여 말하는 바가 있다고 본다. 그러나 그들이 말하는 것은 단어들에 대한 이해에서 얻을 수 있는 것을 넘어 사물들에 의존한다. 그것은 이론이 지니는 외재론적 측면이라고 말할 수 있을 것이다. 이 이론은 사물이 존재하는 방식에 관한 주장으로 제한한다. 그러나 우리는 그것이 무엇인지 알지 못할 것이다. 이는 1700년대 '물'이라는 단어를 사용했던 이들의 상황과 일치한다. 그들은 사물이 존재하는 방식에 관해 그들이 무엇을 말하는지 알지 못했다.[6] 이 후자의 주장은 믿기가 어렵다. 그러나 나는 그 점에 관해 다른 글을 통해 충분히 내 입장을 말한 바 있다(Jackson, 2004). 여기에서 우리의 관심은 이상idea이 윤리적 용어들을 위해 어떠한 역할을 할 수 있는지에 있다.

거기에는 두 가지 가능성이 있다. 첫 번째 역할은 1700년대 '물'을 사용했던 사람들의 상황과 동일한 상황 속에 우리가 존재한다는 것이다. 이 경우 윤리적 용어를 사용하여 사물의 존재 방식에 관해 주장하고는 있지만 우리는 그것이 무엇인지 모른다. 그렇다면 윤리적 용어를 사용하여 사물의 존재 방식에 관해 말하는 바가 무엇인지를 알 때까지 우리는 윤리적 용어의 사용을 멈춰야 한다. 하지만 이는 너무나 큰 희생을 치르는 것이다. 역시 이것은 칸트주의자와 공리주의자가 어떤 것이 옳고, 또 그것이 왜 옳은지에 관해 서로 큰 의견 차이를 보임에도, '옳은'이라는 말을 사용할 때 동일한 속성을 지칭한다는 직관을 지켜내는 이상한 방법인 것 같다. 의견의 불일치가 있지만, 그들이 무엇에 관해 의견의 불일치를 보이는지(불행하게도) 알지 못하고 있는 것이다.

두 번째 역할은 우리가 윤리적 용어의 지칭을 한정하는 적절한 외재적, 인과적 사실들을 알고 있다는 것이다. 그래서 사물의 존재 방식에 관해 윤리적 용어를 사용할 때 무엇을 말하는지 우리는 안다. 이 상황은 오늘날 '물'이라는 용어를 사용하는 것과 같다. 그러나 만약 그렇다면, 자연주의자들은 도덕적 옳음의 자연적 속성, 선의 자연적 속성 등에 관하여 폭넓은 의견의 일치가 존재한다고 해야 할 것이다. 그러나 그러한 의견의 일치는 전혀 존재하지 않는다. 오늘날 '물'이 H_2O를 지칭한다는 것에는 모두가 동의한다. 그러나 도덕적 용어가 사용되는 맥락에서는 얘기가 다르다. 우리는 이를 잘 알고 있다.

이제 확실한 입장으로 돌아서야 할 때이고 다음은 자연주의자들의 문제를 해결하기 위한 나의 제안이다. 그 제안은 내가 다른 글에서 지지한 바 있는 도덕적 기능주의에서 도출해낸 것이다. 도덕적 기능주의는 도덕적 용어들의 의미가 연결망 속에서 그것들이 차지하고 있는 위치에 근거하여 결정된다는 입장이다. 나는 도덕적 기능주의가 우리의 문제에 해결책을 제공하는 실질적 가치를 지니는 관점이라고 생각한다.[7]

4.6 연결망들과 영역들의 일치, 불일치

우리의 문제는 두 가지 단순한 관찰에서 발생한다. 사람들이 존재하는 사물을 어떻게 표상하는지에 대한 상당한 정도의 일치가 존재하지 않는다면 도덕적 용어를 사용하는 것은 별 의미가 없을 것이다. 그러나 그 경우 그렇게 큰 불일치가 존재하는 이유, 특히 만약 자연주의가 참이라면 왜 그렇게 큰 불일치가 존재하는가? 윤리적 용어들의 의미에 대한 연결망적 설명은 이러한 방대한 불일치와 양립할 수 있는 실질적인 의견 일치를 가능하게 할 수 있고, 나는 이를 좀 더 분명하게 설명하고자 한다.

도덕적 용어들의 의미들에 대한 연결망 설명은 도덕적 개념에 정통한다는 것은, 곧 서로 연동하는 개념들의 연결망에 정통함을 함축한다는 것에서 출발한다. 연결망에 정통한다는 것은 곧 도덕적 어휘에 정통한다는 것이다.

이러한 주장이 그럴듯한 이유는 무엇일까? 선과 옳음, 권리와 의무, 유덕한 존재가 되는 것과 옳은 일을 실천하는 것 x를 행하는 것이 옳다고 인정하는 것과 행동으로 옮겨진 x를 승인하는 것, 처벌의 정당성과 처벌을 받은 사람의 죄 등과 같은 양자 사이에는 밀접한 관계가 존재한다. 도덕은 행위와 긴밀한 관계를 갖는다. 그리고 정의의 요구와 그것의 실천 사이에는 필연적 관계가 존재하고, 행위의 끔찍한 결과와 행위의 옳지 않음 사이에 밀접한 관계가 존재하는 것처럼 도덕은 특정한 상황 속에서 요구된다. 세계를 개념화하는 방식, 그것도 도덕적인 방식을 통해 개념화하는 그런 방식이 존재한다. 세계를 도덕적으로 개념화하는 방식 중 하나는 선한 것과 옳은 것, 권리와 의무 사이에 연관성이 존재한다는 근거를 정초하기 위한 시도가 잘못된 것일 수 있다거나, 무고한 사람을 죽이는 것은 그르다는 것을 증명하기 위한 시도가 잘못된 것일 수 있다는 점에 주목하는 것이다. 더군다나 하나 혹은 그 이상의 이러한 주장들을 정초하기 위한 시도를 수행한다는 것은 무엇인가?(물론 어떤 사람은 광범위하게 이러한 주장이 어떻게 받아들여지는지 보기 위해 실험을 수행할 것이다. 그러나 그것은 별개의 문제이다.)

우리는 윤리적 논의에 참여하는 매 순간 연결망에 대한 이해를 드러낸다. 낙태를 지지하는 사람들은 낙태가 무고한 사람을 죽이는 것이라는 주장에 어떻게 대응할까? 그들은 무고한 사람을 죽이는 것이 항상 옳다고 답하지 않는다. 그들은 무고한 사람을 죽이는 것과 옳지 않은 것 사이에 개념적 연결이 존재한다는 것을 인정한다. 오히려 그들은 태아가 사람이 아니므로 낙태는 무고한 사람을 죽이는 경우에 해당하지 않는다는 식으로 대응한다. 혹은 다음과 같은 논의를 생각해보라. 언론의 자유는 인간의 기본권이므로 검열은 오직 검열 대상이 매우 나쁜 결과를 가져오는 경우에 한해 제한적으로 정당화된다. 하지만 이러한 논의는 정당화된 권리의 존재와 나쁜 결과 사이의 상호작용에 대한 이해를 먼저 요구한다.

나는 더 많은 구체적 사례들을 제시할 수 있다. 그러나 핵심은 분명하다. 윤리적 쟁점들에 관해 토론하는 것은 윤리적 개념들 사이의 전체적인 연결을 전제한다. 그리고 이러한 연결을 파악하는 것은 도덕의 언어에 대한 이해의 한 부분을 차지한다. 내가 앞서 말했던 것처럼 사람들은 단지 도덕적 문제에 관한 지지 혹은 반대하는 과거의 논쟁들에 대해 반성할 필요가 있다.

그렇다면 의견충돌은 어디에 존재하는가? 우리가 연결망에 관해 동의한다면 무엇에서 서로 의견 차이를 보이는가? 연결망은 손대지 않으면서 의견 차이가 나타날 수 있는 지점은 두 곳이다.

첫째, '연결망'에 포함된 항목들에 대한 해석의 과정에서 논쟁이 발생할 수 있다. 결과론자들은 공평함의 요구를 디플레이션의 맥락에서 읽는다. 그들은 공평함이 중요치 않다고 말하지 않는다. 오히려 그들은 공평함은 이차적인 것이고 좋은 결과에 부과되는 방식으로 확보할 수 있다고 말한다. 도덕 판단과 행동을 연결하는 방식의 또 다른 사례로는 도덕을 내재주의와 외재주의의 입장에서 읽는 것이다. 무고한 사람을 처벌하는 문제는 서로 다른 이론에 근거하여 서로 다르게 다루어진다. 이러한 것들에 대한 논의 속에서도 나는 연결망 관점을 철회하지 않았다. 왜냐하면 이것은 매우 중요한 지점이고, 또 연결망 내 각 항목들의 위치는 그것이 논의되어야 하는 사실들을 통해 드러나기 때문이다. 비록 결과주의자들이 공평함과 권리를 그리 중요하게 여기지 않는 것은 사실이지만, 그렇다고 공리주의자들이 공평함과 권리를 경시하는 것에 모두 동의하고 또 무고한 사람을 처벌하는 문제를 적절히 무시할 수도 있다고 보는 것은 적절하지 않은 관점이다. 외재론자들은 어떤 행위가 옳지만 그럼에도 그 행동이 동기화되지 않을 수 있다고 주장하지만 그들 역시 반대의 직관을 설명하기 위해 노력한다. 각각의 항목은 윤리학에서의 의무 문제이다. 모든 이론가들은 그것들 각각의 참 의미를 이해해야 한다. 즉, 그것들이 어떤 진리치를 포착하는지 그 이유를 설명해야 한다는 것이다. 그리고 이러한 설명은 그것들에 대한 예외가 언제, 왜 존재하는지에 관한 설명까지 포함하게 될 것이다. 우리는 도덕 이론들의 설명이 갖는 특징들을 검토하는 과정을 통해 그것들을 테스트한다. 만약 연결망 관점이 틀린 것이라면 도덕 이론들은 어떻게 참일 수 있는가? 더욱이 우리는 연결망 내 다른 항목들을 거부하는 설명들, 즉 직관에 근거한 주장들을 거부하는 설명을 테스트한다. 위에서 주목했던 것처럼 경험적 의미에서 실험을 넘어 그 밖의 어떤 방법을 통해 도덕 이론들을 시험할 수 있는가? 무고한 사람을 처벌하는 것이 때때로 옳다는 것을 보여주는 실험은 무고한 사람을 처벌하는 것이 때로 좋은 결과를 가져온다는 것을 보여줄 수 있다. 그러나 문제는 정확히 좋은 결과를 가져오는 것이 무고한 사람에 대한 처벌을 정당화하는가의 여부이다. 실험은 이 문제에 대해 답을 제공하지 못하고 또 제공할 수도 없다. 그것은 관련된 문제에서 창조된다.

　우리가 유의미한 의견 차이를 가질 수 있는 두 번째 지점은 우리가 논의해온 연결망의 토대가 되는 근본적인 이유가 존재하는가에 관한 것이다. 이와 관련하여 우리는 일원론자와 다원론자를 구분할 수 있다. 일원론자들은 연결망을 구축하는 상당히 단순하고 또 다른 모든 것에 앞서는 도덕 개념이 존재한다고 생각한다. 행위공리주의는 도덕적 선은 곧 행위를 통해 기대되는 '쾌락 hedon'의 가치라고 말한다. 즉, 옳은 행위는 이용 가능한 선택지들 중에서 기대되는 쾌락의 가치를 최대화하는 것이라고 말하는 아주 단순한 형식을 취한다. 행위공리주의는 아주 단순한 방식을 통해 선 goodness과 옳음 rightness의 관계를 도출한다. 많은 사람들은 그것이 너무 단순하다고 말한다. 우리는 권리, 정의, 덕 등을 옳은 행위와 관련지어 설명할 때 결과주의적인 용어들을 사용하여 설명할 수 있다. 언론의 자유는 보장되어야 한다. 왜냐하면, 언론의 자유를 보장하는 사회가 그렇지 못한 사회보다 일반적으로 더 행복하기 때문이다. 물론 많은 사람들은 권리에 관한 공리주의자들의 설명을 통해 당위를 결정하는데, 그것이 하는 역할을 너무 가볍게 다룬다고 비판한다. 그러나 이것은 앞서 이미 지적한 바와 같이 연결망에 대한 묘사를 통해 확인된 것이다. 연결망을 이해하는 공리주의의 역량이 그것의 수용 여부를 결정하는 데 매우 중요한 요인이라는 사실은 연결망의 중심적인 역할을 확증한다.

규범윤리학에서 규범체계의 설계자들은 일원론자들이다. 그들은 우리가 연결망을 이해하는 데 기여하는 단순하고 중심이 되는 통찰을 추구한다. 결과론적인 그림을 선호하지 않는 일원론자들은 암묵적 계약에서 발생하는 의무 관념이나 올바른 사람이 되는 것의 기준인 덕을 드러내는 행위 개념들을 통해, 또는 일련의 조건부 의무들의 목록이나 최선의 존재의 행위를 참조하는 것 혹은 완벽하게 이성의 합리성에 따르는 행위를 통해, 그리고 행위자가 바라는 것이 바람직하다는 답에 근거한 행동을 통해 규범체계를 수립하고자 한다. 핵심 개념은 도덕규범을 체계화하려는 시도들에 따라 다양하게 사용된다. 그러나 이러한 각양각색의 접근방법은 규범체계를 수립하는 학자들의 신념, 곧 연결망을 가능하게 하는 단일한 근본 원리를 발견하는 데 도움이 된다. 비록 그것이 연결망의 구성요소들을 선별해야 하고 또 좀 더 좋은 형태로 재구성하는 수고를 감수해야 하는 일이기는 하지만 말이다.

그에 반해서 다원주의자들은 연결망의 여러 부분들이 각기 서로 독립적이라는 입장을 취한다. 우리 모두는 일원론자들이 다원론자들에게 말하고자 하는 바를 안다. 연결망의 한 부분을 통해 제안된 도덕 판단과 일원론자들이 믿고 있는 단일한 기준에 따르는 방식 간의 충돌이 존재한다.

4.7 도덕에 관한 연결망 설명이 강한 자연주의적 입장인 이유는?

우리는 앞서 자연주의가 비도덕적 용어들을 통해 도덕적 속성을 확인할 수 있다는 입장을 취할 때 강한 유형의 자연주의가 된다고 말한 바 있다. 곧 도덕적 속성은 자연계에 추가된 것이 아니라는 신념을 존중하는 것이다. 이는 비도덕적인 것에 대한 도덕적인 것의 수반 설명을 통해 뒷받침될 수 있다. 수반 논변은 도덕적인 것이 우리 세계의 비도덕적 것에 대한 부가물이 아니라는 입장이다. 연결망 혹은 기능주의가 그리는 그림은 분명히 이러한 제약을 충족시키는 자연주의의 한 버전이다. 이론적 용어들을 정의하기 위해 램지-카르납-루이스가 이용한 방식[8]을 신속하게 살펴보도록 하자.

$T(M_i, ..., M_n)$가 연결망을 제안하는 문장이라고 해보자. 'M_i'는 모두 도덕적 용어들이다. 우리는 각각의 M_i를 T 속에서 차지하는 위치에 근거하여 정의한다. 그래서 M_i는 T라는 연결망 내에서 i번째 위치에 있음을 의미한다. 이것은 y는 (Ex_i) ... (Ex_n)인 경우에 한해서 M_i이다. 각각의 x_j는 T라는 개념의 망 내에서 M_j의 자리를 차지한다. 이러한 조건문의 우측은 어떠한 M_j의 출현도 포함하지 않는 것처럼, 연결망 이론은 옳은 것, 선한 것으로 간주되는 것들을 비도덕적 용어들을 통해 열거한다. 따라서 우리는 비도덕적 속성을 통해 도덕적 속성을 확인할 수 있게 되는 것이다.

하지만 우리는 애매모호함을 가지고 있다. 마음철학 분야에서 애매모호함은 눈은 하얗다는 믿음을 확인하는 것을 넘어서는 것이다. 어떤 마음철학자가 눈이 하얗다고 믿는다면, 그 믿음이 심리학적인 연결망 내에서 '눈은 하얗다는 믿음'의 자리를 채우고 있는 심적 상태에 있다고 말한다. 그리고 또 다른 학자는 눈이 하얗다고 믿는 것과 눈이 하얗다는 믿음을 서로 구분해야 한다고 말한다. 첫 번째는 연결망 내 자리가 채워진 상태를 의미하고, 두 번째는 연결망 내 채워져야할 장소가 있다는 것을 의미한다. 어쨌든 나는 후자, 즉 루이스 D. Lewis, 암스트롱 D. M. Armstrong, 스마트 J. J. C. Smart로 대표되는 마음-뇌 사이의 type-type identity유형 동일론을 선호하고, 마음철학에서 이러한 논의는 윤리학에서도 충분히 유효하다.[9] 도덕적 기능주의에 따르면, 어떤 행위는 개념적 연결망 속에서 '옳은'의 자리를 메울 수 있는 자연적 속성을 갖게 되는 오직 그 경우에만 옳다. 그렇다면 우리는 그 속성이 무엇이든 연결망 내에서 특정한 자리를 채우는 모종의 자연적 속성이라고 할 수 있을 것이다. 내게 이보다 더 중요한 것은 없다.[10]

4.8 연결망 관점에서 윤리적 용어의 의사소통적 가치

4.6절에서부터 우리가 얘기해온 차이점들은 아주 큰 차이점들이다. 그리고 그러한 차이점들은 윤리학자들이 옳은 것의 속성에 관해 설명할 때 드러나게 된다. 그러나 연결망 관점은 이러한 다양성 속에서 실질적인 공통성의 존재를 허용할 수 있다. 연결망 관점에서, 윤리학 이론의 궁극적인 목적은 연결망을 잘 이해하는 것이고 이는 연결망의 부분적인 변형을 함축하게 될 것이다. 연결망은 수학에서 해결을 기다리는 고정된 일련의 연립방정식과는 다른 것이다. 연결망은 분명 비판적 성찰을 통해 발달해가는 과정 속에서 작동한다. 그러나 그것은 결국 내가 다른 글에서 논의한 바 있는 성숙한 통속적 도덕(mature folk morality, Jackson, 1998, p.133)으로 수렴해간다. 만약 수렴점이 존재한다면 연결망 내 교점들 nodes을 차지하는 속성들에 대한 해명과 연결망을 구성하는 항목들이 좀 더 분명하게 정리될 것이다.

그래도 우리가 앞서 강조했던 것처럼 연결망을 잘 이해하는 데 필요한 약속을 공유하고 있다. 그것은 윤리적 언어를 사용할 때 발생하는 문제들을 설명할 수 있는 토대가 된다. 여기에서 설명이란 곧 도덕적 용어들이 공유하는 표상 내용을 설명하는 것으로 이를 근거로 우리는 도덕적 용어를 사용할 때 다른 사람들과 의사소통을 할 수 있는 것이다. 어떤 행동이 옳다고 말할 때 우리가 공유하고 있는 것은 그 행동이 연결망 속에서 옳음의 역할을 수행하는 속성을 갖는다는 것이다. 그리고 우리는 연결망을 서로 공유하기 때문에 행동의 옳음 또한 공유할 수 있는 것이다.

예를 들어, 칸트주의자들과 공리주의자들은 연결망에 관해 광범위하게 동의한다. 우리가 일찍이 주목했던 것처럼, 연결망에 대한 규정은 학자들에 따라 다양하고, 이는 도덕적 용어들의 의미에 있어서도 그에 상응할 정도의 차이점을 함축한다. 그러나 우리는 그러한 의견 차 정도는 충분히 수용할 수 있다. 서로 공유하고 있는 연결망의 부분들은 의사소통에 있어서 도덕적 용어가 유용한 이유를 밝히고 설명하는 데 충분하다. 칸트주의자와 공리주의자는 그들이 'A는 옳다.' 혹은 'B는 나쁘다.'고 말할 때, A는 연결망 내에서 '옳음 rightness'의 역할을 수행하는 속성을 갖고, B는 연결망 내에서 '나쁨 badness'의 역할을 수행하는 속성을 갖는다고 단언한다. 비록 그들이 '연결망'을 통해 의미하는 바는 서로 다르지만, 의사소통을 가능하게 하는 데에는 충분하다.

물론 때때로 자연은 우리에게 친절을 베푼다. 자연이 판결을 내리는 경우는 연결망에 대한 전체적인 이해와 그 항목들에 대한 합리적인 독해에 근거하여 당위에 대한 동일한 윤리적 판단을 얻게 되는 그런 경우이다. x와 관련하여 연결망의 관점에서 "x는 *논란의 여지가 거의 없이* 옳다."고 정의한다면, 자연이 우리에게 친절을 베푸는 경우는 논란의 여지가 거의 없이 옳은 행위의 경우이다. 이것은 칸트주의와 공리주의자가 많은 경우에 있어서 서로 동의할 수 있다는 의미이다. 그들은 연결망에 대한 광범위한 동의를 통해 하나가 된다. 그리고 그들 사이의 의견 차이는 연결망에 대한 합당한 독해를 통해 당위에 관한 동일한 답을 산출하는 경우 별다른 문제가 되지 않는다.

만약 한 점으로 수렴한다는 것이 연결망의 주요한 특징이라면 우리는 칸트주의자와 공리주의자에게 '옳은'이라는 용어가 유사한 의미를 갖는다고까지 말할 수 있을 것이다. 그들은 모두 성숙한 통속적 도덕으로서의 연결망에 근거하여 '옳은'에 의미를 부여한다. 옳은 것은 성숙한 통속적인 도덕에 의한 규제들과 부합하는 어떤 속성을 갖는 것이다. 그러나 규제는 연결망의 일부인가? 이것은 경험적 문제이다. 연결망은 우리의 창조물이다. 우리가 앞서 주목했던 것처럼 그것은 결코 1984가 아니다. 규제는 항상 연결망의 일부이기는 하지만 다른 학자들은 경험적 사실의 문제를 제기하며 그렇지 않다고 주장하기도 한다. 이것은 경험철학자들이 더 잘 다룰 수 있는 문제이다. 내 소임은 그 점에 대한 조사가 쟁점의 복잡한 특징들에 적절히 주의를 기울이도록 하는 것이다.

1 　특히, 에이어(1965)를 보라.

2 　에이어의 지식에 대한 논의(1956, 1장 2절, pp.10-14)를 참고하라.

3 　환원적 자연주의와 대조되는 것으로 잭슨(1998, 5장, 6장)의 주장 속에서 발견할 수 있다.

4 　특히 퍼트남(1975, pp.215-271)을 참고하라.

5 　러브(Loeb, 1998, p.293)와 블룸필드(Bloomfield, 2001, p.120)를 보라. 그리고 브링크(1989, 6장)가 퍼트남의 관점이 함축하는 바에 관해 논의한 것을 참조하라.

6 　그들은 '지칭'의 한 가지 의미만을 언급하고 있다. 이럴 경우 '물'이라는 단어를 통해 제공되는 정보가 제대로 전달되지 않는다.

7 　잭슨(1992; 1998 : 4장, 5장; 2005), 잭슨과 프티트(1995)를 보라.

8 　루이스(1970)를 보라.

9 　암스트롱(1969)을 보라.

10 　이 경우, 믿음을 연결망 내의 자리를 채우는 것과 동일시하는 이유는 그것이 곧 믿음의 인과적 역할을 보존할 수 있기 때문이다. 하지만 윤리학에서는 이러한 이유가 통용되지 않는다. 나 (Jackson, 1998, p.141)는 옳음을 연결망 내의 자리가 채워진 상태와 동일시하는 다른 이유를 이미 논의한 바 있다. 그러나 지금에 와서 나는 그때 내가 말했던 이유가 설득력을 갖는지 알 수 없다.

제5장

메타윤리적 다원주의 :
어떻게 도덕적 자연주의와 도덕적 회의주의 두 입장 모두 허용되는가

Richard Joyce

제5장

메타윤리적 다원주의 : 어떻게 도덕적 자연주의와 도덕적 회의주의 두 입장 모두 허용되는가

Richard Joyce

5.1 머리말 : 몇 가지 구분들

이 논문은 두 유형의 메타윤리학, 곧 도덕적 자연주의와 도덕적 회의주의 사이의 관계에 관한 것이다. 우리는 이 두 메타윤리적 입장을 혼란에 빠뜨리는 한 쌍의 원리들로부터 그것들을 구분할 필요가 있다. 이용 가능한 모든 증거들(통 속의 뇌)과 부합하는 대안적인 가설들을 통해 가능한 모든 것을 의심해보는 방법을 '데카르트적 회의주의 Cartesian skepticism'라고 하자. 그리고 자연과학적 세계관에 부합하는 존재론이 요구하는 원리를 '포괄적 자연주의 global naturalism'라고 하자. 만약 후자가 전자의 회의 과정에서 살아남는다면 그것은 데카르트적인 회의주의이자 포괄적 자연주의가 될 것이다. 그렇지 않으면, 어떤 다른 이유로 인해 그것은 포괄적 자연주의일 수는 있지만 데카르트적 회의주의는 견대내지 못하는 것임이 분명하다.

*도덕적 자연주의Moral naturalism*는 도덕적 실재(선(goodnews), 악(evil)과 같은 속성들)가 세계에 관한 과학적 이미지 scientific image들을 통해 파악될 수 있다는 메타윤리적 관점이다. 도덕적 자연주의자들은 대부분 포괄적 자연주의자들이지만 반드시

그러한 것은 아니다. 도덕적 속성은 자연적이라는 존재론적 입장과 비자연적 실재를 인정하는 것은 양립 가능하다.

*도덕적 회의주의Moral skepticism*는 도덕적 실재를 과학적 세계관 내에 고정시키는 것을 부정한다. 도덕적 자연주의를 부정하는 한 가지 방법은 도덕적 담론은 도덕적 속성에 관해 말하려고 시도하지만 도덕적 회의주의는 도덕적 속성이 존재하지 않는다는 도덕적 오류이론의 입장을 취하는 것이다.[1] 도덕적 자연주의를 부정하는 또 다른 길은 비인지주의자가 되는 것이다. 도덕적 담론은 도덕적 사실 혹은 속성들을 언급하는 것이 아니므로 그것들은 자연적인 것일 수 없다. 이 글에서 '도덕적 회의주의'라는 명칭은 이러한 구분되는 두 입장 모두를 가리킨다. 오류이론과 비인지주의는 모두 포괄적 자연주의를 수용하지 않을 것이고 또 수용해서도 안된다. 게다가 이는 그들의 메타윤리적 관점들을 동기화하는 요인이기도 하다. 포괄적 자연주의의 한 유형인 오류이론은 도덕적 속성의 존재를 부정하는데, 왜냐하면 도덕적 속성이 자연주의적 세계관에 부합하지 않기 때문이다. 비인지주의 입장을 취하는 이들도 이와 비슷한 입장을 취하는데, 자연계 내에서 도덕적 속성의 자리를 발견할 수 있는 방법이 없기 때문이다.

(도덕적 회의주의의 입장을 취하지 않으면서도 도덕적 자연주의를 부정하는 세 번째 방법이 있다. 도덕적 비자연주의자 *moral non-naturalist*는 도덕적 실재가 우리의 자연주의적 세계관에 부합한다는 것을 부정한다. 그러나 이러한 사실을 그것들에 대한 인식론적 접근 혹은 그것들의 존재를 부정하는 것으로 추정해서는 안된다. 도덕적 사실은 허용 가능한 비자연적 사실이다. 나는 이 글에서 이 메타윤리적 관점에 관해 논의를 더 전개하지는 않을 것이다.)

'회의주의'는 유연한 용어이다. 내가 여기에서 그 용어를 사용하는 방식은 다른 사람들이 사용하는 방식과 다소 다르다.[2] 나는 앞서 회의주의를 어떻게 사용할 것인지 밝힌 바 있지만 회의주의에 대한 나의 관점을 좀 더 분명히 하는 것이 앞으로의 논의 전개를 위해 유용할 것 같다. 첫째, 나는 오류이론가들과 비인지주의자들 모두 도덕적 실재의 존재를 부정하는 것으로 묘사했다. 이러한 회의주의는 인정도 부정도 하지 않으면서 단순히 의심만 하는 고전적인 유형의 회의주의와 대비된다. 내가 생각하는 회의skeptic는 X의 부정을 확언하는 강한 의미에서의 X에 대한 의심을 의미한다. 둘째, 나의 도덕적 회의는 대안적 가설을 요청하기 때문에 단순히 도덕적 자연주의를 의심하는 데카르트적 회의가 아니다. 그래서 나의 도덕적 회의는 자연주의적 세계관을 수용할 뿐 아니라 더 나아가 회의주의를 위해 그것을 채택한다. 그러므로 회의주의는 도덕적 속성은 존재하지 않는다는 과거의 억지스러운 주장(거짓임을 입증할 수 없는 주장)을 넘어 도덕적 자연주의를 의심하기 위한 확실한 토대들을 갖는다. 이것이 *자연주의적* 회의주의 *naturalistic skepticism*이다. 하지만 데카르트적 회의주의는 아니다.

도덕적 자연주의와 도덕적 회의주의가 서로 모순되는 것은 아니다. 그리고 그것들은 메타윤리학의 가능성을 없애는 것도 아니다. 나는 이미 하나의 대안으로 비자연주의를 언급했지만 보통 그것들은 서로 대비되는 것으로 간주된다. 왜냐하면 하나의 입장을 수용하는 것이 다른 입장을 거부하는 것이 되기 때문이다. 이 글에서 나는 후자의 가정 속에서 메타윤리적 다원주의의 가능성을 탐구할 것이다. 겉보기에 서로 대비되는 주장을 하는 것처럼 보이는 메타윤리적 입장들은 동일한 주장들을 적절히 공유한다. 그리고 우리는 그 입장이 적절한가를 알 수 있는 입장에 있지 않다는 점에서가 아니라 적절함의 문제에 관한 어떠한 사실도 존재하지 않는다는 보다 흥미로운 입장에서 메타윤리적 다원주의의 가능성을 탐구할 것이다.

5.2 루이스의 다원주의

　나는 루이스가 1989년에 발표한 통찰력이 돋보이는 논문인 '가치에 관한 성향 이론들 2부'를 논의의 출발점으로 택하겠다. 이 논문에서 루이스는 도덕적 자연주의를 지지하고 발전시킨다. 그의 성향 이론 dispositional theory에 따르면 가치란 어떤 이상화된 조건 하에서 한 개인이 갖는 욕구의 성향들이다. 이 이론은 가치를 불확실한 것으로 만들 우려가 있다. 우리는 자비가 가치라고 말하지만 그렇지 않을 수도 있다는 이론에 불편함을 느낀다. 루이스는 욕구를 추구하는 성향과 가치를 동일시한다. 이러한 이론적 수정은 아마 그의 이론에 대한 우려를 완화시키겠지만 그도 알다시피 이것은 상당한 대가를 치러야 한다. 우리의 욕구는 반드시 충족되어야 하는 그런 것이 아니다. 따라서 우리는 욕구를 반드시 충족시키겠다는 그런 성향을 갖지는 않는다. 그러므로 도덕적 속성과 이러한 성향을 동일시하는 것은 우리를 도덕적 오류이론의 손에 내맡기는 것이다.

　내가 여기에서 관심을 갖는 것은 루이스의 성향 이론 그 자체가 아니라 그가 이야기하는 그 이후의 것이다. 그가 생각하기에 필연성을 통한 설명은 "어떤 것에 '가치'라는 이름을 부여하기에 가장 적절한 것을 가장 잘 포착한다(Lewis, 1989, p.136)." 그러나 이 완벽한 적격자는 우리를 회의주의로 인도한다. "수많은 불완전한 이름의 적격자들이 존재한다(p.136)."

　엄밀히 말해, 이름을 받을 가치가 없는 상태에서 이름을 부여받을 수는 없다. 엄밀히 말해 … 진정한 가치는 불가능한 조건 하에서 만나게 된다. 그래서 어떤 가치가 존재한다고 생각하는 것은 오류이다. 대략적으로 말하자면, 이름은 불완전하게 그것을 받아 마땅한 청구인에게 부여된다. 대략적으로 말해 ⋯ 그것들 중 많은 것들은 가치가 있다(pp.136-137).

그는 계속해서,

상황을 만드는 것은 거의 대부분 기질의 문제이다. 당신은 어떠한 가치도 존재하지 않는다는 엄청난 비밀을 철학이 어떻게 폭로하는지 열정적으로 말할 수 있다. ⋯ 혹은 당신은 공공의 평안을 위해 침묵을 지키는 것이 더 낫다고 생각할 수 있다. 그리고 사람들이 이전처럼 살아가기를 바랄 수도 있다. 혹은 당신은 어떠한 가치도 존재하지 않는다고 선언할 수도 있다. 그러나 그럼에도 우리가 가치에 관해 꾸준히 얘기하는 것은 의미 있고, 또 그것이 단순한 미봉책만은 아니다. 왜냐하면, 우리가 상당 부분 적절하지 않은 것에 가치라는 이름을 단순히 부여한다면, 순조롭게 그것으로 나아갈 수 있기 때문이다. ⋯ 혹은 당신은 가치가 존재하는가의 여부는 공허한 물음이라고 생각할 수도 있다. 엄밀하게 또는 대략적으로 그것은 당신이 기쁘다는 것을 말하는 것일 뿐이다. 그것이 가치라는 이름을 부여받아 마땅하게 될 때, 좋음이 얼마나 충분히 좋은 것인지를 말하는 정도의 문제가 된다. 혹은 당신은 가치라는 이름을 붙이기에는 불완전한 대상을 충분히 좋다고 생각할 수도 있다. 그리고 비록 가치가 존재한다고 할지라도, 우리는 여전히 그것들이 심각하게 잘못된 것이라고 말할 수도 있다. 혹은 당신은 냉정하게 실제 우리들 중 일부가 생각하는 것이 아니라고 말할 수도 있다. 나는 평온함과 보수적인 반응들을 선호한다. 그러나 가치에 대한 분석이 계속되는 한, 그것들은 대단히 많이 존재한다(p.137).

    도덕적 오류이론가들은 루이스와는 다른 성향을 갖는다. 나는 오랫동안 오류이론을 도덕적 회의주의의 한 유형으로 그려왔지만 이는 철학적 논증의 과정을 통해 산출된 것이라고 보기에는 부족함이 있다. 그것은 익숙한 가정들을 벗어던지고 미지의 지적인 영역으로 성큼성큼 걸어 들어갈 때 느껴지는 흥분에서 비롯된 것이다. 나는 회의적인 나의 기질을 분석하려는 공식적인 시도를 해본 적이 없다. 루이스는 자신의 보수적인 선호를 면밀히 검토했다. 중요한 점은 (1) 기질들은 루이스의 실존(증거 A = 나 자신)과 대립했고, (2) 루이스는 우리의 기질들이 입장을 결정한다고 생각했다. 그래서 그는 도덕적 자연주의라는 입장을 택한 반면 나는 오류이론적 회의주의를 택한다. 이것이 합당한 결론인가? 만약 그렇다면 우리는 그 다음에 어떻게 해야 하는가?

    루이스는 도덕적 자연주의자들과 도덕적 오류이론가들 사이에 존재하는 모든 논쟁들에는 그것들 각각의 성향들이 존재한다고 분명하게 말하지는 않는다. 두 진영 모두 먼저 자신들만의 매력적인 논증들을 갖추어야 한다. 예를 들면, 마법의 존재를 선호하는 '성향'이 마법에 대한 자연주의적 지지를 합리적인 것으로 만들어주지 않을 것이다. 마찬가지로 털이 많은 커다란 거미들의 존재를 부정하는 '성향'이 그것의 존재를 의심케 하지는 않을 것이다. 포괄적 자연주의의 관점에서 어떤 것들(거미)은 분명히 존재한다. 그리고 어떤 것들은 분명히 존재하지 않는다(마법). 존재를 인정 혹은 부정하는 논의들이 전개되는 회색지대 속에서 사물은 관심을 얻게 된다. 그리고 루이스는 거기에서 기질들이 작동한다고 생각한다.

    램지의 문장을 참고하여 문제에 접근해보도록 하자. 'Φ는 P_1이다.', 'Φ는 P_2이다.' 등. (물론 문장들은 단순한 원자적 술어들로 되어 있을 필요는 없지만, 그것이 표현을 한층 쉽게 만들어준다.) 이와 같은 것들을 20가지 제안한다고 해보자. 그리고 우리는 이 문장들을 결합하고 모든 Φ에 대한 언급을 기호로 대체해보자. 존재양화사를 통해 그 기호를 묶으면 다음과 같다.

$$\exists x (x = P_1 \& P_2 \& \cdots P_{20})$$

이것은 오직 존재에 관한 주장(램지 문장)이 참인 경우에 한해서 Φ는 존재한다고 말할 수 있다. 하지만 그것이 오류일 수 있는 두 가지의 길이 존재한다. 20가지 술어들을 모두 만족시키는 것이 전혀 없거나, 또는 만약 20가지 술어를 모두 만족시키는 것이 하나 이상 존재하는 경우가 그것이다(Lewis, 1970을 보라).

그러나 우리는 이것에 너무 얽매일 필요는 없다. 왜냐하면, Φ의 특성에 관해 잘못이 있을 수 있다는 것을 인정할 필요가 있기 때문이다. 우리는 그 위에서 살아가고 또 평평한 것으로 추정되는 어떤 것에 '지구'라는 이름을 붙였다. 그러나 우리가 발 딛고 살아가는 그것이 커다란 구球라는 것을 알게 된 것이 우리가 지구 위에서 살지 않는다는 의미로 이해되지는 않는다. 고릴라들은 공격적이라는 생각이 한때 널리 퍼져 있었다. 그러나 우리는 고릴라가 매우 신사적인 사회적 동물이라는 사실을 알게 되었다. 그렇다고 이것이 고릴라가 존재하지 않는다는 것을 의미하지는 않는다. 이러한 예들은 얼마든지 많다. 우리는 회의주의에 빠지지 않고도 크고 작은 실수를 자주 범한다.

루이스의 논증에 이것을 적용하면 '가치'를 위해 필요한 것 중 하나는 비우연성 *non-contingency*과 관계한다. 하지만 어떤 것도 역시 비우연성 조건을 만족시키지 못한다. 그리고 이는 루이스가 "진정한 가치는 불가능한 조건에서 충족된다."고 주장한 이유이다. 그러나 그는 원하는 것 모두를 거의 만족시키는 불완전한 후보자가 존재한다고 생각한다. 구 모양의 지구가 우리가 지구에 관해 말하려 했던 모든 것의 불완전한 후보자였던 것처럼 말이다. (이는 지구에 대한 회의주의를 충분히 피할 수 있다.) 그리고 역시 신사적인 고릴라는 우리가 고릴라에 관해 말하려 했던 모든 것의 불완전한 대상이었다. 비록 루이스의 성향 이론이 가치에 관해 불완전한 후보자를 말하고 있기는 하지만 도덕적 회의주의를 피하기에는 충분해 보인다.

그러나 루이스는 자신의 성향 이론이 모든 의심을 침묵시킬 정도로 그렇게 충분한 것이 아니라는 것을 깨달았다. 그것은 여전히 회색지대에 놓여 있고 회색 지대는 끈질기게 살아남는다. 왜냐하면 우리는 불확실한 사례들과 관련하여 의사결정을 할 수 있는 어떠한 방법론도 갖고 있지 않기 때문이다. 이와 관련해서 루이스는 다음과 같이 말하고 있다. "그것에 이러한 이름을 붙일 가치가 있다고 생각하는 것은 결코 확정적일 수 없다. 그것은 완전한 수준이 아닌 충분한 정도의 수준에서 그런 이름을 부여받을 수 있다(1989, p.136)." 이는 다음과 같은 문제를 수반하게 된다. "그러한 이름을 받을 가치가 충분하다고 할 때, 어느 정도가 충분한 것인가(p.137)?" 그리고 그러한 판단은 누가 할 수 있는가?

다른 곳에서 나는 이러한 문제를 결정하는 것이 복잡하고 반사실적 문제라는 것을 다룬 바 있다(Joyce, 2006, p.201).[3] 그러나 이러한 입장은 결코 우리를 어려움에서 구해주지 못했다. 그리고 그것은 문제의 소지도 안고 있다. '우리'는 누구이고, 우리를 둘러싼 환경 속에서 우리라는 존재가 의사결정을 내린다는 것은 무엇을 의미하는가? 나는 그러한 의사결정 과정에서 명시적으로든 암묵적으로든 집단적 혹은 개인적으로 특정한 규칙들을 따른다는 그런 낙관주의적인 생각을 전혀 갖고 있지 않다. 그런 문제에 대한 우리의 판단이 자극의 임의성 arbitrary에 영향을 받을 수 있다고 생각한다. 그러므로 A라는 환경 속에서 Φ에 대한 믿음이 거짓이라고 판단되면 오류를 바로잡아 Φ에 대한 믿음을 유지하려 할 것이다(즉, 우리는 Φ 자연주의자가 될 것이다). 반면 (A와 많이 다르지 않은) Φ가 현존하는 B라는 환경 하에서 우리의 믿음은 실수였다고 결정할 것이다(즉, 우리는 Φ 회의주의자가 될 것이다). "만약 우리가 어떤 문제에 관해 결정을 내린다면, 우리는 이런 식으로 결정을 내릴 것"이라는 반사실적 조건문은 문제의 소지를 안고 있는 것이다.

실질적으로 나는 문제를 결정하는 것이 우리의 개념 사용 방법에 의지한다는 것을 제안한 바 있다(Joyce, 2006, p.201; 2007a, p.65). 개념 Φ가—20개의 열망을 충족시키는 것으로 이해되는—$U_1, U_2, U_3 \cdots U_n$ 식으로 사용되었다면, 그것을 충족시키지 못하는 후보자(Φ^*이라고 하고, 그것은 이 요구들 중 18개를 충족시킴)는 같은 개념 Φ로 분류될 수 없을 것이다. 그리고 Φ^*을 Φ의 변형으로 볼 수 없다는 판단의 근거가 될 수 있다.

이것이 루이스식의 '*그것은 충분한가?*'와 같은 물음에 답하는 데 활용할 수 있는 전통적인 명제들이다. 성향적인 도덕적 자연주의 dispositional moral naturalism에 대한 루이스의 '조용하고 온건한' 선호에 우리가 지닌 성향이 호의적인지 여부를 떠나, 성향적 속성이 일상적인 삶에서 실용적인 무게를 확보하지 못한다는 것이 밝혀진다면, 그러면 이것은 성향적인 도덕적 자연주의에 불리하게 작용할 것이다. 마찬가지로, 만약 루이스의 성향적 속성이 도덕적 개념에 실천적 역할을 부여한다면, 그러면 도덕적 자연주의자들과 그가 제안하는 불완전한 후보자는 보존될 수 있을 것이다.

이러한 방식으로 문제를 개념화한 결과, 경험에 근거한 도덕적 자연주의자와 도덕적 오류이론가 사이의 논쟁이 유발된다. 먼저 우리는 "도덕은 어떻게 사용되는가."를 묻는다. 그리고 우리는 "그렇고 그런 개념(불완전한 개념)이 이런 방식으로 사용될 수 있는가?"를 묻는다. 둘 다 어렵고 복잡한 문제들이고 모두 경험적 문제들이다. 전자는 합리적 관점에서 다루기 쉬워 보인다. 그러나 이러한 경험적 진실들에 대한 인식론적 접근의 어려움 이상의 또 다른 문제들이 있다. 불확실성이 새로운 영역에서도 반복된다는 것이다. 우리가 Φ 개념을 10가지 용도로 —U_1, U_2, … U_{10}(물론 매우 이상화된 것이다) — 사용해왔다고 가정해보자. 그리고 가장 불완전한 개념(Φ^*이라고 하자)이 이 중 8가지의 용도로 사용될 수 있다고 가정해보자. 우리가 Φ를 사용할 수 있는 모든 경우에 Φ^* 을 사용할 수는 없지만, 그것을 대부분의 경우에는 사용할 수 있다. 자, 이것으로 충분한가? 나는 우리가 단지 루이스의 문제를 되풀이할 수밖에 없다고 생각한다. '누가 알겠어?' 만약 우리가 어떤 좋은 답도 찾을 수 없다면, 우리는 도덕적 자연주의자와 도덕적 회의주의자 사이의 논쟁이 경험적 논쟁에 근거를 두고 있다는 것뿐만 아니라 누구의 입장이 옳은지가 전혀 사실의 문제가 아니라는 놀라운 발견을 하게 된다.

5.3 카르납의 프래그머티즘

루이스는 도덕적 자연주의와 회의주의 사이의 이와 같은 불확정성을 감수하는 것 같지만 우리는 아직 이에 동의할 수 없다. 그 문제를 검토할 수 있는 확실한 길이 있다. 바로 프래그머티즘에 호소하는 것이다. 만약 '가치'를 통해 의미하는 것에는 불확정성이 존재하다면, 즉 도덕적 회의주의와 자연주의 양자 모두 어떤 것이 가치가 되기 위한 필요충분조건을 각기 주장한다면 문제는 그것들이 실천적 측면에서 도움이 되는가에 따라 결정되어야 할 것이다. 우리의 선택은 어느 것이 목적에 기여하는가에 근거해야 할 것이다.

내가 보기에 많은 철학자들은 불확정성이 위협이 될 때 이 방법을 활용해왔다. 그리고 현재의 상황에서도 프래그머티즘에 호소하는 것은 회의주의를 넘어 도덕적 자연주의에도 호의적일 수 있다. 하지만 여기에서 나는 그러한 조치가 문제를 야기할 수도 있다는 점을 지적할 것이다. 첫째, 프래그머티즘에 기대는 것은 여러 어려움들을 동반하고, 또 비결정성으로부터 탈출할 수 있는 길을 그리 분명하게 설명해주지도 못한다. 둘째, 프래그머티즘에 기대는 것이 도덕적 자연주의자들에게 호의적이라는 전제는 오히려 그들에게 압박이 될 수 있다. 이러한 나의 주장들을 논증하기 앞서 카르납 R.Carnap을 통해 비인지주의자를 논의 무대로 불러내보자. 카르납의 관점은 우리의 목적을 달성하는 데 도움이 될 것이다. 왜냐하면, 그는 비인지주의를 옹호할 뿐만 아니라 프래그머티즘의 방법론을 사용하고 있기 때문이다.

우리 논의의 맥락과 관계가 있는 카르납의 설명 *explication* 개념은 『확률의 논리적 기초 *Logical Foundation of Probability*』에서 명료하게 드러나 있다. "설명의 과정을 통해 우리는 부정확하고 전과학적인 개념, 명제를 다른 새로운 부정확한 개념, 명제로 변형하는 것을 시도한다(Carnap, 1905a, p.3)." 설명이 좋은 것인지 검사하는 것은 그 설명이 '참'인지 혹은 '정확한' 것인지에 달려 있는 것이 아니다. 오히려 그러한 해석이 만족스러운가에 달려 있다. 그리고 그 만족스러움이라는 것도 제안된 명사, 혹은 진술이 유익하고 단순한지 여부에 달려 있고, 이는 프래그머티즘의 성격이 반영된 것이다.

설명이라는 개념 속에 체화된 프래그머티즘은 카르납의 철학 곳곳에서 분명하게 드러난다. 『경험론, 의미론, 그리고 존재론 *Empiricism, Semantics, and Ontology*(1950b)』

에서 그는 '현상계의 문제들'로써 전통적인 철학적 문제들을 분석한다. 예를 들면, "세계는 존재하는가"의 문제는 시공간 속 대상에 '사물 언어 thing language'를 적용해야 하는 실천적인 문제이고, '효율성 efficiency, 다산성 fruitfulness, 단순성 simplicity'을 중요하게 고려해야 한다(p.208). 그는 "명제는 존재하는가?", "수는 존재하는가?" 등과 같은 현상계 문제들에 관해서도 동일한 말을 한다. 카르납에 따르면, 이 문제들은 다음과 같은 문제로 해석되어야 한다. "언어 형식의 사용이 도움이 되고 유용한 그런 우리의 경험이 존재하는가(p.213)?"

그러므로 카르납은 '가치'와 또 다른 도덕적 용어들을 둘러싸고 있는 불확실성을 극복할 수 있는 두 가지 길을 제공해준다. 첫째, 개념에 대한 설명을 시도하는 것이다. 편의성 expediency에 근거하여 불확정적인 개념에 명료함을 부여하고 설명하는 시도를 할 수 있다. 둘째, "가치는 존재하는가?"의 문제를 현상계의 문제로 다룰 수 있다. 곧 도구로서의 유용성에 근거하여 '가치 언어'를 사용할 것인가 여부를 결정하는 것이다.

이러한 가능성들을 검증하기에 앞서 우리는 스스로 카르납의 메타윤리적 입장을 취할 수 있어야 한다. 비엔나 학파의 한 사람으로서 카르납은 도덕적 회의주의의 입장에 서 있다. 하지만 그의 입장은 오류이론보다는 비인지주의에 더 가까웠다. 1935년 무렵 그는 규정주의의 입장을 지지한 바 있다. "대부분의 철학자들은 가치 진술이 실제 단정적인 명제이고, 그러므로 참 혹은 거짓이 되어야 한다고(문법적 형식을 통해) 스스로를 기만해왔다. … 그러나 실제로 가치 진술은 잘못된 문법적 형식에 지배를 받은 것에 불과하다. … 그것은 어떤 것도 확언하지 않는다(Carnap, 1935, pp.24-25)." 그의 비인지주의는 1929년 독일 데사우의 바우하우스 강연에서 명료하게 드러났다. (단편 노트에 따르면) 그는 "가치 평가 Wertung는 사실에 관한 인지가 아니라 개인의 태도이다(Mormann에서 인용, 2007, p.133)." 흥미롭게도 한창 젊었을 당시 카르납은 가치가 세계 질서의 일부라는 이와는 매우 상반된 입장을 지지했던 적이 있었다(Carnap, 152절을 보라, 1967[1928]). 그러나 나는 여기에서 완숙한 카르납의 비인지주의를 그의 대표적이고 전형적인 입장으로 상정할 것이다(카르납의 입장 변화에 관한 논의는 Mormann, 2007을 보라).

루이스는 분명히 비인지주의는 고려하지 않았다. 그의 레이더 망에는 도덕적 오류이론과 자연주의 양자 사이의 연속성만 포착되고 있다. 그 이유는 분명하다. 동사verb로서 가치에 대한 루이스의 검증은 명사noun로서의 '가치'를 다루기 위한 허가권을 제공하기 때문이다. 그리고 실제로 그것은 비인지주의를 배제하는 허가권이기도 하다. 그를 단련시킨 문제는 어떤 명사가 가치를 부여받을 만한 속성을 갖는지에 관한 것이었다. 반대로 비인지주의자는 루이스가 거기까지 나아가도록 가만놔두지 않을 것이다. 그들은 명사로서 '가치'를 다루도록 허용하지 않을 것이다. 심적 태도라기보다는 언어적인 행위로서의 '가치화valuing'에 초점을 맞춘 카르납은 가치를 말하는 것이 실제로는 명령을 하는 것이라고 가르친다. 이는 가치를 발화하는 문제가 단순하게 발생하는 것이 아니라는 것을 의미한다. 누군가가 "x는 좋다."고 말할 때 카르납은 그가 "x를 추구해라."와 같은 의미의 말을 하는 것이라고 생각했다. 선goodness은 이러한 분석을 통해 사라져 버린다. 세계가 어떤 것에 '선'이라는 명사를 부여할 자격을 충분히 제공하는가에 관해 질문하는 것은 카르납의 입장에서 의사－질문pseudo-question에 불과하다. 왜냐하면 선과 같은 개념들은 의사－개념 pseudo-concept으로 분석 대상으로 삼기에는 적절하지 않기 때문이다.

가치 개념이 존재하지 않는다면 그러면 설명을 통해 명확해질 수 있는 그런 가치 개념 또한 있을 수 없다. 그러나 이것이 곧 카르납의 메타윤리학에서 설명이 어떠한 역할도 할 수 없다는 것을 의미하지는 않는다. 의사-개념인 가치 개념은 '가치'라는 명사와 관련된 어떤 것이다. 그러나 카르납은 분명히 인간의 가치화 활동을 믿었다. 그리고 가치화에 관여하는 동사 개념 역시 '허위'라고 비난하지 않는다. 카르납은 인간의 가치화가 진술형식의 형태로 나타난다고 믿었다. 따라서 분석의 대상이 될 수 있는 개념으로서의 (가치진술인) 명사는 존재하고 그 분석은 곧 설명이 될 것이다. 게다가 카르납이 어떤 것에 대한 설명을 규범적인 것으로 스케치한 유일한 사례는 명사로서의 '가치 진술' 뿐이었다(Schilpp, 1963, 1009 ff.).

카르납의 설명 개념을 세세하게 따지는 것이 이 글의 목적이 아니므로 나는 그것에 관한 일반적인 주석들만을 간략히 살펴보도록 하겠다. 첫째, 그는 자연 언어의 실제에 관한 검토를 통해 비인지적/평가적 발언과 서술적/사실적 진술들 사이의 차이를 도출하려고 하지 않았다는 것은 매우 흥미로운 지점이다. 오히려 그는 '가능한 유형의 의미들과 그 의미들 사이의 관계들'에 관해 말한다(Schilpp, 1963, p.1003).[4] 그의 목적은 비인지주의적 언어가 가능하다는 것, 그리고 "그것을 가치문제에 관한 철학적 논의의 기초로 사용할 수 있다는 것을 증명하는 것이었다 (p.1003)."

이 마지막 해석은 카르납의 관점이 실용주의 대가의 입장임을 보여준다. 그러나 우리는 이러한 문제에 관한 그의 제한된 입장을 알아야 한다. 설명의 '다산성'은 다른 개념들과의 관계 속에서 관찰되는 사실들에 근거하여 이루어지는 설명이다. 다시 말해, 설명의 '다산성'은 규칙들의 형식화를 위해 사용될 수 있다(Carnap, 1950a, p.6). 그러므로 그것은 심리학적인 차원에서 말하는 실천적 유용성을 의미하는 것이 아니다. 게다가 카르납은 우리가 비인지주의자 혹은 도덕적 자연주의자인지 여부는 "실제 삶 속에서 그것이 미치는 영향력에 비추어볼 때 별로 중요한 것이 아니라고" 생각했다(Schilpp, 1963, p.82). 그가 가치 진술에 대한 비인지주의적 설명의 이점을 주장할 때, 그 주장은 비인지주의적 설명이 사용하는 언어에 부가되는 아주 작은 힘에 근거하고 있다. 비인지주의의 언어는 인지주의의 언어로 된 문장을 해석할 수 있다. 그러나 그 반대는 불가하다(Schilpp, 1963, p.1004). 하지만 이 논증은 별로 설득력이 없다. 그것의 논거가 박약한 것은 그것이 한 가지 유형과의 비교만을 통해 그 이점을 주장하고 있기 때문이다. 그러나 인지주의적 언어의 이점이 무엇인지 아는 사람은 그것이 비인지주의적 언어 이상의 지위를 얻을 수 있다는 것을 알 수 있다.[5]

내가 보기에 카르납은 결국 문제를 해결하지 못한 채 남겨두었다. 그는 이러한 나의 진단에 동의할 것이고, 또 받아들일 것이다. 그의 관용의 원리는 메타언어들에 대한 생각들이 서로 자유롭게 경쟁하도록 허용하고, 메타언어들 간의 경쟁은 '참'에 근거하기보다는 '다산성'에 근거한다는 것을 인정한다.[6] 각각의 언어들을 옹호하는 비인지주의자와 인지주의자를 인정하자. 카르납은 경쟁에 관용적이었다. 우리의 목적들에 가장 적합한 언어가 최후의 승자가 될 것이다. "특정 분야에서 그 분야의 탐구자들에게 유용한 표현의 형식을 자유롭게 사용할 수 있게 하는 것은 당연한 일이다. 특정 분야에서의 탐구는 그 분야에 유용하지 않은 표현의 형식을 머지않아 제거해 나갈 것이다(1950b, p.221)."

논의를 다음으로 전개하기 전에 지금까지의 논의를 요약해보자. 나는 도덕적 자연주의와 도덕적 회의주의 사이에 존재하는 불확정성에 관해 탐구했다. 루이스는 도덕적 자연주의와 오류이론적인 도덕적 회의주의 사이에 존재할 수 있는 불확정성, 곧 명사로서의 '가치'의 불확정성을 찾아냈다. 우리는 인지주의와 또 다른 유형의 회의주의적 비인지주의 사이에 또 다른 불확정성이 존재할 수 있다는 것 역시 알게 되었다. 이때의 불확정성은 동사로서 '가치'에 관한 불확정성이다. 이하의 논의에서 자연주의와 회의주의 사이에 존재하는 불확정성에 관해 더 많은 논의를 할 것이지만, 궁극적으로는 인지주의와 비인지주의 사이에 벌어지는 논쟁의 잠재적 결정 불가능성potential undecidability을 다루게 될 것이다.

5.4 인지주의 대 비인지주의

우리가 앞서 살펴보았던 것처럼 카르납은 그의 라이벌인 인지주의자들과의 열린 경쟁을 요구했다. 그러나 X에 관한 두 이론들 사이에서 승리를 결정할 '경쟁'의 방식이 결정되지 않았다는 사실이 X에 관한 불확정성을 의미하는 것은 아니다. (A) 불확정성이 존재하기 위해 이러한 경쟁에서 그 누구도 승리자가 될 수 없어야 한다. 그리고 (B) 어떠한 다른 형식의 결정과정도 이용할 수 없어야 한다. 정말로 메타윤리학 영역에서 인지주의 대 비인지주의에 관한 사실의 문제는 존재할 수 없는 것인가?

물론 누군가는 사실의 문제가 존재한다고 생각할 수 있다. 기본적으로 이 논의는 우리가 어떤 것에 가치를 부여할 때, 그것은 우리가 하고 있는 것에 관한 것이고 이런 의미에서 가치화 행위는 우리의 탐구에 도움이 되는 현상이다. 이것이 비록 *가치/value*와 관련하여 오류이론에 대한 지지가 충분히 존재함에도 오류이론가들 중 그 누구도 *가치화/valuing*를 부정하지 않는 이유이다.[7] 우리는 가치화가 일어난다는 것을 전혀 의심치 않는다. 그리고 이러한 유형의 행위는 현상에 관해 제기되는 다양한 물음들에 대한 답을 결정하는 특징들을 갖는다. 그래서 비록 그것이 무엇인지 아직 확신할 수는 없지만 인지주의자와 비인지주의자들 사이의 논쟁은 답이 모색될 필요가 있다는 것만은 분명한 것 같다.

그러나 이러한 추론 과정은 잘못된 점이 있다. 가치화는 우리 앞에 드러나고 또 탐구 대상으로 삼을 수 있는 실제 현상이다. 그러나 그 현상은 우리가 그것에 대한 구체적인 물음을 제기하는 경우에만 특정한 답들을 내놓는다. 인지주의/비인지주의 문제를 다루는 틀을 짜는 다른 방식들이 존재한다. 기본적인 방식은 이렇다. "도덕 판단은 주장인가?" 여기에서 가치화는 언어 활동으로 취급되고 그 물음은 화행話行을 행위로 간주한다. 이것으로 충분히 구체적인가?

꼭 그렇지도 않다. 물음은 '주장 assertion'이 의미하는 바가 무엇인가에 따라 발생한다. 퍼스(C. S. Peirce, 1934a, 1934b), 더밋(M. Dummett, 1959), 오스틴(J. L. Austin, 1962), 썰(J. Searle, 1969), 슬로트(M. Slote, 1979), 브랜덤(R. Brandom, 1994), 윌리엄슨(T. Williamson, 2000) 등의 관점들 사이에는 유의미한 차이가 존재한다. 이러한 차이들은 고착화될 수 있는가? 그렇지 않아 보인다. 주장에 대한 다른 설명들은 다른 이론적 조건 하에서 더 잘 작동한다. 일반적인 주장에 대한 최고의 설명인지 아니면 도덕적 사례에 적용되는 주장에 대한 최선의 설명인지를 확정할 수 있는 어떠한 결정적인 사실도 존재하지 않는다.

주장은 진리를 목표로 삼는다거나 사실을 향한다는 것이 주장에 관한 설명이 함축하는 바이다(Dummett, 1981, p.300; Williams, 1966을 보라). 누군가 "도둑질은 나쁘다."고 주장할 때, 그/그녀는 사실을 진술하고 있는가? 이는 당신이 '사실'을 통해 의미하는 것에 달려 있다. 어떤 사람은 메타윤리학적으로 강한 의미의 '사실'과 좀 더 온건한 의미의 '사실'을 구분할 것이고, 이는 '주장'의 강한 의미와 온건한 의미 간의 구분을 제공할 것이다. 게다가, 우리는 이것이 반실재론quasi-realism의 메타윤리적 논의에 근거한 것임을 알게 된다. 반실재론자들은 도덕 실재론을 멀리 한다. 하지만 또한 그들은 실재론의 덫을 숨기고 있는 언어를 허용한다(Blackburn, 1984, 1993). 그러므로 그름 *wrongness*의 형이상학적 속성이 전혀 존재하지 않아도 반실재론자들은 "도둑질은 나쁘다." 뿐만 아니라 "도둑질이 나쁘다는 것은 참이다.", "그름의 속성이 존재한다(그리고 도둑질은 그러한 속성을 갖는다).", "도둑질은 나의 태도와 무관하게 나쁜 것이다.", "이것에 근거하여 나는 도덕질은 나쁘다고 주장한다.", 그리고 "나는 정말로 그것을 의미한다."고 기꺼이 주장할 수 있다. 전형적인 반실재론적 (비인지주의적) 관점은 온건한 의미에서 도덕성에 관한 이러한 모든 것들(즉, 참, 사실, 속성, 주장)을 주장할 수 있지만, 강한 의미에서는 그것을 인정하는 것은 아니다. 이런 방식에서 반실재론자들은 도덕 담론 속에 내재된 실재론의 덫을 정당화하는 동시에 도덕 실재론으로부터 자신들의 입장을 차별화한다.

이러한 상황은 개념의 확장에 동의하면서 그 개념에 대한 정확한 분석을 수행하는 철학자들의 단순한 주장이 아니다. 개념의 확장은 개념이 잘 어울리는 상황에 의존하는 것과 다르다. "도덕 판단이 주장인가?"라는 물음에서 만약 주장을 온건한 개념으로 사용한 것이라면 긍정적인 답을 얻을 수 있지만, 그것을 강한 의미로 사용한다면 부정적인 답을 얻게 된다. 그러나 이러한 상황은 두 가지 해석 중 하나를 말하는 것이 아니다. 서로 논쟁하는 두 진영의 구성원들은 자신들의 개념만이 정확한 것이라고 주장한다. 예를 들어, 우리는 주장에 대한 온건한 개념이 맥락에 의해 정당화된다는 것을 인정하는 도덕 실재론자를 발견할 수 없을 것이다. 그들은(진리, 사실 등에 대한 온건한 입장에 근거하여) 그러한 생각을 몹시 싫어한다. 비슷하게, 반실재론자들은 주장에 관한 강한 의미가 단순한 철학자의 몽상일 뿐 전혀 적절치 않다고 주장한다. 아마도 이 논쟁은 언젠가 해결될 것이다. 그리고 논쟁에 참여하고 있는 어느 한쪽의 입장이 맞는 것이라고 밝혀질 것이다. 그러나 또한 유일하게 옳은 것은 없을 가능성도 존재한다(이는 내가 주장하는 바이다). 아마도 다른 것을 뛰어넘는 개념의 단일한 의미와 정확성을 결정할 수 있는 것은 존재하지 않을 수 있다. 따라서 주장의 개념은 인지주의자/비인지주의자 사이의 간극을 가로질러 비결정적인 것 같다.

나는 편리함이나 편의성에의 호소를 통해 이러한 논쟁의 해결 가능성을 탐색해보고자 한다. 이 문제에 대해 카르납이 의도했던 것보다 좀 더 광범위하게 그리고 좀 더 심리학적으로 이해할 필요가 있다. 도덕적 비인지주의의 실천적 결과를 미심쩍어 하기 전에 카르납이 제안했던 의사결정과정에 대한 우려들이 발생한다. 내가 우려하는 바는 "누구에게 편리한 것인가?"라는 물음에 아직은 완벽하게 타당한 답을 찾을 수 없을 것 같다는 데서 비롯된다.

많은 실용주의자들의 제안들은 '우리'가 지칭하는 사람이 누구인지 의심해보지 않은 채 "우리의 실천적 목적을 위해 유용한 것이 무엇인가?"에 관해 자신들의 입장을 말한다. 일반적으로 이들이 공통으로 가지고 있는 배경으로서의 전제는 실천적 요구로 수렴한다. 그러나 반성적 숙고를 통해 이러한 전제를 살펴볼 때, 그것은 전혀 그럴듯해 보이지 않는다. 만약 비인지주의가 어떤 사람들에게 딱 맞는 반면 인지주의가 다른 사람들에게 딱 맞는다면? 특정 방식으로 자신의 '주장'을 정교화하는 것 precisification은 누군가에게는 실질적 편익이 될 것이다. 하지만 역시 반대된 방식으로 자신의 주장을 정교화하는 것 또한 다른 사람들에게는 실질적 편익이 될 수 있다. 그런데 이것은 프래그머티즘에 대해 제기되었던 오래된 불만을 떠오르게 한다. 러셀 B.Russell은 격분하며 이 문제에 관해 다음과 같이 쓴 바 있다. "사람들은 모인다. … 프랑스인들은 기독교를 믿어야 하고, 미국인은 먼로주의를, 아랍인들은 메시아를 믿어야 한다(Russell, 1910, p.97)." 러셀은 자신이 표적으로 삼았던 것에 대해 공정하지 못했던 것 같다(Haack, 1976을 보라). 그러나 여기에서 나의 우려는 진리에 관한 이론 혹은 철학의 한 사조로써 프래그머티즘이 전혀 위대할 것이 없다는 것이다. 나의 표적은 철학적 논쟁을 해결하고자 하는 바람 속에서 실용주의적인 숙고들에 호소하는 것이다. 그리고 이 지점에서 러셀의 문제는 나에게도 여전히 살아 있는 문제로 다가온다.

비인지주의의 실천적 결과가 참인지 거짓인지와 관련하여, 개인들의 관심이 서로 다를 것으로 생각하는 것은 당연하다. 블룸즈버그 학파에 대한 매킨타이어 A. MacIntyre의 분석은 그러한 사례를 제공한다(MacIntyre, 1981). 매킨타이어는 블룸즈버그 학파를 독특한 도덕적 담론을 계발한 집단으로 이해한다. 이 학파는 선언적 방식 assertoric way 속에서 도덕적 어휘를 사용한 집단이었고 그래서 그 구성원들은 (부지불식중에) 도덕적 어휘를 다르게 사용하였다. '본래적인 도덕적 가치'의 토대를 제공하는 것으로 무어의 미, 사랑, 지식의 숭고함에 감동을 받은 이 지적인 그룹은 다른 사람을 설득하기 위한 도구로 도덕적 언어를 사용했다. 케인즈 J. M. Keynes는 "이러한 문제들에 관해 논쟁을 할 수도 없고 또 논쟁 자체가 불가능한 것"이었다고 회고한다(Rosenbaum의 Keynes[1949], 1995, p.87). 그는 계속해서 다음과 같이 말한다.

실제로, 명료하고 의심의 여지가 없는 신념을 가지고 말할 수 있는 이들이 승리했다. 그리고 그들은 오류 불가능성을 최고로 강조했다. 이때 무어는 이러한 방법, 곧 회의적으로 대응하는데 최고봉이다. 입을 크게 벌리고 부정적인 의미로 머리를 격렬하게 흔들면서 당신의 우순함이 의심스럽다는 듯이 당신은 정말로 그렇게 생각하느냐고 묻는 것이다. 아! 그는 당신이나 그가 마치 정신이 나가야만 그럴 수 있다는 듯이 눈을 휘둥그레

뜨고 당신을 쳐다본다. 이 상황에서는 어떠한 대답도 불가능하다(p.87).

블룸즈버그 학파에게 비인지주의가 참이었던 반면 대중들에게는 참이 아니라는 매킨타이어의 지적은 흥미롭다. 그러나 이러한 얽히고 설킨 주장들은 현재 우리의 관심이 아니다. 오히려 만약 비인지주의가 참이라면 그것이 블룸즈버그 그룹의 목적에 들어맞는 것이었다고 제안한다. 왜냐하면 비인지주의는 그들의 실천을 승인할 것이기 때문이다. 그러므로 '우리의 실천적 관심'을 다루면서 비인지주의와 인지주의 사이, 그리고 도덕적 회의주의와 도덕적 자연주의 사이에 존재하는 불확정성을 해결해야 한다는 지적은 문제가 있어 보인다.

5.5 잘못을 저지르는 것의 이득

프래그머티즘의 입장에서 비인지주의와 인지주의를 대비시키는 것이 치러야 할 비용은 예측하기도 또 헤아리기도 어렵다. 하지만 분명한 것은 그것이 도덕적 자연주의와 오류이론을 대비시키는 것보다는 유익하다는 것이다. 여기에서 자연주의자들은 실용주의적 관점에서 오류이론을 지지할 어떤 이유도 없다. 그리고 자연주의자들은 루이스의 분석에 만족할 것이다. 그리고 도덕적 자연주의와 도덕적 회의주의 사이에 놓여 있는 모든 것들이 '성향'이라면 자연주의자들은 자신들의 승리를 공표할 것이다.

그러나 내 입장에서 논의가 이 지점에 이르게 되면 도덕적 자연주의자들은 자신들의 이론을 충족시킬 구체적인 근거들을 전혀 확보하지 못하게 될 것이다. 왜냐하면 실용주의적 주장들 중 오류이론을 지지하는 것들이 상당히 많이 존재하기 때문이다.

도덕적 오류이론은 우리가 세계와 자신에 관해, 그리고 이 둘 사이의 관계에 관해 크게 잘못 생각하고 있다고 말한다. 누군가는 이러한 자신의 오류를 인지하게 되는 것에 불편함을 느낀다. 그것은 결코 유쾌한 일이 아니다. 우리는 이러한 오류의 인식에서 오는 심적 불편함을 긍정적인 관점에서 바라볼 필요가 있고, 그러므로 그것에 대해 좀 더 깊이 고찰해볼 필요가 있다. 마음이 불편해지는 것은 우리에게 유용할 수 있고(고통은 좋은 생물학적 목적을 달성하는 데 봉사하는 것처럼) 궁극적으로 그러한 심적인 불편함이 유익한 것이 될 수 있다.

경험심리학에서 말하는 작화증confabulation을 생각해보자. 작화증은 한 개인이 기억, 지각 등에서 발생하는 '간극을 메우기' 위해 거짓된 이야기를 만들어내는 인지 장애를 의미한다. 코르사코프 증후군Korsakoff's syndrome으로 고통을 받는 사람은 자신의 심각한 기억상실을 인정하지 않으려 한다. 오히려 자신의 정신착란을 감추기 위해 정교하게 이야기들을 만들어낸다. 예를 들어, 환자에게 왜 지금 병원에 있느냐고 물으면 그는 진지하게 누군가를 방문하기 위해서 또는 일자리를 구하기 위해 병원에 왔다고 말할 것이다. 때때로 국지적 마비 증상이 있는 뇌졸중 환자들은 마비증상을 부정하기도 한다. 그리고 마비 증상으로 몸이 움직이지 않는 것에 자못 진지한 핑계거리를 만들어낸다(Hirstein, 2005; Schnider, 2008을 보라). 이러한 사례 연구가 흥미로운 것은 그것들이 정말로 작화증이 보이는 현상의 비극적인 모습이고, 일상적이지도 평범하지도 않다는 것이다. 행위의 실제 원천이 알려지지 않을 때, 우리 모두는 그 행위를 정당화하는 설명을 덧붙인다. 파편화되고 왜곡된 기억들 속에서 우리는 하나의 일관된 삶의 이야기를 만들어낸다. 이런 의미에서 우리는 모두 이야기를 꾸며낸다(Wheatley, 2009를 보라).

우리는 '거의 모든 순간 이야기를 꾸며내고 있다.' 작화증이 광범위하게 일어난다는 것은 나를 당황스럽게 한다. 우리가 누구이고 또 어떻게 일하는지에 관해 작화증은 새로운 시각을 강요한다. 실험심리학은 우리 자신과 삶이 다양한 방식으로 잘못 이해되고 있다는 것을 보여준다.[8] 그러나 이러한 불안정한 이해가 좋은 것일 수도 있고, 그 이유는 그것은 단순히 참이기 때문이 아니라 유용하기 때문이다. 물론 우리는 분석적 인식을 통해 사태를 분류하는 경향이 있다. 하지만 주의력이 이완되는 순간 재빨리 자기도 모르게 이야기를 꾸며내는 것으로 되돌아간다. 그리고 그것은 좋은 것이다. 내가 말하고 싶은 것은 주기적으로 비판적 관점을 취해보는 것의 가치이다. 이는 일상적인 삶이 우리가 예상한 것보다 훨씬 더 불명료하고 불가해한 것이라는 깨달음에서 비롯된 것이다.

이런 시나리오를 생각해보자. 당신은 도시를 통과하는 버스에 올라탔다. 그리고 당신은 '우리는 특이한 피조물'이라는 생각이 갑자기 떠오르기 전까지 길을 걷고 있는 사람, 거리의 풍경 등을 멍하니 바라보고 있었다. 그런데 갑자기 당신은 데이먼드 모리스식의 게슈탈트 전환Desmond-Morris-style gestalt shift을 경험하게 된다. 당신은 보행자들을 '직립 보행하는 털 없는 원숭이'로 이해한다. 당신은 말 그대로 길을 걷고 있는 사람을 직립 보행하는 털 없는 원숭이로 바라본다. 갑자기 도시는 영장류들의 집단서식지가 된다. 그리고 일상적인 도시 생활은 특이한 임의적인 형식으로 보인다. 그리고 우리의 마음속에서 일어나는 일상적인 계획과 관심들은 기묘하고 헛된 것처럼 여겨진다. 그중에서도 가장 특이한 것은 '이봐, 나 역시 이러한 벌거벗은 유인원 중 하나'라는 것이다.

사람들이 갑자기 이런 방식으로 세상을 바라볼 때, 새로운 믿음들을 갑자기 갖게 되는 것은 아니다. 왜냐하면 이미 우리는 홍적세기에 형성된 몸과 마음을 지닌 직립보행하는 털 없는 사회적 유인원이라는 사실을 모두 알고 있기 때문이다.[9] 그러나 우리는 일상적인 삶과 이러한 지식을 구분해낸다. 즉, 그런 기이한 상황이 참이라는 사실에 기가 막혀 말이 나오지 않는 당혹스러운 사태에 빠지지 않으려고, 즉 그것과의 일정한 비판적인 거리를 확보하려는 노력을 한다.

그리고 그것은 ― 우리 자신과 우리가 사는 사회에 대한 관례적인 이미지로부터의 이탈 ― 우리가 선택할 수 있는 가치 있는 관점이다. 숭고미와의 순수한 조우처럼, 그것은 전적으로 유쾌한 경험만은 아니다. 우리는 숭고함으로 인해 다리에 힘이 풀리는 두려움과 당황스러움을 경험할 수 있다. 그러나 우리는 (때때로) 그러한 만남을 추구한다. 그러한 느낌 속에서 우리가 어떤 실재와 접촉한다는 느낌을 받을 수 있기 때문이다. 마치 익숙하고 평범한 것에서 한 발짝 물러나듯, 그리고 우주의 거대함을 맛보고, 그 속에서 우리의 지위가 쉽게 무너질 수 있다는 것을 경험하는 듯 말이다.

이것은 일상적인 평범한 믿음들이 잘못된 것임을 알리는 데 도움이 되고, 인식론적 동요를 일으키는 데 긍정적인 역할을 한다. 그것은 우리가 얼마나 기가 막힐 정도로 무지한지, 그리고 모든 것이 얼마나 신비한 것인지 생각하게 한다. 그것은 인식적 자기만족을 교정하고, 진지한 성찰과 탐구를 자극한다. 삶의 토대가 되는 것들에 잘못을 범하고 있다는 것을 알게 되는 것은 정신을 번쩍 들게 한다. 그래서 우리로 하여금 겸손한 태도를 갖게 하고, 더 나아가 그것은 지적으로도 흥미로운 것이다. 따라서 인식론의 차원에서 오류이론을 인정하는 것은 당신을 더욱 강하게 만들어줄 것이다.

이것이 진짜 나의 입장이다. 마지막 몇 단락들을 통해 내가 말하고자 했던 것이 잘 전달되었다면 그것으로 충분하다. 그것이 내 주장의 핵심이다. 모든 사람이 자신의 심각한 인식적 오류를 인지할 경우 그것은 자신들에게 이익이 될 것이다. 그러므로 우리는 오류이론을 수용해야 한다. 이는 여기에서 내가 주장하는 바가 아니다. 현재의 내 논의는 도덕적 오류이론과 도덕적 자연주의 사이에 상당한 논쟁들이 존재한다는 것을 전제하고 있다. 그래서 내 논의를 좀 더 탄탄하게 보완하기 위해 실용주의적 고찰을 부각시켰다. 부가된 실용주의적 고찰이 논쟁점을 대체하려는 것이 아니라는 것 또한 분명히 할 필요가 있다. 나는 모든 사람이 자신의 심각한 인지적 오류를 이해함으로써 이익을 얻게 될 것이라는 수정된 테제를 주장한 것도 아니고, 또 *우리가 오류이론을 신뢰할 만한 상당한 논거가 있다*면 그것을 채택해야 한다는 주장을 하는 것도 아니다. 사실 나는 모든 사람이 자신의 심각한 인지적 오류를 인지하는 것에서 이익을 얻을 것이라고 그 어디에서도 주장한 적이 없다. 아마도 일부는 그렇게 생각하고 또 다른 일부는 그렇게 생각하지 않을 것이다. 나의 입장은 도덕적 자연주의 대 도덕적 오류이론의 경우에서조차도, 실용주의적인 비용 – 편익 분석은 복잡하고 그래서 한 점으로 수렴할 수 있을 것이라고 *기대할 만한 어떤 확실한 이유도 존재하지 않는다는 것이다.*

비록 인간의 심각한 인식적 오류 가능성을 이해하는 것이 지적인 차원에서 이익이 된다고 할지라도 도덕적 오류이론을 지지함으로써 발생할 수 있는 손실에 비하면 그것은 별것 아니라고 투덜거리는 비판자들을 상상해볼 수 있다. 확실히 도덕적 오류이론을 믿는 것은 좋은 시민의식을 파괴하고, 진심으로 타인과 협력할 수 있는 동기를 상실하게 할 수 있다. 비록 나는 도덕적 믿음이 개인의 '협력의 동기화cooperative motivation'에 기여한다고 보지만(Joyce, 2006, 4장 참조), 도덕적 믿음만이 유일하게 그것을 가능케 한다는 것에는 의심의 여지가 있다. 비록 그 가정이 참이라고 할지라도 오류이론을 수용하는 것이 불가피하게 협력의 동기화를 손상시킨다고 주장하는 것은 도덕적 믿음만이 협력을 동기화할 수 있다는 의심스러운 가설과 흡사하다. 하지만 그렇지 않다. 도덕적 회의주의가 범죄와 비행을 야기한다는 증거는 전혀 존재하지 않는다. 나는 많은 도덕적 오류이론가들을 만나보았고 그들 중 개명되지 못했거나 신뢰할 수 없는 그런 사람들은 아직 단 한 명도 만나보지 못했다. 반대로 인류가 저지른 최악의 대규모 범죄를 되돌아본다면, 우리는 회의주의가 아닌 도덕주의적인 광신 속에서 행동한 개인들을 만날 수 있다(Garner, 2010; Hinckfuss, 1987을 보라).

　물론 이러한 관찰이 문제를 해결해주는 것은 아니다. 나의 일화적인 경험적 증거에도 도덕적 오류이론가들은 번영을 누리지 못하고, 도덕적 믿음을 강하게 갖고 있는 사람들에 비해 이류 시민들 inferior citizens로 취급될 수 있다. 혹은 그 반대도 가능하다. 여기에서 내가 바라는 것은 이러한 경험적 문제들과 관련하여 어떠한 결론들로 건너뛰지 말아야 한다는 것이다. 그리고 개인들 사이에서 하나의 접점이 찾아질 수 있다고 가정해서도 안 된다. 비록 도덕적 오류이론가가 되기 위해서는 그만한 실질 비용을 감수해야 하지만, 나는 이 기회에 오랫동안 무시되어 왔던 그것의 실천적 이점 중 일부를 공표해보겠다.

　우리의 상식과 딱 들어맞는 이론, 방법론이 우리에게 이익이 된다고 생각하는 것은 근시안적일 뿐만 아니라 실망스러운 것이다. 아마도 어떤 개인들은 변함없는 안정을 바라고, 또 대부분은 그러한 요구에 부합한다. 하지만 모두가 그러한 것은 아니다. 어떤 사람들은 상식이 우리의 관찰을 심각한 오류에 빠지게 할 수 있다는 것을 인지한다. 상식을 입증하는 이론과 그것을 뒤집는 이론 사이에서 어떤 이들은 후자가 좀 더 가치 있다는 것을 발견한다. 여기에서 브레이트 B. Brecht의 훌륭하고도 통렬한 비평을 인용해보자. "나는 누군가의 마음을 기쁘게 하기 위한 쓰레기 같은 그런 글을 쓰지는 않겠다(Willett, 1957, p.14)."

5.6 콰인의 분파주의와 통일주의

나는―(i) 도덕적 인지주의자들과 비인지주의자들, (ii) 도덕적 자연주의자들과 도덕적 오류이론가들로 구분하면서 ― 도덕적 자연주의자들과 도덕적 회의주의자들 사이의 논쟁은 논증을 통해 해결할 수 있는 것이 아니라는 점을 주장해왔다. *주장/assertion* 혹은 *가치/value*와 같은 핵심 개념들은 앞서 언급한 바 있는 불확정성을 지닌다. 나는 프래그머티즘에 호소하여 이러한 불확정성을 피할 수 있는 가능성을 탐색해보았다. 하지만 그러한 가능성을 찾을 수 없었다. 실용주의적 해결책들은 실천적 이익의 맥락에서 받아들이기 어려운 측면을 상정한다. 나는 이러한 불확정성에 우리가 반드시 직면하게 된다는 것을 강조하려는 것은 아니다. 단지 우리는 그러한 불확정성에 직면하게 될지도 모른다는 것이다. 내가 이 글을 통해 말한 것에 근거할 때 도덕적 자연주의자들이 손쉽게 승리할 가능성이 있다. 하지만 역시 반대로 도덕적 회의주의자들이 그러할 수도 있다.[10] 그러나 결정 불가능성의 술렁임이 존재한다고 가정해보자. 우리는 이제 어디로 가야 하는가?

루이스와 카르납에 관해 논의했고 그들을 가장 잘 관통할 만한 철학자 콰인W. V. Quine을 통해 논의를 마무리하는 것이 가장 적절할 듯 싶다.[11] 콰인은 과학 이론의 미결정성 underdetermination을 주장한 것으로 유명하다. 논리적으로 양립 불가능한 이론들은 단순성, 명료성 등 이론의 내적인 탁월성 측면에서 증거들과 합치한다 (Quine, 1960; 1975). "우리는 이제 어디로 가야 하는가?"의 물음에 관해 콰인은 망설였다. 우리가 선호하는 이론을 계속해서 강하게 지지하는 반면, 다른 대안적인 입장들은 거짓이라거나 무의미한 것으로 거부하는 경향 속에서 콰인 또한 특정한 *당파적sectarian* 입장을 지지했다(Quine, 1981, p.21; 1986). 그러나 그는 비록 서로 양립 불가능한 이론들이지만 불확정성이 모두를 만족시킨다는 이른바 *통일주의적*

ecumenical 입장을 선호했다(Quine, 1981, p.29; 1989).

우리는 메타윤리적 불확정성과 관련하여 유사한 상황에 직면한다. 루이스가 그랬던 것처럼, 사람들은 도덕적 자연주의의 형식을 지지하는 경향이 있다고 가정해보자. 그리고 내가 논의했던 가능성이 실재 reality로 밝혀진다고 가정해보자. 도덕적 회의주의의 형식을 지지하는 다른 사람 역시 나와 동일한 타당성을 확보할 수 있다. 첫 번째 사람이 도덕적 회의주의는 부족함이 있다고 생각하는 반면, 그로 하여금 도덕적 자연주의를 채택하도록 하는 것은 무엇인가?(분파주의) 혹은 대안적인 생각들에 관용적인 입장을 취하게 하는 것은 무엇인가?(통일주의) 물론 도덕적 회의주의 역시 이와 동일한 딜레마에 직면한다.

콰인은 이러한 갈등을 인식하였고 분파주의 sectarianism를 지지하는 경향을 보였다. 그는 자신의 초기 입장과 지금의 입장을 구분하기 위해 『이론과 사물 *Thories and Things*』 최신판에 자신의 입장을 덧붙인 바 있다. 이 문제에 관한 자신의 우유부단함을 그는 다음과 같은 말로 표현하고 있다. "해결 불가능한 세계에 대한 경쟁하는 이론들을 상상하는 것은 언어가 그것의 사용을 통해 결정된다는 것을 넘어서는 사고실험이다(Quine, 1990, p.100)."

이 논문에서 가장 핵심이 된 이론들 간 불확정성에 직면하여, 나는 분파주의도 통일주의도 아닌 '메타윤리적 양가성 mataethical ambivalence'을 권하였다.[12] 이러한 관점은 일종의 메타－메타윤리학적 계몽 metametaethical enlightenment에서 시작한다. 도덕적 자연주의자들은 도덕적 자연주의를 지지하고, 이는 그들의 성숙한 결정을 반영한다. 나는 여기에서 도덕적 자연주의자가 도덕적 회의주의자들이 무시하는 도덕적 사실의 영역을 포착했다고 주장하는 것이 아니다. 그것은 자신들만의 자의적인 개념적 정교화 과정을 통해 성취된 것임을 인정한다는 의미이다(이러한 관점은 루이스의 관용적인 관점을 묘사한다). 마찬가지로, 도덕적 회의주의자들은 도덕적 회의주의를 옹호한다. 그러나 이 역시 정교한 이론적 입장이다. 도덕적 회의주의는 도덕적 가치는 존재하지 않고, 자연주의자들은 속기 쉬운 무비판적인 사람들이라고 규정하지 않는다. 오히려 도덕적 가치는 이러한 회의주의가 허용할 수 있는 개념적 명료화 과정을 통해 확보될 수 있음을 인정하는 것이다.

그러나 이러한 자신과 반대의 입장을 지닌 이들의 타당성에 대한 계몽된 인식은 메타윤리적 양가성을 위해 충분하지 않다. 다음 단계로 나아가기 위해 우리는 다시 콰인으로 돌아간다. 분파주의를 지지할 때조차도 그는 다른 가능성을 생각하지 못하는 과학이론을 인정하지 않았다. 콰인은 자신의 입장을 견지하면서도 대안이 되는 이론들이 참임을 인정할 수 있어야 한다고 생각했다. 누군가가 자신이 선호하는 이론만이 '참'이라고 주장할 때조차도 그는 여전히 "문제들에 관해 여러 입장에서 조망해보기 위해 이론들… 사이에서" 왔다 갔다 할 수 있어야 한다고 말한다(Quine, 1990, p.100). 이는 가장 세련된 형태의 다원주의를 암시하는 것이다. 계몽된 도덕적 자연주의자는 단순히 회의주의가 그들의 입장에서 타당성을 확보할 수 있다는 것을 인정하는 그 정도의 이론이 아니다. 그들은 때로 우리가 가치가 없는 세계 속에서 살아간다는 회의주의의 깨달음에서 오는 통찰을 얻기 위해 회의주의적 입장을 기꺼이 취할 수 있다. 그리고 계몽된 도덕적 회의주의 역시 도덕적 자연주의가 합리적일 수 있다는 것을 인정해주는 그런 수준을 훌쩍 넘어선다. 그들은 때로 도덕적 사실의 영역에 대한 인식적 접근이 갖는 이점들을 얻기 위해 도덕적 자연주의자의 관점을 취해보기도 할 것이다. 따라서 이러한 메타윤리적 양가성은 보수적인 것도, 서로의 취약점을 폭로하는 과격한 입장도 아니다. 사실의 문제만이 존재한다는 전제에서 과감히 손을 떼는 지적 용기를 요구한다.

1   보통 오류이론의 전략은 도덕적 속성은 어떠한 자연적 속성도 가질 수 없고, 도덕적 자연주의자들의 도덕적 속성에 대한 설명은 적절치 못한 것이라고 주장하는 것이다(Joyce, 2001; Mackie, 1977 참조). 그 대신 오류이론가들은 도덕적 자연주의자들의 도덕에 대한 설명을 수용한다. 하지만, 여전히 그러한 속성은 존재하지 않는다고 주장한다. 후자의 전략에 대한 연구는 조이스 (2011b) 참조.

2   오류이론과 비인지주의 사이의 구분을 표시할 수 있는 것이 무엇인지를 선택하는 것은 쉽지 않은 일이다. '도덕적 반실재론(moral anti-realism)'이 제안되기도 하지만, 도덕적 사실은 인간의 태도에 의해 모종의 방식으로 구성된 것이라는 입장에 따라 오류이론, 비인지주의, 그리고 일련의 도덕적 자연주의를 포괄하기 위해 이러한 용어는 유보되는 것이 좋다. 내 용어가 의미하는 바에 따르면, 어떤 도덕적 자연주의자들은 도덕 실재론자들이고, 어떤 이들은 도덕적 반실재론자들이다. 오류이론과 비인지주의 사이의 괴리는 도덕적 회의주의에 관한 시놋-암스트롱의 분류에 따를 때 '도덕적 진리에 대한 회의주의'라고 명명될 수 있다(Sinnott-Armstrong, 2006a, Ⅱ장).

3   나는 번역에 관한 사유실험을 통해 이에 상응하는 입장을 채택하도록 만드는 사례를 가지고 있다(Joyce, 2001, p.3, pp.26-27; 2006, p.71.을 보라).

4   카르납은 가치 문제와 사실 문제 사이의 경계를 분명하게 긋는 것은 실천적으로 중요하다고 생각했다. 그리고 그렇게 하는 것을 실패할 경우 "사적인 삶 혹은 정치적인 의사결정 과정에서 전개되는 도덕적인 문제에 관한 논의가 혼란에 빠지거나 오해를 불러일으킬 수 있다(Schilpp, 1963, p.81)." 그러나 이것은 비인지주의와 인지주의 사이의 구분이 실천적 차이를 만든다고 생각하는 것과는 다른 것이다.

5   카르납의 논증이 갖는 또 다른 약점은 다음과 같다. 첫째, 그는 순수한 비인지주의 문장들이 어떻게 허용될 수 있는지를 보여주는 것에만 관심을 가졌던 것으로 보인다. 그러나 도덕적 인지주의자들은 이것을 부정할 필요가 없다. 오히려 그들은 도덕적 발언들(moral utterances)이 순수한 비인지적 문장들의 사례들이라는 것을 부정한다. 둘째, 우리가 이러한 비교를 할 때 카르납은 매우 협소한 인지주의의 관점을 채택하고 있다.

6   그것들은 관용의 원리가 실체적인 형태의 문장을 형식적인 형태의 문장으로 번역한 후에 적용되기 때문에 *메타언어*들이다.

7   물론, 그것이 어떤 강력한 회의주의에 대한 지지에서 비롯된 것이 아니라면, 고양이와 개, 가구, 다른 사람들 등에 대한 의심을 망라하는 것이다. 심적 현상에 대해 오류이론의 입장을 취하는 이론가들이 반드시 가치화와 관련해서도 오류이론가일 필요는 없다. 왜냐하면 가치화를 일종의 언어적 행위, 혹은 행동적 반응으로 간주할 수 있기 때문이다.

8   물론 이것이 꼭 작화 현상에만 관계하는 것은 아니다. 실제 우리의 동기, 감정, 그리고 믿음 형성 과정은 일상 속에서 수많은 방식으로 오류를 범한다는 것을 밝혀낸 실험심리학에서의 주장은 논란의 여지가 거의 없을 뿐만 아니라 너무 분명한 것이어서 굳이 증거들을 요구할 필요도 없다.

9   "마음이 홍적세기에 형성되었다."는 이러한 주장이 진화심리학에 대한 강한 지지 입장을 갖는 집단의 주장을 승인하는 것으로 과잉 해석될 필요는 없다. 선사시대에 등장한 인간의 마음은 유연하고 일반화된 문제 해결자가 될 수 있도록 설계된 것으로 보인다.

10 독자들은 내가 과거에 오류이론을 주장한 바 있다는 것을 익히 알고 있을 것이다(Joyce, 2001,

2006, 2011a, 2011b). 그리고 미래에 오류이론으로 복귀할 것임을 나는 감히 말할 수 있다. 비록 내가 루이스의 다원적 입장에 공감한다고 할지라도, 나는 그가 제시한 '불완전한 청구인'이 *도덕성(morality)*으로 지지받기에는 충분하다고 인정하기에는 어렵다. 그러나 내가 백보 양보를 한다고 해도, 메타윤리학의 수준에서 오류이론의 주장을 견지하는 것은 곧 메타 – 메타윤리학의 수준(metametaethical level)에서 다원주의를 지지하는 것과 일맥상통한다(note 12 이하 참조).

11   카르납은 콰인을 가르쳤고, 콰인은 루이스를 가르쳤다.

12   데이비드 웡(David Wong)의 도덕적 양가성(moral ambivalence(2006, 20 ff.))에 대응하는 것이다. 웡의 도덕적 양가성이 도덕 체계에 관한 양가성(메타윤리의 수준에서 발생하는 양가성)인 것처럼 내가 말하는 양가성은 메타윤리이론에 관한 양가성(메타 – 메타윤리학의(Roorda, 1997) 수준에서 발생하는 양가성)이다. 독사의(doxastic)의 양가성에 관한 통찰력 있는 논의에 관해서는 루르다를 보라.

제6장

도덕적 자연주의와 범주적 이성

Terence Cuneo

제6장
도덕적 자연주의와 범주적 이성

Terence Cuneo

단순히 체면 때문에 배우자에게 거짓말을 하는 것이 옳지 않은 행위라는 것을 알고 있다고 가정해보자. 이런 가정 하에, 배우자에게 거짓말을 하는 것이 옳지 않은 행위라는 것을 당신이 알고 있다는 것이 당신이 거짓말을 하지 않을 이유가 되는가? 흄의 입장에서 이성을 이해하는 사람들은 이성이 언제, 그리고 왜 우리가 타당한 종류의 욕구를 갖게 되는지에 답할 수 있을 뿐이라고 말한다. 따라서 거짓말은 옳지 않다는 사실이 당신에게 거짓말을 해서는 안 될 이유를 제공하는 것은 아니다. 당신이 거짓말을 하지 않는 것은 단지 그 거짓말 때문에 영향을 받게 되는 사람들의 삶이나 또는 옳음을 실천하는 것에 관심을 갖기 때문이다. 그러나 당신에게 이러한 욕구가 부족하다면 거짓말을 하지 않을 이유 역시 당신에게는 부족할 것이다. 하지만 흄주의자들은 우리 대부분은 그런 욕구와 이유들을 가지고 있고, 잘못된 행동과 그것을 허락하지 않는 이유들 사이에는 신뢰할 만한 의존관계가 존재한다고 주장한다.

자신을 도덕 실재론자 moral realist 이자 자연주의자 naturalist 라고 생각하는 철학자들은 이성에 관한 흄의 이론을 대체로 수용한다.[1] 이 철학자들은 자신들의 입장

---

* 나는 도켓(Tyler Doggett), 로브(Don Loeb) 그리고 이 책의 편집자들에게 감사를 표한다.

을 옹호하기 위해 다양한 유형의 논변을 제시한다. 예를 들어, 풋 P. Foot은 흄주의 Humeanism를 수용하는 것은 도덕의 모든 실패는 곧 합리성의 실패라는 칸트적 '환상'으로부터 실재론자들을 구출해 낼 수 있다고 말한다.[2] 반대로 슈뢰더 M. Schroeder는 흄의 이론은 우리가 어떤 행위를 해야 할 이유를 가장 간결하게 설명해준다는 점을 들어 그 입장을 수용한다.[3] 또 이와는 약간 다르게 레일톤 P. Railton은 '많은 약점에도' 흄의 이론은 "행위 이유를 갖는 행위자에 관한 가장 분명한 개념을 가지고 있다."라고 주장한다.[4] 여기에서 특히 우리가 주의해야 할 것은, 이 철학자들 중 그 누구도 흄주의가 권유할 것으로 보이는 자연주의적 접근만을 특별한 것으로 취급하지 않았다는 점이다. 하지만 여전히 그들은 자신들의 입장이 좀 더 풍부하다고 믿는데, 그 이유는 바로 자신들이 흄의 이론을 수용하고 있기 때문이라고 생각한다. 이 철학자들은 자신들의 입장이 갖는 탁월함이란 곧 흄의 이론을 전제하고 있다는 점에 있다고 생각한다.

자연주의적 접근에 공감하는 이들이 서로 동의하지 않는 사실도 존재한다. 예를 들어 『도덕의 신화 The Myth of Morality』와 『도덕의 진화 The Evolution of Morality』에서 조이스 R. Joyce는 흄의 이론을 받아들이는 것은 심각한 부채를 떠안는 것이요, 탁월한 선택이라고 보기 어렵다고 주장한다.[5] 조이스에 따르면, 흄의 도덕적 자연주의가 갖는 문제는 도덕 체계로 지칭될 만한 가치가 있는 어떤 것은 비록 그것이 우리가 갖고 있는 욕구일지라도 우리의 이성과 통합된다. 그리고 도덕적 자연주의가 범주적 이성이라고 불리는 것들의 존재를 수용하는 데 실패하는 한, 그들은 도덕 체계로 지칭될 만한 의미 있는 어떤 것을 기술하는 데 실패할 것이다.

나는 이러한 조이스의 비판에 일정 부분 공감하기는 하지만 이 논문에서는 도덕적 자연주의를 변호할 것이다. 특히, 넓은 의미의 자연주의를 함축하는 오류이론을 지지하면서 동시에 도덕적 자연주의를 거부하는 조이스의 입장으로부터 도덕적 자연주의를 방어할 것이다. 그는 오류이론에 근거하여 도덕적 사실은 존재하지 않는다고 말한다. 조이스의 주장은 주의를 기울여 심사숙고해볼 가치가 충분히 있지만, 내가 보기에는 많은 도덕적 자연주의자들은 조이스의 주장을 깊이 숙고하지 않는다. 따라서 그들은 조이스와 같은 학자들이 제기하는 도덕적 실천의 특징에 관한 임의성 문제에 시달리게 될 것이다. 우리는 좋은 도덕 이론이 충족시켜야 하는 요구조건을 명료화할 필요가 있다. 더 나아가 나는 우리가 조이스식의 논변이 도덕적 자연주의를 거부해야 할 충분한 이유를 제공하는 데 실패하고 있을 뿐 아니라 도덕적 자연주의가 조이스의 오류이론보다 더 나은 이론임을 주장할 것이다.

이 논문의 목적은 도덕적 자연주의를 옹호하는 것이다. 이는 흄의 이론을 거부하는 '강한' 도덕 실재론 'robust' moral realism을 옹호하기 위해 거쳐야 할 중요한 과정이다.[6] 내가 도덕적 자연주의를 옹호하는 것은 단순한 변심도 철학적 고집의 결과도 아니다. 오히려 그것은 타당하다고 생각했던 메타윤리적 입장이 옳지 않은 것이었다는 스스로의 확신에서 비롯된 것이다. 앞서 밝혔듯이 내가 선호했던 관점은 범주적인 도덕적 이성의 존재를 상정하는 강한 실재론의 한 유형이었지만, 내가 강한 실재론이 거짓이라고 확신하게 될 때 도덕적 자연주의를 수용할 것이다. 철학자들에게는 만일의 사태를 대비하는 계획이 필요하니까 말이다.

6.1 범주적 이성의 사례

도덕적 자연주의자들은 다음과 같은 주장을 받아들인다.

행위의 옳지 않음은 그 자체만으로도 그러한 행위를 하지 말아야 할 이
유를 행위자에게 제공한다.

언뜻 보기에 이 주장은 좀 이상해 보일 수 있다. 어떻게 행위의 옳지 않음이 그것
을 하지 않을 이유가 된다는 말인가?

도덕적 자연주의자들은 이 물음에 다음과 같은 구분되는 주장들로 답을 한다.

(A) 도덕은 범주적으로 타당하다. 한 개인은 도덕적 의무를 실천해야 할
　　이유가 있다. 비록 그것이 그녀의 욕구 충족을 가로막게 될지라도.[7]

(B) 도덕은 범주적으로 이유를 부여한다. 개인은 도덕적 의무를 수행해
　　야 하는 이유를 갖는다. 비록 그것이 그녀의 욕구 충족을 가로막게 될
　　지라도.

도덕적 자연주의자들의 입장에서 (A)는 참인 반면, (B)는 거짓이다.

왜 그렇게 되는지를 보이기 위해 풋과 같은 학자들은 도덕, 에티켓 등과 같은
사회적 관습 사이의 대응관계를 제시했고,[8] 그녀의 주장은 상당히 그럴듯한 주장
으로 보인다.

(A') 에티켓은 범주적으로 타당하다. 에티켓은 한 개인에게 실천해야 할

의무를 부과할 수 있다. 비록 그것을 실천하는 것이 그녀의 욕구 충족을 좌절시킬지라도.

그러나 다음은 전혀 그럴듯하지 않다.

(B') 에티켓은 범주적으로 이유가 주어진 것이다. 한 개인은 에티켓의 요구에 따라야 할 이유를 갖는다. 비록 그렇게 하는 것이 그녀의 욕구 충족을 좌절시킬지라도.

(B')를 참으로 믿어야 할 이유는 없다. 왜냐하면, 에티켓이 행위자에게 적용되는데, 그 행위자는 그것을 따라야 할 어떠한 이유도 갖고 있지 않기 때문이다. 예를 들어, 에티켓은 너에게 숟가락 가득 음식을 떠먹지 말고 천천히 먹으라고 요구할 것이다. 그러나 당신이 연구실에서 혼자 저녁을 먹는다면 이러한 요구에 주의를 기울일 어떤 이유도 없다. 조이스가 지적한 것처럼 당신은 에티켓을 지키지 않고 마구 먹어도 될 것이다.[9] 도덕적 자연주의자들은 도덕 역시 이와 유사하다고 믿는다. 도덕적 자연주의자들은 도덕적 요구가 단순히 우리가 정상적이고 성숙한 인간이라는 사실로 인해 우리 모두에게 적용된다고 주장한다. 우리는 이러한 요구에서 벗어날 수 없는데, 왜냐하면 우리는 그렇게 하려는 욕구를 결여하고 있기 때문이다. 만약 우리에게 옳은 것들에 대한 욕구가 결핍되어 있다면, 우리에게 도덕적 의무가 적용된다고 해도 그것들을 실천해야 한다는 우리의 심적 지지까지는 확보하지 못할 것이다.

앞서 언급한 두 권의 책에서 조이스는 도덕의 범주적 적용 가능성과 행위 실천을 위한 이유 부여의 힘, 둘 사이의 구분을 인정한다. 그러나 그는 도덕적 자연주의 자들이 (A)가 참이고 (B)가 거짓이라고 생각하는 것은 잘못이라고 주장한다. (A)와 (B)를 의무로 통합하지 못하면 그 어떤 것도 도덕 체계로 설명될 수 없다고 조이스는 주장한다. 이런 맥락에서 조이스는 도덕이 에티켓과 같은 사회적 실천과 전혀 유사하지 않다고 주장한다.

조이스가 그렇게 말하는 이유는 『도덕의 신화』에서 자신의 행동을 타인에게 설명해야 할 책임이 우리에게 있다는 대목에서 찾을 수 있다. 그는 "나치에 대한 우리의 비난을 깊이 생각해보라."고 말한다. 만약 나치가 자신들의 행동으로 피해를 받은 사람들의 행복이나 도덕에 전혀 주의를 기울이지 않았다는 사실을 발견한다면, 나치와 같은 범죄자들은 도덕적 책임으로부터 자유로울 수 없다. 실제 나치는 인간의 존엄함을 존중해야 할 최소한의 이유조차도 갖고 있지 못했다. 다음은 이와는 반대된 시각을 보여준다.

> 나치가 갖고 있던 어떤 일상적이지 않은 욕구 혹은 관심을 인정하지 않는 방식으로 나치를 비난하는 것은 도덕적 담론의 지엽적인 요소가 아니다. 그것은 그들에 대한 비난의 중심이다. 나치를 비난할 수 없는 그런 가치 체계는 도덕 체계라고 할 수 없다.[10]

부연 설명을 하자면 조이스의 생각은 다음과 같다. 우리는 범죄자 스스로가 자신이 저지른 범죄 행위를 하지 말아야 하는 도덕적 이유를 갖고 있다고 생각한다. 그리고 그런 이유가 있다면 그 도덕적 이유는 범주적 이유가 되어야 할 것이다. 다시 말해 범죄자는 도덕에도 주의를 기울이지 않고, 그들로 인해 피해를 입은 사람들의 행복도 배려하지 않음으로써 도덕과의 관계가 단절된다. 그러나 이런 욕구의 결핍은 타인에게 책임감을 가지고 행위하는 사람들과는 무관한 것이다. 타인에게 책임 있게 행동하는 것은 도덕적 헌신을 보여주는 것이고, 이를 통해 우리는 범주적인 도덕적 이성의 존재를 믿을 강력한 이유를 갖게 된다. 게다가 범주적 이성에 대한 헌신은 우리의 도덕적 실천 속에 깊이 뿌리내리고 있다. '우리의 정언명령을 무시하는 가치체계'는 도덕에 기대하는 그런 권위를 확보하지 못할 것이다. 그리고 그것은 "전혀 '도덕'으로도 이해되지 않는다."고 조이스는 덧붙인다.[11]

이것은 이론의 여지가 충분히 있는 주장이다. 우리는 자신이 실천한 행위 속에 담겨 있던 자신의 생각이 틀렸다는 것을 알아차리는 데 익숙하다. 때때로 우리는 오랜 관행을 포기하기도 한다. 관행의 옳지 않음을 알게 되었다고 주장하는 것은 그 관행을 더 이상 유지할 수 없다는 주장의 핵심이 된다. 어떤 행동 속에 함축된 주장들이 잘못된 것이라는 사실을 인식하게 되면 우리는 행동을 변경한다. 이는 그 주장이 사용하는 개념들에 대한 이해를 변경해야 함을 지적하는 것이고, 이러한 변경은 가치 있는 일이다. 예를 들면, 상대성 이론이 참이라는 것을 확신할 때 우리는 사건들 사이의 관계를 동시성에 근거하여 기술할 수 있다. 조이스는 우리의 범주적 이성에 대한 헌신이 일상적인 도덕적 담론과 실천 속에 매우 뿌리 깊게 자리 잡고 있는 동시에 단순히 도덕만으로 설명되지 않는 무엇인가가 여전히 존재하며 그것은 범주적 이성에게로 양도된다는 입장을 취한다.

그러나 사람들은 왜 이러한 입장을 믿어야 하는지 의아해할 것이다. 우리는 변화와 함께 살아가고 있고 또 살아가야 하기 때문에, 불변하는 도덕은 존재하지 않는다고 주장하면 안 되는 이유와 범주적 이성을 도덕적인 삶의 중심으로 인정해서는 안 되는 이유는 무엇인가? 사건들 사이의 동시적 관계의 관점에서 우리의 행동을 이해하는 것처럼, 왜 우리의 도덕적 관행들이 이처럼 유동적인 것이라고 생각하면 안 되는가?

『도덕의 진화』에서 조이스는 많은 분량을 할애해가면서 이러한 문제에 대해 이의를 제기한다.[12] 이 글에서 조이스는 일반적 의미에서 우리가 범주적 이성에 대한 헌신이 도덕적 사고와 실천이 갖는 양도할 수 없는 특징인지 여부를 결정할 어떠한 방법도 갖고 있지 않다는 것을 인정한다. 철학자들은 그런 문제를 결정할 수 있는 고정된 절차를 갖고 있지 않다. 그렇다고 해도 조이스는 앞서 제기한 문제를 풀 수 있는 길이 있다고 주장한다. 그 첫 단계는 도덕 개념의 핵심적인 역할을 확인하는 것이다. 다음 단계는 만약 도덕적 자연주의가 참이라면 이러한 개념들이 그러한 역할을 수행할 수 없는지 묻는 것이다. 만약 없다면 그때 권리, 책임, 의무와 관련된 체계를 도덕 체계로 설명하는 것은 의심할 여지가 있다고 조이스는 말한다.[13]

도덕 개념들이 그 이름에 부합하는 가치를 갖기 위해 수행해야 하는 역할은 정확히 무엇인가? 조이스가 가장 주목한 역할은 *침묵의 기능*silencing function이라고 부르는 것이다.[14] 다음의 예가 조이스가 뜻하는 바를 잘 묘사해줄 것이다. 아내에게 거짓말을 할 것인가를 선택해야 하는 상황에 직면했다고 한 번 더 가정해보자. 아내에게 거짓말을 하는 것이 옳지 않다는 것을 알고 있다. 하지만 또한 거짓말이 곤란한 상황에서 나를 벗어나게 해줄 것이라는 것도 알고 있다. 내가 이러한 상황에서 거짓말이 옳지 않음을 진지하게 이해한다면, 그때 그것은 거짓말을 하도록 유혹하는 자기 합리화를 내 마음 속에서 물리치는 효과를 보일 것이다. 그것은 심사숙고해서 내가 처한 상황에서의 어떤 가능성을 고려해볼 여지를 주지 않을 것이다. 즉, 거짓말과 관련된 일련의 비용−편익 계산을 하지 못하게 한다. 하지만 물론 나는 거짓말을 할 수도 있고, 그러면 나는 그 대가로 비난을 감수해야 할 것이다.

그러므로 조이스는 일단의 권리, 책임, 의무들에 대한 개념들이 이러한 침묵의 기능을 수행할 때, 그것들은 도덕 체계로 설명된다고 보고 있다. 도덕적 자연주의의 타당성은 도덕적 개념들이 갖는 침묵의 기능을 설명할 수 있는지 여부에 달려 있다. 그런데 조이스는 도덕적 자연주의가 이러한 침묵의 기능을 설명할 수 없다고 생각한다.

다음의 두 가지 사례들을 생각해보자.[15] 먼저, 나를 전반적으로 부도덕한 사람이라고 상상해보자. 나는 도덕적 요구에 주의를 기울이지 않는다. 더욱이 아내와의 관계는 너무 나빠서 더 이상 그녀의 행복에도 관심이 없다. 나는 지금 아내에게 거짓말을 할 것인지, 말 것인지 선택해야 하는 상황에 직면해 있다. 그리고 거짓말을 해도 들키지 않는다는 것을 알고 있다. 만약 도덕적 자연주의가 참이라면 도덕은 나에게 침묵의 기능을 발휘해야 할 것이다. 하지만 이와 반대로 이 사례에서 나는 도덕의 요구에 응해야 할 어떠한 이유도 갖고 있지 않음을 알고 있다.

이 지점에서 전체적으로 부도덕한 사람의 또 다른 사례를 상상해보자. 나는 도덕과 아내의 행복에 헌신하고 싶은 마음이 별로 없다. 나는 그녀 앞에서 체면을 구기지 않기 위해 그녀에게 거짓말을 해야 할 상황에 직면해 있다. 만약 도덕적 자연주의가 참이라면, 옳은 일을 실천하기 위한 다짐을 강화하거나 혹은 도덕적으로 행동해야 하는 이유를 찾으려는 바람을 포기할 수 있을 것이다. 하지만 양자 중 어느 쪽이든 도덕적 숙고는 침묵의 기능을 수행하지 못한다. 오히려 도덕적 상황에 대한 인식은 도덕을 위반한 것의 비용 – 편익을 분석하게 한다.

이와 같은 사례들에서 조이스는 도덕적 자연주의가 도덕 개념의 침묵 기능을 수용하기 어렵다는 결론을 내린다. 그는 침묵 기능을 양도할 수 없는 도덕의 고유한 기능이라고 생각한다. 때문에 조이스는 도덕적 자연주의가 도덕 체계로 간주

할 만한 어떤 것에 대한 설명을 충분히 제공하지 못한다고 여길 만한 강한 이유가

존재한다는 입장에 서 있다. 조이스는 "도덕적 자연주의가 도덕을 잘못 이해하고

있다."고 말한다.[16]

나는 이러한 조이스의 주장에 반신반의한 입장이고, 후에 그 이유를 설명할 것

이다. 그러나 현재의 목적을 위해 우리가 숙고했던 일련의 논쟁들을 정밀하게 조

사하거나 분석하지는 않을 것이다. 대신에 나는 조이스가 발달시키려 했던 일련

의 사례들에 최대한 양보하는 접근방법을 취할 것이고 이에, 다음과 같은 네 가지

를 논의를 따를 것이다.

첫째, 일상적인 도덕적 사유의 핵심에는 범주적인 도덕적 이성에 대한 헌신이

있다고 믿을 만한 타당한 이유가 존재한다는 것을 인정해야 한다. 그리고 현재의

목적을 위해 다음을 믿을 긍정적 이유가 있다고 가정해야 한다.

필연적으로 도덕적 사실들이 존재한다면 범주적인 도덕적 이성도 존재

할 것이다.

둘째, 우리에게 유리한 사례를 굳이 다시 검토해볼 필요 없이 조이스와 많은 도

덕적 자연주의자들이 동의하는 다음과 같은 주장을 인정해야 한다.

어떠한 종류의 범주적 이성도 존재하지 않는다.[17]

셋째, 우리는 다음에도 동의해야 한다.

범주적 이성이 존재하지 않는 반면, 신중함과 같은 비도덕적인 흄의 이
성은 존재한다. 흄의 이성은 적절한 유형의 욕구들을 통해 행위자에게
힘을 발휘한다.

도덕적 자연주의를 논의하면서 조이스는 이러한 관점들이 비판자들로부터
'심각한 압박'을 받을 것이라고 말한다.[18] 도덕적 자연주의자들과 조이스 둘 다 이
러한 주장을 인정하고 있기 때문에 현재의 목적을 달성하는 데 위의 명제에 동의
하는 것은 문제될 것이 없다.

마지막으로 조이스는 만약 누군가 자연주의자라면 그의 메타윤리적 입장은
제약을 받게 된다고 주장한다. 조이스에 따르면, 자연주의자는 다음에 근거하여
도덕적 자연주의 혹은 오류이론 중 하나를 받아들여야 한다.

도덕적 사실은 (실재론의 의미에서 혹은 또 다른 의미에서도) 존재하지 않는다.

그리고,

일반적인 도덕적 사고와 담론은 도덕적 사실들을 표명하지만, 결국 그
것은 실패한다. 어떠한 도덕적 사실도 존재하지 않기 때문이다. 이러한
관점에서 그들은 깊고도 체계적인 오류를 범하고 있다.

『도덕의 신화』 여러 곳에서 조이스는 오류이론이 표현주의expressivism와 같은
도덕적 반실재론들보다는 좀 더 그럴듯하다고 믿을 만한 이유들을 설명한다.[19] 이

러한 설명들이 설득력이 있다고 해보자. 그러면 현재 논의의 목적상 우리는 위의 4가지 주장을 인정할 수 있다.

도덕적 사실이 전혀 존재하지 않는다면 오류이론은 참이다.

이 마지막 주장은 조이스와 도덕적 자연주의자들 사이에 존재하는 또 다른 공통적인 지반이다. 왜냐하면, 둘 다 도덕적 사고와 담론은 도덕적 실재를 표상하기 위한 목적을 갖고 있다는 데 동의하기 때문이다. 이처럼 둘 다 만약 도덕적 사실이 전혀 존재하지 않는다면 일상적인 도덕적 사고와 담론은 깊고 체계적인 오류를 범하고 있다는 데 동의한다.

이러한 네 가지 주장들을 통합하는 입장에 모종의 이름을 붙이는 것은 앞으로의 논의 전개에 도움이 될 것이다. 이 입장을 *혼합된 관점*the mixed view이라고 부르자. 혼합된 관점의 지지자들은 비록 도덕적 이성이 존재하지 않는다고 할지라도 규범적인 이성은 충분히 존재할 수 있다는 입장을 갖는다. 여하튼 혼합된 관점의 토대가 되는 4가지 명제들을 통해 조이스는 도덕적 자연주의에 대한 부정을 제안하고, 도덕적 자연주의자들이 그것에 어떻게 대응해야 하는가에 관한 논의를 부각시킬 수 있을 것이다.

6.2 도덕적 자연주의의 부정과 그에 대한 응답

내가 관심을 갖고 있는 유형의 도덕적 자연주의는 다음과 같은 두 주장으로 구성된다. 첫째, 도덕적 사실은 존재한다. 이로써 도덕적 자연주의는 *체면을 지키기 위해 거짓말을 하는 것은 나쁘다, 히틀러는 사악하다*와 같은 그런 사실들이 존재한다는 것을 함축하게 된다(자연주의자들은 이러한 사실들이 자연적 사실들이라고 덧붙인다. 하지만 그것이 무엇을 의미하는지 정확히 파악하기란 쉽지 않고, 또 그 문제는 여기에서 논의할 사항이 아니다). 두 번째 주장은 이성에 관한 흄의 이론은 참이라는 것이다. 흄의 이론에 따르면 만약 그녀가 적절한 유형의 욕구를 갖지 않는다면 그로 인한 어떤 것도 행위의 이유가 되지 못한다. 도덕적 자연의주의 이러한 변형에 반대하는 조이스는 다음과 같이 말한다.

범주성 논증

(1) 필연적으로, 만약 도덕적 사실이 존재한다면 범주적 이성도 존재한다.

(2) 어떠한 범주적 이성도 존재하지 않는다.

(3) 그러므로 어떠한 도덕적 사실들도 존재하지 않는다.

(4) 만약 도덕적 사실이 전혀 존재하지 않는다면 도덕적 자연주의는 틀린 것이다.

(5) 그러므로 도덕적 자연주의는 틀린 것이다.[20]

우리는 명제 (1)을 인정해야 하는 타당한 이유가 있음을 받아들였고 조이스와 도덕적 자연주의자들 모두 (2)와 (4)를 수용한다. 따라서 (3)과 (5)의 두 명제만이 논쟁거리로 남게 된다. 그러나 분명히 도덕적 자연주의자들은 결론을 수용하지 않을 것인데, 이에 대해 자연주의자들은 어떤 답을 할 것인가?

그 첫 단계로 내가 수차례 주의를 기울여온 명제를 다시 불러내보자.

단순히 체면을 지키기 위해 아내에게 거짓말을 하는 것은 잘못이다.

이 명제를 위해 우리는 그와 비슷한 다음과 같은 명제를 추가할 수 있다.

단순히 사람들이 그렇게 느낀다는 이유로 약속을 어기는 것은 잘못된 것이다.

그리고,

단순히 쾌락을 준다는 이유 때문에 다른 사람을 죽이는 살인은 잘못된 것이다.

이러한 뻔한 도덕적 공리들 Stock Moral Truisms과 같은 명제를 상기해보라. 이 명제들은 단순히 도덕 체계가 그것들을 포함하기 때문에 공리인 것만은 아니다. 그것들은 광범위하게 받아들여지고 명백하게 참인 것으로 승인되기 때문에 가치를 부여받을 자격이 있는 것이다. 살인이 쾌락을 준다는 그런 단순한 이유로 타인을 죽이는 것은 옳지 않다는 주장을 거부하는 사람을 상상해보라. (그런 사람이 살인이 도덕적으로 허용될 수 있다고 주장할 필요까지는 없다. 대신 다른 모든 행동들과 같이 살인은 도덕적 속성을 갖는 그런 부류의 행동이 아니라고만 말하면 된다.) 이것은 이 사람에게 옳지 않음의 개념이 결핍되어 있고 심각한 인지 장애를 겪고 또 적절한 도덕교육을 받지 못했기 때문이고 제정신이 아니라거나 또는 우리를 기만하는 것이라고 믿을 만한 강력한 이유가 된다. 틀림없이 그의 부정은 이것들 중 하나 혹은 하나 이상의 것들을 믿게 하는 이유가 될 것이다. 비록 이 사람이 진지한 사람이고 적절한 개념들을 가지고 있다 할지라도, 그는 옳지 않음에 관해 우리가 갖고 있는 개념에 통일성이 없다고 믿을 것이다. 살인에 대한 주장을 거부하는 그의 모습은 낯선 이방인의 모습처럼 우리 대부분에게 충격을 주기는 하지만 이해할 수는 있다. 우리 스스로 뻔한 도덕적 공리들을 수용하지 않을 이유를 알고 있다고 할지라도 이 경우에 여전히 뻔한 도덕적 공리들은 참이라는 사실이 인정된다.

이러한 생각을 가지고 다음의 특징들에 주의하며 다시 범주성 논증으로 돌아가 보자. 범주성 논증을 옹호하는 사람들은 일상적인 도덕적 사고와 실천의 겉모습만 지나치게 강조하는 경향이 있다. 우리가 논증의 첫 번째 명제를 수용하는 이유는 나쁜 짓을 하는 사람에 대해 도덕적으로 설명할 때처럼, 그 설명은 도덕의 영역에서 어떻게 행동하는지에 대한 가장 좋은 느낌을 제공하기 때문이라고 조이스는 말한다. 게다가 도덕 체계로 간주될 만한 가치가 있는 것은 그것을 예측할 수 있어야 한다는 의미에서 조이스는 이 명제가 우리의 도덕적 실천을 구성한다고 믿었다. 그러나 범주성 논증를 지지하는 이들은 일상적인 도덕적 사고와 실천의 겉모습을 동일한 수준에서 다루어서는 안 된다. 결국 그들은 뻔한 도덕적 공리들을 거부한다. 그들은 일상적인 도덕적 사고와 실천이 우리로 하여금 뻔한 도덕적 공리들에 헌신하게 한다는 사실에도 불구하고 그것들을 거부한다. 게다가 어떤 이들에 따르면, 범주성 논증의 명제 (1)이 제안하는 것과 동일한 차원에서 이러한 공리들은 우리의 도덕적 실천을 구성한다. 그것들은 우리의 일상적인 도덕적 실천의 양도할 수 없는 특징이다. 이러한 공리들의 통합에 실패한 체계는 도덕 체계로 인정될 수 없다.

나는 이러한 갈등을 활용해볼 것이다. 논의의 전개를 위해 어떠한 범주적 이성도 존재하지 않는다는 것에 우리 모두가 동의한다고 가정해보자. 왜 우리는 이것을 범주성 논증의 첫 번째 명제가 아닌 뻔한 도덕적 공리들을 거부하기 위한 이유로 삼아야 하는가? 결국 범주성 논증의 첫 번째 명제와 뻔한 도덕적 공리들 둘 다 일상적인 도덕적 사고와 실천 속에 깊숙히 체화되어 있는 것이 분명하다. 게다가 나는 그것들이 도덕적 사고와 실천으로 설명될 수 있는 도덕의 양도 불가능한 특징을 나타낸다고 말해왔다. 따라서 어떤 사람이 다음과 같이 주장한다면 우리는 그 이유를 이해하기 쉽지 않을 것이다.

A 만약 도덕적 사실이 존재한다면, 그러면 범주적 이성이 존재한다는 것은 개념적으로 필연적이다. 그러나 어떠한 범주적 이성도 존재하지 않는다. 그러므로 도덕적 사실 또한 전혀 존재하지 않는다. 그러나 만약 도덕적 사실이 전혀 존재하지 않는다면, 그러면 행위자는 잘못된 행위에 대한 도덕적 결점을 설명할 수 없게 될 것이다. 일상적인 상황 속에서 행위자는 약속을 어기지도, 사람을 죽이지도 않는데, 그 이유는 단지 그렇게 하고 싶지 않기 때문이라고 가정해보자. 이로부터 뻔한 도덕적 공리들은 거짓임이 도출된다. 일상적인 상황 하에서 행위자는 살인을 범하지 않고, 약속을 어기지도 않는데, 그 이유는 그 행위가 도덕적으로 잘못된 것이라는 느낌 때문이다. 그러나 그들은 그러한 잘못된 행동이 갖는 도덕적 결점을 여전히 설명할 수 없다.

이러한 주장을 인정하기보다는

B 일상적인 상황 하에서 만약 단지 약속을 어기고 싶지 않거나, 살인을 저지르고 싶지 않기 때문에 약속을 지키거나 살인을 하지 않는 것이

라면, 그들은 이러한 잘못된 행위의 도덕적 결점을 설명할 수 있을 것이다. 일상적인 상황 하에서, 사실상 행위자는 거짓말을 하지도 않고, 살인을 범하지도 않는다. 왜냐하면 그렇게 하고 싶지 않기 때문이다. 이로부터 그들은 잘못된 행동의 도덕적 결점을 설명할 수 있다는 결론이 도출된다. 만약 잘못된 행동의 도덕적 결점을 설명할 수 있다면, 그러면 도덕적 사실은 존재할 것이다. 그리고 그들이 그러한 결점들을 설명할 수 있기 때문에 도덕적 사실은 존재한다. 그러나 어떠한 범주적 이성도 존재하지 않는다. 그래서 범주성 논증의 첫 번째 명제는 거짓이다. 도덕적 사실은 존재한다. 그러나 범주적 이성은 존재하지 않는다.

외부 세계에 대한 회의주의적 입장에 대응하기 위해 이와 유사한 전략을 사용했던 철학자로 무어 G. E. Moore가 있었다.[21] 무어는 외부세계에 대한 회의주의자들의 주장에 관심을 갖지 않았고 오히려 그는 회의주의의 원리를 수용해야 할 어떠한 좋은 이유도 없다는 점을 지적하며 회의주의를 공략하였다. 전자는 후자 그 이상의 어떤 것도 권하지 않는다. 만약 그렇다면, 무어는 회의주의가 자연화될 수 있다고 주장했을 것이다. 외부세계의 존재를 믿지 말아야 할 더 나은 이유는 없다. 비록 도덕적 자연주의자들은 무어보다 더 많은 것을 주장하고 있기는 하지만 나는 이 맥락에서 무어를 우리의 동지로 불러낼 수 있다고 본다. 왜냐하면 무어의 전략은 임의성 문제로 어려움에 처한 범주성 논증에 도움이 될 수 있기 때문이다. 범주성 논증을 지지하는 사람들은 도덕적 사고와 실천의 구성요소들이 확고히 자리 잡을 수 있도록 노력을 기울인다.

어쩌면 한 사람의 긍정이 다른 사람의 부정을 강조하는 것 외에 별로 하는 바가 없을 수 있듯이, 무어식의 답이 별로 도움이 되지 않는다고 생각할 수도 있다. 그러나 철학자들이 애매한 사실에서 도출되는 모순된 결론을 주장하기 위해 사용하는 친숙한 사례를 우리는 무비판적으로 받아들여서는 안 된다. 주어진 논증 상황에서 혼합된 관점을 제안하는 이들은 원리화된 이성을 정확히 표현할 수 있다. 그들은 자신들의 입장이 참임을 단순히 가정하고 있는 것이 아니다. 왜냐하면, 그들은 B보다는 A를 받아들이기 때문이다. 내가 주장하는 바는 그 이유들이 분명치 않다는 것이다.

이 점과 관련하여 윤리이론들은 다음 두 차원에서 스스로를 평가할 수 있어야 한다. 첫째, 신비로운 것이어서 혹은 존재론을 혼란스럽게 한다는 이유 때문에 수용하지 않을 그런 유형의 실체들에 우리가 헌신해야 하는가를 물을 수 있다. 둘째, 우리는 일상적인 도덕적 사고와 실천 속에 체화된 특징들을 보존하는 것은 적절한 일인가에 관해 물음을 제기할 수 있다.[22] 좋은 도덕 이론은 이 두 차원의 요구 모두를 충족시킬 수 있기를 바랄 것이다. 하지만, 조이스가 지적한 것처럼 이것들은 서로에게 불리하게 작용하는 경향이 있다.

먼저 첫 번째 평가 기준을 생각해보자. 두 번째 논의(논의B)를 받아들이는 것이 이 평가 기준을 위반하는가? 그런 것 같아 보이지는 않는다. 그들은 흄의 도덕적 이성을 수용했다. 그러므로 혼합된 관점을 지지하는 이들은 신비롭다는 이유로 거부했던 그런 유형의 실체를 인정하지 않는다. 이 문제와 관련하여 그들은 자신들의 관점에 새로운 것을 부과하고 또 논의를 복잡하게 하는 불필요한 일을 할 필요가 없다. 만약 도덕적 자연주의가 옳다면, 도덕적 이성은 일종의 흄적인 이성이 될 것이다. 그러나 앞서 살펴보았듯이, 혼합된 관점의 지지자들은 흄의 이성으로 인해 곤란한 상황에 처하지는 않는다. 그리고 만약 그렇다면 두 번째 논의를 수용하는 것은 전체적인 논의의 맥락에 새로운 문제 요소를 도입하는 것도 아니다.

두 번째 평가기준을 생각해보자. 이는 곧 윤리 이론이 일상적인 도덕적 사고와 실천의 특징들을 적절히 다루고 있는지 논의해보는 것이다. 논의 B를 받아들이는 것이 두 번째 기준을 위반하는 것인가? 이 경우 문제는 좀 더 까다로워진다. 만약 도덕적 실천이 범주적인 도덕적 이성의 존재를 인정하게 한다는 조이스의 주장을 수용한다면 도덕적 자연주의자들은 일상적인 도덕적 사고와 실천이 오류라는 것을 인정해야 할 것이다. 하지만 그 오류가 무엇인지 정확히 서술하는 것은 중요한 일이다.

여러 곳에서 조이스는 범주적 이성이 존재하지 않는다는 도덕적 자연주의자의 주장이 도덕적 사고는 침묵의 기능을 수행할 수 없다는 것을 함축하는 것처럼 쓰고 있다. 예를 들면, 『도덕의 진화』 말미에서 조이스는 다음과 같이 쓰고 있다.

이성과 그 이성의 처방 사이의 관계가 단순히 신뢰할 수 있는 우연적인 관계라면, 도덕적 담론이 수행할 수 있는 역할이 있는지 여부에 관해 우리는 의문을 제기할 수 있다. 만약 도덕적 담론이 어떠한 역할도 수행하지 못한다면, 우리는 '도덕' 체계라고 설명되는 그런 이론적인 틀을 의심해볼 수 있는 근거들을 갖게 될 것이다.[23]

조이스는 계속해서 도덕적 자연주의가 참이라면, 도덕적 사고는 도덕적 자연주의의 토대 역할을 수행할 수 없다고 주장한다.

도덕적 사고는 기능을 가지고 있다. … 도덕적 사고는 우리가 바라고 또 필요로 하는 것을 만족시키지 못하는 숙고이다. 실천적인 삶을 도덕화하는 것 moralization은 우리의 장기적인 이익에 기여한다. 그리고 그것은 처벌에 관한 허가권을 부여함으로써 집단의 협력을 도출해내는 데 좀 더 효과적이고, 좋아하는 것과 싫어하는 것을 정당화하며, 개인들로 하여금 의사결정의 틀을 공유할 수 있게 한다. 요약하면, 도덕적 처방으로 하여금 이러한 기능들을 수행할 수 있도록 하는 것은 그것이 갖는 권위와 강제성이다. 그러므로 실천적 힘이 부족한 가치체계는 우리가 도덕에 부여한 사회적 역할을 효과적으로 수행할 수 없고 도덕을 활용하는 것처럼 우리는 그것을 사용할 수 없게 된다.[24]

같은 글에서 조이스는 도덕적 자연주의자의 입장에서 벗어나는 것처럼 보이는 다음과 같은 말들을 한다.

모든 도덕적 이성은 흄적인 것이다.
더 나아가 모든 도덕적 이성이 흄적인 것이라면, 도덕적 사고는 침묵의 기능을 수행할 수 없다.

그러나 이러한 추론은 오류일 가능성이 있다. 도덕적 이성이 흄적인 것일지라도, 도덕적 사고는 이성이 침묵의 기능을 수행하는 데 이바지할 수 있다. 왜냐하면, 도덕적 사고가 도덕적 이성의 본질을 잘못 묘사하는 경향이 있기 때문이다. 즉, 도덕적 이성이 정말로 흄적일 때 그것을 범주적 이성으로 간주하는 경향이 있다는 것이다.

내가 생각하고 있는 바를 좀 더 설명해보겠다. 도덕적 자연주의자들은 뻔한 도덕적 공리들을 통해 알려지는 그런 도덕적 사실들이 존재한다고 믿고, 또 도덕적 이성이 존재한다고도 믿는다. 비록 그것들이 모두 흄적인 것이라고 믿고 있지만 말이다. 도덕적 자연주의자들이 이성을 흄적인 것이라고 믿지만, 또한 그들은 우리 중 대다수가 도덕적 이성을 도덕의 요구들에 순응하는 것으로 생각한다고 믿는다. 그러나 그들이 조이스가 일상적인 도덕적 사고와 실천을 잘 묘사했다는 점을 인정하는 한, 그들은 도덕적 사고와 실천이 잘못 통합된 것임을 인정하는 것이다. 그리고 그러한 잘못은 도덕적 이성이 흄적인 것일 때 그것을 범주적인 것으로 간주하는 데서 비롯된다.

도덕적 자연주의자들(최소한 그들이 일상적인 도덕적 사고와 실천에 대한 조이스의 서술에 동의한다면)은 일상적인 도덕적 사고와 실천이 잘못 통합된 경향이 있다고 믿는다. 이러한 결과의 충격을 완화하기 위해 도덕적 자연주의자들은 왜 우리가 도덕적 이성의 본질을 잘못 기술하는 것이 유용할 수 있는지 여러 이야기를 할 수 있다.[25] 예를 들어 포켓볼을 배우는 올바른 방법에 관해 최근 존스턴 M. Johnston이 제안하고 있는 설명을 생각해보자. 존스턴에 따르면, 올바른 방법은 당신이 의도하고 있는 구멍에서 가장 멀리 있는 목표가 되는 공에 영향을 주는 하얀 '가상의 볼 ghost ball'을 볼 수 있어야 한다. 그리고 자신의 공을 가상의 볼을 향해 직접 친다. 그리고 당신이 의도한 바대로 순조롭게 진행된다면, 목표가 되는 공은 구멍 안으로 들어간다. 비록 가상의 공은 존재하지 않을지라도, 그리고 그것이 실제 목표가 되는 공과 관련하여 잘못된 목표 지점일지라도 이는 포켓볼을 배우는 올바른 방법이라고 존스턴은 말한다.[26]

이런 식으로 도덕적 이성을 범주적인 것으로 생각하는 것은 우리가 자연스럽게 알게 되는 것이고, 또 도덕적 이성을 습득하는 가장 좋은 방법이라고 도덕적 자연주의자들은 말한다. 예를 들어, 아마도 선언적인 말들 속에서 도덕적 이성을 생각하는 것은 우리가 도덕과 타인의 행복에 관심을 갖게 하는 데 도움이 되고, 이를 통해 우리의 마음속에 '도덕적 연결고리 moral hook가 마련'되는 것이다. 이런 식으로 형성되어 유지되는 도덕적 연결고리는 우리에게 도덕적으로 행동할 진정한 이유를 제공하게 된다. 그러나 설사 그렇다 해도, 두 사례 사이에는 중요한 차이점이 존재한다. 포켓볼의 사례에서 우리는 의도적으로 틀린 가정을 포함한다는 것을 인식하는 그런 방법을 사용한다. 하지만 도덕의 경우 대부분은 그러한 것을 모른다. 우리는 (아마 도덕교육을 통해) 도덕적 이성을 범주적인 것으로 생각하게 된다는 것을 알게 된다. 여하튼, 우리가 알아야 할 중요한 점은 도덕적 이성이 흄적인 것임을 인정한다고 해도 도덕적 자연주의자들은 도덕적 사고와 담론이 도덕 체계의 구성 요소가 발휘하는 기능을 수행하지 못한다고 생각할 필요는 없다는 것이다.

서두에서 나는 도덕적 자연주의에 맞서는 조이스의 논의에 개입한다고 말한 바 있다. 그리고 이를 통해 우리가 도덕적 사고와 실천이 범주적 이성과 얽혀 있다고 믿을 만한 이유를 갖게 되었다. 하지만, 우리는 그에 상응하는 대가를 지불해야 한다. 즉, 조이스가 옳다면, 도덕적 자연주의는 도덕 이론을 평가할 때 그 준거로 삼았던 두 번째 기준을 만족시킬 수 없기 때문이다. 도덕적 자연주의자들은 도덕적 사고가, 비록 그것이 국지적으로 한정된다고 할지라도, 모종의 오류와 거래한다는 사실을 인정해야 한다.

우리는 지금 자연주의자들이 활용할 수 있는 대안을 살펴볼 필요가 있다. 조이스의 입장은 도덕에 관한 오류이론이다. 그렇다면, 오류이론은 우리가 도덕 이론을 평가할 때 도입한 두 가지 기준을 모두 충족시키는가? 첫 번째 기준의 관점에서 오류이론은 도덕적 자연주의보다 나쁠 것은 없다. 또 새로운 문제를 야기하지도 않는다. 그러나 두 번째로 넘어오면 상황은 달라진다. 두 번째 차원에서 오류이론은 도덕적 자연주의에 비해 상당히 불리한 처지에 놓이게 된다. 도덕적 자연주의와 달리, 오류이론은 우리가 도덕적 이성에 내재된 국소적 오류를 인정하지 않는다. 오히려 도덕적 사실은 전혀 존재하지 않는다고 주장한다. 따라서 뻔한 도덕적 공리들은 진리를 담지하는 데 실패한다. 게다가 오류이론은 어떠한 유형의 도덕적 이성도 존재하지 않는다고 말한다. 그러나 도덕적 사고와 담론이 도덕적 사실과 이성을 표현할 수 있기 때문에, 그들은 심각하고도 체계적인 오류를 범하게 된다. 오류이론은 이미 명성을 얻었다. 하지만 만약 오류이론이 참이라면, 우리가 도덕적 문제들과 관련하여 어떻게 그렇게 많은 실수를 범할 수 있는지 도무지 알 수가 없다.

분명 대부분의 철학적 관점들은 그것을 취하는 대가를 치러야 한다. 따라서 이론가들이 해야 할 일은 자신들의 이론이 다른 이론보다 전반적으로 그 대가가 덜하다는 것을 밝히는 것이다. 그리고 이것은 지금 우리 상황과 직접적으로 관련이 있는 것 같다. 도덕적 자연주의를 받아들이는 것은 오류이론을 지지할 때보다 그 대가가 훨씬 적다. 좋은 도덕 이론이 일상적인 도덕적 사고와 실천에 대한 체화된 헌신을 지켜낸다면, 도덕적 사실 혹은 이성이 존재하지 않는다고 보는 관점보다는 도덕적 이성이 존재한다는 관점을 받아들이는 것이 더 낫다.

지금까지의 논의를 요약해보자. 우리는 도덕적 사고가 다양한 유형의 도덕적 특징을 갖는 것들에 헌신한다고 가정했다. 만약 그렇다면, 범주성 논증을 지지한 조이스처럼, 혼합된 관점을 지지하는 이들 역시 임의성 문제에 답해야 하는 부담을 떠안게 된다. 곧 그들은 일상적인 도덕적 사고와 실천에 대한 우리의 체화된 헌신을 임의적으로 배치한다. 나는 이러한 비판에서 적절히 벗어날 수 있는 길을 암시해왔다. 그러나 나는 지금 그러한 주장을 여기에서 논의하지는 않겠다. 이론을 구성하는 데 고려해야 할 두 차원에서 보면 논의 A가 더 선호된다. 그래서 여기에서 우리의 주장을 정당화하기 위해 활용 가능한 추론 방식은 우리와 정반대에 있는 입장에 호소해보는 것이다. 곧 논의 A보다 논의 B의 입장에서 문제에 접근해보자는 것이다. 이론적 부담이 있다는 것을 전제하고, 나는 범주성 논증을 펼치는 반대편 입장에서 도덕적 자연주의를 거부해서는 안 된다는 결론을 도출해보도록 하겠다.

혼합된 관점의 지지자들은 나의 이러한 논의 방식을 상당히 불쾌해 할 것이다. 그리고 그들은 다음과 같이 항의할 것이다. 도덕적 자연주의와 오류이론이 자연주의자들이 취할 수 있는 두 성공 가능한 메타윤리적 선택지라고 주장한다고 해보자. 그리고 도덕적 자연주의는 오류이론보다 훨씬 문제의 소지가 적다. 도덕적 자연주의가 인정하는 오류는 오류이론의 그것보다 훨씬 덜 심각하기 때문이다. 이것이 우리가 오류이론보다 도덕적 자연주의를 선호하는 핵심이다. 그럼에도 이론을 선택하는 데 우리가 고려한 두 기준에 근거할 때, 우리가 도덕적 자연주의를 수용해야 한다는 결론이 자연스럽게 따라 나오는 것은 아니다. 도덕적 자연주의자들이 범주적인 도덕적 이성의 존재를 거부한다는 점을 고려해 보면 도덕 체계를 설명하는 데 실패할 수밖에 없다. 그러나 이론 선택을 위해 도입한 두 기준은 도덕 체계를 기술하는 이론으로서 윤리 이론 혹은 메타윤리 이론을 가늠해보는 기준이었고 내 입장에서 도덕적 자연주의는 오류이론보다는 더 낫다. 그러나 이것이 도덕 체계를 제대로 기술하지 못하기 때문에 메타윤리적으로 더 낫다는 것을 의미하지는 않는다.

이러한 반론의 설득력은 도덕 체계에 관한 조이스의 논의와 관계가 있다. 『도덕의 신화』에서 조이스는 다음과 같이 언급하고 있다.

나는 모든 종류의 도덕 언어가 정언명령의 타당성을 함축한다고 주장하지 않는다. 단지 도덕 언어들 중 충분한 부분이 그러하다고 주장한다. 만약 우리가 정언명령을 제거한다면, 즉 담론 속에 함축된 정언명령을 모두 제거한다면, 도덕적 담론으로 인식할 수 있는 것은 더 이상 어떤 것도 남지 않게 될 것이다. 그리고 그 담론들은 더 이상 도덕적 담론의 역할을 수행하지 못하게 될 것이고, 정언명령을 배제한 가치 체계는 우리가 도덕에 기대하는 권위를 충분히 갖지 못할 것이다. 그리고 권위를 갖지 못한 일련의 처방들은 '도덕'으로 간주될 수도 없다. 다시 말해서, 도덕적 담론은 성공할 가망이 없는 카드이고, 그 카드가 성공하기 위해서는 그 계획의 기저에는 '정언명령'이 기록되어 있어야 한다는 것이다.[27]

한편에서는 개념들의 체계와 담론을 도덕으로 설명하기 위해 필요한 것들을 말하면서도 또 다른 한편에서는 가치 체계 혹은 일련의 처방들을 도덕으로 설명하며 양자 사이를 미끄러지듯 오가는 조이스의 이러한 논의는 흥미롭다. 조이스가 『도덕의 진화』에서 보이는 애매모호함이 여기에서도 동일하게 나타나고 있다.

조이스가 도덕을 가치 체계, 그리고 처방의 관점에서 말할 때 그가 도덕을 통해 의미하려 했던 것이 권리들, 책임들, 그리고 의무들의 체계였다고 가정해보자. 만약 그렇다면 권리와 책임, 의무가 범주적 이성을 함축하지 않는다면 그것은 도덕의 체계로 설명될 수 없다는 것이 조이스의 주장이다. 원리상으로 이것은 옳지만 우리가 그것을 믿기 위한 논의가 필요하다. 조이스는 도덕 체계로 설명되는 것이 범주적인 도덕적 이성을 함축하지 않는다면 도덕적 담론은 침묵의 기능을 수행할 수 없다고 주장한바 있다. 하지만 나는 이러한 조이스의 주장에 동의하지 않는다. 도덕적 사고는 비록 범주적 이성이 존재하지 않을지라도 대부분의 상황에서 침묵의 기능을 수행할수 있었다. 물론 어떤 면에서 나는 이러한 생각은 틀린 것일 수도 있다. 오히려 그것을 피하는 것은 쉽지 않은 일일 뿐만 아니라 또 그다지 바람직하지 않은 것일 수도 있다.

반대로 조이스가 말하는 도덕 체계가 도덕적 개념들의 체계를 의미한다고 가정해보자. 만약 그렇다면, 조이스의 주장이 개념들의 체계가 범주적인 도덕적 이성 개념을 포함하지 않는다면 그것을 도덕으로 설명할 수 없다는 것을 의미한다. 우리는 지금 그것을 구분할 필요가 있다. 개념 체계는 대다수 평범한 사람들이 일상적인 도덕적 숙고의 고정에서 사용하는 것인 동시에 도덕 이론을 수립할 때 도덕적 자연주의자들이 서술하는 것이기도 하다. 개념 체계가 전자를 뜻하는 것이라면 우리는 그것이 통속적인 도덕 개념들에 대한 왜곡된 그림을 제공한다는 이유에서 도덕적 자연주의를 부정해서는 안 될 것이다. 도덕적 자연주의자들은 그런 개념 체계에 대한 설명을 제공하지는 않고 있다. 그래서 만약 도덕적 자연주의자들의 입장이 참이라면 일상적인 통속적 개념들이 침묵의 기능을 수행하지 못한다고 말할 수는 없다. 하지만 만약 개념 체계를 후자로 이해한다면, 이는 도덕적 자연주의를 부정하는 핵심으로 작동할 수 있다. 왜냐하면, 도덕적 자연주의자들은 일상적인 도덕적 사고를 충분히 포착하지 못하기 때문에, 도덕적 자연주의를 받아들인다면 도덕적 사고는 침묵의 기능을 수행하는 데 실패할 것이다.

여기에서는 마지막 반사실적 주장, 곧 우리가 도덕적 자연주의를 수용한다면 도덕적 사고는 침묵의 기능을 수행하는 데 실패할 것이라는 주장에 초점을 맞춰보자. 이 주장이 참이라는 사실이 도덕적 자연주의가 도덕 체계를 설명하는 데 실패한다는 비판을 정당화하기에 충분한가? 내 입장에서 그것은 의심스럽다. 하지만 여기에서 나의 이러한 입장을 입증하기 위한 논의를 계속 전개하지는 않겠다. 다음 두 가지만 생각해보도록 하자.

첫째, 조이스가 제안한 것과 유사한 다음 사례를 생각해보자. 플라톤, 홉스, 칸트가 염두에 둔 것처럼 많은 철학자들은 도덕적 의무를 수행하도록 하는 보상과 처벌의 체계가 있다고 생각했다. 그리고 그러한 보상과 처벌은 전형적으로 신이 내린다고 생각했다. 아마도 이러한 생각은 어떤 체계를 도덕 체계로 설명하기 위해서는 그것을 구성하는 의무, 권리, 책임이 이익과 부합해야 한다는 생각을 전제하는 것 같다. 이는 조이스의 도덕이 갖는 침묵의 기능과는 다른 것이다. 도덕적 숙고는 다른 어떤 것보다 우선하지만 보상체계의 관점에 따를 때, 도덕을 준수하는 이유는 궁극적으로 자기 자신의 이익과 부합하기 때문이다. 이것이 참이라면 도덕적으로 행동하는 것은 궁극적으로 자신의 이익에 따르는 것이고, 따라서 적절한 도덕적 숙고는 비용 – 편익 계산을 포함할 수 있다. 이것은 침묵의 기능을 수행한다는 조이스식의 도덕이 배재했던 그런 유형의 이성이다. 이러한 주장을 통해서 위의 철학자들은 자신들이 살았던 시대의 일반적인 도덕적 사유에 새로운 요소들을 가미한 것은 아니지만 도덕의 중요한 요소들을 기술한 것만은 분명해 보인다. 그리고 만약 이러한 생각이 적절한 것이라면, 도덕을 보상체계로 바라보는 관점을 거부하는 입장은 도덕적 사고를 온전히 파악하는 데 실패한다고 주장할 수 있다. 왜냐하면 보상체계의 관점을 거부할 경우 우리의 도덕적 사고가 도덕적 의무를 자신의 행복을 고양시키는 것으로 표상하는 데 실패할 것이기 때문이다.

사실 오늘날 많은 사람들은 도덕을 보상 체계와 관련짓는 입장을 거부한다. 우리는 도덕과 관련하여 자신들의 입장을 기술할 때, 도덕 체계가 아닌 다른 것을 묘사하는 사람들에 관해서는 여기에서 논하지 않을 것이다. 왜냐하면, 우리의 도덕은 도덕적 숙고가 보상체계와 연결되어 있는지 여부에 관하여 생각의 차이를 충분히 고려할 만큼 유연하기 때문이다. 이 지점에서 조이스에게 물어야 할 것은 범주적인 도덕적 이성의 거부가 아닌 보상체계의 관점을 거부함으로써 도덕이 살아남을 수 있다고 생각하는 이유이다. 하지만 최선을 다해도 우리는 이러한 문제 제기에 좋은 답을 얻기 힘들 것이다. 도덕은 침묵의 기능을 수행해야 한다는 것, 그리고 덕으로 인정될 만한 어떤 것은 우리의 행복에 기여해야 한다는 것 모두 일상적인 도덕적 사고에 깊이 뿌리내리고 있는 확신들이다. 도덕이 이 중 하나만 인정하고, 다른 하나를 거부하면서 살아남기는 결코 쉬운 일이 아니다. 하지만, 양자의 병행이 도덕에 요구된다는 것을 통해 내가 도덕 체계로 설명될 수 있는 어떤 것을 제안하려는 것은 아니다. 도덕 체계로 설명될 수 있는 것에는 한계가 존재한다. 그러므로 그것은 비록 쉽지는 않겠지만, 변화를 받아들일 수 있어야 한다. 오히려 핵심은 일상적인 도덕에 내재된 특징을 포착하는 데 실패하는 이론적 결함을 갖고 있는 도덕 체계 M과 도덕 체계를 서술하는 데 실패하는 도덕 체계 M이 서로 구분되어야 한다는 것이다. 도덕적 자연주의는 전자의 범주에 해당된다. 아무리 느슨한 입장을 취해도 도덕적 자연주의가 후자에 해당된다고 볼 타당한 근거를 찾기는 무척 어려워 보인다.

둘째, 도덕적 자연주의자들은 자신들의 입장에 따를 때 도덕 체계를 설명하는 데 실패하고, 그러면 도덕적 사유는 침묵의 기능을 수행하는 데 실패하게 된다는 점을 상기해야 한다. 하지만, 이러한 반사실적 조건문이 참이라면, 많은 메타윤리적 입장들은 메타윤리적 관점으로 인정받지 못하게 될 것이다. (왜냐하면 그것들은 도덕적 개념의 체계를 설명하는 데 실패할 것이기 때문이다.) 예를 들어, 표현주의를 생각해보자. 표현주의자들은 도덕적 사고가 사건의 도덕적 속성에 대한 믿음을 함축하지 않는다고 믿는다. 그들은 범주적인 도덕적 이성을 인정하게 하는 요구들이 존재한다고 생각한다. 만약 표현주의가 널리 받아들여진다면, 도덕적 숙고를 비용 – 편익 계산을 조용히 수행하는 범주적 이성의 결과물로 생각하지는 않을 것이다. 조이스의 입장에 따를 때, 표현주의는 우리에게 도덕 개념의 체계를 설명하는 데 실패하므로 기각되어야 한다.

　　조이스가 옹호했던 도덕적 기능주의에 관해 생각해보자.[28] 조이스 같은 기능주의자들은 일상적인 도덕적 사고와 담론을 교정할 필요가 있다고 제안한다. 즉, 도덕적 사고와 담론에 참여하는 이들은 범주적인 도덕적 이성이 마치 존재하는 것처럼 행세한다는 점에서 일종의 거짓에 참여하고 있다. 그러나 범주적인 도덕적 이성이 존재한다고 믿는 척하는 것과 진심으로 그것의 존재를 믿는 것은 엄연히 다른 것이다. 그것들은 각기 다른 입장으로 나아갈 수 있다. 기능주의가 광범위하게 수용되는 상황을 상상해보자. 대부분의 사람들은 범주적인 도덕적 이성이 존재한다고 믿기보다는 그것의 존재를 믿는 척한다. 하지만 과연 도덕적 이성이 존재한다고 믿는 척하는 것이 침묵의 기능을 수행할 수 있는가?

　　아마 어떤 경우에는 침묵의 기능을 수행할 수도 있을 것이다. 하지만 이는 또 다른 경우에서는 그렇지 못할 수도 있다는 것을 함축한다. 조이스의 관점에서 기억해야 할 것은 도덕적인 척하는 사람들은 자신들이 도덕적인 척한다는 것을 알고 있다는 점이다. 우리의 마지막 사례로 다시 돌아가 생각해보자. 당신은 당혹스러운 상황에서 벗어나기 위해 아내에게 거짓말을 하는 경향이 있다. 그리고 어떤 누구도 당신의 거짓말을 알아채지 못할 것이다. 그렇게 하는 것이 허구적인 도덕에 대한 당신의 오랜 헌신을 바꾸는 것도 아니다. 이 상황에서 도덕이 당신에게 거짓말을 하지 말라고 요구한다는 것이 도덕을 비용－편익 분석의 관점에서 이해할 수 있는 가능성을 배제하지는 않는다. 결국 이는 당신이 도덕적 이성이 존재한다고 믿는 척만 한다는 것을 당신 스스로 알고 있다는 것을 의미할 뿐이다. 반대로, (조이스가 진정한 도덕적 사고와 담론을 불가능하게 한다고 믿는) 그러한 유형의 도덕적 사고는 비용－편익의 분석적 사고에 참여하도록 우리를 초대한다. 문제가 되는 것은 합리성의 실패가 아니다. 더 나아가, 명석한 허구주의자들은 왜 그가 도덕적인 체하는지 그 이유를 정확하게 알고 있다. 그것은 대체로 도구적 이성instrumental reasons 때문이다. 그는 자기 규제와 사회의 응집력이 증진되기를 원하기 때문에 그렇게 하는 것이다.[29] 이런 입장에서 아내에게 거짓말을 하는 것은 자기 규제나 사회의 응집력 증진이라는 선들을 전혀 위협하지 않는다.

우리가 이미 앞에서 보았듯이 조이스의 관점에서 두 가지 병렬적 입장들은 도덕적 자연주의를 충분히 배제할 수 있다. 도덕적 요구에 대해 비용－편익 분석을 하는 행위자의 사고는 진정한 의미의 도덕적 숙고라고 할 수 없다. 이러한 입장이 옳다면 도덕적 허구주의는 도덕적 개념 체계에 대한 설명을 제공하지 못한다는 이유로 거부해야 할 입장임이 분명해 보인다. 그러나 허구적 상황 속에서 규범적 개념들은 진짜 침묵의 기능을 수행할 필요는 없다.

지금까지의 논의를 요약해보자. 나는 도덕적 자연주의가 참이고, 그것은 도덕 체계를 기술하는 것이 아니라는 주장을 이해하는 세 가지 방식이 있다고 주장했다. 첫 번째 이해 방식은 도덕 체계를 권리, 책임, 의무의 체계로 이해하는 것이다.

만약 권리, 책임, 의무가 도덕적 자연주의자들이 말하는 것과 같다면, 이것은 도덕적 사고가 침묵의 기능을 수행하지 못한다고 믿을 이유가 없어진다. 두 번째 이해 방식은 도덕 체계를 개념 체계로 이해하는 방식이 있다. 이는 일상적인 도덕적 사고와 담론이 이루어질 때 보통 사람들이 사용하는 그런 개념 체계라는 것이다. 나는 만약 도덕적 자연주의의 주장이 참이라면 이러한 개념들이 침묵의 기능을 수행하는 데 실패할 것이라고 믿을 어떠한 이유도 없다고 언급했다. 왜냐하면, 도덕적 자연주의자들은 도덕적 이성에 관해 흄의 입장을 취하지 않기 때문이다. 세 번째 이해 방식은 도덕 체계는 도덕적 자연주의자들이 사용하는 개념 체계라는 것이다. 이 입장에 따라 나는 두 가지로 대응했다. 첫째, 우리의 도덕적 실천은 융통성이 있다고 믿을 만한 근거가 충분하다. 그것들은 도덕적 사고에 유의미한 변화를 가져올 수 있을 만큼 충분한 유연성을 지닌다. 둘째, 도덕적 사고가 침묵의 기능을 수행해야 한다는 것이 참이라면 조이스의 논의는 대부분의 메타윤리 이론들이 도덕적 개념들의 체계를 기술하는 데 실패할 것임을 함축한다. 왜냐하면 대부분의 메타윤리 이론들은 도덕적 사고가 침묵의 기능을 수행하지 못할 것이라는 입장을 인정하고 있기 때문이다.

범주적인 도덕적 이성의 실재를 믿는 강한 도덕 실재론자에게 이 마지막 주장은 참으로 인정하기 어려운 것이다. 하나의 논의만으로도 도덕적 자연주의, 표현주의, 도덕적 허구주의, 도덕적 주관주의 모두를 폐기할 수 있다. 모두 도덕적 개념의 체계들을 기술하는 데 실패하고 있다는 것이다. 그러나 이렇게 서로 경쟁하는 입장들을 모두 폐기하는 것도 역시 쉽지 않을 일이고, 이것이 바로 내가 강조하고 싶은 점이다.

나는 조이스가 이에 동의할 것이라고 믿는다. 결국 조이스는 우리는 기껏해야 범주적인 도덕적 이성이 존재하는 척할 수 있다는 것을 윤리이론이 인정한다면 그것으로 충분하다고 생각하는 것 같다. 이에 근거하여 도덕 이론을 도덕적 개념 체계로 간주하는 것은 잘못된 것이 아니다. 이와 같은 관용은 사람들이 선호하고 그러한 선호를 보류해야 할 이유를 찾기도 쉽지 않은 도덕적 자연주의에도 확대 적용되어야 할 필요가 있다.

1   보이드(Boyd, 1988), 브링크(Brink, 1989, 1992), 레일톤(Railton, 1986, 1992), 슈뢰더(Schroeder, 2007) 등을 보라. 코프(Copp, 1995) 또한 이러한 개방성을 보여준다.

2   풋(2002, p.167). 풋은 이후에 초기 흄의 입장을 취했던 자신의 입장을 철회했다.

3   슈뢰더(2007). 흄의 이론에 대한 슈뢰더의 관점은 레일톤, 브링크와 같은 철학자들이 옹호하는 흄주의와 상당한 정도의 차이가 있다.

4   레일톤(1986, p.166).

5   조이스(2001, 2006)를 보라.

6   쿠네오(Cuneo, 2007, 7장).

7   나는 이러한 정식의 토대를 쉐이퍼-란다우(Shafer-Landau, 2005)로부터 빌려 왔다.

8   풋(2002). 모든 자연주의자들이 에티켓에 호소하는 것에 매혹되는 것은 아니다. 레일톤(1992)을 보라.

9   조이스(2006, p.202).

10   조이스(2001, p.43).

11   조이스(2001, p.177).

12   조이스(2001, p.97, p.157)는 『도덕의 진화』에서만큼 자신 있게 그리고 많은 분량을 할애하여 논의를 전개한다. 『도덕의 진화』에서 조이스는 범주적 이성을 개념화하여 사용하는 것에 유보적이다. 대신 '도덕적 영향력(moral clout)'과 '실천적 매력(practical oomph)'에 관해 논의하는 것을 더 선호한다. 편의를 위해, 나는 범주적 이성을 통해 조이스의 이러한 관점을 정식화할 것이고, 이는 그의 생각 중 중요한 것들을 전혀 왜곡하는 바가 없다고 나는 믿는다.

13   조이스(2006, pp.201-202)를 보라.

14   조이스(2006, 4장 2절)를 보라.

15   조이스(2006, 6장 4절)를 보라. 나의 목적을 위해 조이스의 사례들을 변형하였다.

16   조이스(2006, p.208).

17   조이스는 자신의 저서(2001, 4, 5장)에서 이러한 주장에 대한 논증을 펼치고 있다.

18   조이스(2001, p.52).

19   조이스(2001, 1장)를 보라. 나는 조이스가 『도덕의 신화』에서 제안하고 있는 오류이론에 대한 설명을 가지고 논의를 전개하고 있다.

20   조이스(2001, 2장)와 조이스(2006, 6장)를 보라.

21   예를 들어 무어(1953)의 처음 두 장들을 보라. 로(Rowe, 1993, p.86)는 이러한 전략을 '무어의 술책 G.E.Moore shift'이라고 부른다.

22   조이스(2007b, pp.5-6). 티몬스(Timmons, 1999, 1장)도 이와 유사한 주장을 하고 있다.

23   조이스(2006, p.202).

24   조이스(2006, p.208).

25   도덕적 자연주의자들이 강조하는 것 중 하나는 그들의 입장이 전형적으로 소위 지칭에 대한 외재주의적인 설명을 인정한다는 것이다. 우리는 도덕의 본질에 대한 잘못된 믿음을 갖고 있을 때조차도 모종의 어떤 것에 관해 언급하는 것이 가능하다. 이러한 관점에 따라 문제는 지칭하는 것

에 대한 정확한 믿음들을 우리가 갖고 있는가가 아니라 우리의 개념이 그러한 믿음들에 대한 올바른 종류의 설명적 관계를 갖는가의 문제이다. 보이드(1988)를 보라.

26 존스턴(2010, p.17).

27 조이스(2001, pp.176-177).

28 조이스(2001, 7장과 8장)를 보라. 실제로 조이스는 그가 옹호하는 기능주의의 입장이 표현주의의 한 버전이라고 주장한다. 만약 그렇다면, 표현주의에 관해 앞서 인용한 고찰들이 그것에 적용될 수 있을 것이다.

29 조이스(2001, 7장 1절)의 논의와 비교해보라.

제7장

분석적 자연주의는 오류에서 비롯된 것인가?

Susana Nuccetelli & Gary Seay

제7장

분석적 자연주의는 오류에서 비롯된 것인가?

Susana Nuccetelli & Gary Seay

100년도 더 전에 무어G. E. Moore는 도덕적 자연주의가 '자연주의적 오류naturalistic fallacy'를 범했다는 비판에 이어 열린 물음 논증open question argument을 중심으로 모든 형태의 도덕적 자연주의에 대한 논박을 시도한 것으로 유명하다. 비록 열린 물음 논증을 중심으로 한 확장된 추론이 모든 유형의 도덕적 자연주의를 무너뜨리는 데 실패했다는 데 대체로 의견의 일치를 보이고는 있지만, 열린 물음 논증OQA은 분석적인 도덕적 자연주의analytical moral naturalism에 대항하는 논변으로는 여전히 그 정당성을 인정받고 있다. 하지만 분석적 자연주의가 자연주의적 오류를 범했다는 비판을 선뜻 수용하는 이들은 그리 많지 않다. 이 글은 최근 잭슨(F. Jackson, 1998; 2003)과 스미스(M. Smith, 2000)가 주장하는 분석적 자연주의가 오류에 근거하고 있다는 것을 밝힐 것이다. 하지만 그 오류는 원형적인 자연주의적 오류, 즉 무어가 생각했던 그런 자연주의적 오류와는 다른 것일 수 있다.

거칠게 말해, 분석적인 도덕적 자연주의는 어떤 도덕적 술부와 문장은 의미론적으로 비도덕적 용어들로 표현된 술부, 문장과 동치라는 입장이다. 분석적인 도

---

* 우리는 이 논문이 개선될 수 있도록 유익한 제안들을 해주신 맥기네스(Brian McGuinness), 랜데스먼(Charles Landesman), 그리고 타이렐(Lynn Tyrell)에게 감사드리고 싶다.

덕적 자연주의의 한 가지 매력은 그것이 열린 물음 논증(간단히 말해, 아무리 서술적인 descriptive 정보가 행동과 관련하여 유용하다고 해도, 그 행위가 옳은가 혹은 그러한 행동을 실천해야 하는가의 문제에 여전히 열려 있다는 것)을 통해 제기될 수 있는 반대의 여지를 주지 않는 도덕 판단의 내용에 대한 자연주의적 설명을 약속한다는 점이다. 이를 위해 분석적 자연주의는 도덕적 술부와 문장에 대한 개념적 분석에 의지한다. 분석적 자연주의의 입장에서는 선험적 혹은 개념적 등가성equivalence이 존재할 수 있다. 그리고 만약 그런 등가성이 존재한다면, 선험적 혹은 분석적 방법을 통해 도덕적인 것의 자연적인 것으로의 환원은 가능할 것이다. 그러나 이러한 환원은 그 선험적인 토대들에 대한 회의에 열려 있다는 것을 보여줌으로써 우리가 제안하는 변형된 열린 물음 논증OQA*은 선험적인 개념적 등가성에 기반한 환원에 도전할 것이다. 더나아가 OQA에 대한 적절한 해석을 통해 고안된 논증의 맥락 속에서 환원주의적 전략을 옹호하는 것은 무어주의자들의 저항을 피할 수 있다.

　무어 이래 윤리적인 것을 자연적인 것으로 환원하려고 시도했던 도덕 실재론자들은 의미의 상실 없이 도덕적 용어와 판단을 서술적 용어 혹은 판단으로 대체하는 길을 선택했다. 물론 무어는 자신의 논의를 위해 밀 J. S. Mill, 벤담 J. Bentham, 스펜서 H. Spenser, 웨스터마크 E. Westermarck 등으로 거슬러 올라갔다.[1] 그러나 분석적 자연주의와 관련하여 무어는 페리 R. B. Perry와 샤프 F. C. Sharp와 같은 동시대 학자들을 두고 굳이 그렇게 할 필요가 없었다. 익히 알려진 바, 페리(1970[1926], p.138)는 'x는 가치가 있다'와 'x에 관심을 갖는다'는 의미론적으로 동격이라고 주장했다. 그리고 샤프(1928, p.409-11)는 '선한good'을 '반성 속에서 욕구되는'으로, '옳은right'을 '비개인적인 관점에서 바라볼 때 욕구되는'으로 정의했다. 무어의 시대 화이트 A. White는 분석적 자연주의에 저항하는 OQA는 죽은 말에 채찍질하는 것이거나 허수아비를 공격하는 그런 무의미한 헛수고가 결코 아니라고 말한 바 있다.

그렇다 해도, 이것이 오늘날 분석적 자연주의와 어떤 관련이 있는지 묻는 것은 의미가 있다. 분석적 자연주의자들의 환원 프로그램은 오늘날 신빙성을 상실하였는가? 잭슨과 스미스와 같은 대표적인 학자들의 연구에서 보여지듯 전혀 그렇지 않다. 잭슨(1998, 2003)은 도덕적 기능주의moral functionalism와의 관련성 속에서 '분석적 자연주의' 입장을 발달시킨다. 그리고 스미스(2000)는 자연주의적 도덕 실재론에 대한 OQA의 공격을 안전하게 피할 수 있는 도덕적 믿음을 설명하면서 분석적 자연주의와 유사한 입장을 보인다. 하지만 비슷한 이유들로 인해 모두 실패할 것이다. 우리는 먼저 그들의 설명이 공유하고 있는 바를 살펴볼 것이다. 스미스와 잭슨 두 사람 모두에게 윤리적 자연주의의 가장 그럴싸한 버전은 분석적 해석과 실재론적 해석이다. 그리고 그것은 다음과 같은 두 테제와 연결되어 있다.

(1) 어떤 도덕적 속성은 자연적 속성과 동일하다.

(2) 도덕적 술부와 문장은 의미의 상실 없이 순수하게 서술적인 술부와 문장으로 대체될 수 있다.

비록 분석적 자연주의는 도덕 실재론의 한 유형이지만, (1)은 분명히 비자연주의자들 non-naturalists과 코넬 실재론자들 Cornell realists의 도덕 실재론 형식과 양립할 수 없다. 코넬학파의 실재론처럼, 참된 분석적 자연주의는 그 자체로 과학의 성과와 과학을 통해 서술되는 세계를 넘어서는 사실과 속성의 존재 불가능성, 그리고 자연적인 것에 대한 도덕적인 것의 수반 supervene을 뜻하는 존재론적 절약 속에서 동기화된 것이다. 그러나 (2)는 분석적 자연주의가 어떤 도덕적 술부와 문장은 순수하게 서술적인 술부와 문장들과 내용상 동치라는 입장을 허용한다. 이는 도덕적인 것과 자연적인 것 사이의 관계는 속성과 사실을 함축한다는 것으로 코넬학파의 입장과 갈등을 일으킬 수밖에 없는 주장이다. 다른 한편, 분석적 자연주의의 테제는 비자연주의non-naturalism, 곧 어떤 도덕적 술부와 문장은 그 의미를 잃어버리지 않고 순수하게 서술적인 술부와 문장으로 대체될 수 없을 뿐만 아니라, 환원할 수 없는 도덕적 속성과 사실을 표현한다는 주장이 거짓임을 수반한다.

물론 OQA의 연장선에서 (2)에 대한 비자연주의자들의 반대가 여전히 존재한다. 분석적 자연주의자들의 주장처럼, 최소한 도덕적 술부, 문장이 서술적 술부, 문장과 개념적으로 동치라면, 도덕적 어휘를 사용하는 표현이 서술적 표현으로 대체 가능하다는 것은 선험적으로 정당화된다. 비록 서술적 술부와 문장의 자연주의적인 것으로의 대체가 사실에 관한 경험적 문제이지만 말이다. 스미스(2000, p.29 ff.)는 비분석적인 자연주의적 도덕 실재론이 OQA에 적절히 대응할 수 없다는 입장에서 이러한 분석적인 자연주의적 도덕 실재론을 발전시킨다. 그는 도덕적 속성과 자연적 속성 사이의 동일성에 관한 진술들이 후험적인 것이라는 입장을 지지하며 개념 분석 프로젝트를 포기하고, 코넬류의 자연주의적 도덕 실재론은 도덕적 믿음이 갖는 내용을 설명할 수 없다고 말한다. 스미스의 관점에서는 옳음의 속성과 유용성의 극대화 사이에는 코넬류의 실재론자들이 주장하는 것처럼 선험적 동일성이 존재하고, 도덕적 속성과 비도덕적 속성 사이에는 후험적 동일성이 존재한다. 그러나 그런 동일성은 다음과 같은 입장을 취할 때 가장 잘 뒷받침될 수 있다. "사실 우리는 또 다른 진실에 호소했다. 그러나 이것은 옳음과 어떤 자연적 속성들 사이의 관계가 선험적으로 알려진다는 것을 전제한다(Smith, 2000, p.29)." 이와 유사하게 잭슨은 도덕적 술부, 문장과 비도덕적 술부, 문장 사이에는 선험적 혹은 개념적 수반이 존재한다고 본다. 이는 그가 기반하고 있는 도덕적 기능주의로부터 도출된 것이기도 하다. "도덕적 기능주의에 따르면, 옳음은 그러그러한 서술적 속성이 아니라 오히려 A는 오직 그것이 통속적인 도덕 속에서 옳음의 기능을 수행하는 속성인 경우에 한해 선험적으로 옳다. 그리고 그 속성이 무엇인가는 후험적인 문제이다(1998, p.151 ff.)."

따라서 분석적 자연주의의 설명 제1단계는 선험적이다. 다시 말해, 도덕적 술어와 문장에 대한 분석과 반성을 통해 도덕적 표현의 사용을 제한하는 조건들을 결정하는 것, 결국 대체 replacement를 통해 자격을 얻는 자연주의적 표현을 한정짓는 것이다. 그러나 분석적 자연주의가 직면하는 많은 문제들은 경험적인 것들이다. 그것들은 도덕 판단의 내용에 대한 설명을 포함하기 때문이다. 궁극적으로 그들은 도덕적 어휘와 서술적 어휘를 통한 진술상의 동일성을 형식화할 수 있다는 데 의존한다(Jackson, 1998, p.150; Smith, 2000, p.31). 그리고 그런 의미론적 동치를 확정하기 위해서는 경험적 탐구와 합리화된 논의가 모두 필요하고 또 요구되기 때문에, 거기에는 무어의 OQA에 응답할 논리적 공간이 존재한다. 분석적 자연주의와 관련해서, 의미론적 동치가 분명한 것이라면, 왜 우리는 어떤 동치의 유효성 여부가 '항상, 그리고 진정으로' 열린 문제라고 생각하는가? 분석적 자연주의자들은 OQA에 대응하며 도덕적 표현과 서술적 표현 사이의 정확한 개념적 동치가 사소하지도, 그리 쉬운 문제도 아니라고 말한다. 그것은 복잡한 문제이고, 절충(Jackson, 1998, p.150)[2]과 합리화된 논의(Smith, 2000, p.31)가 필요하다고 주장한다. 따라서 만약 그들의 대응이 억지스러운 것으로 밝혀진다면, 분석적 자연주의 프로그램은 OQA에서 영감을 얻은 반대론자들의 비판에 직면하게 될 것이다. 그리고 그들의 반대에 성공적으로 대응할 수 없게 될 것이다.

　　결국 잭슨은 "행위의 옳음은 다양한 서술적 이야기를 통해 선험적으로 도출된다. 그러나 도덕적 기능주의자들의 이야기가 갖는 복잡성 때문에 이는 불확실한 선험적 혹은 개념적 수반의 사례가 된다(1998, p.151)."는 점에 초점을 맞추어 OQA에 대응할 수 있는 입장을 확보하려 한다. 마찬가지로 OQA에 대한 스미스의 대응에 따르면, 속성이 모종의 도덕적 역할을 수행한다는 것은 후험적인 문제이다. 그러나 그러한 역할을 수행할 수 있는 속성은 선험적으로 규정될 수 있다. 그것들은 고정된 참조 사항을 통해 혹은 단어의 의미에 대한 반성을 통해 결정되기 때문이다 (Smith, 2000, p.29). 대개의 경우, 도덕적 개념들의 사용을 제약하는 것에 관해 분석한 결과 '합리화된 논의'에 열린 물음을 제기할 수 있다. 동치가 그리 명백하지도 않을 뿐만 아니라 그리 간단하지도 않기 때문이다. 만약 그러하다면, 어떤 개념적 분석은 옳지만 여전히 합리화된 논의에 열려 있는지 여부에 달려 있는 것이 아니라는 것을 의미할 뿐이다. 그러나 이것은 단지 동치의 정확성이 합리화된 논의에 열려 있지 않다는 점에 근거하지 않는다. 사실 도덕 개념에 관한 개념 분석은 "말의 사용에 대한 일련의 복잡한 제약 조건들이 무엇인지 혹은 복잡한 제약들을 전제로 하는 분석을 포함하는 것인지 그 여부에 관한 합리화된 논의에 열려 있는 것 같다 (Smith, 2000, p.31)."

　　그러므로 어떤 선험적 혹은 개념적 동치는 도덕적 언어와 순수한 서술적 언어의 빌딩 블럭들 building blocks 사이에서 얻어진다는 잭슨과 스미스의 주장은 OQA가 그 직관적인 힘을 상실한다고 생각할 수 있는 좋은 이유가 된다. 결국 이러한 관점에서 다른 것이 동일하다면, 행위, 사물, 혹은 상황에 관한 도덕적 술어를 포함하는 문장은 순수하게 서술적인 술어들만을 포함하는 문장과 내용상 동치가 된다. 이것이 그럴듯한 생각이라면, 즉 언어적 내용과 심적 내용 사이의 병행론을 고려한다면, 그 연장선상에서 심적 내용에 대한 분석적 자연주의의 설명 역시 그럴듯한 것이 될 수 있다.

이후의 논의를 도덕적 어휘와 비도덕적 어휘 사이에서 개념적 동치가 유지된다는 분석적 자연주의의 주장으로 돌려보자. 스미스와 잭슨의 설명에 따라, 그런 동치가 분명할 것 같지는 않기 때문에, 그런 동치를 지지하는 이론은 무어의 OQA에 영향을 받지 않게 된다. 그러나 사실 OQA의 변형인 OQA*는 '선한', '해야 하는', '옳은'과 같은 도덕적 표현들이 순수한 서술적 어휘들을 담고 있는 술어부를 통해 의미의 상실 없이 대체될 수 있다는 분석적 자연주의의 주장에 선험적인 의심을 제기한다. OQA*는 최소한 그런 진술들 간 동치가 참일 수 있다는 것을 지지한다. 우리는 여기에서 시작하겠다. 도덕적 술어 'right'는 서술적 술어 'N'을 통해 표현되는 그것과 동치인 개념을 표현한다고 가정해보자. 'N'은 자연주의적 술어가 일상적인 옳음 rightness의 개념 속에서 그것의 역할을 수행하는 자연적 속성을 표시한다. OQA*에 있어서, '옳은'이라는 술어와 그것이 표시하는 자연주의적 속성이 무엇인가는 일반적으로 협의될 수 있다. 그러므로 잭슨이 예측한 것처럼, 관련된 술어들과 속성들에 관한 개념적 수렴을 통해 이 문제는 충분히 발달된 통속적인 도덕 내에서 안정적으로 논의될 수 있다.³ N은 도덕적 술어 'right'가 상황 A에서 오직 행위 A를 통해 효용성을 극대화한다는 것이거나, 혹은 욕구하는 바를 추구하는 것, 선호 만족도 극대화에 기여하는 것 등의 종합적 선언판단 disjunction을 의미한다고 가정해보자.

OQA*는 '옳은'과 같은 도덕적 술어가 자연적 술어와 내용상 동치인지 선험적인 의심을 갖게 하는 데 효과적이다. '옳음'이 의미의 상실 없이 N에 포함되는 술어로 대체될 수 있다는 주장은 그 근거들에 대한 선험적 의심에 열려 있다. 이러한 주장을 뒷받침하려면, OQA*는 먼저 의미의 상실 없이 '옳은'을 대체하기 위한 후보가 될 자연적 술어를 생각해야 한다. 이는 곧 일련의 판단이 술어들의 동치가 내용 상대적인 판단에 근거한다는 주장을 포함한다. 그런 종류의 판단들은 그것들의 인식론적 정당화가 증거도, 또 그 증거로부터의 추론도 요구하지 않는다는 의미에서 선험적인 것으로 간주된다. 분명히, 자연주의적 대체를 의심할 근거들이 존재한다면, 그러한 의심은 선험적일 것이다. 결국 OQA는 '옳은'에 대한 자연주의적 대체를 의심할 수 있는 선험적인 근거들이 있다는 것을 그럴듯하게 논증하였다. 그리고 그 방법은 '옳은', '선한', '해야 하는' 등의 또 다른 자연주의적 대체 후보들에도 반복 적용될 수 있다. 만약 이것이 옳다면, 그러면 어떤 도덕적 술어가 자연적 술어를 통해 의미의 상실 없이 대체될 수 있는지 여부는 선험적 의심에 열려 있게 된다.

분명히 우리는 '옳은'의 자연주의적 대체를 위해 현재까지 알려진 수많은 후보들, 그리고 아직 알려지지 않은 후보들을 예상할 것이다. OQA*는 적어도 예상된 결론을 그럴듯하게 제공한다. 이런 논쟁에 참여하기 위해서 도덕적 술어의 자연주의적 대체를 위한 모든 후보들에 관해 그 내용을 서로 비교 판단해볼 필요는 없다. 곧 대체할 수 있는 그런 후보들을 몇몇으로 단순화하는 것으로 충분하다. 게다가 솔직히 '옳은'을 대체하는 데 내용에 관한 비교 판단을 할 필요도 없다. 그러나 도덕적 술어의 자연주의적 대체를 좀 더 논의해볼 기회를 갖기 위해 다음과 같은 후보들을 고려해보자.

공리주의자

도덕적 술어 '옳은'은 '유용성 극대화'라는 순수한 서술적 술어를 통해 의미의 상실 없이 대체될 수 있다.

OQA*는 공리주의에 대한 선험적 의심을 불러일으키는 데 효과적으로 활용될 수 있다. 내용의 동치를 검토하는 것은 무어의 물음을 유발한다. '유용성을 극대화하는 것'이 '옳음'과 내용적으로 동치인가? 이에 답하기 위해서는 먼저 두 술어의 내용에 관한 선험적인 비교판단이 필요하다. 형식에 내재된 내용에 관한 비교판단을 시작하는 것이다. 사례 'M'은 사례 'N'과 내용상 동치인가? 무어의 물음에 답을 제공했던 직관은 본디 1인칭적인 것이다. 그 물음들은 술어들이 포함된 개념들의 내용에 대한 비교를 요구한다. 그래서 그들은 인식론적 직관에 특권을 부여한다. 일반적으로 서로 상반되는 증거가 부재한 보통의 상황에서 인식적 타당성은 주변 환경에 대한 조사도, 증거로부터의 추론도 요구하지 않는다. (그 내용들에 관한 직관은 비정형적이고, 그러므로 그것에 대한 통속적인 개념과는 관계가 없다.)

무어의 질문은 또 다른 추정적인 내용상의 동치에 대해서도 비슷한 의심들을 불러일으키는 데 사용될 수 있다. 그런 물음에 대한 적절한 대답은 내용상 같고 다름에 관한 직관의 결과를 선험적으로 일반화하는 것과 함께 우리가 마음속에 품고 있는 개념에도 접근해볼 것을 요구한다. 이러한 문제를 야기하는 추정적인 내용과의 일치에 대해 의심하는 것은 선험적으로 타당하다. 위에서 논의했듯, 그것들은 모순되는 증거가 부재한 일상적인 상황에서 직관에 의존한다. 그리고 그것은 어떠한 경험적 연구도 요구하지 않는다(비록 그것이 경험적 연구를 통해 방어될 수 있다 해도).[4] 게다가, 이러한 직관은 전반적으로 참인 것으로 보이고, 개념들의 사용이 서툴다고 생각할 이유도 없는 것 같다. 이러한 논의가 연장될 경우 '옳은', '선한', '해야 하는' 등의 자연주의적 등가물에 대한 선험적 의심으로 나아갈 수 있다. 무어식의 물음들이 도덕적 술어의 자연주의적 등가물에 대한 선험적 의심을 손쉽게 야기하므로 분석적 자연주의자들은 그런 의심들을 극복할 수 있는 강력한 근거들을 마련해야 하는 이론적 부담을 떠안게 된다.

이런 방식으로 이해되는 OQA, 즉 OQA는 물음이 유의미하고 또 중요할 경우 열려 있고, 그렇지 않을 때는 닫혀 있다는 식이 아니므로, 잭슨이나 스미스의 응답은 적절한 대응이라고 하기에는 부족함이 있다. 선험적으로 타당한 주장들의 특징은 그것들이 경험적 탐구 없이도 해결될 수 있다는 것이다. 그러므로 OQA*는 무어식의 논의에 대응하기 위해 경험적 관찰에서 출발한 잭슨이나 스미스 식의 대응, 곧 개념적 분석은 타당할 수 있지만, 경험적으로 명백하지도 않고 간단한 것도 아니라는 지적에 영향을 받지 않는다. 도덕적 술어와 순수한 서술적 술어 사이의 개념적 동치는 무어식의 질문에는 열려 있지만 존재 차원에서는 닫혀 있다. 이것은 우리의 논의에 도전하는가? 나는 그렇게 생각하지 않는다. 왜냐하면 내용에 대한 자기-귀속적 비교판단들이 경우에 따라 오류를 범할 수 있다는 가능성을 우리는 인정할 수 있기 때문이다. 시간, 집중 기간 등과 같은 주어진 한계 속에서 닫혀 있는 것에 대해 열린 물음을 제기하는 오류를 우리는 충분히 범할 수 있다. 그러나 OQA*는 분석적 자연주의에 대한 반박을 위해 제안된 것이 아니다. 단지 그것에 대항할 수 있는 그럴듯함을 지닌 논변, 곧 일상적인 상황 속에서, 그리고 반대의 증거가 부재한 상황 속에서 자신의 언어적, 심적 내용에 대한 자기 귀속적 비교판단들이 경험적 탐구에 전혀 의존하지 않으면서도 대체로 오류를 범하지 않는 내용 지식에 관한 효과적인 논변이다. 우리는 '옳은', '선한', '해야 하는' 등과 같은 도덕적 술어가 그 의미의 상실 없이도 서술적 술어로 대체될 수 있다는 생각을 해볼 수 있는 선험적인 토대가 존재한다는 의견을 제안한다.

다시 말하지만, 우리의 OQA*는 잭슨이나 스미스가 선호한 분석적 자연주의 버전에 대항하는 그럴듯한 논변이지 그것들을 논박하는 것이 아니다. 비록 분석적 자연주의에 대항할 수 있는 그럴듯한 논변으로 OQA를 재구성하는 것이 새로운 것은 아니지만, 또한 1인칭의 선험성 apriority, 내용에 대한 비교판단이 무어식의 질문에 열려 있음을 정초하려 했던 시도 또한 없었던 것도 사실이다.[5] 우리의 논변은 다음과 같이 요약될 수 있을 것이다.

OQA* 논변

(1) '옳은'이 '유용성 극대화'를 통해 (의미의 상실 없이도) 대체될 수 있다면, '유용성 극대화'와 '옳은'의 내용상 동치 여부는 그것의 선험적 토대에 관한 의심에 열려 있지 않을 것이다.

(2) 그러나 '옳은'과 '유용성 극대화'의 내용상 동치 여부는 그것의 선험적 토대들에 대한 의심에 열려 있다.

그러므로

(3) '옳은'은 '유용성 극대화'를 통해 (의미의 상실 없이) 대체될 수 없다고 믿는 것은 합리적이다.

(4) (1)~(3) 단계는 '옳은'에 대한 수많은 순수한 서술적 용어로의 대체 시도들에도 반복 적용될 수 있다.

그러므로

(5) '옳은'은 (의미의 상실 없이) 순수한 서술적 용어들로 대체될 수 없다고 믿는 것은 합리적이다.

(6) (1)~(5)단계는 '선한', '해야 하는' 등등의 다른 도덕적 용어들에 대한 수많은 순수한 서술적 용어로의 대체 시도들에도 반복 적용될 수 있다.

그러므로

(7) '선한', '해야 하는' 등등의 다른 도덕적 용어들은 순수한 서술적 용어들로 (의미의 상실 없이) 대체될 수 없다고 믿는 것은 합리적이다.

분석적 자연주의는 OQA*에 대응해야 하는 부담을 떠안게 된다. 논의가 이러한 방식으로 바뀌는 데는 공리주의자들 같이 도덕적 용어를 대체하려는 제안들이 내용상의 동치 문제를 해결하는 데 실패했다는 무어의 직관에 근거한다. 따라서 주장의 근거를 제공해야 할 부담은 분석적 자연주의자들에게 있다. 그들은 환원적 분석의 가능성에 대한 설득력 있는 사례를 만들어야 한다. 뿐만 아니라, OQA*가 제기하는 선험적 의심을 해소할 수 있는 타당한 설명을 제공해야 하는 짐을 분석적 자연주의자들은 짊어져야 한다. 옳지만 자명하지 않은 분석이라고 주장하는 것은 이러한 의심들을 극복하기에 결코 충분해 보이지 않는다.

'옳은', '선한', 그리고 '해야 하는'과 같은 도덕적 술어들이 선험적이든 아니든, 혹은 개념적으로 서술적인 술어들과 동치이든 아니든 그것들이 선험적인 의심에 열려 있는 것은 분명해 보인다. OQA*를 통해 새롭게 제안된 논의 속에서 그런 개념적 동치가 논증에 실패하고 있다는 것을 지금 살펴볼 것이다. 그리고 그러한 실패를 우리는 '분석적 자연주의의 실수the analytical naturalist mistake'라고 부를 것이다. 환원적 프로그램을 반영하는 분석적 자연주의자들의 논변이 잘못된 것이라는 우리의 설명은 『윤리학의 원리*Principia Ethical*』(1993b [1993] : 12절, pp.64-66)에서 무어가 보여 준 자연주의적 오류에 대한 혼동을 이해할 수 있게 한다. 비록 무어의 '자연주의적' 오류에 대한 주장이 충분히 정당화되기는 어렵다 해도, 윤리적 자연주의에 대해 그의 회의적 입장은 다른 토대 위에서 정당화될 수 있다. 우리는 개념적 동치가 선험적 의심을 극복할 수 없을 것이라는 의심을 제기할 수 있다. 이런 식으로 무어를 이해할 때, 그가 "선goodness은 신이 우리에게 명령한 것이다."와 "기쁨은 빨강에 대한 느낌이다."를 비판한 것은 분명히 옳다. 마찬가지로, 우리는 낙태가 '유아살해의 한 형태' 혹은 '아직 태어나지 않은 아기의 살해'로 정의되는 분명한 경우보다는, 불분명한 맥락 속에서 시도된 잘못된 정의를 거부할 권리가 있다. 낙태라는 도덕적 사태에 관해 '태아를 죽이는 것'과 '아기를 죽이는 것'이 개념적으로 동치라고 주장하는 것은 OQA에 뿌리를 둔 반대론자들의 선험적 의심을 극복하기 어려울 것이다.

우리가 보기에 분석적 자연주의자들은 이와 유사한 오류를 범하고 있다. 왜냐하면, '옳은', '선한', '해야 하는'과 같은 도덕적 술어의 내용과 그것의 대상에 관한 절충이 이루어지면, 분석적 자연주의자들은 이러한 도덕적 술어들이 모종의 순수한 서술적 술어들과 동치가 될 것이라고 주장하기 때문이다. 이와 같은 동치를 지지함으로써, 분석적 자연주의자들은 OQA를 통해 제기되는 선험적 의심을 일축할 수 있는 모종의 증거 혹은 이유를 가정하게 된다. 위에서 언급했던 것처럼, 그들은 개념적 동치가 정확할 수는 있지만 그리 간단한 문제가 아니거나 합리화된 논의를 필요로 한다는 점에 근거하여 무어의 OQA를 일축한다. 그러나 그것은 일인칭 관점에서 볼 때, 도덕적 술어들은 개념적으로 서술적 술어들과 동치인 것 같지 않다는 OQA*의 주장에는 적절한 대응이 되지 못한다. 그러므로 분석적 논증의 오류는 선결문제 요구의 오류를 범하고 있는 것이다. 분석적 자연주의는 참임이 밝혀질 수 있다. 그러나 동시에 분석적 자연주의는 자신들의 입장이 참인 이유를 증명해야 한다. 그러기 위해서는 (먼저 OQA*를 극복하기에 충분한 이유와 증거를 포함하여) 자신들이 제안한 환원적 프로그램에 제기되는 선험적 의심을 극복할 수 있을 만큼의 강력한 증거 혹은 이유들을 가지고 있어야 한다.[6] 그렇지 않을 경우, 비자연주의자들과 도덕적 회의주의자들(즉, 회의주의자들과 비인지주의자들)은 분석적 자연주의가 해결되지 않는 문제를 논거로 삼아 자신들의 이론을 구축하고 있다는 비판만으로도 그것을 물리칠 수 있게 될 것이다.

이는 무어가 분석적 자연주의는 잘못된 방향으로 나아가고 있다고 말했던 바이다.[7] 우리는 도덕적 자연주의의 분석주의적인 변형(분석적 자연주의)을 논박했다고 주장하는 것이 아니기 때문에, 분석적 자연주의의 오류를 인식하는 것은 무어의 자연론적 오류보다 더 많은 실질 가치 cash value를 갖는다. 우리는 분석적 자연주의의 오류가 그것을 선호하는 데 부담으로 작용할 것이라고 생각한다. 즉, '옳은', '선한', '해야 하는' 등과 같은 도덕적 술어가 의미의 상실 없이도 순수한 서술적 술어들로 대체가 가능하다는 것에 대해 선험적 의심이 제기되고, 분석적 자연주의는 이러한 오류에 맞설 강력한 독립적인 근거들을 제공해야 하는 부담을 떠안게 된다.

우리의 설명은 (프랑케나가 오래 전에 주장한 바 있는) 무어식의 선결문제 요구의 오류에서 도출된 것이기보다는 의미론적인 자연주의적 환원 프로그램이 갖는 선결문제 요구의 오류에서 도출된 것이다. 그러나 왜 많은 사람들은 그러한 추론이 *선*

*결문제/요구의오류petitio*에 불과한 것이라고 생각하는가? 우선 한 가지 이유는 비판자들이 수많은 환원주의적 프로그램들에 대해 인플레이션 관점 inflationary view을 택하고 있는 무어식의 논의로 인해 잘못 인도되었기 때문이다. 우리가 보았던 것처럼, 무어는 밀의 그것처럼 논쟁의 여지가 있는 경우를 포함하여 많은 철학자들의 작품들 속에서 오류를 발견했다고 주장했다. 게다가, 그는 서로 다른 윤리적 자연주의의 분석적 유형과 비분석적 유형을 뭉뚱그려서 하나로 생각한 것 같다. 그리고 그것들 모두가 자연주의적 오류를 범하고 있다고 고발했다.

반면 무어를 비판하는 사람들은 자신들이 그의 추론을 너무 엄밀하게 읽고 있다는 것을 인정해야 한다. 그들의 주장이 무어의 맥락에서 벗어나 자연주의적 오류를 평가하고 있다는 것은 이미 잘 알려진 사실이다. OQA는 도덕적 자연주의의 분석적 버전들에 저항하는 데 그 나름의 타당성을 확보할 수 있는 논의라는 것을 간과하고 있는 것이다.[8] 그러므로 비록 도덕적 자연주의의 분석적 버전들이 스스로 자연주의적 오류를 범하고 있다는 것을 이해하지 못한다고 할지라도, 우리가 보기에 그들은 선결문제 요구의 오류와 동일한 유형의 오류를 범하고 있는 것 같다.

무어의 추론을 확대 재해석한 OQA* 논변의 질에 관해 살펴보자. 우리는 OQA*가 의미의 상실 없이 도덕적 술어들의 자연적 술어로의 대체 가능성에 대해 선험적인 의심을 불러일으키는 데 충분할 정도의 강력한 힘을 갖는다고 주장했다. 만약 우리의 주장이 옳다면, 그러면 그것은 잭슨이나 스미스와 같은 분석적 자연주의자들의 환원 프로그램은 오류를 범하는 것이다. 분석적 자연주의는 그 선험적 토대에 대한 의심이 가능한 개념적 동치의 가능성을 마치 당연한 것으로 가정한다. 이는 논쟁의 여지가 있는 전략을 사용함으로써 범하게 되는 오류이다. 결과적으로 그런 전략은 설득력을 확보할 수 없다. 그러므로 무어의 추론은 도덕적 어휘를 사용하는 표현들이 순수하게 서술적인 어휘들의 다른 표현들과 개념적으로 동치라는 입장에 근거하여 도덕적인 것을 비도덕적인 것으로 환원하려는 도덕적 자연주의의 시도에 저항할 수 있는 힘을 갖는다.

1 무어의 관점에서, 스펜서는 '좀 더 진화된' 행동을 '더 높은 윤리적 지지를 받는 행동과 의미론적
   으로 동치가 되는 것'으로 간주하였다(Moore, 1993b[1903], 29절, pp.97-98). 웨스터마크는 '옳은'
   이 '승인 감정의 각성'을 의미하고, '그른'은 '불승인 감정의 각성'을 의미한다는 심리학적 자연주
   의(psychological naturalism)를 지지했다(Moore, 1922b, p.332). 물론 분석적 자연주의가 무어의 주
   장처럼 밀의 사상 속에서 발견될 수 있는지 여부는 논란의 여지가 있다(예를 들어, 홀(Hall, 1950,
   p.51), 워녹(Warnock, 1960, pp.28-40), 그리고 웨스트(West, 1997)를 보라). 벤담에게는 또 다른 이
   야기가 있다. 그는 '옳은', '그른', '당위'와 같은 단어들이 오로지 유용성의 원리에 의해 해석될 때
   에만 그 의미를 갖는다고 썼다. 그래서 그는 '옳은 행위'를 '유용성의 원리에 부합하는 행위'라고
   정의했다(1988[1789], 1장 p.10 ff.).

2 열린 물음을 인정하지 않는 잭슨은 "진정으로 열린 물음이 제기될 수 있는 것이 무엇인가? 옳음
   과 모종의 서술적 속성을 동일시? 그러나 이러한 주장은 분석적 기술주의에 대해 도덕적 기능주
   의자들이 제기할 수 있는 그런 스타일의 반대가 될 수 없다. 도덕적 기능주의자들에 의해 제안된
   윤리적 속성들과 서술적 속성들의 동일시는 모두가 후험적인 것이다(1998, p.150)." 잭슨(1998,
   p.145, n.10)을 보라.

3 도덕적 표현들과 비도덕적 표현들 간 가정된 등가성은 어떻게 처리될 수 있을까의 문제에 대해
   잭슨은 그러한 등가성은 성숙한 통속적인 도덕의 산물일 것이라고 확신하는 것처럼 보인다. 스
   미스도 이러한 입장에 호의적이다. 결국 어떤 도덕적 용어의 일상적인 개념을 좌우하는 선험적
   인 제약에 관한 논리 정연한 합리적인 논증으로 수렴될 것이다. 스미스의 입장에서 그 개념 속
   옳음의 역할을 하는 자연주의적 속성을 결정하는 것 또한 후험적인 문제이다(2004a, p.31 ff.).

4 우리의 입장에서 내용에 대한 비교판단은 증거가 존재하지 않는다는 의미에서 선험적으로 정
   당화된다. 또한 그것들은 일반적으로 참이고, 개념들을 잘 사용하는 사람들이 제공한다. 자기-
   지식의 경우에도 이와 유사한 주장을 할 수 있다. 보고시앙(Boghossian, 1994), 버지(Burge, 1996,
   1998), 데이빗슨(Davidson, 1991)을 보라. 그리고 잭슨(1998)과 비교해보라.

5 이러한 방향에서 혼란스러운 움직임은 볼(Steven Ball, 1988)에서 찾아볼 수 있다. 분석적 자연주
   의에 저항하여 OQA를 정당화하려는 그의 시도는 두 가지 측면에서 실패한다. 하나는 그가 의미
   론적 직관의 선험적 토대를 무시하고 있다는 것이다. 또 다른 하나는 그가 (느슨하게 재구조화
   된) OQA가 가장 그럴싸한 논증이라는 것을 인지하지 못하고 있는 것이다. 픽든(Charles Pigden,
   2007)은 OQA를 그럴싸한 논증으로 구성한다. 그러나 적절한 OQA는 각각의 제안된 의미론적
   분석에 반대하는 후험적인 토대들에 호소함으로써 '조금씩' 나아간다. 그러므로 그는 무어의 질
   문들을 도덕적 술어들의 동의어가 없다는 3인칭적 직관으로부터 도출되는 도덕적 용어들에 대
   한 자연주의적 대체에 관한 후험적인 의심들을 유발하는 것으로 간주한다. 비록 호간과 티몬스
   (Terry Horgan & Mark Timmons, 2009, p.235) 역시 OQA를 '중요한 직관적인 힘'으로 간주하지만,
   그들은 그것을 도덕적 쌍둥이 지구의 사례(Moral Twin Earth case)에서 '정신과 밀접하게 관련된'
   것으로 다룬다. 그러므로 여기에서 제안된 것보다 더 강력한 결과가 도출된다. 누세텔리와 세이
   (2007a)와 비교해보라.

6 잭슨(1998, p.151)은 OQA로부터 생겨나는 의심들이 사라지지 않고 지속될 가능성을 예상한다.
   그러나 그는 그것들을 도덕적 언어에 관한 구시대의 유물일 뿐이라고 일축해 버린다. 그는 다음

과 같이 쓰고 있다. '모든 비판적 성찰과 협상이 끝나고 우리가 성숙한 통속적 도덕에 도달하게 될 때조차도 여전히 옳음은 곧 옳음의 역할을 갖는 것이라는 것에 관해 의심하는 것이 온전히 의미를 가질 수 있다는 것에 반대할지도 모른다. 그러나 지금 우리 분석적인 기술주의자들이 자신의 주장을 견고하게 펼칠 자격이 있고 그것에 꼭 들어맞는 관념이 옳음이 되는데 여전히 실패할 수 있다는 것을 주장할 자격이 있다고 생각한다. 그리고 '옳은'이라는 용어의 의미는 옳은 형상을 찾아내는 문제라는 플라톤적 개념에서 비롯되는 부작용에 불과하다고 생각한다.' 분석적 자연주의를 옹호하는 주장을 '공고히 하는 것'은 설득력이 없다는 것을 이미 우리는 여기에서 강조한 바 있으므로, 그것은 적절히 구조화된 OQA에 저항하는 문제를 회피하는 것으로 보인다. 분석적인 기술주의(analytical descriptivism)의 입장을 견고하게 옹호하는 것과는 다르지만 동시에 양립 가능한 답변을 위해서는 호간과 티몬스(2009, p.235)와 잭슨의 응답(2009, p.442 ff.)을 보라.

7 무어는 자신이 '자연론적 오류'라고 부른 것의 밑바닥에 깔려 있는 문제에 대해 몇몇의 제한 조건들을 말한 바 있다. 그러나 그것들은 오류를 표시하는 방법의 문제에 불과한 것이었다. 그는 책에서 '나는 이름에 관해 신경 쓰지 않는다.'고 쓴 바 있다. '내가 주목하는 것은 오류이다. 그것은 우리가 그것을 무엇으로 부르는가의 문제가 아니다. 그것은 우리가 그것을 만날 때 우리는 그것을 인지하도록 해준다. 우리는 거의 모든 윤리학 책에서 그것을 만난다. 그리고 아직도 그것을 눈치채지 못하고 있다. 그것에 대한 다양한 설명들이 필요한 이유이다. 그것에 이름을 붙이는 것은 어렵지 않다.'(Principia Ethica, 1장 12절, 1993b[1903], pp.65-66).

8 무어의 자연주의적 오류를 읽은 비판자들, 곧 프랑케나(Frankena, 1939), 다월·기바드 그리고 레일톤(Darwall, Gibbard & Railton, 1992), 릿지(Ridge, 2008) 윌리엄스(Williams, 1985)는 이러한 방식으로 그를 비판한다.

제8장

수반과 규범성의 본질

Michael Ridge

제8장

수반과 규범성의 본질

Michael Ridge

필연적으로, 두 상황은 그 상황의 서술적 혹은 비규범적 속성들의 차이 없이는 규범적 측면에서도 서로 다를 수 없다. 이러한 '수반 supervenience'는 매우 그럴싸하고, 또 선험적으로 참인 것처럼 보인다. 규범적 술어들의 의미에 대한 '비자연주의적' 이론들에 도전하는 길 중 하나는 수반을 통해 그것을 설명하는 것이었다. 비자연주의적 이론들은 규범적 술어가 환원할 수 없는 비자연적인 규범적 속성을 참조한다고 본다. 그런데 비자연주의가 수반을 불가해한 것으로 만드는 것은 우려할 만한 일이다. 왜 일련의 규범적 속성들은 그것으로 온전히 환원될 수 없는 서술적·비규범적 속성들에 필연적으로 수반되는 것일까?

나는 이러한 도전을 분명히 하는 것으로 이 글을 시작할 것이다. 특히, 문제는 수반이 참인지 그 이유를 설명하는 것이 아니라, 어떤 비자연적인 규범적 속성이 어떻게 수반될 수 있는가를 설명하는 것이다. 나는 비자연주의적인 논의 형식에 대한 웨지우드R. Wedgwood의 옹호를 가지고 이러한 도전을 탐구해볼 것이다. 비록 웨지우드가 다른 대부분의 비자연주의자들보다 이러한 도전에 훨씬 민감하게 반

* 이 논문의 초안에 대한 누세텔리(S. Nuccetelli), 세이(G. Seay), 그리고 웨지우드(R. Wedgwood)의 토론에 감사함을 전한다.

응하고, 한층 직접적으로 관여하고는 있지만, 그의 접근에는 미심쩍은 부분이 있다고 생각한다. 비자연주의자들은 여전히 수반을 제대로 설명하지 못하고 있다.

8.1 수반과 비자연주의

메타규범이론에서 비자연주의는 다음과 같은 입장을 내세운다. (a) 규범적 술어는 규범적 속성을 참조한다. (b) 규범적 속성은 온전히 자연과학적인 어떤 속성으로 환원될 수 없다. (c) 규범적 속성들은 적어도 실제 세계 내에서 구체적으로 나타난다. 대부분의 비자연주의자들은 실질적인 규범적 지식을 가질 수 있다고 주장한다. 하지만 이러한 인식론적 입장이 비자연주의에 대한 방어가 되지는 않는다.

비자연주의가 매력이 없는 입장인 것은 아니다. 무어 G. E. Moore의 '열린 물음 논증 open question argument'이 주는 교훈 중 하나는 규범적 술어를 비규범적 혹은 순수한 서술적 용어로 정의하려는 시도가 동시대의 사상가들이 공유했던 의미론적인 직관들 semantic intuitions과 그다지 부합하지 않는다는 것이다.[1] 물론 무어의 논변은 광범위한 논쟁의 대상이 되었다. 이 글은 그러한 복잡한 논쟁 속에서 등장한 여러 논변들을 재검토하는 것이 아니다.[2] 비록 그러한 논변들의 배후에 있는 기본적인 생각들을 최근의 언어철학을 통해 재규정해보는 것은 가치 있는 일이기는 하지만 말이다.[3]

물론 비자연주의가 갖는 의미론적 차원의 장점은 그것의 형이상학적 가치에서 비롯되는 것으로 추정된다. 비자연적인 규범적 속성들에 대한 관념은 맥키 J. L. Mackie의 널리 알려진 입장처럼 이성적으로 '기이한 queer' 것처럼 보일 수 있다.[4] 그런 속성들이 이성적으로 기이한 것처럼 보일 수 있는 한 측면은 그것들이 비규범적이고 서술적인 속성들에 필연적으로 수반하지만 그것들로 온전히 환원되지는 않는다는 것이다.

그렇지만, 이러한 연합의 관점이 갖는 기이함 queerness에 관해 상세히 살펴보기 전에, 우리는 관련된 수반 테제의 특징을 좀 더 주의 깊게 살펴볼 필요가 있다. 내가 다른 글에서 충분히 옹호해온 근거들을 통해,[5] 나는 수반을 다음과 같이 이해할 것을 제안한다.

(S) 두 가능한 세계는 (a) 그것들의 비규범적 속성들이나 (b) 서술적 속성들의 차이 없이 양자 간 규범적 속성들의 차이가 있을 수 없다.

(S)는 정말 그럴듯하고, 그러므로 (S)를 부정하는 사람은 규범적 개념의 무기력함을 인정하는 것이다. (S)를 부정하는 것은 곧 어떤 세계에서는 우리의 실제 세계와 비규범적, 서술적 특징들이 완전히 동일하면서도 히틀러가 했던 그런 못된 짓이 도덕적으로 잘못된 것이 아닐 수 있는 그런 경우를 허용하게 될 것이다.

이와 같은 세계 내에서 모든 비규범적·서술적 사실들은 동일하므로 히틀러가 동일한 사람들을 동일한 의도에서 죽인 것 또한 참이 될 것이다. 그리고 두 세계 사이에 규범적 차이는 있을 수도 없다. 그러나 이것은 말도 안 되는 것이다. 모종의 방식을 통해 비규범적·서술적 사실들은 규범적 사실들을 고정시키고, 우리는 이를 선험적으로 알 수 있다. 게다가 많은 이들은 이러한 생각이 규범적 담론 속에 내재되어 있고((S)와 같은), 수반의 의미는 분석을 통해 포착될 수 있다고 주장한다. 그리고 이렇게 수반을 이해한다면, 그것은 주요한 메타규범이론들과 갈등할 것 같지도 않아 보인다. 그래서 나는 이러한 방식으로 수반을 이해할 것이다.

위에서 언급한 (S)를 '총체적 global' 수반 테제라고 부르는데, 이는 우연이 아니다. 총체적 수반 테제는 어떠한 가능한 두 세계도 수반 토대에서의 차이 없이 수반되는 측면에서의 차이는 있을 수 없다고 주장한다. 반대로 국지적 local 수반 테제는 동일한 세계 내에서 구분되는 두 대상들은 어떤 수반 토대에서의 차이 없이 수반되는 측면에서의 차이 또한 있을 수 없다는 입장이다.

국지적 수반 테제가 갖는 문제는 만약 수반의 토대가 시공간을 포함하여 충분히 확장된다면, 수반은 별다른 의미를 갖지 못하게 된다는 점이다. 구분되는 두 사물은 정확히 모든 측면에서 그 수반하는 바가 동일할 수는 없다. 왜냐하면 근본적으로 두 사물은 동일한 시공간 속에 존재할 수 없기 때문이다. 이 경우, 두 사물과 관련하여 수반하는 측면에서의 차이가 없이는 수반되는 측면에서의 차이 또한 있을 수 없다는 것은 의미를 갖지 못하게 되어 버린다. 총체적 수반 테제들은 동일한 세계 내에서의 개체들보다는 전체적으로 가능한 세계의 존재들을 통해 이러한 문제에서 벗어난다. 문제는 일련의 세계들이 정말 가능한가 그렇지 않은가 여부이다. 나는 이런 우려들을 불식시키기 위해 총체적 수반의 관점에서 수반을 이해해야 한다고 생각한다.

8.2 유사한 수반 논변을 공유하는 입장들?

비자연주의자들은 규범적 속성이 존재한다고, 또 그것들은 자연주의적인 어떤 것으로 온전히 환원될 수 없다고 주장한다. 그러므로 비자연주의 하면 떠오르는 전통적인 생각은 열린 물음 논증과 그 후예들이다.[6] 열린 물음 논증의 결론을 말하자면, 규범적 속성들은 자연적 속성들로 온전히 환원될 수 없다는 것이다. 무어가 분명히 말했듯, 그는 규범적 속성을 다른 비자연적 속성과의 연결을 통해 환원하려는 시도를 거부한다. 또한 그는 신의 의지 혹은 칸트의 '본체적 자아'를 통해 규범적 개념들을 규정하려는 시도들 역시 배제한다.

결국 이러한 논의의 맥락에서 비자연주의를 변호 또는 옹호할 수 있는 길은 규범적 속성들은 다른 유형의 속성들로 환원될 수 없다는 입장을 취하는 것이다. 무어의 『윤리학의 원리*Principia*』가 "모든 것은 그것이고, 다른 어떤 것이 아니다."라는 버틀러 주교 B. Butler의 말로 시작하는 것은 그럴 만한 이유가 있는 것이다. 이후 비자연주의자들은 비환원적 입장을 취했던 무어에 동의한다.[7] 그래서 비자연주의자들은 규범적 속성들이 순수하게 서술적이고 비규범적인 용어들로 특징지을 수 있는 어떤 것으로 환원할 수 없다는 테제를 자신들의 입장으로 표명한다.

그러나 규범적인 것은 서술적이고 비규범적인 것에 수반한다. 그런데 왜 그래야 하는가? 만약 규범적인 속성이 온전히 존재론적으로 서술적이고, 비규범적인 속성들과 구분된다면, 그러면 왜 어떤 서술적·비규범적 측면에서의 차이가 없이 규범적인 측면에서의 차이가 존재할 가능성이 없어야 하는가? 문제는 비자연주의가 이러한 명백한 필연적인 진리를 불가사의한 것으로 남겨둔다는 것이다. 만약 규범적 속성, 비규범적·서술적 속성들이 진짜 존재한다면, 그러면 후자에서의 어떠한 차이가 없다면 전자에서의 차이 또한 불가능해야 하는 이유를 찾기는 매우 어려워진다. 이러한 문제는 항상 반환원주의자들 anti-reductionists에게 제기된다.[8]

더구나 이러한 존재론적 신비, 불가사의는 불가피한 것이 아니라는 것에 주목하라. 다른 이론들은 그런 신비함 없이도 수반을 설명할 수 있다. 기술주의descriptivism의 환원적 형식은 수반을 쉽게 설명한다. 이 입장에서 규범적 속성들은 단지 서술적·비규범적 속성들의 적절한 부분집합이거나 혹은 그것들로 구성된다. 그리고 모든 속성은 존재 그 자체에 수반한다.

표현주의 역시 그러한 존재론적 불가사의를 피할 수 있다. 표현주의에 따르면,

규범적 술부의 의미는 그것들이 수행하는 실천적 역할을 통해 이해해야 한다. 우리는 규범적 술부를 통해 다양한 비인지적 태도들을 표현할 수 있다. 여기에서 중요한 점은 표현주의의 설명과 비자연주의자들의 그것과는 표면상 다르다는 것이다. 비자연주의자는 두 가지 구분되는 속성들 사이의 존재론적 관계를 설명해야 하는 반면, 표현주의자들은 수반을 통해 제약을 받는 규범적 판단이 실천의 맥락에서 갖는 의미만을 설명하면 된다.

그러므로 표현주의의 설명이 어떻게 나아갈 것인가는 어렵게 않게 짐작할 수 있다. 표현주의의 핵심은 비규범적·서술적 속성들에 기초하여 모종의 행동을 권하기 위해 우리는 규범적 담론을 사용한다는 것이다. *비규범적이고 서술적인 환경 속에서 무엇을 할 것인가를 결정하기 위해 규범적 판단을 사용한다.* 만약 우리가 적절한 수반적 제약을 따르지 않는다면, 비규범적 혹은 서술적 특징에 근거하여 행위를 권고하거나 결정한다는 것은 완전히 의미를 상실하게 될 것이다.

이렇게 기술주의, 표현주의가 수반을 신비한 것으로 만들지 않는다는 사실만으로 그 이론들이 수반에 관한 결정적인 이론이 되지는 않는다. 좀 더 유리한 위치를 점하고 있다는 것을 의미할 뿐이다. 비자연주의자들은 규범적 속성이 어떻게 수반되는지를 설명할 수 없다는 도전에 어떻게 대응할 것인가? 가장 일반적인 방법은 '공유자 companion in guilt' 논변에 의지하는 것이다. 이 논변은 기본적으로 다른 분야로의 환원 없이도 수반이 가능함을 주장한다. 그리고 이런 관점을 취할 때 표현주의는 더 이상 수용되기 어려운 입장이 된다. 예를 들면, 비록 심적인 것이 물리적인 것으로 환원되지 않을지라도, 심적인 것은 물리적인 것에 수반할 수 있다. 그러나 몇몇은 우리가 심적 담론에 관하여 표현주의자가 되어야 한다는 주장에 설득당하기도 할 것이다.

때때로 비자연주의를 옹호하는 이들은 수반에 관하여 긍정적인 입장을 취하면서 '공범자 전략'으로 이 기준을 보완한다. 내 관점에서 공범자 전략은 비자연주의를 만족스럽게 방어할 수 있는 토대이다. 공범자 전략은 그것 하나만으로는 충분치 못하다. 어떤 이들은 서로 입장을 공유하기 때문에 자신들 사이에 과연 상대적 입장차가 존재하는지 항상 의문을 갖는다. 이러한 논쟁을 계속하는 것은 본 논문의 맥락에서 별 의미가 없다.

수반에 관한 긍정적인 입장을 취하며 실제적인 입장을 갖고 있는 비자연주의자 한 명이 쉐이퍼-란다우 R. Shafer-Landau이다. 그는 규범적 속성의 예로 드는 각각의 사례들은 서술적 혹은 비규범적 속성들의 연속되는 예화를 통해 충분히 구성될 수 있다는 생각에 근거하여 수반을 설명한다.[9] 비록 각각의 속성에 관한 사례가 비규범적·서술적 속성들의 조합을 통해 구성될 수 있다 해도, 유형으로 해석되는 관련된 규범적 속성들은 비규범적이고 서술적인 용어로 환원될 필요는 없다. 쉐이퍼-란다우는 신중하게 이 입장을 구체적으로 발전시킨 반면, 다른 비자연주의자들은 지나가는 논의들 중 하나로 이와 비슷한 제안을 가끔 할 뿐이다.[10]

나는 비규범적·서술적 속성 사례를 통해 규범적 속성 사례들을 구성하는 것에 반대한다.[11] 나는 이 글에서 이러한 접근에 대한 반대 입장을 간략히 요약하여 제시하겠다. 내 반대 중 가장 핵심이 되는 부분은 제안된 설명이 다음과 같은 가정에 의지하고 있다는 점이다. 만약 서술적 속성을 예를 들어 설명하는 사례들이 어떤 맥락 속에서 규범적 속성을 구성한다면, 그것은 어떤 맥락 속에서 그 규범적 속성을 구성해야 한다. 이러한 가정 없이 수반에 관한 설명으로써 개별적 속성에 호소하는 것은 추론의 결과라고 할 수 없다. 그러나 쉐이퍼-란다우는 그에 대한 어떠한 논증도 하고 있지 않다. 게다가 설명이 필요한 수반과 관련된 것들을 가정하지 않은 채 수반에 관하여 어떻게 자신의 주장을 펼칠 수 있을는지도 불분명하다. 더 나아가 이러한 설명 전략은 오히려 일원론monism과 일차 규범이론의 수준에서 맥락 민감성을 거부하기 위해 비자연주의를 따르는 것으로 보인다. 이는 그리 썩 달갑지 않은 결론이다.[12] 마지막으로, 이러한 전략이 '수사적 유명론trope nominalism' 이라는 존재론을 거부하는 것에 의존한다.

그리 좋은 것은 아니긴 하지만, 공범자들이 스스로 모두 움직이는 것은 어떤가? 이러한 움직임에 대응하기 위한 분명한 전략은 규범적 사례와 그것의 공범자 사이의 어떤 상대적인 차이점을 연결하는 것이다. 가장 일반적으로 활용되는 이러한 전략은 규범적인 것은 선험적이고 분석적인 것임을 지적하는 것이다. 반면 공범자들의 사례에서는 수반은 그럴듯한 것이 되지 못한다.

특히 물리적인 것에 대한 심적인 것의 수반은 선험적이지도, 분석적이지도 않다. 사실 역사를 통해 볼 때 우리 대부분은 심신 이원론에 기대어 물리적인 것에 대한 심적인 것의 수반을 부정해왔다. 왜냐하면, 많은 종교적 전통들이 자연스럽게 심적인 것에 대한 이러한 입장으로 우리를 이끌었기 때문이다.

규범적인 사례에 관한 비자연주의자들의 수반에 관한 분석은 흥미로운 점이 있다. 비자연주의자들은 비규범적인 사례와 규범적인 사례 사이의 차이는 수반이 참인 이유를 손쉽게 설명할 수 있게 하는 것이라고, 혹은 그것에 관해서는 군이 설명이 필요 없다는 것을 보여줄 수 있다고 주장할 수 있다.

수반이 분석적이라고 가정해보자. 그리고 수반에 대한 분석이 공리적axiomatic 이라고 가정해보자. 즉, 분석으로서의 수반은 본원적이다. 그것은 더 근본적인 분석적 진리에서 도출될 필요가 없다. 이러한 구분은 임의적으로 구성되는 것이 아니라 직접적인 것이다. 만약 구분이 일정한 수반의 제약을 따르지 않는다면, 어떤 것을 옳음으로 설명할 수 없을 것이다. 이는 규범적 개념들에 관한 있는 그대로의 사실이다. 결정적으로 이 입장에서 어떤 주어진 속성이 실제 수반의 제약을 어떻게 충족시키는가를 설명하는 데 분석적일 필요도, 선험적일 필요도 없다. 여기에서 내가 반환원주의자를 대신해 제안하는 방어를 명료하게 하는 데 도움이 되는 유비가 있다. 'shmong'을 통해 그렇고 그런 수반하는 속성을 언급한다고 가정해보자. 그리고 shmong을 행하는 데 실패한 사람은 비난을 받는다고 해보자. 여기에서 그 행동이 shmong이라는 사실이 왜 관련된 수반 강제에 따르는지 전혀 신비할 것이 없다. 그것은 shmong의 규정적 의미에서 자명하게 따라 나오는 것이다. 이러한 류의 설명은 규범적인 술어들의 경우에도 적용될 수 있다.

물론 규범적 술어의 의미는 규정을 통해 주어지는 것은 아니다. 그래서 나의 가설적인 술어 'shmong'을 통한 분석은 불완전한 것이라고 할 수 있다. 그럼에도 언어적 사실들은 관례에 의해 참이 된다. 그리고 규범적 담론에 안정적으로 수반하는 관습은 공리가 될 수 있다. 실제 관습들은 훨씬 조직적으로 발생하였고, 규정을 통해 발생한 것이 아니라는 사실이 이를 부정하는 것은 아니다. 만약 이를 받아들인다면, 수반이 참인 이유에 대한 신비함은 사라질 것이다. 수반의 진리는 전혀 신비할 것이 없다. 오히려 평범한 것이다. 그래서 흄 D. Hume은 이를 '사소한 진리 trifling truth'라고 한 바 있다. 적어도 나에게 이 모든 것은 비자연주의의 입장과 충분히 양립 가능하다. 수반에 대한 분석에 주목하는 것이 곧 비자연주의를 흔드는 것은 아니라는 것이다.

우리가 수반은 일종의 공리적인 분석적 진리라는 것을 허용하고, 어느 정도 그러한 대응을 인정한다고 가정해보자. 그 경우, 수반이 참인 이유를 설명하려는 도전은 그 출발에서 이미 설명할 것이 거의 없게 만드는 것이나 다름없다. 그러나 비자연주의자들은 너무 큰 대가를 치르며 승리를 얻어야하는 그런 피로스의 승리에 자축하지 않도록 주의해야 한다.

수반은 어떤 비규범적 혹은 서술적 차이가 없는 세계들 사이에는 어떤 규범적 차이도 존재할 수 없다고 주장한다는 점을 상기하라. 만약 세계들 사이에 규범적 차이가 존재할 수 없다면, 수반은 평범한 진리가 될 것이다. 이것이 참이 될 수 있는 하나의 길은 어떠한 규범적 속성들도 존재하지 않는 경우, 곧 소위 '오류이론 error theory'이 참이 되는 경우일 것이다. 그럼에도 비자연주의는 오류이론을 거부하고, 규범적 술어가 규범적 속성들에 관해 언급할 뿐만 아니라 그것에 성공한다고 주장한다. 게다가 이러한 속성들은 예화 가능하고, 또 실제 예화되기도 한다고 주장한다.

여기에서 핵심은 분석적 진리인 수반과 규범적 속성이 존재하지 않는다는 것이 양립 가능하다는 것이다. 이것은 곧 수반이 참인 이유를 설명하는 것이 비자연주의자들에 대한 도전을 뜻하는 것이 아님을 암시한다. 대신 수반에서 비롯되는 비자연적인 규범적 속성들이 어떻게 존재할 수 있는가를 설명하는 것이다. 칸트적인 용어에서 도전은 "어떻게 가능한가."의 문제에 답하는 것이다. 그러므로 이것은 비자연주의에 대한 근본적인 형이상학적 우려를 위한 도구가 된다. 이러한 우려는 서술적인 것과 비규범적인 것으로 환원될 수 있다. 그것은 서술적인 것과 비규범적인 것에 수반하는 속성들이 어떻게 존재할 수 있는가 하는 존재론적 신비함에서 비롯되는 것이기 때문이다. 이러한 신비함에 근거하여, 어떤 이들은 분석적 진리로서 수반을 인정하기도 하고, 또 존재론적 신비감에 우려를 표하는 오류이론을 거부하는 방향으로 나아가기도 한다.

그러나 우리는 잠시 변증법적 입장을 유보하도록 하자. 지금까지 우리는 '수반 설명'에 대한 비자연주의자들의 표준적인 응답이 '공범자들'에 관해 얘기하는 것을 살펴보았다. 공범자들을 위한 하나의 표준적인 응답은 규범적 사례 속 수반이 분석적이라는 것에 주의를 기울이도록 하는 것이다. 하지만, 이것이 비자연주의에 대한 반대에 도움이 되지 않을 듯 하다. 왜냐하면, 비자연주의자들은 수반이 대수롭지 않은 분석적 진리라고 주장할 수 있고, 그래서 어떠한 설명도 요구하지 않는다는 입장을 취할 수 있기 때문이다. 이는 왜 수반이 참인지를 설명하는 것이 아니라 우리가 왜 비자연적 속성들로 규범적 속성이 구성된다고 가정해야 하는지 그 이유를 설명해야 하는 것으로 논쟁점을 옮기는 것이다.

이것은 '수반 설명'에 대한 도전을 명료화하는 데 기여한다. 곧 이것은 어떻게 비자연적인 규범적 속성들이 존재할 수 있는가에 관한 설명에 도전하는 것으로 더 잘 이해될 수 있다. 그러나 이러한 논쟁은 비자연주의에 대한 반대가 공범자로 이동함에 따라 새로운 답을 요구하게 된다는 것을 의미한다. 설사 환원 불가한 수반 속성들이 어떻게 존재할 수 있는가를 설명하기 위한 형이상학적 도전이 존재한다고 할지라도, 이러한 형이상학적 문제는 다른 영역, 분야에서 발생하는 것이다. 규범적 영역에서 수반 그 자체가 분석적이라는 사실은 기본적으로 형이상학적 도전 그 자체와는 관계가 없는 듯하다. 이 경우에 규범적 사례가 존재의 수반과는 다르다는 것이 공범자들에게 답을 보장하지는 않는다. 비자연주의에 반대하기 위해서는 다른 답이 필요하다.

위의 논의를 근거로 공범자들의 논의는 그리 만족스럽지 못한 듯 하다. 개별자 속성 예화를 통한 설명은 규범적 속성의 맥락에서는 거의 기대할 수 없는 데, 이는 규범적인 것이 갖는 고유한 특징 때문이다. 그러므로 공범자들은 결국 환원주의의 그럴듯한 사례로 밝혀질 것이고, 그 주장은 수반 토대에 근거한 논의의 사례임이 밝혀질 것이다.[13] 결국 공범자 사례는 비자연주의에 대한 반대론이 따를 수 있는 그럴듯한 논의 중 하나가 될 것이다. 예를 들어, 민주주의, 예술과 같은 '기본적으로 논란이 되는 개념들'은 환원 불가능한 속성을 나타내는 것처럼 보인다.[14] 즉, 그것들은 완강하게 환원적 정의를 거부한다. 그러나 여전히 안정적으로 특성화된 좀 더 기본적인 일련의 속성들에 수반한다. 비록 이 개념들이 은연 중 규범적이고, 또 표현주의로의 취급을 받아야 하는 그런 것이지만 말이다.[15]

어떤 경우, 비자연주의에 대한 만족스러운 방어는 수반을 통해 주어지는 비자연적인 규범적 속성이 어떻게 존재할 수 있는지에 관한 그럴싸한 설명을 요구한다. 규범적 속성을 예화하는 개별자에 호소하는 설명은 그리 성공적이지 못했다는 것을 살펴보았다. 게다가 최근까지, 이것은 단지 비자연주의 진영 내에서만 이루어지는 게임에 불과했다. 적극적인 설명을 제공하기 위해 자연주의의 도전을 심각하게 다룬 몇몇 비자연주의자들은 이러한 형태의 설명을 제안해왔다.[16] 좀 더 최근에, 웨지우드는 이러한 도전에 새롭고도 색다른 비자연주의적 대응을 제안한 바 있다. 이 논문의 남은 부분에서 그의 대응을 설명하고, 그것이 받아들이기 어려운 것임을 보일 것이다.

8.3 규범성의 본질?

웨지우드의 관점은 정교하면서도 동시에 '유동적인 부분'이 많다. 그래서 나는 이 짧은 지면 속에서 그가 주장하는 바의 정당성을 충분히 다룰 수는 없다. 대신 이 글의 주제와 관련된 핵심 요점만 간략히 요약하겠다. 웨지우드가 규범적 술어들에 관해 제안하는 의미론에 관해 그의 존재론적 관점을 해석하는 방식으로 접근을 시작해보자.

웨지우드는 어떤 사람이 '나는 Φ를 해야 한다.'는 형식의 판단을 내린다면, 그리고 그것이 불확실성으로 부터 도출된 것이 아니라면, 또 Φ하는 것이 '관련된 유형'에 관한 것이라면, 그는 Φ를 하려고 하지 않거나 혹은 Φ를 실제로 하지 않는다면 불합리한 사람일 것이다. 관련된 불확실성에 대한 경고는 무엇이 옳은지 모르지만 둘 중 하나를 해야 한다는 받아들이기 어려운 주장을 피하는 것이다. '관련된 유형'에 관한 강조는 행위자의 의도가 실제 Φ를 실행에 옮길 것인가의 여부에 모종의 영향을 미친 경우로 테제를 제한한다.

웨지우드에 따르면, 사람들은 합리적이다. 때문에 규범적 판단과 동기 사이의 합리적인 연결은 해야 한다고 판단한 것을 행동에 옮기려는 의도와 성향이 사람들에게 내재해 있다고 주장한다. 마지막으로, 웨지우드의 설명에 따르면, 행동을 인도할 수 있는 규범적 술어를 사용할 줄 아는 것은 규범적 술어가 힘을 갖기 위해 필요한 것들을 폐기한다.

의미론이 갖는 힘에 관한 이러한 설명의 이점 중 하나는 도처에 존재하는 근본적인 불일치와 잘 부합한다는 것이다. 게다가 언어의 힘에 관한 최소한의 설명을 고려할 때, 그것은 편재하는 근본적인 규범적 불일치를 받아들일 수 있다는 것이 분명해진다. 그런 불일치에 대한 우려는 규범적 의미론에 대한 수많은 관련된 설명들이 존재하므로, 그것은 화자들이 동일한 의미에서 규범적 술어들을 사용할 것이라는 생각을 위태롭게 한다.

그러므로, 웨지우드가 제안된 개념적 역할로부터 유일한 지시 대상을 연역할 수 있다면, 규범적 술어에 관한 의미론과 비규범적 술어의 그것들 사이에 일종의 광범위한 연속성이 존재하게 될 것이다. 즉, 두 경우에서 우리는 개념의 역할을 통해 고정되는 지시물을 설명할 수 있다. 비록 그 설명으로 비규범적 술어에 관한 분

석이 정확해지는 것은 아니지만 말이다. 규범적 사례에서, 개념의 역할은 실천적
이고 행위 안내적인 것과 구분된다. 그래서 규범적인 것과 비규범적인 것 간의 연
속성에 관한 이론적 설명은 '의미는 개념의 역할을 통해 고정된다.'는 추상적 수준
에 머무르게 된다. 그러나 규범적인 술어들과 연합된 실천적 개념의 역할을 강조
함으로써 규범적 담론의 특별함을 인정하는 것은 악vice이기보다는 덕virtue이다.

  이러한 접근에 제기될 수 있는 한 가지 우려는 제안된 의미론이 '너무 그럴듯해
서 참이 아닌 것'처럼 보인다는 것이다. 특히 우리가 어찌됐든 그런 단일한 의미론
에 기초하여 규범적 용어의 지시대상을 연역할 수 있다는 것은 분명해 보인다. 이
러한 생각을 검토해볼 수 있는 한 가지 방법은 의미론이 지니는 힘에 대해 표현주
의자들에게 기대할 수 있을 법한 그런 설명을 하는 것이다. 웨지우드의 설명 또한
그러하다. 표현주의자들에 따르면, 규범적 술어의 의미를 참조를 통해 이해하지
않는다. 오히려 그것들이 수행하는 실천적이고 표현적인 역할을 통해 이해한다.
웨지우드는 자신의 이론이 그런 단일한 토대 위에서 단일한 지시 대상을 어떻게
확보할 수 있는지에 관해 많은 것을 말한다. 나는 그의 논의를 납득할 수는 없지만,
여기에서 그의 논의를 계속 추적하지는 않겠다.[17]

  웨지우드의 이론이 규범적 용어들의 지시대상들을 제공하는 데 성공적이라
고 가정해보자. 규범적 용어의 환원 불가능한 규범적 속성, 규범적 용어의 지시대
상이라고 여겨지는 그런 규범적 속성이 존재한다고 가정해보자. 그리고 그가 어
떻게 수반을 설명하고 있는지 살펴보자. 그가 전제하고 있는 수반은 "의도적인 것
은 규범적이다."는 그의 생각에 관한 논의를 요구한다. 그는 심지어 이것이 '메타윤
리학의 핵심'이라고 말한다(Wedgwood, 2007, vii). 어떤 것에 '관한' 마음의 상태, 즉 '내
용을 갖는' 마음의 상태는 규범적인 것으로 환원이 불가능하다. 이러한 입장에서

의도적인 것 혹은 규범적인 것은 존재론적으로 다른 것들보다 근본적인 것은 아니다. 오히려 각각은 다른 것을 통해 부분적으로 이해될 수 있다.

예를 들어, 이러한 설명을 믿는 것은 부분적으로 규범의 합리성을 통해 규제되는 것 같다. 주어진 개념과 연합되는 개념들을 통해 규제된다는 것은 만약 행위자가 다른 사정이 동일하고, 또 관련된 규범들을 준수한다면, 그 행위자는 이미 문제 사태와 관련된 개념이 포함하지 않는 그런 규범들을 이미 갖추고 있다는 것이 드러날 것이다. 하지만 이것만으로는 웨지우드의 설명에 정확성을 부여하기에 충분치 못한 면이 있다. 웨지우드의 설명에 따르면, 규범 그 자체를 위해서 인지적으로 이해 가능한 규범의 '특징' 혹은 가치가 존재해야 한다. 웨지우드의 관점에서 이러한 규범의 특징은 (믿음의 경우) 참이고, (계획의 경우) 선택적 가치를 지닌다.

그래서 웨지우드의 입장에서 의도적인 것은 규범적인 것이다. 이것은 의도적인 것은 규범적인 것으로 환원될 수 있다는 의미가 아니다. 오히려 의도적인 것은 오로지 규범적 용어를 통해 이해될 수 있다는 것이다. 그리고 규범적인 것은 의도적인 용어들을 통해 이해될 수 있다는 것을 의미한다. 두 부류의 속성들 중 어느 하나가 다른 것에 존재론적 우선성을 갖는 것은 아니다. 양자는 존재론적으로 상호 의존적이다.

이것은 수반 문제를 더 어렵게 만든다. 왜냐하면, 반환원주의 버전은 의도의 상태에서 어떤 차이가 없이 규범적 차이는 존재할 수 없다는 이유를 설명할 수 있기 때문이다. 이러한 관점에서 보면, 규범적 사실들은 의도적인 사실들이다. 모든 것은 그 자체에 수반한다. 그래서 이러한 의미에서 웨지우드가 말하는 규범적인 것이 의도적인 것에 수반한다는 것은 그리 대단한 것이 아니다. 의도적인 것은 규범적이라는 웨지우드의 주장은 개별자 tokens가 아닌 유형 types 수준에 해당하는 것임을 유의해야 한다. 개별자를 통해 수반을 설명하는 잘못된 전략과 달리, 유형에 기반한 수반 설명은 규범적인 것과 의도적인 것의 본질에 관한 보편적이고 필연적인 사실에 호소한다.

수반을 부정하는 것은 터무니없게도 히틀러의 유대인 학살이 잘못이 아닌 경우와 똑같은 또 다른 세계의 존재를 허용한다. 나는 비규범적·서술적 차이 없이는 어떠한 규범적 차이도 있을 수 없다는 수반 형식을 지지하는데 웨지우드의 이론은 이러한 수반 테제를 손쉽게 설명할 수 있다. 내 입장에서 의도적인 속성들은 서술적 속성들이다. 그것들은 심리학의 순수한 서술적인 용어들을 통해 이해될 수 있는 속성들이다. 그러나 웨지우드의 관점에서 규범적 속성들은 심리학적 속성들이고, 의도적인 것은 곧 규범적이 것이다. 그래서 그는 서술적인 것에 대한 규범적인 것의 수반을 어렵지 않게 설명한다. 그리고 그 서술적인 것은 심리학적인 것을 포함한다.

의도적인 것은 경험심리학을 통해 밝혀질 것이고, 그것이 인과력을 갖는다(웨지우드에 따르면, 규범적인 것은 인과력을 갖는다)는 점을 감안하면, 자연적인 것에 대한 규범적인 것의 수반을 통해 수반을 형식화할 수는 없다. 의도적인 것은 규범적이라는 테제가 웨지우드의 수반을 더 쉽게 설명할 수 있게 한다.

이것이 수반에 대한 도전에 종지부를 찍는 것은 아니다. 의도적인 것은 규범적이라는 생각을 통해 수반은 쉽게 설명될 수 없다. 우리는 수반을 재형식화할 수 있다. 웨지우드도 알고 있는 것처럼, 지금 문제는 비규범적이고 비의도적인 것에 대한 규범적인·의도적인 것의 수반을 어떻게 설명할 것인가이다. 그러나 이러한 수반테제는 내가 이 논의를 시작했을 때만큼 그렇게 압도적이지도, 매력적이지도 않은 것은 분명하다. 비규범적인·비의도적인 혹은 물리적인 것을 통해 표현되는 수반을 히틀러의 사례에 직접 사용하는 것은 무리가 있다.

그래서 첫째, 웨지우드의 비자연주의는 심리학적인 것과 규범적인 것이 서로를 규정한다. 그리고 양자가 서로를 너무 직접적으로 강제하는 수반에 호소한다는 점이 수반으로 설명해야 하는 상황을 더욱 어렵게 만든다.

둘째, 웨지우드는 수반을 설명하는 문제를 이전의 비자연주의자들보다 더욱 심각하게 다룬다. 게다가 그는 수반이 어디까지는 참이고, 또 신비한 측면이 무엇인지에 관해 설명해야 한다는 것을 분명히, 그리고 진솔하게 인정한다.

웨지우드는 '강수반 strong suprevenience'과 '총체적 수반 global suprevenience'을 구분하는 방식에 호소한다.

(SS) (강수반) 모든 A의 속성들 A*, 모든 가능한 세계 w, 그리고 모든 개인 x에 관하여, 만약 x가 w에서 A*을 갖는다면, 그러면 어떤 B의 속성 B*에 관해 x는 w에서 B*을 갖는다. 그리고 w와 비교 가능한 모든 가능한 세계 v, 그리고 모든 개인 y에 관하여, 만약 y가 v에서 B*을 갖는다면, y 역시 v에서 A*를 갖는다(Wedgwood, 2007, p.211).

웨지우드는 대부분의 철학자들이 SS가 총체적 수반을 가정한다는 점을 지적한다.

(GS1) 어떤 가능한 두 세계 w1과 w2에 관하여, 만약 w1과 w2가 B속성의 측면에서 식별 불가능하다면, 그러면 그것들은 A속성의 측면에서도 역시 식별 불가능하다(Wedgwood, 2007, p.211).

웨지우드는 사실 GS1이 모종의 양상 논리를 통해 SS로부터 도출된다고 지적한다. 그러나 다른 이들은 이를 인정하지 않는다. 그의 전체적인 전략은 SS에 대한 참신한 설명 제공과 GS1에서 SS로의 추론에 관한 양상 논리를 제공한다. 특히 GS1에서 SS로의 추론을 거부하는 것은 그로 하여금 대부분의 양상 논리학자들은 올바른 양상 논리로 채택하는 S5를 거부하게 만든다. 그러나 웨지우드는 이것이 반환원주의를 위해 감수해야 할 비용치고는 그다지 크지 않다고 주장한다. 특히 그의 관점에서 S5는 그 자체로 문제의 소지가 있다.

그의 전략의 첫 단계는 SS를 설명하는 것이다. 적절한 맥락 속에서 그의 설명을 평가하기 위해 먼저 웨지우드의 '특수한 수반 테제 specific supervenience theses'에 문제의 소지가 있다는 것을 먼저 논의할 필요가 있다. '그렇고 그런 B의 속성 B*에 관하여 반드시 어떤 것이 B*를 갖는다면, 그러면 그것은 또한 그렇고 그런 A의 속성 A*를 가질 것이다.'에 관한 주장 말이다.

나는 그런 주장들을 '수반' 테제라고 부르는 것에 동의하기 어렵다. 그것들은 "어떤 A에서의 차이 없이 B에서의 어떠한 차이도 없다."는 형식이 아니다. 그것은 지루한 용어상의 지적일 뿐이다. 웨지우드는 수많은 '특수한 수반 테제'가 존재한다는 사실 때문에 어려움에 직면한다. 우리는 왜 수많은 다양성을 근본적인 형태 그 자체로 간주해서는 안 되는가? 웨지우드의 관점에서, 이것은 형식의 영역에 '혼돈'을 끌어들이는 것이다. 우리는 직관적으로 질서정연하고 구조화되어야 한다고 믿는다. 그러므로 웨지우드는 SS로부터 '특수한 수반 테제'가 어떻게 따라 나오는지, 그리고 SS 그 자체에 설명을 제공함으로써 '특수한 수반 테제'에 관해 설명하는 일을 자신이 해야 할 일로 여긴다.

사실 웨지우드가 이러한 특수한 수반 테제에 대해 보다 심도 있는 설명을 해야 하는 논리적인 이유가 있다. 그의 설명에 따르면, 만약 이러한 테제가 근본적인 형이상학적 필연이라면, 물리적 속성들과 관련된 모든 선언판단은 단순히 형이상학적 필연이 아니라 규범적인·의도적인 속성의 기본적인 특징을 갖게 될 것이다. 사물의 기본적인 속성들은 그것의 존재론적인 필연적 속성들의 부분 집합을 형성한다는 것이 웨지우드의 설명이다. 웨지우드 스스로 말했던 것처럼, 관련된 규범적인·의도적인 속성이 단지 선언적인 물리적 속성일 뿐이라도 이는 파인K. Fine 등의 환원주의를 지지하는 것이다.

그렇다면, 웨지우드는 SS를 어떻게 설명하고 있는가? 그는 물리계에 수반하는 고통에 관한 논의에서 시작한다. 고통의 경우, SS는 모든 인간 y에게 필연적으로 만약 y가 물리적 속성 B를 갖는다면, 그러면 y는 고통 속에 있다는 사실을 통해 SS는 참이다. 이는 우리 세계의 고통의 본질에 관한 사실들을 통해 설명될 수 있다. 고통은 (1) 모든 고통의 사례들은 그것과 더불어 '규칙적으로 함께 예화되는' 어떤 물리적 속성을 갖는다. 그리고 '규칙적인 공동의 예화regular co-instantiation'는 비우연적인 공동의 예화이다. 그리고 (2) 만약 물리적 속성이 고통과 규칙적으로 함께 예화된다면, 그러면 실제 세계와 동일한 물리적 속성들이 예화되는 모든 가능한 세계에서도 그러한 물리적 속성을 갖는 것은 또한 고통을 갖는다. 경험적인 사실은 어떤 물리적 속성(C-신경섬유의 발화)이고, 이는 실제로 규칙적으로 고통과 함께 예화된다. 이러한 관점에서 (심리학적인 것의 부분집합인) 의도적인 것은 규범적이므로, 이러한 전략을 통해 모든 심리학적 사실들은 일반화되고, 그리고 결과적으로 모든 규범적 사실들이 일반화된다.

웨지우드는 우리가 S5를 거부한다면, SS에서 GS1이 도출되지 않는다고 주장한다. 그러므로 그는 SS, 즉 그가 생각하는 모든 수반은 설명이 필요하다고 말한다.

GS1이 S5의 논리적 형식을 거부함으로써 SS와 분리될 수 있다. 모든 가능한 세계에서 GS1이 얼마나 다를 수 있는가는 전혀 문제가 되지 않는다는 주장에 근거한다. 만약 어떤 세계에서 가능한 것이 그 세계에 상대적인 것이 될 수 있다면, 어떤 한 세계에서 어떤 일이 가능하다는 사실은 물리적으로 매우 다른 세계에서 그것이 가능하다는 것을 수반하지 않을 것이다. 더 나아가 웨지우드는 S5를 거부하기 위한 이유로 만약 어떤 일이 필연적이라면, 그것은 필연적으로 S4를 거부하기 위한 좋은 근거를 제공한다고 주장한다. 비록 그의 논의에서 핵심이 명료하게 드러나지는 않지만, 웨지우드는 S4를 거부하기 위해 SS에서 GS1을 추론하기 위한 블록이 필요하다. 실제 세계에서 유지되는 필연성들은 모든 다른 세계에서도 역시 유지될 수 있다. 그러나 왜 이렇게 되는지 그 이유를 그는 설명할 수 없다. 웨지우드는 S5와 마찬가지로 S4 공리도 거부해야 한다고 주장하므로, 이것은 그의 전체적인 입장에 전혀 반대되지 않는다.

마지막으로 웨지우드는 S5를 거부하는 것은 그리 대가가 크지 않고, 또 S5는 불확실한 것이라고 주장한다. S5를 위한 유일한 논증은 양상적 주장들은 단지 거기에 존재하는 세계, 그리고 그 세계에서의 사건들에 관한 주장들의 축약에 불과하다는 전제에 의존하고 있다. 그러나 이것은 양상적 주장들에 관한 임의적인 분석이고, 우리가 거부해야 하는 것 중 하나라고 웨지우드는 생각한다. 그는 일관된 일련의 주장들로 가능한 세계를 정의한다. 그러나 관련된 주장들 중 일부는 그것들 스스로 양상적이다. 거기에 존재하는 세계에 관한 주장으로서 양상적 주장들을 분석하는 대신에, 그는 존재론적 필연성을 근원적인 존재 개념으로 이해한다.

가능한 세계에 대한 양상적 주장들을 밝히는 것과 달리 웨지우드는 가능한 것은 세계−상대적 world-relative이라고 설명한다. 우리가 (가능한 것은 무엇이든 필연적으로 가능하다는) S5의 공리를 포기하면, 그것은 (만약 어떤 것이 필연적이라면 그러면 그것은 반드시 필연적이라는 것에 따라) S4의 공리 또한 곧바로 폐기된다고 결론을 내린다. 이 것이 암시하는 바는 우연적인 사실들이 차이를 만들 수 있다는 점을 허용한다는 것이다. 양상적인 사실들은 가능한 세계에서는 차이점을 만들어 낼 수 있지만, 필연적인 세계에서는 그렇지 않다고 주장하는 것은 임의적인 것에 불과하다는 것을 밝혀준다.

이것이 수반에 관한 웨지우드의 설명의 간략한 요약이다. 다른 여타의 반환원 주의적 이론들에 비해 왜 수반에 관한 그의 설명이 도전에 덜 노출되는지 그 이유를 밝혀내는 것은 그리 어렵지 않은 일이다. 그럼에도 그의 독창적인 접근은 결국 그 도전을 방어하지 못한다. 다음 절에서 그에 관해 논의를 해볼 것이다.

8.4 수반, 본질주의, 그리고 양상 논리

SS를 설명하는 데 웨지우드가 사용하는 전략의 첫 단계에서 시작해보자. SS에 대한 웨지우드의 설명은 심적인 것에 관한 매우 특별한 유형의 본질주의에 근거하고 있다는 점에 유의해야 한다. 고통의 사례에서, 본질주의가 제안했던 테제들은 다음과 같다. (1) 모든 고통의 사례들은 '일반적으로 함께 예화되는' 어떤 물리적 속성을 갖고, (2) 만약 물리적 속성이 일반적으로 고통과 함께 예화된다면, 기본적으로 동일한 물리적 속성이 예화되는 세계에서 그와 같은 물리적 속성을 갖는 어떤 것은 역시 고통 속에 있을 것이다. 일반화를 위한 전략으로, 그는 모든 다른 심적 상태 혹은 적어도 모든 의도적인 심적 상태에 대한 동일한 유형의 본질주의적 주장들을 필요로 할 것이다. 이러한 생각은 물리적 속성은 규칙적으로 관련된 심적 속성과 함께 예화된다는 주장과 본질주의적인 주장을 결합하는 것이다. 그리고 SS를 설명한다.

이러한 고통, 믿음, 바람, 의도 등의 본질에 관한 본질주의적 테제가 설명하는 것은 무엇인가? 이러한 본질주의적 주장들은 단지 수반을 주장하는 것과 같다. (1)과 (2)는 이미 SS를 포함한다. 그래서 수반 설명은 기본적으로 수반하는 속성들은 수반 결과로 발생하는 것이라는 테제가 된다. 이러한 본질주의적인 테제가 왜 참인지 한층 심오한 형이상학적 설명 없이, 수반에 관한 강력한 설명으로 보기는 어렵다. 어떤 유형의 속성들에 관한 필연적 참을 채택하는 것과 그 유형의 속성들에 대한 '본질적인 특성'을 재형식화하는 것은 설명에 도움이 되지 않는다. 이는 아편이 그것의 우수한 최면성을 통해 사람을 어떻게 잠에 빠져들게 하는지에 관한 몰리에르Molière 박사의 유명한 설명을 연상케 한다.

의심할 바 없이 (1), (2) 같은 주장들은 원형적인 수반 테제에 모종의 내용을 부과한다. 웨지우드의 설명을 따를 때, 본질은 그 자체로 환원 불가하다. 그러므로 그것은 단순히 양상modality에 관한 주장만을 하는 것이 아니다. 더 나아가 (1)과 (2)는 물리적인 것에 대한 심리적인 것의 수반 방식을 말하고 있다. (1)과 (2)는 '물리적으로 유사한' 세계로 수반을 제한하고 있기 때문이다. 그러나 이 마지막 포인트는 SS에 더하는 바가 거의 없다. 결국, 그것은 단순히 하나의 세계가 또 다른 세계와 관계를 맺게 되는 가능한 방식을 상세히 설명하는 것에 불과하다. 즉, 하나의 세계가 다른 세계와 관련될 가능성은 양자 사이의 물리적 유사성을 통해 이해된다.

그러나 반대로 마음에 상응하는 사태의 본질적인 특징에 호소하는 것은 수반 이상의 어떤 것을 덧붙이지 말아야 한다는 것을 의미하지는 않는다. 오히려 수반 테제는 양상적인 참의 재공식화를 통해, 그리고 그것이 수반 속성의 특성들을 반영한다는 것을 통해 충분히 설명되지 않는다는 점이다. 수반 테제로 인해 당황한 사람은 똑같이 본질주의자들의 테제가 참인지에 관해서도 당혹감을 느낄 것이다. 고통이라는 심적 속성이 환원 불가능하다는 점을 생각할 때, 왜 고통이라는 심적 속성은 모종의 물리적 속성과 규칙적으로 함께 예화되어야만 하는가? 그리고 물리적으로 유사한 세계에서 모종의 심적 속성과 규칙적으로 함께 예화되는 물리적 속성이 왜 그것의 현전을 위해 필요한 충분한 근거가 되는가?

우리는 여기에서 웨지우드의 입장에서 벗어나지 않도록 주의해야 한다. 그의 관점에서, 사물의 본질적 특성과 관련된 사실들은 자체로 환원 불가능한 사실들이다. 그래서 여기에서 문제는 고통이 그렇고 그런 본질적 특성을 갖는데, 이것이 참인 이유가 무엇인지 설명할 수 없다는 것이다. 만약 본질적인 사실들이 환원 불가능한 것이라면, 그러면 그것들은 기본적인 사실들일 것이다. 그리고 그것들은 더 근본적인 사실들을 통해 참이 확인될 수도 없다. 웨지우드가 말하고 있는 본질적인 테제들은 형이상학적으로 근본적인 것이고, 더 본질적인 테제를 통해 설명될 수 없다. 따라서 우리는 그의 입장에 도전하는 것은 곧 왜 특정한 본질주의적 테제를 발견해야 하는가에 대해 설명을 요구하는 것이다. 즉, 반환원주의를 고려할 때, 왜 우리는 그런 본질주의자들의 주장을 믿어야 하는가 반문할 수 있다.

만약 심적인 것·규범적인 것이 물리적인 것으로 환원될 수 있다면, 웨지우드가 앞서 제안한 테제가 참인 이유는 쉽게 밝혀진다. 그러나 우리가 그런 환원주의를 거부할 때, 우리는 (물리적으로 유사한 모든 세계에서) 주어진 심적 속성의 본질적인 특성이 (심적 속성의 예화를 위해 충분한) 물리적 속성과 더불어 규칙적으로 함께 예화되는 그런 것을 발견해야 하는 이유는 무엇인가?

더군다나 본질주의적인 사실들은 환원 불가능하다는 사실이 곧 모든 본질주의적인 사실은 설명을 넘어서 존재한다는 것을 수반하지는 않는다. 왜냐하면, 우리는 또 다른 보다 근본적인 본질적인 테제를 통해 하나의 본질적인 테제를 설명할 수도 있기 때문이다. 직관적으로, 앞서 웨지우드가 고통에 관해 제안한 테제들은 본질주의적인 테제의 근저를 이루는 것 같지도 않다. 게다가 그것들은 '설명을 몹시 필요로 하는 것' 같아 보인다. 본질의 비환원성을 고려할 때 비록 양상적 사실에 근거한 것은 아닐지라도, 그것들에 대해 한층 심층적이 형이상학적 설명이 가능할 것이다. 하지만 그보다는 오히려 고통의 본질에 관한 더 근본적인 테제를 통해 설명될 수 있다. 예를 들어, 환원주의적 테제는 그것들이 참인 이유를 설명할 수 있다. 비록 웨지우드의 설명에 따를 때 어떠한 환원주의적 설명도 할 수 없을 뿐만 아니라 뭔가 다른 설명이 있을 것 같지도 않지만 말이다.

그러나 앞서 웨지우드가 제안하고 있는 본질주의적 테제들은 그 자체로 '설명을 필요로 하는 것'처럼 보인다. 그는 심적 속성이 물리적 속성으로 온전히 환원될 수 없다고 본다. 그럼에도 심적 속성의 본질적 특성은 물리적으로 유사한 세계 내에서 심적 속성을 예화하기에 충분한 물리적 속성과 규칙적으로 함께 예화될 수 있는 그런 기이함에 직면하게 된다. 형이상학적으로 근본적인 토대가 되는 그런 사실들을 포착하는 것, 그리고 더 기본적인 테제를 통해 설명되지 않는 그런 사실을 포착하는 것은 결국 심적 속성은 우리에게 매우 기이한 것으로 다가오게 된다. 어떤 이는 환원 불가능한 규범적 속성들은 매우 '기이한' 것이라는 맥키의 주장이 결국 이 지점에서 정당화된다고 생각할 수 있다.

심적 속성과 규범적 속성의 기이함은 '물리적으로 유사한' 세계 내에서 물리적 속성들 사이의 필연적 관계를 제안하도록 웨지우드를 압박한다. 그리고 이로 인해 그의 입장은 더욱 악화된다. 심적인 것과 규범적인 것에 관해 반환원주의 입장을 취하는 사람들을 생각해보자. 그들은 수반과 웨지우드의 본질주의적 테제 둘 모두에 대해 회의적인 입장을 보일 것이다. 그들의 회의는 우리 세계와 물리적으로 동일한 세계가 존재할 수도 있지만, 심적 속성에 있어서는 서로 다를 수 있다는 직관에 호소한다.

그런 회의는 앞서 웨지우드가 제안한 본질주의적 테제를 통해 별것 아니라는 것이 드러날 것이다. 그리고 심적인 것-규범적인 것 간 비환원성을 고려할 때, 사람들은 그러한 비환원의 그럴듯함을 의심하게 될 것이다. 웨지우드는 심적 속성과 규범적 속성이 실제 규칙적으로 함께 예화되는 그런 토대가 되는 물리적 속성 없이도 원리상 예화될 수 있다는 것을 인정한다. 하지만 이는 문제 해결에 전혀 도움이 되지 않는다. 심적·규범적 속성과 물리적 속성 사이의 분리가 물리적으로 서로 닮지 않은 세계에서도 일어날 수 있다면, 회의론자들은 왜 물리적으로 유사한 세계에서는 그러한 분리가 일어날 수 없는지 이의를 제기할 것이다. 또 다시 우리는 이와 관련하여 설명을 해야 할 것 같은 느낌을 받지만 동시에 어떠한 설명도 마련할 수 없다는 문제를 떠안게 된다.

이러한 반대가 유의미한 경우를 생각해보자. 웨지우드는 수반과 관련하여 강수반 SS만을 설명했다. 그는 GS1을 설명하지 않았고, 또 설명할 의향도 없다. 대신 그는 GS1을 거부해야 한다고 주장한다. 그는 자신이 거부하는 양상 논리를 통해 GS1이 S5에서 도출된다고 주장한다. 그러나 이러한 주장은 그를 두 유형의 반대에 열리게 한다.

첫째, GS1은 직관적으로 옳은 것처럼 보인다는 것이다. 즉, 어떤 사람은 물리적인 것(비의도적인·비규범적인 것)에 대한 심적·규범적인 것의 수반에 동조한다. 그리고 이들은 GS1이 직관적으로 그럴싸한 것임을 알게 될 것이다. 적어도 내게는 그러해 보인다. 나는 비의도적·비규범적인 것을 통한 후자의 형식화를 선호한다. 왜냐하면 그것은 비물리적인 속성들을 포괄하는 데 도움이 되는 토대가 될 뿐만 아니라 비규범적·비의도적 속성들도 포괄하는 토대이기 때문이다. 내가 보기에 직관적으로 이것은 GS1을 상당히 호소력 있게 만든다.

웨지우드는 물리적인 것에 근거하여 형식화한 GS1에 초점을 맞추었다. 왜냐하면, 그는 자신의 입장이 자연주의의 매우 강력한 형식(물리주의)과 어느 정도 양립 가능한가를 보여주기 원했기 때문이다. 만약 그의 주장이 물리주의와 같은 엄격한 자연주의의 형식과 조화를 이룰 수 있게 된다면, 그러면 사실상 그것은 좀 더 온건한 형태의 자연주의와도 조화를 이룰 수 있게 되므로, 그는 물리적인 토대에 근거하여 모든 형이상학적 문제들을 형식화할 수 있다. 그러나 이러한 움직임도 그가 자연주의를 수용하려는 노력이 있을 경우에 한해 가능한 것이다.

SS(강수반)에 관한 웨지우드의 설명은 공정한 입장을 취하고 있다. 그가 SS에 대한 물리주의적 버전을 설명했다면, 그러면 약한 자연주의와 대비되는 강한 자연주의의 입장에 놓이게 되었을 것이다. 그러나 강한 자연주의의 틀을 통해 GS1을 특징짓고, 또 그것을 거부함으로써 그는 한층 자신의 입장을 유리하게 만들었다. GS1이 물리적인 것에 대한 수반을 통해 형식화된다는 사실은 GS1을 좀 더 논쟁의 여지가 있는 것으로 만드는 것이고, 이는 곧 그것을 거부할 수 있는 그럴싸한 이유로 작용하게 된다.

웨지우드는 비규범적·비의도적인 것에 대한 규범적·의도적인 것의 총체적 수반을 통해 GS1을 형식화하는 것에 반대할 것이다. 좌우간 SS를 설명하기 위한 그의 전략 중 어떤 것도 GS1을 끌어들이지 않는다. 그러나 GS1은 직관적으로 상당히 그럴싸한 입장임에 틀림없다.

보통 비규범적·비의도적인 것을 통해 형식화된 GS1은 적어도 물리적인 것을 통해 형식화된 GS1만큼 그럴듯하다. 비자연주의를 고려할 때, 모든 물리적 속성들은 비규범적이고 비의도적이다. 그러나 이는 모든 비규범적이고 비의도적인 속성들은 물리적 속성들이라는 입장을 수반하지 않는다. 그래서 물리적인 것을 통해 형식화한 GS1은 비규범적·비의도적인 것을 통해 형식화한 것보다 논리적으로 더 강력하다. 게다가 물리주의가 그 자체로 그럴듯한 입장인 한, 물리적인 것을 통해 형식화한 GS1은 이미 상당한 정도의 설득력을 갖는다고 할 수 있다.

물리적인 것에서 비규범적인 것·비의도적인 것으로의 이동이 어떻게 GS1을 더욱 그럴듯하게 하는지를 알아보기 위해 다음을 고려해보자. 첫째, 고통과 쾌락이 순수하게 비의도적인 마음의 질적 상태라고 가정해보자. 이것은 전혀 논쟁의 여지가 없는 것은 아니다. 피처 G. Pitcher와 같은 이들은 고통에 대한 표상적 관점을 옹호한다. 그러나 고통과 쾌락이 뚜렷이 구분되는 질적 느낌이라는 생각이 전혀 가능성이 없는 것도 아니다. 규범적인 것과 의도적인 것 사이의 직접적인 연결을 주장하는 관점을 통해 우리는 쾌락·고통의 속성이 규범적 속성이 아니라는 것을 유추할 수 있다. 이러한 관점에서 고통·쾌락을 경험하는 존재의 심적 속성은 비의도적이고 비규범적인 것이라고 할 수 있다.

행동의 이유가 그 행동이 얼마나 쾌락을 증진시키고 고통을 줄이는가의 기능에 전적으로 달려 있다는 쾌락주의의 입장을 고려해보자. 이 입장 역시 명백한 것은 아니지만, 그래도 쾌락주의적 관점은 오랜 지지자들을 확보하고 있다. 쾌락주의가 형이상학적 근거들을 상실하게 된다면 이는 불행한 일이다. 이런 방식으로 조급하게 쾌락주의에 대한 '물음을 막는 것'은 우선 반환원주의를 제기한 무어의 OQA의 정신에 어울리지 않는 것이다.

나는 고통, 쾌락과 관련하여 어떠한 차이도 없는 두 세계 사이에는 어떠한 규범적 차이도 존재할 수 없다는 입장이다. 이러한 입장은 고통과 쾌락의 속성들이 그 자체로 비규범적이고 비의도적인 것을 통해 표현되는 GS1 버전을 수반한다. 결정적으로, 이러한 입장은 고통과 쾌락이 물리주의적인 용어들을 통해 이해될 수 있다는 생각을 전제하지 않는다(Wedgwood, 2007, p.215).

그래서 비규범적이고 비의도적인 것을 통해 표현되는 GS1 버전은 그것의 물리주의적인 버전보다 논리적으로 더 약할 뿐만 아니라 물리주의를 전제로 삼지 않는 방식으로 동기화될 수 있다. 게다가 내가 GS1을 동기화하기 위해 호소한 고통과 쾌락에 대한 질적 관점은 물리주의의 입장에서는 거의 받아들여지지 않을 것이다.

언젠가 웨지우드는 GS1은 그것이 지니는 가치보다 더 많은 신뢰를 얻었다고 주장한 바 있다. 왜냐하면 GS2와의 차이가 주의 깊게 고려되지 않았기 때문이다.

(GS2) 심적으로는 w2를 w1과 식별할 수 있지만, 물리적으로 w1과 식별할 수 없는 그런 w1에 상대적인 w2라는 세계는 존재하지 않는다(Wedgewood, 2007, p.215).

왜냐하면, 그것은 주어진 세계에서 가능한 것을 근거로 형식화한 것이기 때문이고, 이러한 형식화는 웨지우드가 수용할 수 있고 또 수용하고 있는 것이다. 위의 명제는 GS1에서 유추된 것이 GS2와 구별되지 않는다는 것이고, 이는 곧 GS1의 그럴듯함이 쓰고 있는 가면을 벗겨내는 설명을 제공한다.

이러한 잘못된 점을 폭로하는 전략에는 두 가지 문제가 있다. 첫째, 대부분의 철학자들은 S5를 수용한다. 그리고 그들의 직관이 이론에 근거한 것이므로 GS1과 GS2에 대한 직관 역시 서로 다르지 않은 것 같다. 그리고 그들의 직관은 이론에 근거하고 있다. 둘째, 많은 철학자들이 S5에 관한 문제를 포함하여 직관을 통해 그럴 싸한 어떤 것을 발견한 것과 GS1과 GS2을 분명히 구분해야 한다는 생각에 나는 의 문이 든다. 그것은 철학자들이 직관적으로 발견할 것이고, 그러므로 그것은 그들 이 전제하고 있는 이론에 근거한 것으로 결국 이론적인 것이라고 할 수 있다. 그러 고 웨지우드의 입장 또한 그 자체로 이론적인 것은 이와 마찬가지이다.

아무튼 GS1에 관한 웨지우드의 생각은 두 가지 반대에 열려 있다. 첫째, 그는 물 리주의 혹은 약한 비규범적·비의도적인 옷을 걸친 GS1을 수용하기 위한 이유로 그것이 SS에서 도출된다고 가정했다. 이 생각이 그가 범하고 있는 오류이다. 언뜻 보기에 GS1은 상당히 그럴듯해 보이고, SS에서 GS1으로 나아가는 것을 논리적으 로 거부할 수 있는 방법을 보여주는 것이 곧 GS1은 거부해야 한다는 것을 의미하지 도 않는 듯 보인다. 오히려 웨지우드의 설명은 GS1을 설명할 수 없기 때문에 GS1을 거부할 더 나은 논증을 필요로 하는 것이다.

둘째, 물론 웨지우드도 스스로 인식하고 있는 것처럼 S5, 그리고 S4를 폐기하는 것은 언뜻 보기에 비자연주의를 구출하기 위해 이론적으로 지불해야 하는 비용치 고 과한 듯 하다. 게다가, 웨지우드 스스로 쓰고 있듯이, S5와 S4 공리들은 대부분의 양상 논리학자들이 수용하고 있는 것이다. 그래서 웨지우드는 S4와 S5가 오류라는 것을 직접적으로 주장하지 않는다. 대신 그는 우회적으로 S4와 S5에 대한 변호가 그리 탄탄하지 못하다고 주장한다. 특히 웨지우드는 양상적 주장들을 전제로 하 는 논증은 존재 가능한 세계들에 관한 주장들을 단지 축소해놓은 것에 불과하다고 주장한다. 그리고 이러한 주장은 그리 탄탄하지도 않다고 본다. 이런 방식으로 양 상적 주장들을 이해하면 안 된다고 웨지우드는 지적한다.

비록 웨지우드의 주장이 확실히 옳은 것은 아니지만, 나는 여기에서 양상적 주장을 잘 이해할 수 있는 방법에 관해 논의하지는 않을 것이다. 웨지우드의 주장에 불리하게 작용하는 것은 양상적 담화에 관한 환원주의적인 관점만이 S4 혹은 S5를 지지하는 유일한 근거는 아니라는 점이다. 양상적 담화는 가능 세계들에 관한 담화로 환원되지 않는다고 주장하는 이들조차도 S4 혹은 S5가 직관적으로 그럴듯한 것임을 안다. 자신의 양상적 직관들에 호소하는 것이 적법한 것인 한, 그리고 이것이 적법할 것이라는 웨지우드 인식론의 직관적인 증거는 S4와 S5를 지지하기에 충분하다.

그러므로 S4와 S5는 사실 상당히 선–이론적인 pre-theoretical 직관의 지지를 받는다. 나는 여기에서 어떤 선택도 하지 않을 것이다. 그러나 만약 보통 사람들이 'x가 가능하다.'는 것에서 'x가 가능한 것은 가능하다.'를 추론하는 것이 그럴듯한 것임을 알지 못해도, 그들이 그것을 이해하고 있다는 것에 놀라게 될 것이다. 쉽게 'x는 필연적이다.'는 것으로부터 'x가 필연적이라는 것은 필연적이다.'를 추론하는 것은 일반 사람들에게도 그럴듯해 보인다. 대부분의 사람들은 이러한 주장이 상당히 기이한 것임을 알 것이다. 그러나 그것은 요점을 벗어난 것이기는 하지만, 그럼에도 불구하고 그들이 그것들에 관해 이해하기만 하면 그것들에 관한 확실한 직관을 갖게 된다.

물론 웨지우드는 이러한 직관이 다소 혼란스럽다거나 잘못될 수 있다고 주장할 수 있다. 때로는 어떤 다른 이유로 폐기될 수 있다고 주장할 수도 있다. 그러나 그는 그런 주장을 전혀 하지 않았다. 대신 그는 S4와 S5에 관한 특정한 논변이 어떻게 잘못되는가를 보여준다. 그는 가능한 세계에 관해 축약하여 말하는 양상적 담론에 문제를 제기한다. 하지만 양상적 담론이 S4나 S5를 지지하는 유일한 이유도, 또 가장 강력한 이유인 것도 아니므로 보다 더 나은 논증이 필요하다.

게다가 전체적인 관점에 이상한 점이 드러난다. 만약 S4나 S5가 참이라는 것이 밝혀진다면, 웨지우드의 비자연주의 입장에서 수반은 전혀 이해할 수 없는 것이 되어버린다. 그러나 이는 웨지우드의 의미론이 가정하고 있는 규범적 속성이 존재한다는 것을 의심할 수 있는 좋은 이유가 될 것이다. 여기에서 의미론은 규범적 술어들이 설명을 필요로 하지만, 동시에 설명할 수 없는 수반 속성들을 언급하는 것을 말한다. 이러한 의미론은 그런 수반 속성이 존재한다는 것을 부정하는 것이 이치에 부합한다는 것을 보여주기에 충분하다. 양상 논리의 맥락에서 볼 때, 사실 규범적 혹은 의도적 속성들이 존재하는가의 여부는 신비한 어떤 것에 의지하는 것으로 보인다. 적어도 이것은 매우 강력한 결론이다. 게다가 만약 S4나 S5가 참이라는 것이 밝혀진다면, 우리는 이러한 발견에 힘 입어 상당히 기이한 관계 속에 있는 믿음과 욕구에 관하여 규범적 허무주의와 제거주의자가 될 것이다.

8.5 결론

나는 결론에서 나의 전체적인 논의를 요약하는 그런 일은 하지 않을 것이다. 웨지우드의 입장에 대한 나의 반대를 요약하는 것으로 결론을 대신하고자 한다. 내 입장에서 웨지우드의 관점은 수반을 설명하는 가장 강력한 비자연주의적 시도라고 할 수 있다.

첫째, SS에 대한 웨지우드의 설명은 그 자체로 문제의 소지가 있다. 그의 설명은 SS에 관한 본질주의의 해명이고, 본질주의적인 주장들에 기대고 있다. 그리고 그것은 SS 그 자체만큼이나 많은 설명을 필요로 한다. 웨지우드는 또한 GS1(총체적 수반)을 거부해야 한다. 그러나 여기에서 그는 GS1이 물리적인 것에 대한 수반을 통해 이해되어야 한다고 가정함으로써 문제를 너무 쉽게 넘어간다. 그의 이론에 대한 보다 엄격한 테스트는 비규범적이고 비의도적인 것의 수반으로서 GS1을 거부해야 하는가에 초점이 맞춰져야 한다.

아무튼, GS1은 그 자체로 상당히 그럴듯한 주장이다. 그래서 GS1이 SS로부터 단순히 도출되지 않는다고 보는 것은 GS1을 거부해야 하는 별도의 이유로 충분치 않다. 마지막으로, 물론 SS에서 GS1을 추론하는 것은 대부분의 양상논리학자들이 당연시 여기는 양상논리의 공리들을 거부하는 것에 의존한다. 이것은 특별한 것일 뿐 아니라 자신의 반환원주의를 지키기 위해 그가 기꺼이 지불해야 하는 커다란 이론적 비용이다. 그리고 또한 양상적 담론은 존재하는 세계에 관한 축약된 주장들일 뿐이라는 것이 곧 S4와 S5를 거부해야 하는 이유가 되지는 않는다는 것은 사실이 아니다. 이것은 S4와 S5를 위한 논증이 그리 썩 좋지 않다는 것을 보여준다. S4와 S5 그 자체는 상당한 정도의 즉각적이고 직관적인 호소력을 갖는다.

웨지우드가 GS1을 다루는 것과 구조적으로 유사한 것에 주목해보라. GS1에 반대하는 혹은 S4와 S5에 반대하는 독립된 논증을 하기보다 오히려 웨지우드는 각각의 테제들에 대한 논증들이 건전하지 못하다고 주장한다. 그가 비판하고 있는 논의들이 그 테제들을 받아들이는 유일한 토대가 아닌 한, 웨지우드의 주장이 곧 그 테제들을 거부하게 만드는 것으로 보기에는 무리가 있다. 게다가 이러한 테제들에 저항하는 진정한 독립적인 논증 없이 S4와 S5를 거부하는 그의 입장은 임시방편적인 것이다.

마지막으로 웨지우드의 입장에 대해 갖는 나의 가장 강력한 반대로서, 의도적인 것에 대한 규범적 허무주의와 제거주의가 양상 논리에서 S4와 S5가 참인 것만큼 신비한 어떤 것에서 도출된다는 생각에는 이해할 수 없는 매우 기이한 무언가가 존재한다는 것이다. 그런 입장은 규범적이고 의도적인 속성들에 불리한 것으로 작동할 것이다. 예를 들어, 이는 자유의지의 가능성이 애매한 수학적 공리가 적절한 것인가의 여부에 달려 있다고 제안하는 것이 이상한 것과도 같다. 아마도 여기에서 진리는 허구보다 더 낯선 존재일 것이다. 그러나 이러한 연결이 정말 기이하게 보인다는 사실은 웨지우드가 우리에게 채택하기를 권했던 것에 반대하기 전에 우리를 잠시 주춤하게 만든다.

1   무어(Moore, 1903)를 보라.

2   이러한 주요한 흐름에 대한 최근의 논의는 스터전(Sturgeon, 2003)을 보라

3   여기에서 나는 호간과 티몬스(Horgan & Timmons)가 발달시킨 무어식의 논변을 염두에 두고 있다. 호간과 티몬스(1992)를 보라.

4   맥키(Mackie, 1977).

5   이러한 형식화를 위한 논변은 릿지(Ridge, 2007)를 보라.

6   '그것의 후계자들'이라는 표현을 통해 내가 염두에 두고 있는 것은 주로 호간과 티몬스식의 '도덕적 쌍둥이 지구(moral twin earth)' 논증들이다. 호간과 티몬스(1992)를 보라. 몇몇 동시대의 비자연주의자들(예를 들어, Parfit and Dancy)은 '규범성' 논증을 제시하는 대신 열린 물음 논증으로부터 스스로 거리를 두는 것 같다. 나 스스로 '규범성' 논증이 정말로 열린 물음 논증의 전통 속에 있는 어떤 논증과 거리가 있는 것인지 의심스럽고, 그것은 가망이 없는 것 같다. 하지만 이에 대한 논의를 여기서 하기에는 제약이 있다.

7   예를 들어, 쉐이퍼-란다우(Shafer-Landau, 2003)를 보라.

8   블랙번(Blackburn, 1984, pp.182-190; 1998, pp.315-317)과 맥키(1977, pp.38-42)를 보라.

9   쉐이퍼-란다우(Shafer-Landau, 2003)를 보라.

10   예를 들어, 덴시(Dancy, 2004)를 보라.

11   릿지(2007)를 보라.

12   정확히 말해 나는 맥락 민감성(context-sensitivity)에 관해 다소 확신하지 못하고 있다. 하지만 다른 지점들에서는 충분히 확신을 갖고 있다. 나는 이 논증에 관해 유익한 토론을 해준 브라운(Campbell Brown)에게 감사를 표한다.

13   형이상학에 대한 좀 더 환원주의적인 접근을 옹호하는 주장에 관해서는 잭슨(1998)을 보라. 잭슨은 윤리적 속성들에 대한 환원주의를 옹호한다. 그리고 좀 더 일반적인 차원에서는 규범적인 것들에 관해서도 동일한 입장을 취한다. 비록 나는 윤리적, 규범적인 경우에 있어서 그의 주장이 별로 설득력이 없다는 것을 알지만, 이 글에서 그에 대한 구체적인 논의를 전개하는 것은 적절하지 않다.

14   갈리(Gallie, 1955-1956)를 보라.

15   사실 나는 기본적으로 논란이 되는 개념들에 대한 그런 관점들에 찬성한다(미간행된 글에서).

16   여기에서 나는 쉐이퍼-란다우와 덴시를 염두에 두고 있다. 앞의 참고문헌을 보라.

17   웨지우드의 이론에 대한 이러한 우려와 관련된 논의에 관해서는 슈뢰터와 슈뢰터(Schroeter & Schroeter, 2003)를 보라.

제9장

규범성을 자연화할 수 있는가?

Robert Audi

//////////
제9장
규범성을 자연화할 수 있는가?

Robert Audi

규범성은 윤리학에서뿐만 아니라 미학, 인식론에서도 상당히 흥미로운 주제이다. 실제로 어떤 학문에서는 규범성을 우리의 생각이나 행동을 안내하는 확실한 기준으로 설명한다. 최근에 규범성이 종종 자연주의에 의해 해석되기도 하고, 마음에 대한 과학적 접근이 강조되고 있는 지적인 흐름 속에서 규범성 그 자체에 대한 논의를 제시하는 것은 특별한 도전일지도 모른다. 왜냐하면 규범적인 진술들—특히 그중에서도 무엇을 해야만 하는가, 신념에 대한 정당화, 궁극적 선이란 무엇인가에 대하여 언급하는 것—은 그것들과 관련되어 있는 자연적 속성에서 기인하는 것으로는 보이지 않기 때문이다. 만약 규범적 속성이 자연적 속성에서 기인하는 것이 아니라면, 그때 규범적 속성은 과학적 방법이나 상식적인 이 세계를 관찰할 수 있는 방법을 통해 평가하거나 온전한 평가를 내릴 수 있는 대상이 아니다.

현대 철학은 지금 우리가 자연주의적 프로젝트의 한 시대를 살아가고 있음을 증언해준다. 윤리학, 마음철학뿐만 아니라 수학과 논리학에서조차도 말이다. 일

---

* 이 글의 초고는 듀크 대학의 지원으로 발표되었다. 이 글에 대해 유용한 조언을 해준 브룸(John Broome), 크리스프, 덴시, 밀러(Christian Miller), 누세텔리, 시놋-암스트롱, 그리고 웅(David Wong)에게 감사의 말을 전한다.

부 학자들은 수학과 논리학의 영역은 초자연적으로 신비롭게 존재하는 것을 다루는 불리한 상황에 놓여 있는 것도 아닐 뿐만 아니라, 어떤 특정한 과학적 접근과 경쟁을 하는 것도 아니기 때문에 자연주의에 직접적인 도전장을 내미는 것은 아니라고 생각할지도 모른다. 규범성의 자연화 가능성을 탐색하는 우리에게 이러한 점은 매우 중요하다. 물론 우리가 이러한 가능성을 탐색 하면서 가능한 모든 시도를 검토할 수는 없겠지만 대표적인 시도들은 충분히 검증해볼 수 있다. 이 글은 규범성의 자연화 가능성의 근거를 제시하는 것에 초점을 맞출 것이다. 이를 위해 규범성의 자연화 가능성에 대한 근본적인 회의들을 다룰 것이다. 하지만 이러한 회의들은 어떻게 자연화 프로젝트의 목적에 도달할 수 있는가에 대한 진지한 성찰을 동시에 보여준다. 규범적 속성들은 어떤 경우에는 인식하기 쉽고 어떤 행위나 분명한 자연적 속성의 다른 요소에서 기인하는 것으로 보일지도 모른다.

일반적으로 널리 받아들여지고 있는 '자연주의'에 대한 정의는 없지만, 철학적 자연주의자들은 '서술적' 개념과 속성은 반드시 자연과학이 자연적인 것으로 간주하는 것에 대한 탐구와 그 설명을 지시해야 한다는 점에 동의한다. 서술적인 것에 대한 분명하고 기본적인 경우로 종종 '관찰 개념 observation concepts'이라고 불리는 것은 오감의 사용을 통해 확인할 수 있다. 이러한 생각을 가지고 우리가 방법론적 형태에 대한 반대라는 철학적 입장에서 자연주의를 거칠게 정의해보면, 자연주의는 자연이 모든 것이고 기본적인 사실은 단지 자연의 사실이라는 관점이다.[1] 이러한 정의를 따른다면, 자연주의에서 초자연적 실체들은 배제되지만 특정한 유형의 자연주의를 고찰하는 것은 정신적 현상이 반드시 자연적인 것으로 간주되는 물리적인 것으로 환원될 수 있는지 어떤지에 대한 견해를 우리에게 제시해줄 수 있다. 우리의 목적을 위해서는 경험적 심리학을 포함하는 것으로 간주되는 광범위한 자연과학적 언어의 서술적 사용을 토대로 해서 규범적 주장을 설명하고 평가할 수 있는 경우에, 규범적 현상을 자연적으로 생각하는 것이 가능하다고 말할 수 있다.

9.1 규범성의 개념

어떤 것이 규범적이 될 수 있는가? 많은 것들이 규범적이 될 수 있는 가능성을 가지고 있다. 이유, 속성, 명제, 제안을 포함하는 태도뿐만 아니라 인식이나 의욕, 언어와 평가와 같은 확실한 발화행위 등도 모두 규범적이 될 수 있을지도 모른다. 이때, 규범성은 주요한 철학적 도전에 대한 수많은 종류의 설명을 보여주는 하나의 통합된 설명으로서 하나의 속성—규범적이 되는—이 되는 것이다. 규범적 상태의 패러다임은 무엇을 해야만 한다거나 내재적라는 의미에서 수단적 가치의 반대개념이다. 실제로, 단지 도덕적 가치뿐만 아니라 미학적, 지적, 그리고 정신적 spiritual 가치와 같은 많은 종류의 가치들이 있다. 정신적 가치는 종교 현상을 포함하지만 단지 종교 현상에만 한정되는 것은 아니다. 하나의 정신적 경험은 심오한 종교적 경험일 수도 있고 그렇지 않을 수도 있다. 정신적 경험이 비록 어떤 종교적 의미에서 정신적 보상을 경험하는 것이라고 할지라도, 세속적인 고독함 속에서도 종교적 의미의 정신적 경험은 일어날지도 모른다.

정당화와 합리화의 개념 역시 규범적 개념의 패러다임이다. 두 개념은 언급된 모든 범주들과 영역들을 초월해서 일어날 수 있고, 신념, 행위, 태도에 대한 정당화(합리화)는 도덕적 정당화, 잠재적 정당화, 미학적 정당화를 일례로 들 수 있다.

많은 철학자들이 규범적 개념에 대해 빈번하게 언급한다고 할지라도, 그들이 규범적인 것을 서술적인 것 그 자체로 언급하는 것은 아니다. 서술적 속성과 가장 유사한 종류의 속성은 관찰 가능한 속성이고, 좀 더 복잡한 경우에 그 개념은 (a) 인과적인가? (b) 타당한 과학적 탐구의 종류인가? (c) 사건에 대한 예측과 설명을 직접적으로 보여줄 수 있는가? 라는 물음과 관련된 속성을 위해 사용된다. 그러나 이러한 주장은 논쟁의 여지가 있기 때문에 여기서 이에 대한 주요 논쟁을 제시하지는 않을 것이다.[2] 여기서 아마도 논쟁거리가 되지 않는 것은 그런 의미에서 서술적으로 보이는 다른 속성들과 비교할 만한 규범적 속성을 지니는 것이 있다는 사실 자체일 것이다. 이러한 점은 규범적 속성이 궁극적으로 그 자체로 서술적인지 어떤지의 가능성을 열어두는 것이다. 하지만 덕분에 그 관계는 비자연주의자들과 (인식론적) 자연주의자들 사이의 공통 토대가 될 뿐만 아니라, 간주관적으로 접근 가능한 '사실'에 도덕적 판단의 닻을 내리기 위한 하나의 토대가 된다. 그 관계가 일반적으로 합리주의자들의 관점처럼 선행적인지 또는 경험주의자들의 관점처럼 경험적인지 끊임없는 불일치를 야기한다.

여기서 결과의 규범성과 내용의 규범성을 구분하는 것이 핵심이다. 통증은 어떤 원인의 뒤에 따라오는 것이지 앞서 있는 것이 아니다. 통증의 예가 보여주듯, 어떤 특질들이 도덕적으로 두텁다는 것은 아마도 결과의 도덕적 개념을 통해 설명되는 것이지 내용에 의해서가 아니다. 어떤 사람이 잔인하다는 것을 알기 위해, 우리는 그 사람이 특질상 자신의 만족을 위해 타인에게 고통을 주는 것을 목적으로 한다는 단지 '서술적' 사실을 알 필요가 있다. 그리고 우리가 이러한 사실을 알고 있는 동안 그 사람에 대한 규범적 판단의 이유를 제시할 수 있기 때문에, 어떤 규범적 판단에 의존하지 않더라도 그 사람이 잔인하다는 것을 알 수 있다.[3] 이것은 용기에 대한 (도덕적인 것을 통하지 않고) 규범적 설명과는 다르다. 용기가 무엇인지 설명하기 위해서는 우리는 반드시 무모와 비겁 사이의 중용에 호소해야만 하고, 어떤 사람이

용기가 있다는 것을 알기 위해서는 그 사람이 그러한 상태에 도달했는가를 알 필요가 있다.

9.2 자연화된 규범성의 매력

자연화된 규범성이 갖는 철학적 매력 중 하나는 우리가 지각(인식)의 인식론적 권위 *the epistemological authority of perception*라고 부르는 것이다. 인식은 이미 확실하게 형성되어 있는 인식의 재형성을 도울 수 없다는 의미에서 보면, 반드시 심리적으로 권위가 있는 것은 아니다 ― 그리고 실제로 사실이 아닌 것에 대한 확실한 이유가 없는 한 그러한 신념을 믿도록 하는 데 도움을 줄 수 없다. 이것은 또한 규범적 권위를 갖는다. 기본적이고 일반적인 종류의 증거들은 인식의 핵심이라 할 수 있는 감각인상을 구성한다. 철학적 자연주의자들에게 인식은, 어떤 다른 종류의 지식과 지식이나 정당화된 신념에 대한 핵심적 검증이라는 의미에서 종종 인식론적 지배권을 갖는 것으로 간주된다. 확실한 지식의 사회적 근거로서 증거는 매우 중요하다. 하지만 그것이 인식에 대한 반응에 의존한다는 점에서 인식의 기본적 근거는 아니다.

우리는 또한 인식의 존재론적 권위 *the ontological authority of perception*를 인정해야만 한다. 우리는 존재하지 않는 것을 인식할 수 없고 감각경험은 존재하는 사물들에 대한 충분한 근거를 제공한다. 나의 관점에서 보면, 이러한 근거는 사물에 대한 인식이나 적어도 어떤 신념을 형성하는 심리적 경향과 마찬가지로 규범적 ― 의문에 빠져 있는 어떤 사물의 존재에 대한 증거(그것을 받아들여야만 하는 타당한 이유를 제공하는) ― 이다. 일반적으로 매우 특별한 경우를 제외하고는 우리가 분명하게 인식하는 무엇인가를 실제로 취할 수 없다. 즉, 인식하는 대상의 실재 reality는 그것의 자연적 지위를 분명하게 수반하지 않는다. 하지만 우리가 단순하게 오감의 전달을 통해 파악할 수 있는 대상의 종류들을 생각해본다면 그것들의 자연적 지위 수반이 전혀 불가능한 것은 아니다.

우리가 자연주의를 이해하기 위해 인식에 대해 유념할 점은 거친 의미에서 보면, 인식은 인과적으로 영향력 있는 인식자를 요구하고 이러한 의미에서 인과적이라는 점이다. 인식의 이러한 인과적 성격은 이중적 의미를 갖는다. 첫째, 인식의 가장 기초적인 패러다임이나 언어학습을 위해서는 어찌 되었든 가장 중요한 것은 대상들의 속성을 보는 것 또는 딱딱하고 부드러운 것을 느끼는 것, 음식 맛을 보는 것처럼 신체적이라는 점이다. 둘째, 어떤 것이 실제적으로 존재하기 위한 인과적 영향력을 갖는 것과 모든 유형에 대해 단지 신체적인 것, 그리고 자연 현상이 확실하게 인과적 영향력을 갖는다는 것은 자연주의의 구성 요소로 보일지도 모른다. 철저한 자연주의자들은 인과적 가변성의 가치에 대한 논의를 진전시키고 이를 고수할지도 모른다.

더욱이 감각경험에 대한 많은 의견들은 사고의 독립이나 이것으로부터 추동되는 상상적 경험이 있다는 것을 가정하게 할지도 모른다. 흄의 유명한 주장처럼 모든 생각들은 인상impression에서 비롯된다. 이러한 것들을 포함해서 오컴의 면도날을 통해 자신의 선호를 통해 세계를 부분적으로 이해하는 것이 바로 세계관이다. 숫자나 광대한 우주와 같은 추상적 실체들은 비록 초자연적인 것을 제거한다고 할지라도 오컴의 면도날 아래서는 일차적인 선험성을 드러낼지도 모른다. 우리는 감각경험을 통해 추상성을 배우는 것처럼 보이고 또 일부 철학자들은 그러한 추상성은 감각경험과의 복잡한 관계라는 측면에서 설명될 수 있는 것이라고 주장한다. 흄의 주장처럼, "마음의 모든 창조적인 힘은 단지 감각과 경험을 통해 우리에게 영향을 주는 물질들을 혼합, 전환, 논증, 감소시키는 능력의 결과에 지나지 않는다(1885[1748], II)." 물론 이러한 사실들은 과학적 방법을 통해 평가할 수 있다.[4]

만약 모든 것을 넘어서서 그렇게 할 수 있다면 일부 이론가들은 자연주의에서의 자연은 모든 과학적 탐구의 결과라고 주장할 것이다. 그리고 기본적 사실은 오로지 자연의 사실이라는 관점이 자연주의의 동기가 된다는 것을 통해 형성된 지식의 패러다임에 영향을 받게 될 것이다.

9.3 자연화 프로젝트

자연화 프로젝트는 윤리학, 인식론, 마음철학, 신학 등의 모든 학문 영역에서 일어나고 있다. 각각의 영역들이 특수한 문제들을 제기하지만 거기에는 공통점이 있다. 다른 학문 영역에서 진행되고 있는 자연화 프로젝트를 언급하는 것이 가능하기는 하지만, 나는 이 글에서 윤리학의 문제만을 중점적으로 다룰 것이다.

윤리학에서는 도덕적 규범성에 대한 이론을 오랫동안 실재론과 반실재론으로 구분해왔다. 실재론은 다시 환원적 실재론과 비환원적 실재론으로 구분된다. 환원은 개념적 환원이나 속성적 환원 또는 사실적 환원으로 구분할 수 있는데, 나는 개념적 환원에 대한 문제는 잠시 미뤄둘 것이다. 왜냐하면 개념적 환원은 적어도 자연주의적 환원의 시도로 타당해 보이기 때문이다. 나의 초점은 우선 규범적 속성에 대한 환원적인 자연주의적 설명을 시도하는 것이다. 그러나 만약 이러한 시도가 성공한다면 동일한 실체에서 기인하는 동일한 속성을 표현할 때, 사실들은 동일하다는 그럴듯한 가정을 통해 규범적 사실은 규범적 속성으로 환원될 수 있을 것이다.

이론상 환원주의는 비자연주의와 비인지주의자가 부정하는 윤리적 영역을 다른 어떤 것을 통해 보여줄 수 있다고 생각한다. 그리고 도덕적 용어는 자연적 속성을 표현하고, 도덕적 속성은 자연적 속성으로 환원 가능하다는 것이다. 존 스튜어트 밀 John Stuart Mill 은 실재론적 윤리적 자연주의의 입장을 잘 보여준다. 이러한 윤리적 자연주의는 적어도 다음과 같은 세 개의 유형으로 구분할 수 있다. 첫째, 도덕적 속성과 확실한 자연적 속성은 *동등하다* equivalent 는 입장이다. 예를 들어, 의무감을 갖는 것의 속성은 적어도 행위자가 갖고 있는 대안 중에서 (어떤 명시적인 대중들의) 고통에 대해 부분적인 즐거움에 대한 선호적 기여를 (반드시 동시에) 산출하는 것의 속성과 (필연적으로) 동등한 것으로 생각할 수 있을지도 모른다. 둘째, 도덕적 속성은 확실한 자연적 속성과 *동일하다* identical 는 입장이다. 앞선 예를 통해 살펴본다면, 이러한 중도적인 자연주의적 환원론은 제일 속성은 모든 경우에 대해 일대일의 필연적 대응이라기보다는 동일성 identity 을 보여주는 등가성 equivalence 으로 단순하게 해석될 수 있다는 것이다. 이보다 조금 더 강경한 동일성 주장은 도덕성 속성은 단지 서술할 수 있는 인과적 쾌락의 일종이라 is 는 것이다. 셋째, 매우 강경한 도덕적 자연주의는 이러한 동일성 주장이 구성적 개념들의 분석에 기초한 인식 가능성의 맥락에서 개념적으로 참이 될 수 있다는 입장을 고수한다.

밀은 분명히 도덕적 속성은 확실한 자연적 속성과 동등하다고 주장했을 뿐만 아니라, (적어도 어떤 규범적 용어들에 대해) 강한 자연주의적 관점도 유지하고 있었다. 일례로 그는, "어떤 대상을 (결과에 만족하지 않는 한) 바람직한 것으로 생각하는 것과 이것을 쾌락 (하나의 자연적, 심리적 속성으로서) 이라고 생각하는 것은 동일한 것이다 (1979[1861], p.38)." 라고 언급했다. 이처럼 밀은 바람직한 것의 속성과 쾌락의 속성을 분명하게 구분하지 않았다. 하지만 이 문장 (밀의 언급에서 사용된 '바람직한 것 desirable' 은 거칠게 '본질적으로 선함'을 의미하는 것으로 사용된 것이다) 은 적어도 비록 의무를 나타나는 용어(예를 들어, '~해야만 한다', '의무적인' 또는 '옳지 않음')라 할지라도, 분석적 자연주의 한 논지를 보여주고 있고 그는 단지 중도적 관점을 고수하고 있을 뿐이다.

이러한 중도적 자연주의는 강경한 자연주의(규범적 속성은 자연적 속성을 취해야 한다는 것을 요구하는)를 거부하는 사람들에게도 받아들여진다. 이론적 환원주의자들의 관점은 과학적 환원에서 영향을 받았는데, 이러한 관점은 종종 코넬 실재론 Cornell realism이라고 불린다. 이 입장에 따르면, 도덕적 속성은 과학이론에서 중요하게 여기는 확실한 종류의 이론적 속성과 동일하다. 이러한 도덕적 속성들은 어떤 색이나 형상처럼 가시적이지는 않더라도 인과적으로 효과적이고, 다른 자연적 속성들에 대한 설명적이고 서술적인 관계들의 복잡한 관계망 속에서 이해 가능한 자연적인 것이다(이에 대한 자세한 설명은 Boyd, 1988; Brink, 1989; Sturgeon, 1985 참조).[5]

환원적 실재론은 상당한 논쟁의 여지가 있기 때문에 여기서 그것을 평가하는 것은 결코 쉬운 일이 아니다.[6] 이러한 평가가 특히 어려운 이유는 우리가 속성-동일성에 대한 설명을 단순하게 주장할 수 없기 때문이다. 우리는 비환원적 실재론을 고찰하는 대신에 자연적 속성의 주요한 역할이 무엇인가를 제시하기는 하지만 그것이 그 자체로 자연주의적인 것은 아니다. 가장 타당해 보이는 환원적 실재론의 유형은 직관주의자들에 의해 고찰되기는 했지만 환원적 실재론의 용어는 잘못 이해될 여지가 있다. 반실재론은 비인지주의자들이 제시했고 최근에는 구성주의자들이 이를 제시하고 있다. 나는 반실재론에 대하여 적극적으로 논의하기 전에 각각의 입장을 간략하게 다루고자 한다.

나의 판단에 따르면, 밀이 의도하는 종류의 분석적 환원은 ― 개념적 환원에 의한 자연주의는 ― 거의 확실히 실패할 것이다. 코넬 실재론이 좀 더 그럴듯해 보이지만 속성-동일성 이론의 지지를 얻지 못할 것이다 ― 뿐만 아니라 마음철학에서도 지지를 얻지 못한다. 왜냐하면 코넬 실재론이 분명 존재의 환원에 성공한 것은 아니기 때문이다.

비환원적 실재론이란 무엇인가? 이것은 결과 관점이다. 나는 우리에게 좀 더 익숙하고 잘 알려진 개념인 '수반'보다는 '결과성 consequentiality'이라는 용어를 더 선호하는데, 왜냐하면 결과라는 용어는 강수반을 포함하지만 어떤 수반(자연적 속성에 대한 적합한 토대가 되는 관계)은 포함하지 않는다는 것을 의미하기 때문이다. 이러한 비환원적 실재론의 관점이 온전히 자연주의적인 것은 아니다. 이에 일부 철학자들은 비환원적 실재론이 결과적 속성을 형이상학적으로 비자연적인 것으로 간주하는 것은 존재론적 이원론과의 양립 가능을 인정하기 때문에, 이 입장을 자연주의로 분류하는 것을 인정하지 않는다. 무어나 로스 같은 20세기의 직관론자들은 규범적 용어를 자신들이 규정지은 어떤 것에 적용시켰는데, 왜냐하면 그것들이 확실한 비규범적 속성(기본적 속성)을 갖고 있기 때문이다. 비환원적 실재론은 자연적 세계 안에 규범적 속성의 닻을 내리고자 하는 것이지 그것을 인과적 속성으로 환원하려고 하는 것은 아니다. 윤리학에서 비환원적 실재론은 실재론적일 뿐만 아니라, 자신들의 표현처럼 환원적으로 자연적이지 않다. 나의 판단에 따르면 바로 이러한 해석이 로스를 따르는 직관주의 노선을 이해하는 최선의 방식이다 (1930, 2장).

만약 어떤 사람이 도덕적 속성의 환원에 실패했다고 가정한다면, 이로 인해 도덕적 자연주의 또한 실패할 것이라고 생각할지도 모른다. 하지만 어떤 것이 언제나 환원되는 것이 아니라는 점은, 규범성에 대한 반실재론이 철학적 자연주의와 함께 상당히 안정적인 입지를 차지하게 될지도 모른다는 것이다. 실제로 비인지주의는 우리는 규범성에 대한 설명을 행위로 — 언어적 실행과 동기를 수반하는 측면에서 — 설명할 수 있고, 세계 안에서 서술적 언어는 반드시 '어떤 것에 대한 about' 지지일 필요는 없다는 생각에 부분적으로 영향을 받았다. 더욱이 도덕적 속성과 규범성을 대하는 태도에 대하여 제거주의자들은 규범성은 많은 윤리이론가들이 주장하는 것처럼 비서술적인 인지적 용어에 의해 표현되지만, 일종의 동기를 유발하는 태도를 전달하는 것은 아니라고 주장한다. 아마도 어떤 학자는 이것을 행위자에 관한 *agential* 문제라고 부를지도 모른다. 이러한 관점에 따르면, 일차적으로 규범성은 잔인한 행위의 예가 보여주는 것처럼 현상이나 사물에 대한 찬반을 나타내는 태도의 속성이다. 그리고 이때, 규범적 판단은 적합한 종류의 행위를 동기화하는 심리적 속성이라는 측면에서 설명된다. 이러한 관점은 도덕적 태도에 대한 (자연주의적인) 선악 이론을 발달시키기 위한 시도인 주관주의조차도 피할 수 있다. 하지만 이러한 비인지주의적 관점은 도덕적 속성뿐만 아니라 도덕적 사실 또한 포기하는 것을 통해서만 윤리학에서 자연주의를 구해낼 수 있다.[7]

윤리학에서 구성주의자들은 또 다른 접근법을 갖고 있다. 그들은 인식적 측면과 윤리학에서 진리 truth를 포기하는 것에 당연히 불만을 가질 것이다. 하지만 우리의 일상적인 존재론 안에서 사실이 하나의 지위를 차지하고 있다는 건전한 의미에서 봤을 때, 도덕적 사실이나 규범적 속성이 없다는 비인지주의자들의 주장에는 동의할 것이다. 물론 이러한 프로젝트의 성공 여부는 분명하지 않다.[8] 이러한 프로젝트는 실행 가능한 윤리이론을 산출해낸다. 하지만 마치 시인 가능한 *endorsable* 것의 속성처럼, 자연주의적으로 기술 가능한 절차에 토대를 둔 하나의 방식이나 또 다른 방식으로 도덕적 속성이 자연적 속성이 될 수 있다는 주장을 무너뜨리지 않는 도덕적 기준을 위한 구성의 개념을 제공해야 한다는 문제에 직면한다. 이와 관련하여 롤즈가 칸트를 어떻게 해석했는가를 생각해보자.

우리는 결과적 관계를 염두에 두고 어떤 윤리학을 발달시키면서도, 실천이성에 대한 이론을 적용하는 것을 통해 자연화에 이르는 구성주의자들의 노선을 탐구해야만 한다. 이것은 실재론을 전제하지 않는 윤리적 논쟁에 대한 생각을 유지하기 위해서이다. 이렇게 함으로써 일부는 도덕적 속성의 실재에 대한 헌신을 피하면서도 비인지주의적 입장을 개선할지도 모른다(적어도 만약 그들이 존재론적 지위의 종류에 대해 직관주의자들이 제시하는 방식으로 결과적인 것이 되지 않는다면 이러한 주장을 할 수 있을지도 모른다). 이것은 적어도 일부 윤리적 구성주의자들의 시도이다. 롤즈가 칸트를 어떻게 이해하고 있는가를 살펴보자. 그는 칸트를 윤리적 직관론자와 대비시켰다. 롤즈는 "도덕적 제일 원리와 판단은 그것이 옳을 때 도덕적 가치의 독립적 명령에 대한 사실 명제다."라고 생각했다(Rawls, 1993, p.91); 칸트에게서 "도덕의 명령과 정치적 가치들은 실천이성의 원리와 개념들에 의해 그 자체로 구성된 것이다(p.99)." 이러한 관점은 "칸트는 이론이성과 실천이성은 모두 자기 기원적 self-originating이고 자기 명증적 self-authenticating이라는 생각의 역사적 기원이다."라는 롤즈의 주장에 포함되어 있다(p.100). 롤즈는 어떤 것이 어떻게 자기 기원적이고 심지어는 자기 명증적이 될 수 있는가에 대해서는 구체적으로 설명하지 않았다. 두 개념 모두 비유적인 것이고 롤즈 스스로가 인식했을지도 모르지만 명료한 개념이 아니다. 우리의 목적을 위해서 롤즈가 말한 '도덕적 구성주의'의 의미는 크게 다음과 같이 세 가지로 구분해볼 수 있다.

첫째, (윤리학에서) *발생적 구성*genetic construction은 어떤 사람이 반드시 무엇을 해야만 하는가에 대한 결정을 내릴 때(그리고 합리화할 때)처럼 도덕적 원리나 도덕적 판단에 도달하기 위한 하나의 절차이다. 이때, 발생적 구성은 도덕적 원리와 판단은 정언명령을 적용하는 것처럼 어떤 절차(또는 절차의 전개)를 통해 이르게 된다는 관점과 일치한다. 이들의 입장은 하나의 정상적인 절차가 진행될 때 정당화될 것이다. 물론 이러한 관점이 자동적으로 도덕적 원리의 내용이나 지위에 제약을 가하는 것은 아니다. 이것은 단지 어떻게 도덕적 원리와 판단에 도달할 수 있는가와 관련된 것이지 어떻게 그것들을 알 수 있는가 또는 그들이 도덕 실재론을 전제하고 있는지에 대한 것은 아니다.

둘째, 이에 반해서 *인식적 구성*epistemic construction은 도덕적 판단이나 원리를 알거나 얻기 위한 정당화를 위해 잠재적이기는 하지만 필연적이지는 않은, 발생적 구성에 의해서 규정된 탐구 방법이나 공식화와 조합이 가능한 하나의 절차이다. *인식론적 구성주의*epistemological constructivism는 그러한 지식이나 정당화 ― 정당화는 다른 사람들을 참조한 것이다. ― 는 반드시 적어도 규정적인 방식을 통해 입증되거나 획득되어야만 한다는 관점이다. 여기서 정언명령은 다시 하나의 도덕 판단의 정당화를 구성하기 위한 핵심적 프레임을 제공할지도 모르지만 정당화에 대한 주장은 구성된 것이다. 사실상 관련된 주장에 어떻게 도달할 수 있는가의 문제는 적어도 광범위하게 열려 있는 채로 남겨진다. 도덕적 원리를 옹호하기 위한 정당화는 정언명령의 건전한 해석에 일치하는 합리적 보편주의의 어떤 절차를 이용해 가능할지도 모른다.

셋째, *형이상학적 구성*metaphysical construction은 실천이성에 일치하는 하나 또는 그 이상의 건전한 도덕 판단이나 원리에 토대를 두고 누군가 의무를 만들어낸다는 입장으로, 다양한 도덕적 원리가 정의의 법칙을 세우는 *창조*creating의 방식이거나 적어도 소급적으로 세우는 방식이라는 것이다. 자기 명증에 대한 롤즈의 용법은 그가 칸트를 판단의 도덕적 건전성은 정언명령에 대한 올바른 적용에 의한 것이고 더 나은 도덕 판단은 정언명령에 토대를 두고 만들어진다는 형이상학적 구성주의자로 간주하고 있음을 보여준다. 예를 들어, 거짓말은 옳지 않다는 것이 사실true이 아니라는 것은 옳지 않음의 결과적 속성에 토대를 두고 있는 속성으로서 '도덕적 가치들의 독립적 명령'에 기인하기 때문이다. 거짓말이 옳지 않다는 것이 사실인 것은 우리가 정언명령으로부터 정당한 진실성을 구성할 수 있고, 보편화 원리의 가능성에 의해 거짓말을 허용할 수 없다는 주장을 할 수 있기 때문이다.

인간은 그 자체로 가치가 있기 때문에 그들을 단순히 수단으로 대우할 수 없다는 주장처럼, 행위를 안내하기 위한 어떤 '독립적' 기준 없이 어떻게 인식론적 또는 형이상학적 구성 중 어느 하나가 성공할 수 있는가는 수수께끼와도 같다. 더욱이 칸트 윤리학에서 이러한 가능성을 단언했는지도 분명하지 않다. 형이상학적 정초에서 칸트는 "어떤 것의 존재는 그 자체로 절대적 가치를 갖고 있다."는 것을 인정했고, 그러한 것은 "그 자체로 정언명령의 가능한 토대가 될 수 있다."고 언급했다 (1948[1785], section 428, p.95). 토대에 대한 칸트의 언급은 정언명령의 건전성을 위한 선행 근거를 주장하는 것이고, 실제로 그 근거는 마치 인간 그 자체의 원기 왕성함은 어떤 사람의 실재와 같은 것이라고 보는 데 있다.[9] 이러한 주장은 쾌락적 가치와 약속에 대한 의무는 어쩌면 고통이나 즐거움의 경험과의 상호관계나 이에 토대를 두고 있는 것으로서 분명히 실재할지도 모른다는 관점과 결합 가능하다.

여기서 중요한 점은 구성의 이러한 세 가지 용법에도 불구하고, 구성주의자들의 입장을 필연적으로 반실재론으로 기술한다는 것이다. 형이상학적 구성주의조차도 어떤 순수한 재료들을 사용하고, 합리적 존재는 절대적 가치를 갖는다는 사실처럼 개별적인 도덕적 사실에 대한 원리적 사실(적어도 가치론적 사실)을 발견하기 위한 방법을 기술할 수 있다고 가정한다. 일례로, 의무감을 확실한 종류의 구성적 절차에 토대를 둔 승인 가능한 속성으로 생각할 수 있을지도 모른다. 또, 약속에 대한 의무는 만약 우리가 행위자가 처해 있는 상황을 정언명령과 관계 맺고 있는 사실을 통해 올바르게 볼 수 있다면, 그 상황에서 약속을 지키는 것을 행위의 원리로 규정하게 되는 속성을 갖고 있다고 생각할 수 있을지도 모른다. 확실히 의무는 상당히 복잡한 속성이고, 건전한 추론 절차에 의한 구성물로 볼 수 있을지도 모른다. 하지만 (a) 그러한 절차가 진행되는 과정의 속성과 (b) 절차의 결과로서 요구되는 어떤 행위의 결과적인 도덕성 속성은 실재하는 속성들이다. 그것들이 본질적으로 *우리의/our* 추론을 포함한다는 것을 고려한다면 그것들을 '독립적 명령'의 일부로 간주할 필요가 없다. 하지만 다른 이론가들은 '독립적 명령 independent order'이라는 의미에서 우리의 즐거움과 고통은 어떤 명령의 일부가 아니라는 점에 주목할지도 모른다. 만약 경험이 없다면 쾌락적 가치는 없을 것이다. 비슷하게 만약 인간들 사이의 관계가 없다면 약속에 관한 의무는 없을 것이다.

여기서 나의 잠정적 결론은 구성주의자들이 실재론과 비인지론 사이의 안정된 노선을 찾는 데 실패했다는 것이다. 만약 이것이 가능하다면 규범성을 실재론적이고 비환원적인 것으로 간주하는 것이다. 이렇게 되면 흄을 도구주의자로 너무 협소하게 해석하게 된다. 어떻게 그러한 구성주의적 자연화를 진행할 수 있는가에 대해서는 합리적 태도에 대한 테스트에 인지적 심리요법의 유산을 추가해 일종의 반성적 승인의 절차를 제안한 브랜트(Brandt, 1979)의 이론을 참고할 수 있다. 즉, 반성적 승인을 추가해 실천적 규범성의 욕망-기반 이론을 재구성하는 것이다. 그러나 만약 우리가 단호하게 명백한 자연주의만을 고수한다면 우리는 도덕 판단을 설명하는 데 실패할 것이다. 욕구와 반성적 승인은 만족스러운 제약에 의해 제약되지 않을 뿐더러 그럴듯한 도덕 판단을 지지할 필요가 없다. 만약 다른 측면에서 우리가 구성적 절차에 대해 좀 더 그럴듯한 도덕적 제약을 할 수 있다면, 그때 그 관점은 틀림없이 우리로 하여금 칸트를 비환원적 실재론으로 이해하도록 할 것이다. 이것은 자연화 프로젝트로서 재구성된 흄주의적인 견해의 자원을 탐구하기 위한 좋은 지점이다. 그 탐구는 특히, 만약 윤리적 구성주의가 적어도 어떤 형태에서는 절차적으로 흄적인 도구주의의 제약을 받는다면 반드시 필요할 것이다.

9.4 실천적 이유의 자연화

만약, 어떤 규범적 사실이 있다면 규범적 이유도 있다. 예를 들어, 만약 우리가 어떤 것을 해야만 한다면 동시에 그것을 해야만 하는 이유가 있다. 더욱이 만약 어떤 것이 고유한 가치를 갖는다면 그것을 보존하거나 향상시키거나 또는 존중해야 할 (조건부적) 이유가 있을 것이다. 하지만 어떤 것은 완전하게 좋은 것이 아닐 뿐더러 완전한 의무적 행동도 아니다. 어떤 사물이나 대상은 향유할 수 있는 것으로서 *as enjoyable* 좋은 것이다. 이에 반해, 익사 직전의 아이를 구하는 것은 의무로서의 *as* 행동이다. 이러한 사례들을 찾는 것은 어렵지 않다.

이러한 예들은, 기본적 의무와 가치에 대한 숙고의 결과물로서 규범적 이유들이 존재한다는 것을 보여준다. 이유들은 규범성에 대한 근거이다. 주장하건대 규범적 이유의 개념은 — 거칠게 보면 합리성을 갖도록 하는 이유, 특히 타당한 이유나 그러한 이유에 의무를 부과하는 경우는 — 가장 기본적인 규범적 개념이다. 실천적 이유의 이론들이 실천적 이유를 자연화하는 방법을 찾기 위한 가장 일반적이고 타당한 방식은 흄의 생각을 쫓아가는 것이다. 규범적 이유들의 토대 basis는 욕구 desire, 특히 비도구적(비수단적) 욕구이다. 물론 도구적 이유의 권위는 비도구적 이유의 권위에 달려 있다. 말하자면, 내가 옻나무 독을 완화시키기 위한 방법으로 약을 복용했다면 약 복용에 대한 타당한 이유를 갖는 것일지도 모르지만, 만약 거기에 독을 완화시키고자 하는 이유가 없다면 그때 약이 갖고 있는 독을 완화시키는 속성은 행위에 대한 이유를 제공하지 못한다.

행위의 이유는 궁극적으로 비수단적 욕구에 의해 표현되는데, 이때 욕구는 넓은 의미에서 보면 단순하게 어떤 대상을 향한 행위를 하도록 하는 동기 유발 상태이다. 가장 직접적인 욕구 기반 이론을 통해 어떤 욕구를 최대한 충족하는 것이 행위의 이유라는 설명을 얻을 수 있다. 즉, 무엇보다 가장 우선적인 행위의 이유는 행위자가 갖고 있는 관련된 여러 대안 중 욕구를 최대한 충족시켜주는 것이다. 이때, 행위에 대한 이유는 욕구충족의 극대화를 충분히 고려한 것이다. 행위의 이유에 대한 이러한 설명은 적어도 욕구 충족은 자연적이라는 타당해 보이는 개념적 가정을 통해 살펴본다면 분명히 자연적이다.

이와 같은 방식으로 합리적 행위를 설명하는 것은 성공적인가? 내 생각에는 그렇지 않다. 핵심적인 것이 항상 실현되는 것은 아니라는 점을 생각해보라. 도구주의는 기본적으로 내용 중립적이다. 아무것도 본질적 가치를 갖지 않는다. 행위에 대한 이유는 자연주의적으로 우리가 (비도구적으로) 원하는 어떤 것에 대한 심리학에 토대를 두고 있다. 행위에 대한 이유는 '내재적 가치(비자연적 가정이 이것을 결정한 것은 아니다)'처럼 올바른 종류의 사물들에 대한 우리의 요구에 토대를 두고 있지 않다. 인간의 본성에 대한 사실적인 보편성은 도구주의의 내용 중립성이 왜 종종 잘못되고 충분하게 인정받을 수 없는가에 대한 이유를 제시해준다. 우리의 동기가 출발하는 지점은 ─ 행위에 대한 이유의 토대로서 ─ 종종 고통과 괴로움에 대한 (비도구적) 혐오와 즐거움에 대한 (비도구적) 이끌림에 의해 구성된 우리의 강력한 자연적 욕구들을 통해 마련된다. 이때, 관련된 쾌락적 욕구들은 지극히 자연적이다. 즐거움의 욕구가 좌절된 것이 괴로움이다. 이처럼 인간의 본성은 가장 분명한 종류의 확장된 부조리로부터 도구주의를 지켜낸다. 우리가 자연적으로 원하는 많은 것들은 향유 가능하고 즐거움을 만들어내는 속성을 가진 것이다. 우리가 자연적으로 혐오하는 많은 것들은 고통스럽거나 즐겁지 않은 것이다. 쾌락 추구에 대한 이러한 주장은 규범적 이유들에 의해 지지될 수 있는 이론과는 상당히 다른 이론이다.

도구주의는 다양하게 변형될 수 있다. 단지, 행위를 안내하는 도구적 신념만이 요청된다고 가정해보자. 도구주의의 어떤 변형은 객관적인 것을 평가하는 주관주의다. 가장 단순한 유형의 도구주의는, 어떤 행위는 한 행위자의 본질적 욕구를 충족시키는 하나의 대안으로서 좋은 것이라고 *진실하게truly* 믿는 경우에만 행위자에게 합리적이라는 의미에서 객관적이라고 주장한다. 이러한 본질적 욕구의 최선의 충족에는 다양한 종류가 있을 수 있다. 예를 들어, 행위자가 갖고 있는 하나의 단일한 본질적인 욕구 충족은 행위자가 갖고 있는 경쟁적인 욕구들의 결합된 덩어리를 충족시키는 것보다 더 강력할지도 모른다. 또는 욕구들의 결합된 덩어리를 충족시키는 강도는 행위자에게 열려 있는 여러 대안적 행위를 통해 그러한 욕구를 만족시키는 것보다 더 강력할지도 모른다.[10]

하지만 덜 객관적이고 우리가 단순하게 믿고 있는 것이 우리의 본질적 욕구 충족을 극대화하는 것에 관련되어 있다는 것을 합리적이라고 보는 관점이 더 타당해 보인다. 이러한 유형의 도구주의는 자연주의적이고 문제가 되는 행위 유형과 행위자의 도구적 신념과 기본적 욕구 사이의 단순한 적응으로 행위의 합리성을 이해한다. 물론 이러한 주장은 지나치게 허용적일 뿐만 아니라 과도하게 주관적으로 보일 수 있다. 문제가 있는 신념은 분명히 비합리적이고 신념의 내용에 대한 간단한 테스트를 통해 행위자는 이것을 부정할 수 있다. 여기서 행위자를 위한 합리적 행동을 고려하는 것은 상당히 타당해 보인다.

　이처럼 상당히 진전된 주관주의자들의 견해를 납득하기 어려운 것은 그것이 합리적 행동의 이론에 대한 두 개의 타당한 제약을 만족시키는 데 실패하고 있기 때문이다. 첫째, 상당히 진전된 주관주의자들의 견해가 합리적 행위의 순수한 full-bloodly 타당성 또는 적어도 최소한의 타당성, 특히 비합리적 행위의 타당하지 않음을 해명하기 위한 하나의 후보자는 행위자의 복지에 관한 경우이다.[11] 둘째, 이것은 왜 합리적 행동을 하는 것이 합리적 인간이 되도록 하는가에 대한 설명을 가능하게 할지도 모른다. 이를 설명하기 위해, 일반적으로 우리는 우리가 비합리적이라고 여기는 어떤 행동을 다른 사람이 하는 것에 상관하지 말아야 한다고 충고할지도 모른다. 우리는 또 비합리적으로 행동하는 사람들의 근본 신념을 경계하는 경향이 있다(적어도 만약 그러한 근본 신념이 합리적이라면 우리는 그것을 충분한 합리성을 가진 행위로 여길 것이다).[12] 더욱이 만약 어떤 사람이 비합리적인 근본 신념으로 행동한다면, 우리는 그때 그것을 합리성의 결핍에 대한 명백한 증거라고 생각할 것이다. 이런 식으로 합리적 행위에 대한 상당한 진전된 주관주의적 개념은 앞서 진술한 제약들을 만족시키는 도구주의로 가능하지 않다.

　이러한 설명이 보여주듯이, 어떤 주장을 결정적인 도구주의로 인정하기 위해서 어떠한 제약을 둘 것인가의 문제에 대한 공식화된 기준은 없다. 일정한 요건을 갖춘 주관적 도구주의에 대한 잠재적 처방은 아마도 다음과 같은 것일지도 모른다. 당신이 당신의 본질적 욕구 충족을 극대화하는 것에 관련된 완전한 증거를 토대로 하여, 당신이 합리적이라고 믿는 경우에만 그 행위는 당신을 위해 합리적이다. 다른 말로 하자면, 다른 사람들은 당신의 행위와 관련된 증거를 타당하게 고려해 당신이 합리적 신념을 갖고 있다고 말할 수 있을지도 모른다.[13] 만약 내 생각처럼, 이러한 생각들이 타당한 도구주의에 의해 반드시 제약되어야만 한다면 그것은 어떤 경우에는 이어지는 논의들에 영향을 주지 않을 수도 있다. 나의 주요 관심사는 도구주의자들과 자연주의자들이 실천적 이유를 평가하기 위해서 욕구를 하나의 도구로 간주한다는 점이다. 만약 이러한 생각이 건전하지 않다면, 좋은 도구를 — 최선의 행위를 산출해내는 것을 — 결정하는 규칙에 대한 물음은 부차적인 것이 된다.

　단순한 객관적 공식화에 관련된 것으로서 언급된 두 가지는 합리적 신념에 대한 규범적 개념에 의존하고 있다. 매우 숙고적인 도구주의는 이런 식으로 합리적 신념의 개념에 대한 자연주의적 분석을 허용할 경우에만 합리적 행위에 대한 완전한 자연주의적 설명을 만들어낸다. 인식론에서 정당화의 신뢰성 이론은 어쩌면 이러한 목적을 수행하기 위한 최고의 후보자일지도 모른다(합리성을 자연화된 정당성으로 확장하는 것이 성공한다는 가정 하에). 물론 이러한 시도가 반드시 성공하지 않을 수도 있다. 하지만 만약, 가공되지 않은 재료들의 풍부함이라는 도구주의가 합리적 행위에 대한 하나의 타당한 설명을 제공하기 위하여 요구된다는 나의 주장이 옳다면, 그때 실천적 이유에 대한 도구주의적 자연화의 프로젝트가 자족적인 것만은 아니라는 점을 강조하는 것으로도 충분하다. 이것의 성공은 인식론적 이론의 보완에 달려 있다.[14]

　흄적인 논의의 토대에 합리적 신념에 대한 논의를 추가해서 도구주의를 정교화하고 이를 통해, 인식론적 규범성의 자연화 가능성을 논증해보자. 흄의 노선은 여전히 예기치 않은 결과를 야기한다. 욕구의 조종 가능성 manipulability에는 한 가지 문제가 있다. 스키너 B. F. Skinner의 "하나의 세계를 기획하기 위해서는 현재의 그들 자신은 아닐지라도 세계 안에서 살아가는 누군가가 원하는 것을 추구해야만 할지도 모른다(1971; 1956).”라는 발언은 충분히 생각해볼 가치가 있다. 이러한 관점은 어떤 사람이 원하는 것을 살 수 있을지도 모른다는 어떤 설명에 의해서도 제약을 받지 않는다. 이것은 마치 숙면 상태를 단지 약물에 의해 유발된 신체적 상태처럼 여기는 것과 같다. 도구주의자들에게 이러한 충격적인 관점을 거부하기 위한 정당화를 마련하는 것은 매우 어려운 일일지도 모른다. 자연적인 규범적 권위를 갖고 욕구를 발달시키는 것을 부자연스럽게 만드는 도구주의적 전제는 무엇인가? 또 다른 문제는 도덕적 준거의 토대를 설명하는 것이다. 비록 우리가 도덕에 기반하는 실천적 이유와 욕구에 기반한 실천적 이유 사이에 필연적인 동등성을 산출해 낼지라도, 욕구에 기반한 실천적 이유는 도덕적 행동에 대한 올바른 종류의 토대를 제공할 수 없다.

　실천적 이유를 자연화하기 위한 도구주의자들의 시도 역시 또 다른 종류의 문제에 직면하게 된다. 나는 이러한 문제에 대한 근거를 제시하고 그 결과를 살펴보고자 한다. 일반적으로 흄의 ‘정념 passion’과 같은 종류로 간주되는 본질적 욕구의 개념을 생각해보자. 본질적 욕구는 흔히 수단적 욕구와 대비되는데, 수단적 욕구는 종종 외적인 욕구의 범주를 철저하게 다루기 위해 언급되기도 한다. 본질적 욕구(흄의 정념에 의해 언급되는)는 그 자체로 만족스러운 욕구인데, 이것은 마치 물의 신선도처럼 어떤 것이 본질적 상태로 되는 것을 원한다는 것을 포함한다. 하지만 우리가 알고 있는 것처럼 어떤 욕구는 단지 비수단적이지도 않고, 본질적이거나 수단적이지도 않다. 또 어떤 욕구가 누군가의 관심으로부터 완전히 분리되어 있다는 것은 마치 최면에 빠진 상태에서의 주장처럼 그런 욕구를 왜 갖고 있는가에 대하여 아무런 생각도 갖고 있는 않는 것이다. 만약 우리가 두 가지 종류의 비수단적 욕구를 염두에 둔다면, 적어도 순수한 도구주의를 생각해볼 수 있을 것이고, 이것

은 욕구가 본질적인지 아니면 단지 비수단적인지는 별반 차이가 없음을 알려줄 것
이다. 어떤 사람이 슈퍼마켓에 가고자 하는 이유를 잊은 채 슈퍼마켓에 가는 경우
를 생각해보자. 이러한 행위는 욕구에 대한 반응이고 그 욕구를 잊어버렸을 때조
차도 그 행위를 하게 될지도 모른다. 하지만 슈퍼마켓에 가는 이유를 잊어버렸다
면 그 욕구는 실현된 것이 아니고, 그(본질적) 욕구를 만족시키는 어떤 행동도 하지
않은 것이다. 왜냐하면, 어떤 사람이 그 욕구를 잊었다면 그 행위는 분명 욕구 기반
적이기는 하지만 어떤 다른 더 나은 목적에 대한 수단으로서 합리적이라고 할 수
있는 후보자는 아니기 때문이다. 그럼에도 수단으로서 어떤 것을 욕구한다는 것
은 모두 위에서 설명한 것과 관련되어 있다. 우리가 *잔여 욕구residual desire*라고 부르
는 이러한 욕구는 달성 가능한 목적을 가질 수 있고, 이것은 매우 분명하게 내재적
욕구로서 행위에 대한 하나의 목적을 정의한다. 우리는 잔여욕구나 단지 비수단
적 욕구만을 실현하는 행위를 할 수 있고, 일반적으로 이러한 행위를 하는 것은 수
단적 행위에 대한 적용이라는 동일한 의미에서 봤을 때, 효과적일 수도 있고 그렇
지 않을 수도 있다.

　　단지, 비수단적 욕구들이 가지고 있는 이유 제시 가능성에 도구주의가 집중하
는 것은 슈퍼마켓에 가는 이유를 모르는 것이 그 욕구를 제거할 수 있다고 믿는 관
련된 심리학적 견해와 일치할 뿐이다. 도구주의자들에게 그러한 욕구는 규범적으
로 여전히 비합리적일 뿐만 아니라 어떤 행위에 대하여 완전하게 타당한 이유를
제시할 수 없다. 이럴 경우 비록 그러한 욕구가 비합리성*irrationality*을 증가시키는
것은 아니라고 할지라도 분명히 합리적이지도 않다. 이것이 바로 단지 비수단적
욕구들이 가지고 있는 이유 제시 가능성을 인정하는 결과이다. 비록 비수단적 욕
구가 본질적이지 않고, 그러한 욕구의 이유를 생각하지 않는 것이 그 욕구의 실현

을 쉽게 포기하게 할지라도 욕구 실현의 수단으로써 순수하게 어떤 것을 원하는 것은 이차적인 비수단적 욕구 안에서 이러한 비수단적 욕구의 '토대'에서 기인한 행동의 이유를 제공할 수 있을지도 모른다.[15] 그런데 이차적 행동을 하게 하는 어떤 (규범적) 이유가 있는가? 말하자면, 슈퍼마켓에 가기 위해 운전하도록 누가 요구했는가? 이러한 이차적 행동은 어떤 사람이 자신이 하고자 했던 것을 기억해냈다거나 단지 슈퍼마켓으로 운전하도록 하는 비수단적 욕구처럼 잔여욕구에 대한 기억으로 이차적 행동을 했다고 생각하면 합리적일 수 있지만, 단지 슈퍼마켓으로 운전하도록 하는 비수단적 욕구처럼 잔여욕구 그 자체를 수행하기 위한 것은 아니다.[16]

자연화 프로젝트로서 도구주의에 제기되는 가장 주요한 도전은 이러한 잔여욕구들의 능동적인 탄력성으로 인해 제기되는 문제에 대한 적절한 해결책을 제시하는 것이다. 단지 비수단적 욕구들은 왜 행위에 대한 이유들을 제시할 수 없는가? 이러한 해결책이 실천적 이유에 대한 또 다른 이론에 의존하고 있는지 어떤지는 확실하지 않다.

이번 절에서의 자연주의적 환원 프로젝트는 실천적 이유에 대한 설명과 도구주의를 단지 지극히 일반적인 환원주의를 야기하는 객관적 설명을 추구하는 것으로만 분류하려는 입장을 거부함으로써 이루어졌다. 쾌락주의적 고찰에 동의하는 사람이라면 약속이나 분배적 평등처럼 기술적으로 descriptively 정의 가능한 사건들의 다른 상태들은 행위에 대한 이유를 제시할 수 있고, 이러한 주장은 의무적인 것과 본질적 좋음과 같은 규범적 개념들은 분리적인 disjunctive 속성으로 환원 가능하다는 것에 동의하는 것이다. 예를 들어 의무감을 갖게 되는 것은 약속을 하거나 고통의 감소 또는 거짓말을 하지 않는 것 등의 속성으로 환원될 수 있고 이런 식으로 기본적인 규범적 토대들의 모든 유형을 환원할 수 있다. 하지만 속성의 이러한 분리적 기인에 반론을 제기할 수 있는 분리적 속성들이 있는가? 그리고 우리는 부분적으로 환원된 속성의 만족할 만한 리스트를 작성할 수 있는가? 만약 우리가 이러한 리스트를 작성할 수 있다면, 그러한 분리적 속성을 의무라고 할 수 있는가? 그리고 그러한 분리적 속성이 실제로 있는가? 나는 두 개의 질문 중 어떤 것도 확실한 대답을 갖고 있다는 것에 회의적이다. 특히, 만약 속성－동일성이 단순한 필연적 동등함보다 더 강력한 관계를 갖는다면 그 대답은 더욱더 회의적이다.[17] 어떤 경우든 그 해결책에 대한 부담은 확실히 자연주의적 환원의 구성요소들에 달려 있다.

9.5 도덕적 인식과 윤리적 객관성

나는 앞서 인식의 인식론적 권위와 존재론적 권위를 강조했다. 만약 인식의 존재론적 권위와 존재론적 권위가 규범성을 자연화하기 위한 주요 기제로 인정된다면, 이것은 다른 종류의 규범적 인식을 위한 하나의 모델이 될 수 있다(말하자면, 미학적 인식이나 '증거에 의한 evidential' 인식에서조차도 이를 지지하기 위한 주장을 보여줄 수 있을 것이다). 더욱이 윤리적 객관성 ― 자연주의자들이 지키고자 하는 어떤 것 ― 에 대한 어떤 설명은 인식을 위한 중요한 역할을 제시해줄 수 있을지도 모른다. 환원적 자연주의는 윤리적 객관성을 설명하기 위한 가장 직접적인 방법이다. 사실 비환원적 '자연주의'와 전통적인 직관주의적 윤리학은 자연적 속성에 대한 결과적인 것으로서 간접적으로 도덕적 속성을 받아들이는데, 규범적 속성(예를 들어, 폭력적인 행위)은 자연적 속성에서 정당하게 기인된 것에 기초한 인식 가능한 종류의 속성이다. 자연주의적 인식론을 위한 중요한 속성도 더불어 갖고 있는 인식을 지지하는 객관성과 주관성에 대한 설명을 통해 우리의 입장을 더 진전시킬 수 있는가? 도덕적 인식은 감각적 인식 안에서 인과적 구성요소와 유사한 종류의 규범적 권위를 갖고 있을지도 모르지만, 초자연적 권위에 헌신하지는 않는다. 나는 이제 자연주의에 대한 헌신 없이는 도덕적 인식이 불가능하고, 우리의 도덕성이 어떻게 초자연적인 것에 의존하지 않고 지상으로 내려오도록 할 것인가에 대하여 논할 것이다.[18]

　　도덕적 인식은 신체적 인식(적어도 가시적 대상을 매일 보는 시각적 인식)과 정확하게 비유될 수 없다. 첫째, 도덕적 속성을 우리의 생물학적 기관을 통해 쉽게 관찰 가능한 것으로 간주할 수는 없다. 도덕적 속성에 대한 감각적인 현상적 표상은 어떤 경우에도 가능하지 않다. 물론 도덕적 속성에 대한 지적 *intelletive* 표상은 가능하고 이것은 현상적 요소들을 동반한다.[19] 둘째, 도덕적 인식이 인식 가능한 속성이라고 할지라도, 엄밀하게 말하자면 그것은 적어도 기본적인 방식의 관찰 가능성에 토대를 두고 있는 것은 아닐지도 모른다. 예를 들어, 당신은 B의 지갑을 이동시키고 있는 A를 목격했다. 그리고 당신은 A의 행위를 옳지 않다고 생각할 수 있다. 하지만 이 상황에서 분명하게 관찰 가능한 행동은 단지 지갑을 이동시키는 것뿐이다. 이것은 마치 캠프파이어의 남은 불씨가 여전히 타고 있음에도 이미 불이 꺼져버렸다고 주장하는 것처럼, 비록 당신이 잘못된 생각에 토대를 두고 있다고 할지라도 당신이 보고 있는 것 *seeing*을 가지고 지갑을 훔치는 것은 옳지 않다고 인식한 것이다. 이것은 눈으로 본 것과 규범적 승인 사이의 불일치를 보여주는 것으로, 하나의 특징적인 도덕적 인식으로 당신이 관찰이 잘못될 수도 있음을 보여주는 것이다.

　　이때, 부당함이나 옳지 않은 행동을 볼 수 있다는 것은 어떤 의미인가? 또는 적어도 좁은 의미에서 단순히 보는 것이 아닌 방식에서 그러한 외관상의 도덕적 인식은 단지 옳지 못함에 대한 '기본적 속성들'의 집합에 대한 관찰인가? ― 즉, 옳지 못함의 속성들을 보는 것에 대한 결과인가? 일부는 인식의 현상적 요소들은 어쩌면 보는 것의 패러다임과는 다른 일반적 감각을 포함하는 이른바, 표상적 방식에서 감각적인 것이 되어야만 한다고 생각할지도 모른다. 하지만 예를 들어, 부당함에 대한 현상적 감각은 빅벤(영국 국회 의사당 탑 위의 시계와 시계탑)에 대한 시각적 인상의 방식처럼 '시상을 이용한pictorial' 것이 될 수 없는가? 인식적 경험은 대상의 속성을 인식하기 위해 마치 시계 표면의 숫자를 균등하게 시각화하는 것처럼, 반드시 지도를 제작하는 방식과 ─ 현상적 속성들을 맵핑mapping해 구현하는 것과 ─ 같은 것이어야 하는가? 나는 이러한 질문의 대답에 대해 부정적이다. 시계 표면의 숫자를 균등하게 시각화하는 것과 인식적 경험 대상의 속성을 인식하는 것은 모두 표상의 일종이기는 하지만, 동일한 범주의 표상은 아니다. 하지만 왜 하나의 속성에 대한 범주적 표상이 인식을 위해 필수적으로 요구되는가? 후각적 인식과 미각적 인식을 생각해보자. 우리는 냄새나 맛을 묘사하거나 그것을 결코 맵핑할 수 없다. 그리고 비록 우리가 어떤 냄새나 소리를 그 원인 자체와 동일시하기는 하지만, 그것들은 우리가 주목할 수 있는 시선이나 어떤 접촉보다도 훨씬 더 적은 세부 정보를 제공한다. 따라서 우리가 인식적 감각을 통해 옳지 않음의 속성으로부터 어떤 구체적 행위를 분명하게 옳지 않음으로 인식하는 것을 맵핑할 수 있다고 할지라도, 거기에는 옳지 않음 그 자체에 대한 범주적인 현상적 관계를 갖는 현상적 속성은 어디에도 없다. 우리가 하나의 인식적 감각을 통해 부당함의 속성으로부터 구체적 행위를 분명하게 부당한 것으로 인식하는 것을 하나의 맵핑으로 발견할 수 있다고 할지라도, 거기에는 옳지 않음 그 자체에 대해 범주적인 현상적 관계를 갖는 현상적 속성은 어디에도 없다.

그러나 우리가 부당함에 대한 현상적 표상과 이에 대한 인식적 대응을 통해 구성된 현상적 표상을 구분할 수 있다고 생각해보자. 이때, 부당함의 속성에 대한 적절한 인식이 현상적으로 통합된 것에 토대를 두고 있는 결과로서 부당함에 대한 감각은 도덕적 인식의 경험적 구성요소의 역할을 할지도 모른다. 이것이 감정적 인지는, 이러한 감각이 기본적 속성에 대응하는 것인지, 그리고 이것들의 특징이 부분적으로 기본적 속성을 취하고 있는지에 달려 있다. A는 식료품점에서 계산을 잘 하지 못하는 손님을 교묘하게 속이는 것과 순수한 목적을 갖고 있는 시위 참가자를 연행하고 그 목적을 날조하는 것을 서로 다른 종류의 부당함으로 생각했다. 하지만, 두 사례는 모두 부당함에 토대를 둔 속성에 대한 관찰이다. 이 두 사례를 "나는 지금까지 이렇게 화를 낸 적이 없어!"라는 말을 하면서 분노를 폭발시키는 것을 관찰하는 것과 비교해보자. 우리는 이것이 구성적 언급을 요구할지도 모르기 때문에 그 정도까지 화를 낼 수 있다고 말할 수 있는가? 이러한 상황은 훌륭한 연기자에 의해 정당화될 수 있을지도 모른다. 하지만 시계의 정면은 그 뒷면에 빈 공간을 숨기고 있다. 이런 이유로 우리는 시계를 결코 본 적이 없다는 결론을 내릴 수는 없다. 이때, 감각적 경험의 오류 가능성이 모든 인식적 경험에 대한 의문을 제기하는 것은 아니다. 그리고 부당함은 단순히 화를 내는 것처럼 보일 수도 있다.

대다수의 사람들은 도덕적으로 정상적인 normal 부당함에 대한 감각은 부당함에 대한 명료하지 않은 직관적 감각처럼 어떤 도덕적인 현상적 대응 없이도 그것을 인식할 수 있다고 정당화한다. 반면에, 일부 사람들은 정상적인 인식은 마치 나무에 대한 표상적 경험 없이는 밝은 빛 속에서조차도 나무를 인식할 수 없는 것과 같다고 주장한다. 하지만, 빛이 흐려지거나 그 나무가 일반적인 나무의 모습이 아닐 때의 인식처럼 부당함도 교묘하게 감춰지거나 위장될 수 있다. 이때, 부당함에 대하여 인식하지 못하는 것은 단순한 도덕적 정상성 normality을 따르는 것보다 더 큰 도덕적 민감성에 대한 요구를 찾아내지 못했기 때문일 수도 있다. 눈에 띄게 그려지기는 했지만, 그 전경인 숲과 분명하게 구분되지 않는 새끼 고양이 한 마리를 그린 그림을 보는 것과 비교해보자. 지각적으로 정상이기는 하지만, 그 그림을 주의 깊게 관찰하지 않거나 인내심이 부족해 그림 속의 고양이를 경험하지 못한 관찰자는 그 고양이에 대한 현상적 대응을 갖지 않을 수도 있다. 이러한 점이 그 고양이가 시각적으로 지각될 수 없다는 것을 의미하는 것은 아니다. 이처럼 부당한 행위를 보는 것에 기반을 두고 있는 부당함의 감각에 대한 부재가, 부당함이 도덕적으로 지각될 수 없다는 것을 의미하는 것은 아니다.[20]

이때, 내가 구성하고자하는 지각의 개념은 일상적인 감각의 지각적 재현과 확실한 도덕적 성격을 갖는 유형의 감각(예를 들어, 분노와 반감이 긍정적 측면에서 보자면 정의감이나 의무감의 완성인 것처럼)을 통합하는 지각적 재현 사이의 차이를 포함하는 것을 통해 도덕적 지각을 일치시킬 수 있다는 것이다. 하지만 지각에 대한 이런 광범위한 관점이 인식의 인과적 성격에 대해 공정하게 작동할 수 있는가? 내 견해에 의하면, 그것은 충분히 작동할 수 있다. 이것은 도덕적 속성의 사례에 의해 인과적으로 만들어지거나 유지되는 것을 통해 부당함을 보는 것처럼 (도덕적인)인식적 속성의 사례를 다루는 것을 통해 이루어지는 것이 아니다. 그 이론은 도덕적 속성이 인과적이라는 가능성에 대해서 중립적일 뿐만 아니라, 도덕적 속성이 자연적 속성이 될 수 있다는 가능성에 대해서도 중립적이다. 하지만, 도덕적 속성에 대한 인식의 일종으로서 부당함에 대한 기본적 속성은 하나의 부분집합에 대한 지각을 구성하는데, 이것은 예를 들면, 나이 든 사람의 지갑을 빼앗는 것을 보는 것이나 발표자에게 상스러운 말을 하는 것을 듣는 것과 같은 일상적 ordinary 지각을 포함한다. 우리의 심리 구조에 따르면, 잘못 형성된 사실에 대한 지각적 재현과 함께 통합된 잘못된 행동에 대한 현상적 감각이 없다면 우리는 이러한 것들을 관찰하는 것조차

불가능할지도 모른다.[21]

더욱이 어떻게 부당함에 대한 충분한 기본적 속성들을 볼 수 있는가에 대하여 우리는 종종 지각적으로 그러한 믿음을 정당화해버린다. 예를 들어, 우리는 어떤 사람이 다른 사람에게 부당하게 행동한다고 믿기 때문에, 그 사람의 행동을 일종의 부당함으로 *as* 바라본다. 이처럼 우리의 믿음 안에서 지각적으로 정당화될 때 우리는 일차적으로 부당함을 행하는 것을 보고, 이차적으로 그것의 부당함을 아는 것에 대하여 제대로 기술할 수 있다. 이러한 점이 부당함을 보는 것이 언어를 사용하기 이전의 아이들이 마치 시계를 보는 것 그 이상으로 본질적으로 개념적이라는 것을 의미하지는 않지만, 부당함을 관찰하는 것은 분명 개념적이다. 부당함에 대한 개념을 아직 획득하지 못한 아이는 부당함을 구성하는 행동을 볼 수는 있지만, 그 행동이 갖고 있는 부당함에 대한 감각을 갖고 있지 않을 뿐만 아니라 그러한 행동에 대한 개념도 갖고 있지 않다. 몇 년이 지난 후의 동일한 지각은 즉각적으로 그 행동의 도덕적 개념화 또는 그 행동이 부당하다는 의미에서 그 아이의 도덕적 지식을 산출할지도 모른다.

일부는 도덕적 지각에 대한 설명은 자연 과학적 방법을 통해 관찰 가능한 인과적 특성을 가지고 있는 속성과 유사한 방식으로 도덕적 속성을 자연화하는 것을 요구한다고 생각할지도 모른다. 나는 도덕적 속성을 자연화하는 것을 추구하지 않을 뿐만 아니라 그러한 자연주의적 동화주의 *naturalistic assimilationism*는 설명적 데이터를 요구하지도 않는다.[22] 여기서 적어도 두 가지는 결정적이다. 첫째, 우리에게 도덕적 지각에 대하여 언급할 수 있는 자격을 부여하는 도덕적 속성에 대한 경험적 대응은 도덕적 속성이 자연적 속성에 기반한 결과로서 일어난다는consequential 의미에서 인과적으로 경험 가능하다. 둘째, 도덕적 속성에 대한 지각은 도덕적 속성이 그 자체로 인과적이든 자연적이든 상관없이 가능하다.

이러한 설명은 도덕적 지각*perception*의 비환원적 자연화를 야기하는 언급인가? 어쩌면 그럴지도 모른다. 만약, 누군가 마음속으로 비환원적 자연주의를 지지한다면 그것은 철학적 자연주의의 목적은 아니다. 물론 내가 도덕적 속성들을 제외한 설명에서 모든 구성요소가 자연적 속성과의 관계이고, 도덕적 속성조차도 비자연적으로 된다고 가정하는 것은 아니라는 점은 인정한다. 그럼에도 나는 도덕적 지각은 인과적 관계일 뿐만 아니라, 도덕적 속성들에 대한 기본적 속성들은 자연적이고 인과적 영향력을 갖는다는 입장을 택하고자 한다. 도덕적 지각과 도덕적 지각을 통해 습득되는 지식 양쪽 모두에서 비인과적 요소는 도덕적 개념들에 대한 타당한 이해와 도덕적 속성과 비도덕적 속성 사이의 관계에 대한 선행적 특성을 동반하는 개념상의 능력에 속하고, 자연적인 속성은 이러한 것들의 결과로서 일어나는 것이다. 경험에 대한 지각으로 간주되는 도덕적 지각 덕분에 인과적으로 도덕적 속성은 자연적 속성의 인식에 토대를 두게 된다. 그리고 이것은 비록 도덕적 지각에 대응하는 현상적 요소가 재현적이지 않더라도, 하나의 도덕적 속성에 인과적 토대를 두는 것으로 간주할 수 있을지도 모른다.[23]

이 지점에서 나의 결론은, 도덕적 속성이 분명히 자연적 속성은 아닐지라도 부당함이나 잘못된 행위처럼 도덕적 속성에 대한 인식으로서 확실한 경험에 대한 기술의 정당화는 구성적으로 자연적 속성에 닻을 내리고 있다는 것이다. 그리고 어떤 대상을 보는 것이나 다른 인지적 작용처럼 자연적 속성이나 기본적으로 자연적 속성과 관계를 맺는 방식에 토대를 두고 있다는 것이다. 규범적 속성은 지각하는 사람이 어떤 행위나 행위자를 보는 위치에 있을 때 일어나기 때문에 문제의 여지가 있다. 그러한 제한적인 지각은 한 종류의 도덕적 지식을 구체화한다. 결과로 일어나는 것을 포함하는 이렇게 구체화된 도덕적 지식의 인과적 요소는 실재론과 지각적 객관성의 가능성을 보장한다. 이 설명은 또한 인식론적으로 내재주의와 외재주의적 요소들의 조합이라는 이점을 갖고 있다. 하지만 이것은 분명 동기에 대해서는 아무런 언급을 하지 않는다. 즉, 이 설명은 도덕 판단이 어떤 행위를 유발하는 동기를 포함하는가 그렇지 않은가에 대해서는 중립적이지만, 윤리적으로 관련된 욕구들과 동기 유발의 역할을 하는 도덕적 감정은 모두 인정한다.

9.6 규범성에 대한 일반적 설명의 전망

규범성이 도덕의 영역뿐만 아니라 인식적, 미학적, 종교적 영역 등 다양한 영역에서 발생한다는 것을 상기해보자. 그럼에도 여전히 규범성에 대한 통합된 설명이 가능한가? 만약 그것이 가능하지 않다면 그때, 규범성의 자연화 가능성에 대한 전망을 살펴보는 것은 우리가 이미 한 것보다 훨씬 더 어려워질 것이다. 규범성에 대한 통합적 설명은 규범성을 이론적 이유와 실천적 이유의 이론을 통해 설명할 때 가능해 보인다. 내가 제안하는 것은 이론적 이유와 실천적 이유의 궁극적 토대를 구성하는 경험의 질에 대한 경험주의자들의 설명이다. 내재적으로 허용 가능한 종류의 토대에 기초하고 있는 우리의 행위나 신념에 대한 이유는 인간의 공통적인 경험으로 말하자면 감각 경험이나 기억 인상과 같은 것이다.

실천적 이유의 경우처럼, 일부 학자들은 의무 이상의 행위에 대한 고찰 모형의 정당화를 위한 분리적 분석을 구성하기 위해 이론적 이유의 구조를 선택할지도 모른다. 하지만 p라는 명제에 대한 믿음을 정당화하는 경우를 생각해보자. 이러한 정당화는 지각된 p에 대한 속성인가 아니면 직관된 p의 속성인가? 또는, 분명하게 상기된 p의 속성인가 아니면 추론에 토대를 둔 p의 속성인가? 이 중 어떤 것을 최선의 설명이라고 할 수 있는가? 나는 이러한 물음과 관련하여 실천적 이유에 대한 이론보다 규범적인 것의 환원에 대한 이론이 더 나은 점을 알지 못한다.

좀 더 적극적인 접근은 다음과 같은 입장을 따른다. 지각적 경험과 같은 이론적 토대를 생각해보자. 이것들은 하나의 이론을 가정할 필요는 없지만 실천적 이유라기보다는 이론적 영역에 속하는 이론적인 것이다. 지각적 토대, 기억적 토대 또는 직관적 토대와 같은 이론적 토대들은 확실한 제안이나 예측에 신뢰성을 부여한다. 마치 얼음같이 찬 물에 입수할 때 느끼는 고통에 대한 토대는 사건의 확실한 상태에 타당성을 부여한다. 이러한 점들은 선함과 진실함이 규범적 이유에 대한 일반인 기준이 될 수 있다는 것을 보여준다. 이와 관련된 많은 비유들을 찾아낼 수 있는데, 예를 들어 가치가 있다는 것은 진실함을 믿는 것으로서 가치가 있을 만하다는 것이다.

규범성에 대한 이러한 (부분적인) 설명은 어떤 소극적인 방식으로 규범성을 보여주는 것처럼 보일지도 모른다. 하지만 그렇지 않다. 규범적 속성은 안내적이고 비판적 행동처럼 규범적 실천과 관련되어 있다. 이러한 것들은 행위를 동기화시키는 종류이기도 하고 종종 우리의 아이들에게 교육시키기를 원하는 것처럼 지극히 자연스러운 요구에 토대를 둔 것이기도 하다. 이러한 규범적 실천은 그것들의 지배적 원리에 있어 다원적이다. 지배적 원리들은 우리가 생각할 수 있는 다양한 종류의 가치와 의무를 성찰한다.

이러한 실재론적 관점은 자기 기원적인 도덕적 판단의 동기적 요소(흄주의자들에게 강하게 영향을 받은)를 상실하도록 하는가? 그렇지 않다. 이것은 합리적이고 통합적인 인간들이 갖고 있는 동기를 설명해주는 데 결정적이다. 그러한 인간들은 자신들의 도덕 판단에 의해 동기화되는 경향을 가지고 있다. 흄에 따르면, 비인지주의자들은 도덕 실재론자들이 분명하게 주장하는 것과는 반대로 자기 기원적인 도덕 판단이 내재적으로 *intrinsically* 동기를 유발한다는 입장을 지지할지도 모른다. 하지만 이러한 주장이 증명된 적은 없고 그다지 타당성이 있어 보이지는 않는다.[24] 앞에서 우리는 이 글에서 합리적 행위자에 대한 동기의 문제에 대한 논의에 집중하지 않기도 했다. 도덕과 다른 규범적 속성들의 실재성이 그것들의 이유를 지지하는 방식으로 우리의 행위를 동기화시키는 것으로부터 지각적이거나 사고방식의 속성과 그것이 토대를 두고 있는 '외재적 이유'들에 대한 우리의 반응을 가로막는 것은 아니다.

재현적인 경험적 토대들의 지나친 동기적 잠재력에 주목하자. 고통스러운 경험은 고통을 줄이거나 없애려는 행동을 강력하게 동기화시킨다. 즐거움에 대한 전망은 인간의 삶 속에서 특징적인 보편적 동기이다. 그리고 방어할 능력이 없는 무고한 사람을 공격하는 것을 중대한 비도덕성으로 보는 것에 대한 자연적 혐오감을 갖게 되었을지도 모른다. 이러한 점은 동기에 대한 하나의 진화론적 설명일지 모르지만 우리의 논의와 직접적인 관련성은 없다. 여기서 핵심은 규범성에 대한 실재론적, 경험주의적 설명이 행위자의 동기에 영향을 주는 요소에 관심을 기울이지 않고 있다는 생각에 문제가 있다는 것이다. 하지만 우리의 일상적인 경험에 대한 설명적이고 비판적인 대화는 모두 중요한 역할을 한다.

우리는 규범적인 것을 자연화하는 것의 이점을 살펴보았고, 나는 규범성을 자연화하는 것에 대한 어떤 새로운 시도를 해보았다. 이러한 시도는 어쩌면 실패할지도 모르지만, 적어도 어떤 규범적 이론들이 왜 내가 자연주의적 닻이라고 부르는 것을 갖고 있는가에 대한 이유를 이해하는 데는 도움을 줄 수 있다. 규범적 속성이 자연적이라고 부를 수 있는 속성에 대한 결과로서 일어나는 것이고, 이러한 관계는 규범적 속성에 대한 타당한 자연주의적 닻내림을 제공한다. 기본적 속성은 그것들에 토대를 두고 있는 규범적 속성과 동일하지는 않지만, 규범적 속성이 자연적 속성의 한 종류일지도 모른다는 가능성은 여전히 열려 있는 채로 남아 있다. 나는 이것을 오류로 인정하기 위한 주장도 할 수 없는 상황에서 규범적 속성이 자연적 속성의 한 종류가 아니라는 주장을 결론으로 내려야 하는 어떠한 이유도 없다고 생각한다. 그럼에도 우리는 윤리학의 객관성과 규범적 속성에 대한 환원이나 제거 없이도 비인지주의자들이 실재론자들에게 동기의 문제를 제기하는 것과 같은 다른 도전들에 대한 설명을 제공할 수 있을지도 모른다.[25] 내 관점에서 보자면, 이유들에 대한 경험주의자들의 이론은 이론적 이유와 실천적 이유 모두가 요구하는 토대를 제공할 수 있다. 이것은 우리에게 기술적으로 접근 가능한 사실의 파악에 토대를 둔 규범적 진실 truth에 대한 인식을 가능하게 할 것이다. 또한 규범적 문제에 대한 합리적 불일치를 가능하게 할 뿐만 아니라, 그러한 불일치를 조정하기 위한 방법을 제공해줄 수 있다. 더 정확히 말하면, 이것은 도덕적 지각의 가능성에 대한 설명이다. 이러한 가능성은 도덕적 지식의 한 종류를 부분적으로 자연화할 수 있다는 주장을 정당화해줄지도 모른다. 하지만 이것이 비환원적인 규범적 속성이 없다는 것을 의미하지는 않는다. 규범적 속성은 과학적 이론이 하는 것처럼 세상을 단순하게 기술하는 것이 아니다. 자연이 도덕적 지식의 토대가 되는 사실을 제공하기는 하지만 이것이 규범적 속성에 대한 모든 것을 해결해주는 것은 결코 아니다.

1　이 개념은 2000년에 쓴 나의 글에서 발달되고 정립되었다. 끈질기게 제기되는 물음은 자연과학을 무엇으로 간주할 것인가에 대한 것이다. 그것은 왜냐하면 2000년의 글에서 내가 자연적인 것으로 핵심으로서 심리학적 개념과 속성에 의존하지 않고서는 규범성을 자연화하는 것이 분명히 불가능하기 때문에 자연과학을 심리학으로 결론을 내렸기 때문이다. 하지만 강한 철학적 자연주의의 유형은 만약 심리학적 속성이 신경과학적인 속성처럼 비심리적인 것들과 동일시할 수 없다면 그것들은 적어도 기껏해야 현상적인 것이라는 입장을 취한다.

2　무어(1903)는 이러한 입장을 유지하기 위해 그럴듯한 생각을 했다. 비록 규범적 개념들을 인정한다고 할지라도 규범적 속성들을 유지하는 보이드(1988), 브링크(1989)와 스터전(1985)과 같은 '코넬 실재론자'들은 이를 부정했다.

3　'잔인한' 것을 정당화하는 것은 관련된 욕구가 현재적이라는 정도에 대한 애매한 동일성에 기인한다. 하지만 이러한 종류의 애매성은 또한 많은 비규범적 용어들을 특징화한다. 예를 들어, 우리는 어떤 사람이 잔인한지 어떤지에 대한 결정을 하기 위한 얼마나 많은 끔찍한 행위들을 허용할 것과 같은 일반적 결정으로 필요로 하는 것이 아니다. 그러나 만약 누군가 타인에게 고통을 야기하는 것을 원하는 것이 중립적으로 만들어진 목적이라면, 우리는 일반적으로 '인위적인' 방식에서 그 욕구를 가능한 변명하고도 잔인한 행위로 생각할 것이다. 이것이 용서할 수 없음의 규범적 개념이나 자연성의 규범적 개념을 포함하는 것인가? 나는 그렇게 생각하지 않는다.

4　나는 여기서 이러한 주장이 그 자체로 자연성의 진실을 보여줄 수 없다는 점에 대해서는 생략하고자 한다. 만약 자연주의가 진실이라면 이것은 상당히 높은 수준의 요구이고 자연주의의 전제들을 위한 철학적 정당화에 대한 우리의 설명을 분명하게 하려는 시도이다.

5　이 책은 환원적 자연주의에 대한 용어적 다양성을 보여준다. 다른 많은 철학자들처럼 나도 자연적 관점이라는 그 의문스러운 용어에 대한 목표를 적어도 확실한 자연주의적 용어와 강력하게 동등한 것으로 사용할 것을 제안하는 경우에만 환원적으로 사용하고자 한다. 그 동등성은 개념적이거나 분석되는 표현을 위한 주장에 대해 특성-동일성으로서 동등하다. 이에 반해 스터전 (2006)은 자연주의적 입장을 비환원적으로 부르는 입장인데, 이것은 "좋음(또는 어떤 다른 명백하게 윤리적 술어)은 어떤 분명한 비윤리적 술어(무어가 직접 제시한 '즐거움'이나 '우리가 무엇을 원하는 것에 대한 원함')와 짝을 이룬다는 특성-동일성 문장의 진실을 포함하지 않는다. …하지만 윤리적 자연주의자는 이러한 포함을 부정하지 않는다(p.98)." 왜냐하면 (인용된 것처럼 윤리적 자연주의에 대한 스터전의 긍정적 특징화처럼) 윤리적 자연주의는 도덕적 가치나 의무는 "과학을 통해 밝혀지는 특성들과 동일한 일반적 종류의 자연적 속성들이고 이와 동일한 방식으로 밝혀질 수 있다."라는 관점이기 때문이다(p.92). 인정하는 것처럼 이러한 특징화는 앞서 제시한 주장들을 포함하지 않는다. 하지만 자연적 속성에 대한 근본적인 설명 없이도, 스터전의 관점은 분명히 과학적 탐구의 충분조건, 말하자면 좋음에 대한 과학적 탐구의 조건은 무엇인가라는 문제가 남아 있다. 말하자면, 좋음에 대한 충분조건을 탐구하는 것은 (a) 필요충분조건이거나 (b) 또는 필요조건이나 충분조건 둘 중 하나인가를 탐구하는 것이다. 비록 (a)라고 할지라도 어떤 속성도 개념적으로 연구조사 하에서는 윤리적 관점과 구분되지만 이것과 동일하지 않다. 강한 비자연적 관점이라고 할지라도 윤리적 탐구와 과학적 탐구 사이의 이러한 종류의 협력은 가능하다고 생각한다.

6   스페이스(Space)는 잭슨(1998)이 '코넬 실재론'과 구분한 평가적인 '분석적 서술론'을 평가하는 것을 허용하지 않는다(pp.144-145). 하지만 이 글에서는 그 문제를 "욕구에 대한 사실을 궁극적 으로 표명하는 속성에 대한 가치를 무엇으로 논의할 것인가 : 욕구에 대한 완전한 이야기, 실제 적, 가설적인, 일차적이고 우선적인 요구 또는 일반적 종류의 욕구에 대한 가치 수반 … 따라서, A가 옳다는 것을 믿기 위하여 믿는 것은 A가 욕구에 대한 합리적이라는 속성을 갖고 있다는 것 이다(p.137)."에 대한 그의 관점을 보여주는 방식에 반대하는 자연주의적 환원 프로그램으로서 도구주의를 제기할 것이다. 규범적 신념의 내용에 대한 강한 주장을 제외한다고 할지라도 여기 서 그가 제안한 설명은 단지 적어도 부분적인 합리성(아마도 이론적 합리성처럼)을 자연화한 작 업일 뿐이다.

7   최근의 주도적인 지지자들에 주의하면서 논의를 전개하고 있는 비인지주의에 대한 비판적 논 쟁은 휴머(Huemer, 2005, 2장)를 참고할 수 있다.

8   구성적 입장의 광범위한 가변성이 직면하는 문제에 대한 논의는 바그놀리(Bagnoli, 2011)를 살펴 보라.

9   이성에 대한 칸트의 입장이 이러한 기본적인 것을 위반하고 있다는 주장은 아우디(1989), 그리 고 쉐이퍼-란다우(2003, 특히 p.42)와 우드(2008, 특히 p.283, n.3)를 참고할 수 있다. 이들은 하나 의 가치 속성을 기인 가능한 실제로 *보여준다.*

10   다음과 같은 두 개의 주장이 이 문제에 대한 명료화를 도와줄 것이다. 첫째, 나는 우리가 결합된 욕구의 영향력을 언급하기 위해서는 적어도 결합적인 욕구의 결정 행위들을 우리가 할 수 있는 방식이어야 함을 가정했다. 둘째, 나는 *S의 행위의 합리성이 아니라 S를 위한* 행위의 합리성에 초점을 맞췄다. 왜냐하면 S의 행위의 합리성은 어떤 합리적기 위한 이유들에 *기초한* 행위들을 요구하는 것이기 때문에 좀 더 복잡하기 때문이다.

11   타당성을 고려하는 실천적 이유들에 대한 신흄주의적 입장의 자연주의적 방어에 대해서는 휴 빈(Hubin, 2001)을 참고할 수 있다. 그는 "어떤 행위가 한 행위자를 위해 합리적으로 요구되는 것 인가의 문제에 대한 사실이 있을지도 모른다. … 나의 관점에서 이것은 어떤 것이 한 행위자를 위해 합리적으로 권장할 만한 것인가를 결정하는 데 이러한 역할을 하는 것이 바로 행위자의 가 치이다. … 또 다른 신흄주의자는 욕구나 선호에 초점을 맞춘다. … 실제로 행위자의 주관적, 인 지적, 능동적인 상태에 대한 사실은 단지 권장 가능성의 속성은 이러한 외면할 수 없는 사실들에 적절히 관계된 속성들이다(pp.466-467)."

12   이것은 항상 그렇기보다는 단지 일반적으로 그럴 뿐이다. 왜냐하면, 예를 들어 우리의 비합리적 행동이 운이 좋게도 좋은 결과를 가져올지도 모르기 때문이다.

13   퍼머턴(Fumerton, 1990)과 비교해보자. 그에 의하면 S가 X에 충분한 이유를 가지고 있다는 것은 "개별적인 목적의 가치가 일어날 수 있는 개연성을 위해 조정될 때 개별적인 목적은 X를 통해 만족될지도 모르는 S의 목적들의 집합적 비중보다 더 크다(p.101). 왜냐하면 S를 위한 하나의 목 적은 그 자체를 위해 S가 원하거나 가치를 부여하는 어떤 것이기 때문이다(p.94)."

14   정교화된 자연주의적 인식론을 제기하기 위한 그럴듯한 시도는 골드만(1986)을 참고할 수 있다. 나는 다른 곳에서(Audi, 2002) 인식론을 자연화하기 위한 그의 시도를 비판적으로 평가했다.

15   그러나 그 이유는 완전하게 파생적이지는 않다. 만약 그렇지 않다면, 누군가 순수하게 A를 B에 대한 수단으로서 원할 때조차도, A에 대하여 두 개의 이유(A와 A에 대해서 그리고 B에 대해서

원하는 것)를 갖고 있다고 믿을 수 있을지도 모른다. 이 경우 A에 대해 두 개의 이유를 갖는 것이 A에 대한 욕구보다 C에 대한 내재적 욕구보다 더 클 수도 있다. 만일 그렇다면 어떤 사람이 수영을 하기 위해 보트를 타려고 하지만, 그것이 보트를 타려고 하는 욕구의 강도 때문이라면 그리고 수영에 대한 욕구보다 보트를 타고자 하는 욕구의 강도가 더 강하다면, 보트를 타러가는 것이 더 타당한 이유가 될 수 있다. 그리고 비록 그 사람이 왜 보트를 빌리고자 했는가에 대한 이유를 잊어버렸다고 할지라도(말하지만, 친구를 만나려고 호수를 건너기 위해) 보트를 빌리는 것과는 아무런 상관이 없을지도 모른다. 여기서 결국 의욕적인 불안 요소들은 내가 무엇을 하려는 이유를 모르거나 어떻게 그것에 도달하지 모르더라도 결국 나를 동요시킨다.

16 만약 단지 비수단적 욕구에 대한 이 경우가 좋음의 어떤 측면에서 욕구되는 것이 아닌 욕구의 대상이라면, 그 경우 또한 그 관점이 일반적으로 본질적으로 원하는 어떤 것은 좋음의 측면에서 그럴듯한 것을 원하는 것을 주장하는 것이다.

17 이것은 더 강한 것이고 실제로 자연적 속성들을 갖고 있는 규범적인 것의 동일성을 포함하지 않는다는 것에 대한 타당한 설명은 공식적으로 발표되지 않았지만 폴 아우디의 주장이다('특성 동일성과 비−인과적 결정').

18 이에 대한 더 광범위한 논의는 나의 글(2010)에 담겨 있다.

19 이러한 견해는 와인(Wynne)의 '가치의 인식'이라는 견해와 비교될 수 있다. 이에 대한 논의는 와인(2005, 3장)을 참고하라.

20 이러한 관점은 내가 2004년에 발표한 윤리적 직관주의에 관련된 글과도 일관성을 갖는다. 나는 여기서 도덕적 지각이 직관이라는 입장을 주장하는 것은 아니지만 직관은 단일한 도덕적 제안을 직관적으로 만들 수 있고 동일한 내용과 함께 직관을 만들어낼 수 있다.

21 관련하여 도덕적 지각의 현상학에 대한 발전된 연구로는 호간과 티몬스(2008)를 참고할 수 있다. 그들 역시 적합성의 현상학적 측면을 탐구한다.

22 스터전의 도덕적 속성들을 자연화하기 위한 '코넬 실재론자'들의 시도에 대한 비판적 논의는 아우디(1993)를 보라. 이 글에서 나는 도덕적 설명을 자연화하는 것은 도덕적 속성들을 자연화하지 않고도 가능하다는 것을 어딘가 유사한 방식에서 논증했다.

23 스페이스(Space)는 이러한 도덕감 이론들과 이러한 관점을 비교하는 것을 허용하지 않았지만 나는 이것을 도덕적 속성들을 자연화하는 것에 대한 최선의 이해라고 생각한다. 이러한 관점에 대한 하나의 유형인 나의 글(Smith, 2004a)을 살펴보라.

24 나는 1997년의 논문에서 도덕적 판단과 동기, 그리고 양쪽 개념 모두에 관련된 의지의 나약함의 관계에 대한 다소 약한 논증을 제시했었다.

25 나는 앎(지식)의 개념과 관련되어 있는 외연 개념들을 자연화할 수 있는가는 여전히 열려 있는 문제로 두고자 한다. 하지만 만약 아는 것이 정당화되는 것의 상태를 포함하지 않는다면, 이것은 비록 정당화를 자연화할 수 없다고 할지라도 가능성을 넘어서는 것으로 볼 수 없을지도 모른다.

제10장

윤리적 비자연주의와 실험철학

Robert Shaver

//////////

제10장

윤리적 비자연주의와 실험철학

Robert Shaver

　　고전적인 비자연주의자들은 하나의 특정한 인식론을 고수하고자 했다.[1] 그것은 "X는 옳다. 왜냐하면 X는 쾌락을 극대화하고, 쾌락을 극대화하는 것은 옳기 때문이다.'라는 것으로, 나는 이러한 견해를 검토하고자 한다. 이를 위해서 우선 다음과 같은 질문들을 살펴볼 필요가 있다. (1) X는 선을 극대화하기는 하지만, 약속을 어기는 것을 포함한다. 만약 내가 약속을 지킨다면, 전체적인 선은 다소 감소하는 결과를 가져올 것이다. 나는 X를 해야만 하는가? (2) A와 B는 동등한 쾌락의 양을 갖고 있지만, A가 쾌락에 대한 지식이나 덕 또는 쾌락 그 자체에 더 많은 기여를 한다. A와 B는 동등한 가치를 갖는가? 아니면 A가 더 가치 있는가? 이 사례는 로스 D. Ross가 제시한 것으로 (1) 어떤 사람은 약속을 지켜야만 한다고 생각할지도 모르고, (2) 또 다른 사람은 A가 더 가치 있다고 생각할지도 모른다. 만약 어떤 사람이 로스에 동의한다면 쾌락을 극대화는 것은 무엇이든지 옳다고 생각하지 않을 것이다. 옳음은 단순한 선의 작용이 아니라 쾌락에 더해진 선의 작용이다(Ross, 1930, pp.34-35,

---

　*　나는 이 글의 초고에 대해 유용한 조언을 해준 펠러(Darcie Fehler), 머레이(Tara Murrray), 로빈슨(Jen Robison)과 매니토바 대학에서의 열린 토론회의 청중들, 그리고 케이플렌(Ben Caplan), 크리스티(Jason Christie), 젠킨스(Joyce Jenkins), 누세텔리(Susana Nuccetelli), 릿치(Brenden Ritchie), 세이(Gary Seay), 웨인버그(Jonathan Weinberg)에서 감사의 마음을 전하고 싶다.

pp.134-135, pp.138-140). 로스에 의하면, X가 옳은지 어떤지를 결정하기 위한 올바른 방식은 일반 사람들에 대한 제한적인 사고 실험이나 순수한 경험적 연구보다는 '최선의 사람', '사려 깊고 일정한 교육을 받은 사람'의 직관을 끌어내는 것이다. 비자연주의자들은 이를 부정하기 위해 자연주의자들의 관점을 선택한다.

나의 관심사는 이러한 논쟁에 강력한 영향력을 줄 수 있는 어떤 것을 최근의 심리학과 실험 철학의 연구 성과들 중에서 찾아내는 것이다. 이것과 더불어 윤리학에서의 경험적 발견들도 비자연주의자들이 높게 평가하는 '직관에 대한 호소'를 반대하는 정당화를 제시해준다.

이 글의 첫 번째 단락에서는 직관에 대한 호소를 반대하는 일반적인 경험주의적 의견을 다룰 것이다. 그러나 이것이 경험적 발견들이 완전히 상관없다는 입장을 따르는 것은 아니다. 두 번째 단락에서는 직관에 대한 호소를 반대하는 입장이 일부 비자연주의자들이 제안하는 특정한 논증과 ― 특히, 프리차드 H. A. Prichard, 캐릿 E. F. Carritt, 로스, 칸트주의의 논증, 그리고 어떤 도덕적 판단에 대한 잘못된 이유를 제시하는 결과주의와 ― 관련되어 있다는 점을 다룰 것이다.

일부는 직관의 탐구가 그 자체로 하나의 경험적 문제라는 것에 반대할지도 모른다(Prinz, 2008a, pp.191-196). 이러한 반대의견은 비자연주의자들이 ― 특히, 프리차드, 캐릿, 로스 ― 그들 스스로 "우리가 생각한다는 것은 실제로 무엇인가(예를 들어, Ross, 1930, pp.18-19, p.23, pp.38-39; Ross, 1939, p.88, p.91, pp.97-98, pp.100-102, pp.104-107).", 우리의 '도덕적 의식', '일상적 의식', '우리의 성찰적 도덕감(Ross, 1939, p.90, p.95, p.109)'에 대하여 드러나는 것을 그들 스스로 얼마나 받아들이느냐에 따라 강화된다. 하지만 이것은 단지 용어상의 문제에 불과하다. 비자연주의자들은 직관에 대한 호소를 제일원리로 고수하고자 한다. 만약 어떤 자연주의자가 이러한 제일원리에 동의하면서도, '경험적' 또는 '후험적' 절차를 별도로 추가하려고 한다면, 비자연주의자들은 이를 결코 달가워하지 않을 것이다(예를 들어, Prinz, 2008a).

실험철학과 관련된 많은 보고서나 문헌들 — 일반적으로 개념 분석이나 윤리학보다는 다른 분야에 초점을 두고 있는 — 을 살펴보면 피험자들은 주어진 사고실험에 불확실한 방식으로 반응한다. 그들의 반응은 종종 질문의 순서나 표현에 영향을 받을 뿐만 아니라, 철학자들이 기대하는 반응과도 거리가 멀다. 이러한 점은 직관에 대한 호소가 갖고 있는 가치를 회의하도록 할지 모른다회(예를 들어, Machery, *et al.* 2004; Swain *et al.*, 2008; Weinberg *et al.*, 2001).

윤리학에서 개념 분석은 일반적인 문제가 아니다. 시즈윅, 브로드, 그리고 로스는 개념 분석과 관련된 주장은 선험적 종합 synthetic a priori 의 성격을 갖고 있음을 분명하게 강조했다(Broad, 1971, pp.122-123, p.189; Ross 1939, p.320; 1954, p.42; Sidgwick, 1907, pp.374-379).[2] 하지만 경험적 문헌들은 직관에 대하여 비슷한 부정적 결론을 지지하는 것처럼 보인다.[3] 예를 들면,

(1) 페트리노비치 Petrinovich 와 오닐 O'Neill 은 트롤리 딜레마를 제시할 때 기술하는 방식의 차이에 따라 피험자들의 반응이 달라질 수 있음을 밝혀냈다. 그들에 의하면, 피험자들은 스위치를 조작하는 '결과로 1명 또는 5명을 구할 수 있다 save.'라는 표현으로 문제를 제시받았을 때보다 스위치를 조작하는 것의 '결과로 1명 또는 5명이 죽을 수 있다 death.'라는 표현으로 문제를 제시받았을 때, 그 행동을 더 잘못된 것으로 생각한다는 유의미한 반응을 보였다. 뿐만 아니라 피험자들에게 트롤리 딜레마를 제시할 때, 다섯 명의

사람을 치기 전에 한 사람을 밀어냄으로써 트롤리를 멈추게 할 수 있다는 점을 먼저 제시할 때보다는 나중에 제시할 때, 스위치를 조작하는 행동을 더 옳은 것으로 생각한다는 유의미한 반응을 찾아냈다. 이러한 프레임 효과는 피험자의 반응이 문제의 제시 순서나 표현과 같은 그 문제와는 직접적으로 관련이 없는 차이점에 영향을 받는다는 것을 보여준다.[4]

피험자들은 프레임 효과에만 영향을 받기 쉬운 것이 아니다. 그들은 또한 난해한 차이점을 만들어내기도 하고 자신들의 판단을 정당화하는 데 어려움을 겪기도 한다. 이것은 다시 그들의 직관이 빈약하다는 주장에 대한 증거를 보여주는 것이다. 예를 들면,

(2) 그린 Greene을 비롯한 많은 학자들은 31%의 사람들은 트롤리를 멈추기 위해 5명의 사람들을 치는 것보다는 한 사람을 밀어내는 것을 허용했지만, 63%의 사람들은 5명의 생명을 구하기 위해 트롤리 앞에 위치해 있는 작은 문을 열 수 있는 레버를 당겨야 한다고 말했다(Cushman et al., 2006; Greene, 2008b, p.112; Prinz, 2007, p.25).

(3) 왈드맨과 디테리치(Waldmann & Dieterich, 2007)는 대부분의 사람들이 9명의 사람들이 떨어져 있는 곳으로부터 폭탄을 터트려 한 사람이 죽더라도 9명의 사람을 살리는 것을 허용했지만, 한 사람을 직접적으로 밀어버리는 것은 대부분 허용하지 않았다. 일부는 이것을 하나의 인격을 수단으로 사용했는가 또는 그렇지 않은가에 대한 유의미한 차이점에서 기인한 반응이라고 생각할지도 모른다. 하지만 이에 대한 다양한 해석이 가능하다. 사실

상, 2명에게 해를 입힘으로써 10명을 구하기 위해 트롤리를 다른 방향으로 유도하는 스위치를 조작하는 것과 원래 경로로 돌아가는 것으로부터 트롤리를 멈추게 하기 위해 2명을 수단으로 사용하는 것, 그리고 10명에게 해를 입히는 것을 허용함에 있어서 유의미한 차이점은 발견되지 않았다. 더욱이, 양쪽 모두의 경우에서 피험자들은 10명의 사람을 구하기 위해서 트롤리 앞에 2명을 태운 버스를 놓아 밀어버리는 것보다는 두 명을 다른 수단으로 쓰는 것을 기꺼이 허용했다. 왈드맨과 디테리치는 피험자들은 희생자를 수단으로 사용했는가 그렇지 않은가보다는 트롤리가 무엇을 통해 방향을 전환했는지, 그리고 이 과정에서 희생자가 직접적으로 이용되었는가에 더 민감하게 반응한다는 결론을 내렸다.[5]

(4) 하이트 J. Haidt는, 피험자의 80%가 단지 성적 쾌락을 즐기기 위해 피임을 하고 비밀리에 이루어지는 남매 사이에 근친상간이 비록 장기적 관점에서 그들의 관계에 긍정적 영향을 준다고 할지라도, 옳지 않은 행동이라는 점에 대체로 동의한다는 것을 밝혀냈다. 그리고 그들에게 자신들의 생각에 대한 정당화를 요구했을 때, 사람들은 자신의 생각을 정당화하는 데 실패했다. 실험자들은 피험자들의 정당화가 실패했음을 지적했고, 피험자들은 자신들의 실패에 동의하면서도 단지 17%만이 의견을 바꿨다(Haidt, 2001, p.814; Hadit & Bjorklund, 2008, pp.196-198; Hadit & Hersh, 2001; Prinz, 2007, p.30). 피험자들은 자신들의 의견을 바꾸지는 않고 자신들의 실패에 대해 그저 '당황스러워 했다.'

(5) 많은 사람들이 트롤리의 노선을 바꿔 다섯 명을 구하고 한 사람을 희생시키는 것을 허용한 반면, 다섯 명을 치려고 하는 트롤리를 멈추기 위해 한 사

람을 다리 밑으로 밀어내는 것은 허용하지 않았다. 하우저Hauser와 그의 동료들은 이러한 반응을 보인 피험자의 70%가 "두 시나리오 사이에 사실에 기반을 두고 있는 하나의 차이점을 동일시하는 데 실패했다."는 정당화를 제시한다는 것을 찾아냈다(Hauser *et al.*, 2006, p.13, p.14; Hauser, 2006, p.128; Hauser *et al.*, 2008, p.131).[6] (Hauser 외, 2006의 문헌은 성공적인 정당화로 간주할 수 있는 것이 무엇인가에 대해 상당히 (의도적으로) 허용적이다. 일례로, 신체적 접촉의 유무처럼 어떤(any) 사실에 기반한 차이점은 성공적인 정당화로 간주할 수 있는 다른 의견들을 만들어낼지도 모른다.) 일부는 트롤리의 노선을 바꿔 다섯 명을 구하기 위해 무거운 물체를 치거나 트롤리가 무거운 물체 앞에 서 있는 한 사람을 치는 것은 허용 가능하지만, 다섯 명의 목숨을 구하기 위해 직접적으로 한 사람을 치는 것은 허용 불가능하다고 생각한다. 이러한 피험자 중 20명은 정당화를 제시하는 데 실패하고 3명은 정당화를 제시하는 데 성공했다(Hauser *et al.*, 2006, p.15; Hauser *et al.*, 2008, p.133).[7]

이러한 결론은 스와인(Swain *et al.*, 2008, p.140)의 기술처럼, "직관은… 철학자들이 갖고 있는 직관에 대한 물음을 탐구하는 데 적당하지 않다."고 주장하게 할지도 모른다. 하지만 나는 이러한 결론들이 비자연주의자들이 사용하고 있는 직관에 대한 호소를 위한 것은 아니라고 생각한다. 로스는 직관을 설명하기 위해 '사려 깊은thoughtful', '일정한 교육을 받은well-educated', 그리고 '최선의best' 사람들의 직관을 고려했다. 일부 학자들은 적어도 피험자들의 직관이 더 나은 조건에 있다고 주장하고 싶을지도 모른다. 경험적 문헌들은 몇몇의 이유로 이러한 주장에 대해 의문을 제기하지 않는다.[8]

일부 연구에서는 피험자들의 예견된 반응을 사전에 차단하고, 반응의 일관성으로 유지할 수 있도록 단계적 구성을 선택했다. 왈드맨과 디테리치는 피험자들에게 트롤리가 방향을 바꾸는 시나리오나 희생자들이 방향을 바꾸는 시나리오 중하나를 제시했다. 그 이유는 "트롤리의 운전자를 생각해보는 것이 두 딜레마 사이의 가장 두드러진 유사성을 보여줄 수 있고, 행위자와 고통의 중재자 사이에 대한도덕적 평가를 전환하도록 하기 때문이다. 그리고 이런 식으로 예견된 반응의 효과를 감소시키는 것이다(Waldmann & Dieterich, 2007, p.249)." 그 결과는 양쪽 모두의 시나리오에서 무엇이 트롤리의 방향을 바꾸도록 했는가에 대하여 숙고했을지도 모르는 행위자의 예견된 반응을 방지할 수 있었다. 하우저를 비롯한 학자들은 처음에 사물을 친 다음에 사람을 친 hitting-object-then-person 경우와 사람을 친 hitting-person경우를 서로 다른 그룹에게 제시했다. 왜냐하면, 만약 같은 피험자들이 양쪽 모두를 제시받는다면 그들은 "하나의 단일한 테스트에 대한 양쪽 경우에 서로 다른 판단을 내릴 수 있을지도 모르기 때문이다(실제로 양쪽 모두를 제시했을 때 5.8%의 피험자만이 같은 판단을 내렸다)(Hauser et al., 2006, p.14)." 그들은 "피험자들이 반응을 보인 시나리오 후에 이와 겉으로 유사한 시나리오를 보여주는 것은 동일한 반응을 제시하기위한 것"이라고 예측했다(Hauser et al., 2006, p.10, p.14). "피험자들이 딜레마를 제시받기 전 자신들의 대답에 대하여 자신들의 이해와 생각이 일관성을 유지하고 있다는 것을 정당화하기 위해, 자신들의 전략을 수정할지도 모르는 가능성을 방지하는 것"은 중요하다(Hauser et al., 2008, p.127). 하지만, 또 다시 그 결과는 피험자들이 관련된 다른 경우들과의 비교를 통해 자신들의 반응을 숙고하는 것을 방지해야 한다.[9] 이와 관련된 문제를 생각해보자. 예를 들어, 나는 트롤리 문제에서 한 사람을 밀어버리는 것과 작은 문을 여는 유형 양쪽 모두를 제시했을 때 다른 의견을 제시하는

사람을 결코 보지 못했다.[10]

　또, 추론의 경우 피험자 내부의 구조 format에 따라 더 높은 점수를 얻을 수 있다는 생각은 일반적이다.[11] (동일한 피험자는 자신의 내적인 구조 안에서 자신이 관심을 가지고 있는 모든 경우에 반응할 것이다. 말하자면, 사람을 밀어내는 것과 작은 문을 여는 양쪽 모두의 경우에 대해. 피험자들 사이의 구조 속에서 각각의 피험자는 단지 관심을 가지고 있는 하나의 경우에만 반응할 것이다.) 일례로, 지극히 당연한 원리를 하나 생각해보자. 만약, 내가 B보다 A를 선호하고 C를 안다면, 그리고 내가 B보다 A를 선호하고 C를 모른다면 그때, 나는 C의 포함 여부를 알지 못하더라도 B보다 A를 선호할 것이다. 피험자들은 피험자들 사이의 구조 안에서는 이 원리를 위반하지만, 피험자 내부의 구조 안에서는 이 원리를 위반하지 않는다(Shafir, 1998, p.71). 이와 유사하게, 피험자들은 어떤 사람이 자신이 운영하는 상점에서 강도에게 부상을 당한 경우보다, 자신의 상점이 쉬는 날 처음 방문한 상점에서 쇼핑을 하는 동안 강도에게 부상을 당한 경우에 더 많은 보상을 해줘야 한다는 판단을 내렸다. 그러나 두 개의 시나리오를 모두 제시했을 때 90%의 피험자는 똑같이 보상을 해줘야 한다고 판단했다(Kahneman, 1994, p.7). 이러한 결과들은 연구의 인식론적 조건과 전형적인 철학적 사고의 인식론적 조건 사이에 유의미한 차이점이 있다는 것을 보여준다. 즉, 피험자들은 각각 다양한 방식으로 어떤 시나리오를 받아들인다.

　이러한 응답 — 위에 제시한 연구들 내적으로 요구되는 인식론적 조건들을 구분하는 것 — 이 개념들에 대한 테스트일 경우, 만약 철학자들이 서로 다른 개념들을 가지고 있다면, 사실상 그것은 아무것도 없는 것과 같고 이것은 종종 잘못된 생각으로 이끌어질 수 있다. 그리고 다른 개념들 중 왜 특정한 어떤 개념에 관심을 갖고 있는지는 분명하지 않다(예를 들어, Machery *et al.*, 2004, p.9; Nichols 2008, p.397; Weinberg *et al.*, 2001, p.452). 어쩌면 철학 수업이 단순히 하나의 개념에 대한 확실한 이해를 가르치는 것이라면 이것은 그 개념에 대한 다른 이해를 제거해버리는 것일지도 모른다 (Weinberg *et al.*, 2001, p.438). 따라서 이것은 피험자들의 반응에 대한 타성의 증거로서 직관을 받아들여야 하는가의 문제와 관련된 것이 아니다.[12]

이러한 생각들은 또한 종종 로스의 '최선의 사람'이나 철학자들을 교양 과목을 이수한 대학생들과 차이가 있다고 생각할 아무런 이유가 없다는 주장에 이의를 제기한다(Sinnott-Armstrong, 2008, p.101; Swain *et al.*, 2008, pp.149-150). 모든 참여자들은 철학자들의 경험적 연구가 잘 이루어질 것이라는 점에 동의한다. 하지만 그러한 연구들이 부재하는 상황 속에서 내가 철학자들 사이에 차이가 있다고 생각하는 데에는 이유가 있다.[13] 결국, 우리는 다양한 수준에서 우리가 가지고 있는 부족함을 파악하는 다양한 스킬을 학생들에게 가르치는 것이라고 생각한다. 그러한 중요한 스킬 중 하나가 일관성을 유지하도록 하는 것과 어떤 사례를 관련된 차이점에 근거해서 다르게 판단하도록 하는 것이다. 하이트는 일상적인 도덕적 추론에 대한 가장 핵심적인 비판은, 철학자를 '좋은 추론 방법을 찾아내고자 하는 소수의 그룹 중 하나'로 인정하는 것이라고 언급했다(Haidt, 2001, p.819; Haidt & Bjorklund, 2008, p.188, p.193, p.196). 쿤은 자신의 비표준화 추론 테스트를 통해 철학자들은 다른 모든 그룹의 테스트와는 급진적으로 전혀 다른 '완벽한 실행 perfect performance'을 보여준다는 것을 발견했다(Kuhn, 1991, p.258). 피닐로스를 비롯한 학자들은(Pinillos *et al.*, 2011) 가장 좋은 정보와 최선의 깨달음은 어떤 사람의 최초의 반응이 오류를 범할 수 있음을 인정한다. 그리고 각각에 관련된 물음을 제시하기 전에 관련된 두 개의 시나리오를 모두 보여주는 것은, 어떤 사람이 '의도적으로' 행동했는지 어떤지에 대한 피험자의 판단이 그 행위가 유해한지 harmful 또는 유익한지 helpful에 달려 있다는 (철학자들에게는 난해한) 크노베 효과Knobe effect를 줄여줄 수 있다는 것을 찾아냈다. 한 실험의 인식론적 조건을 개선하는 것은 피험자들의 판단을 조금 더 철학자들의 판단처럼 만들 수 있다.

일부는 탁월한 추론 기술이 개별적 사례에 대한 직관(만약, 이러한 직관들이 즉각적이고 숙고적이지 않다는 것을 의도한다면)과 관련이 없다는 것에 반대할 것이다. 하지만, 어쩌면 이것이 경험 철학자들이 (일부 심리학자들에 반대하는 의미로서) 의도한 직관의 의미는 아닐지도 모르는데, 왜냐하면 만약 그들이 의도한 직관이 이러한 의미라면 여기서 그들의 발견은 관련이 없을지도 모르기 때문이다.

또 다른 사람들은 철학자들을 신뢰할 수 없다는 주장에 반대할지도 모른다. 왜냐하면 철학자들은 종종 자신들의 직관에 따른 특정한 이론에 전념하기 때문이다 (Doris & Stich, 2005 : pp.138-139). 이것은 분명히 (특정한 직관이나 철학을 통한 판단에 대해서) 위협적인 요소이다. 하지만 많은 경우에, 어떤 주어진 판단을 가치 없는 것으로 생각할 수 있는지를 판단하는 것은 가능하다. 더욱이 비록 공리주의자들이 트롤리 앞에 있는 한 사람을 밀어내는 것을 옳다고 생각하기는 하지만, 그것을 공리주의를 위한 논증 그 자체로 사용하지는 않는다. 대신에, 그들은 직관에 반대하는 직관으로부터 설명하려고 시도한다. 그리고 종종 철학자들은 자신들의 이론에 제기되는 직관에 대한 문제를 인정한다. 더욱이 트롤리 딜레마에 대해 의무론자들이 난해한 문제 — 특히, 루프loop 유형 — 를 제기한다고 할지라도, 일부는 자신들의 의무론에서 주장하는 직관 그 자체에 대한 도전이다. 대신에 그들은 스스로 주장하는 직관이 자신들의 이론을 곤경에 빠뜨릴 때조차도, 직관에 대한 적응을 시도한다(특히 Kamm, 2008을 참고하라).

마지막으로, 어떤 사람들은 이것이 복잡한 차이점과 정당화를 다루는 것이라고 할지라도, 구조화framing를 다루는 것은 아니라는 것에 직접적으로 반대할지도 모른다. 하지만, 구조에 대한(갈등을 일으키고 있는) 연구 결과들을 살펴보자. 사례들이 구체적으로 정교화되면 구조화는 사라지는 것처럼 보인다(Druckman, 2001; Jou *et al.*, 1996; Kühberger, 1995).[14] 집단 토론은 "집단 구성원들이 하나의 문제를 파악하기 위한 다른 구조를 학습할 때" 이전의 구조화를 사라지게 만든다(Kühberger, 1998, p.44). (파세를 비롯한 일련의 학자들(Paese *et al.*, 1993)은 토론이 종종 구조화를 더 극단적으로 만들기도 하지만 만약 재구조화가 일어난다면, 기존의 구조는 더 약화된다는 것을 밝혀냈다). 피험자에게 긴 시간이 필요한 정당화나 물음을 제시하는 것은 구조화를 축소시키거나 제거하는 것이다(Miller & Fagley, 1991; Sieck & Yates, 1997; Takemura, 1994).

이러한 주장에 대해 일부는 정당화에 대한 물음은 구조화에 대한 어떠한 차이도 만들어내지 않는다는 것을 밝혀냈다(Fagley & Miller, 1987; LeBoeuf & Shafir, 2003). 일반적으로 피험자 내적으로는 각각의 사례들 사이의 일관성을 유지했지만, 처음에 제시된 사례의 문장을 접했을 때 피험자들은 두 사례에 대한 자신들의 다른 반응을 진술했다(LeBoeuf & Shafir, 2003; Levin 외 1987; Locke, 1989; Stanovich & West, 1998).[15]

피험자 내적within-subject 구조에 대한 이러한 연구가 갖고 있는 문제점 중 하나는 피험자들에게 나중에 제시되는 사례를 보고 난 후에, 처음에 제시한 문제들에 대한 대답을 바꾸는 것을 허용하지 않는다는 것이다. 이처럼 양쪽 모두의 구조를 고려했는지에 대하여 검사하지 않는 것은, 처음에 제시된 사례에 대한 구조화의 일관성뿐만 아니라 구조화의 부재로 인한 결과를 초래한다. 피험자 내적 설계는 선행 문제 구조화에 대한 효과를 간과하고 있다. 이러한 실험이 갖고 있는 또 다른 문제는 시에크Sieck와 예이테스Yates의 연구에 따르면, 구조화는 오로지 선택을 하기 전에 기술된 하나의 정당화를 산출하는 것을 통해 감소된다는 반면에, 르부에

프 LeBoeuf와 샤페어 Shafir는 하나의 정당화를 따르는 선택을 하도록 피험자에게 요구했다는 것이다.[16]

개인적 차이에 대한 발견들 또한 다양하다. 많은 학자들은 전문가들이 구조화를 피하는 데 더 유리한 것은 아니라는 점을 밝혀냈다(Lake & Lau, 1992; Loke & Tan, 1992; McNeil et al., 1998; Tversky & Kahneman, 1986; 이 외에 관련된 더 많은 참고문헌은 LeBoeuf & Shafir, 2003; 88을 참고하라). 하지만 스미스와 레빈(Smith & Levin, 1996)은 전문가들이 '노력을 기울인 생각에 전념하고자 하는 경향성'과 더불어 더 적게 또는 전혀 구조화되지 않는다고 밝혔다. 맥켈로이와 세타(McElroy & Seta, 2003)는 속도를 필요로 하지 않는 '분석적' 사고 유형, 비숙고적인 탐구 방법은 구조화를 감소시키거나 제거한다는 것을 찾아냈다(또 다른 학자들은(Shiloh et al., 2002) '합리적'이고 '직관적' 양쪽 모두에서 높은 점수를 기록한 사람들은 하나의 유형에서만 또는 둘 다는 아닐지라도 서로 다른 유형에서만 구조화되는 것을 밝혀냈다). 이에 대해, 다시 르부에프와 샤페어(2003)는 정당화에 대한 물음과 결합했을 때조차도 노력을 기울인 생각에 전념하고자 하는 경향성은 별반 도움이 되지 않는다는 것을 찾아냈다. 하지만 그들의 구조는 다시 사고 작용으로부터 방지될지도 모른다.

이제 철학에 대해서 생각해보자. 철학자들은 하나의 '분석적' 사고 유형과 노력을 기울인 생각에 전념하고자 하는 경향성의 척도 안에서 높은 점수를 기록한 구조를 사용한다. 그들이 어떤 주어진 사고 실험에 대하여 숙고할 때 그 실험에 대한 작은 변화를 통해 정교화나 정당화를 시도한다. 이러한 작은 변화들이 모인 시간의 거대한 흐름 속에서 토론의 거대한 흐름도 일어난다. 피험자로서 철학자들은 문자와 지시를 통해 다른 하나가 제시되기 전에 피험자 내적으로 자신의 의견을 변경하기 위해 자유롭게, 즉각적으로, 그리고 빠르게 숙고를 진행한다. 트롤리

나 톰슨의 절도범 또는 싱어의 연못 또는 레이첼의 목욕통 사례에 대한 토론을 생

각해보자(만약 사고 실험에 대한 직관의 영역에서 어떤 철학자가 전문가라면 이것은 그들이 관련

된 사고 실험에 대한 주최자가 될 수 있다는 것이고, 직관에 대한 사례들에 의존하고 있는 문제에 타

당한 대답을 제시할 수 있다는 것이다[Livengood 외, 2010 참고]). 이것은 검사survey 경험과는

상당히 다르다. 사례들을 보여주면서 제시한 최초의 명령이 실험의 과정에서 잔

류 효과를 남기는 것은 가능하지만, 이것은 검사를 통해 밝혀낼 수 있다.

이를 보여주는 매우 신중한 두 개의 검사가 있다.

(1) 나는 한 학급의 절반 학생들에게 다리로 밀어내는 유형의 전형적인 트롤
리 문제를 제시하고 이에 대해서 토론한 다음, 두 개의 사례들에 대한 행위
의 허용 가능성을 판단하도록 했다. 이어지는 심화 토론에서는 자신들의
판단을 변경할 수 있는 기회를 허용했다. 그리고 이때, 학급의 다른 절반의
학생들에게는 반대되는 사례들에 대하여 동일한 과정을 반복하도록 했
다. 토론은 매우 길어져 무려 4시간 30분이나 진행되었다. 각각의 경우에
서 일부는 자신들의 최초 의견을 바꿨다. 만약, 이때 프레임 효과가 작동했
다면 표준적인 유형을 먼저 본 사람은 밀어내는 것을 좀 더 선호했을지도
모르고, 밀어내는 사례를 먼저 본 사람은 스위치를 변경하는 것을 덜 선호
했을지도 모른다. 나는 반대의 경우를 찾아내기는 했지만, 불행하게도 그
숫자는 매우 적었고 일부는 이전의 학급에 제시한 사례를 이미 본 경우였
다. 이것은 더 나은 조건에서 검사를 되풀이하는 것을 도왔을지도 모른다.

(2) 크리스티 Jason Christie는 전형적인 밀어내기 사례들에 대한 순서 효과 order
effect를 매니토바 대학의 철학과 1~2학년 학생들 373명을 대상으로 테스트

했다. 230명은 먼저 제시된 사례들을 생각하지 않았고, 각각의 물음에 대하여 답할 때 대답을 바꾸지 않았다. 115명은 먼저 제시된 사례들을 생각했고 두 개의 사례들을 모두 읽도록 지시받았을 때, 30명은 어떤 대답을 하기 전에 두 번째 제시받은 사례를 생각했다(28명은 질문을 통제하는 데 실패했다). 표준 사례를 먼저 제시받은 전자의 집단은 방향전환에 강력하게 찬성했고 (1.91%) 밀어내는 것을 반대했다(3.1%); 밀어내는 것을 우선 제시받은 집단은 부드러운 태도로 방향전환에 반대했고(2.83%) 밀어내는 것은 강력하게 반대했다(3.95%). 후자의 그룹에서 표준적 유형을 먼저 본 학생들은 방향전환에 부드러운 태도로 찬성했고(2.44%) 밀어내는 것은 반대했다(3.32%); 밀어내는 것을 먼저 제시받은 학생들 또한 부드러운 태도로 방향전환에 찬성하고(2.4%) 밀어내는 것에는 반대했다(3.35%). 선행 제시와 시간의 결합은 대답하기 전에 모든 사례들을 고려하는 순서 효과를 줄여준다.

물론 이것이 '최선의 사람'에 의존하고 있는 로스가 옳다는 입장을 따른다거나 전문적인 철학자만이 직관의 문제를 다룰 수 있다고 주장하는 것은 아니다. 물론 나의 경험이 모든 것을 설명해줄 수는 없겠지만 내 경험에 비추어 보면, 전문적인 철학자가 아닐지라도 자신들의 입장에 대한 일관성을 잘 유지하고 상대적 차이점에 유의하면서 구조화 등에 영향을 받지 않고 훌륭한 판단을 하는 사람은 얼마든지 있다. 실험 철학자는 의도된 인터뷰나 설계된 검사를 통해 유사한 결과들을 얻을 수 있는데, 말하자면 예를 들어, 피험자의 반응에 대한 변경을 허용함으로써 반응 패턴을 새롭게 만들 수 있다. 하지만 이러한 것들은 비자연주의자들에 의해 채택된 직관에 대한 호소의 자기모사적 방향 안에서의 양상이다. 따라서 실험 철학

자가 이와 같이 직관에 호소하는 것은 자연주의자로서 자신들의 과업에 대해 적합하지 않다.[17]

뿐만 아니라, 내가 생각하기에 실험 철학자들이 내놓은 결과들은 그다지 놀랄만한 것도 아니다. 직관에 대한 호소에 제기되는 우려 중 많은 것은 최근의 사회 심리학에 제기된 문제와 유사하다. 오히려 그것은 직관에 대한 특별한 문제라기보다는 신념 형성에 대해 사회 심리학이 보여주는 일반적 모습의 일부라고 할 수 있다.[18] 실제적인 문제는 우리가 지속적으로 좀 더 신뢰할 수 있는 조건이 무엇인지와 관련되어 있다.

그러나 경험적 문헌이나 보고서에서 좀 더 지엽적인 결론을 이끌어낼 수 있을지도 모르는데, 다음의 예를 살펴보자. 프리차드, 캐릿, 그리고 로스는 공리주의자, 칸트주의자, 그리고 이기주의자들을 단지 어떤 행위의 옳음에 대하여 잘못된 결정을 하고 있는가라는 경쟁 관계에 있는 규범적 이론들로만 논증하는 것이 아니다. 그들은 경쟁적인 규범 이론들이 종종 자신들의 판단에 대해 옳지 않은 이유를 제시할 수 있음을 논증하였다(옳지 않은 판단, 그리고 옳지 않은 이유 논증). 실제로, 프리차드는 "자신이 진 빚을 갚아야만 한다거나 진실을 말해야만 한다는 우리의 가치감이, 어떤 좋은 것에서 기인하는 것을 해야만 한다는 것에 대한 우리의 인식(예를 들어, A안에서 물질적 편안함 또는 B안에서 진실한 믿음)에서 발생한 것인지에 대해 스스로 물어보자. 즉, 무엇을 해야만 한다는 것에 대한 우리의 인식이 행위를 유발했는가에 대하여 자문한다고 생각해보자. 이에 대해, 우리는 즉시, 그리고 어떠한 망설임도 없이 'NO'라고 대답할 것이다(Prichard, 2002, p.10, p.136)."라고 기술하였다. 이와 유사하게 "어느 누구도… 실제로 하나의 확실한 행위가 이로운 것이 될지도 모른다는 사실에 대해 그렇게 생각하지 않을지도 모른다. … 그 스스로 자신의 역할에 대한 하나의 의무로 행위를 구성하지 않을지도 모른다(Prichard, 2002, p.123, p.26, p.39, p.122, p.171, p.188).” “일상적인 삶 속에서 우리가 어떤 특정한 행위를 하나의 의무라고 생각할 때, 우리는 그것을 단지 옳음으로만 생각하지 않을 뿐만 아니라, 행위자에게 이로움을 주는 것과는 다른 어떤 확실한 특징적인 것의 소유를 통해 구성되는 것으로서의 옳음이라고 생각하지 않는다. … [예를 들어] 하나의 의무로서 X에 대해 약속을 지켜야 한다고 생각하는 것은 자신의 약속을 지키게 되는 것의 상태로서 의무를 간주하는 것이다(Prichard, 2002, p.29).” 칸트에 반해, 그는 “어떤 사람도 왜 자신의 행동이 모든 사람이 해야만 한다는 사실로 구성되어야만 하는가에 대한 이유를 생각하지 않는다.”는 것에 주목했다(Prichard, 2002, p.59). 캐릿은 조섭의 “우리는 정말로 자신의 고용주를 속여서는 안 된다는 이유에 대해 생각해야만 하는가? 만약 사회가 어떤 사람의 빚을 모두 갚아준다면 그의 삶의 개선되는 것인가?”에 대한 질문을 던진다(Carritt, 1937, p.77). 로스는 “이기적 쾌락주의는 우리에게 타자의 권리나 이익보다는 자기 자신의 권리나 이익을 고려하는 확실한 방식의 행위를 자신의 의무로 직시하도록 한다는 사실로 인해 법정 밖으로 쫓겨난다.”는 프리차드의 의견에 동의한다(Ross, 1939, p.65, p.277). 타인에게 베푸는 호의에 대한 공리주의적 설명은 “이러한 방식은 오히려 돌아오는 보상에 대하여 실제로 고찰하는 하나의 이론을 방어하는 데 집중하지 않는 것이 아닌가? 우리가 돌아오는 보상에 대하여 마땅히 생각해야만 하는 것은 후원자의 선의지가 유지되기를 바라는 것인가? 아니면, 그가 잘난체하는 사람이 되는 것을 막고자 하는 것인가? 우리의 현실적 생각은 ‘하나의 선은 다른 것으로 보상받아야 한다.’라는 단순한 문장 안에서 좀 더 진실하게 표현되는 것은 아닌가?”라는 반대의견에 직면한다(Ross, 1939, p.101). 그리고 이상적 공리주의에 대한 로스의 최후의 논증은, 비록 이상적 공리주의가 약속 준수와 같은 것처럼 좋음에 대한 로스의 결론을 도출할 수 있을지도 몰라도 이상적 공리주의는 여전히 잘못된 이유를 제시한다는 것이다. 즉 행위의 옳음은 산출된 결과의 선함에 의존하는 것이 아니다(Ross, 1939, p.289, pp.107-108).[19]

잘못된 이유 reason와 잘못된 결정 verdict을 구분하는 것이 별반 중요하지 않은 것처럼 보일지도 모르지만, 두 개의 논증은 매우 다르게 작동한다. 잘못된 결정 논증은 경쟁 이론이 실제로 잘못된 결정을 내리고 있다는 것을 보여준다. 이것은 경쟁 이론에 대한 매우 신중한 연구를 필요로 하는 것이고 어떤 경우에는 프리차드, 캐릿, 로스가 의도하는 결론을 제시해줄 수 없을지도 모른다. 일례로, 로스가 수긍하는 것처럼 약속을 지키지 않는 것이 그 자체로 나쁜 것이라면 이상적 공리주의는 올바른 결정을 할지도 모른다. 잘못된 이유 논증은 잘못된 결정 논증의 이러한 모든 수고를 피할 수 있다. 우리는 잘못된 결정에 대한 논증 없이도 '즉시, 그리고 어떠한 망설임도 없이' 경쟁 이론이 잘못된 이유를 제시하고 있다는 것을 알 수 있기 때문이다.

하지만 잘못된 결정에 대한 논증 없이 제시되는 잘못된 이유 논증은 두 개의 잠정적인 반대의견에 직면하게 될지도 모르는데, 이러한 반대의견은 모두 경험적 문헌에서 기인한다.

반대의견 1 : 프리차드, 캐릿, 그리고 로스가 제시하고 고찰하는 사례들은 일반적으로 매우 개별적이고 논란의 여지가 별로 없는 것들이다. 그들은 약속 준수의 경우에 대한 고찰을 통해 약속을 지켜야 하는(조건부적) 의무는 단지 누군가 그 약속을 했기 때문이라고 주장한다(그리고 이러한 주장에 대한 의심을 다음과 같이 풀 수 있다고 제시한다. 만약, 우리가 어떤 상황 B에서 실제로 비롯되는 A에 대한 의무가 있는지 어떤지에 대해 의심한다면, 그 해결책은 어떤 일반적 사고 과정 안에 있는 것이 아니다. B라는 상황에서 하나의 특정한 경우에 접근할 때, 그 상황 속에서 비롯되는 A라는 의무가 직접적으로 파악된다[Prichard, 2002, p.20]). 하지만, 일부는 우리의 판단에 대한 올바른 설명은 적은 경우의 판단에 대한 고찰을 통해서는 파악될 수 없다고 주장한다. 하나의 표준적인 교수 패턴을 생각해보자. 어떤 사람이 다섯 명의 생명을 살리기 위해 무고한 한 사람의 장기를 이용하는 것이 옳은지 어떤지를 물었다. 그것은 살인이기 때문에 옳지 않다고 대답할 것이다. 다시 다섯 명의 생명을 살리기 위해 (죽어가는) 한 사람의 생명을 포기하는 것을 허용해야 할지 어떤지를 물었다. 이 물음에 대해서는 그것은 살인이라기보다는 그 사람이 자연스럽게 죽는 것이기 때문에 허용할 수 있다고 대답할 것이다. 누군가 표준적인 트롤리 사례에서, 다섯 사람을 치는 것보다 한 사람을 치기 위해 트롤리의 방향을 바꾸는 것을 허용해야 할지 어떤지를 물었다. 그 대답은 허용 가능하다는 것이다. 왜냐하면, 그것은 살인이라는 이유보다는 다섯 사람을 죽도록 내버려둘 수 없다는 이유 때문이다. 어쩌면 그 이유는 트롤리 사례에서 한 사람을 수단으로 사용될 수 없다는 이유일 것이다. 그런 후, 다섯 사람이 있는 원래의 트랙으로 되돌리는 것을 멈춤으로써 한 사람을 치거나 죽일 수도 있는 옆길로 가고 있는 트롤리의 방향을 바꾸는 것을 허용해야 할지 어떤지를 묻는다. 대답은 허용 가능하다는 것이지만, 그 이유는 한 사람이 수단으로서 사용될 수 없다는 것이다. … 그 정당화가 숙고를 통해 지지될지도 모른다는 수업은 하나의 사례에 대한 관찰을 통한 것이 아니다. 하지만, 위에서 제시된 것과 같은 많은 사례들에 대한 관찰은 무엇이 문제인가를 보여주기 위해 설계된 것이다.

이것은 경험적 문헌들에 의해서도 지지된다. 주지하듯이, 실험 결과들은 피험자 내부의 구조와 피험자들 사이의 구조를 구분해야 한다. 이에 대한 분명한 대답은, 피험자들은 일반적으로 피험자 내부의 구조를 통해 주어진 문제를 좀 더 해결하려고 한다는 것이다. 이러한 주장은 적어도 우리가 프리차드와 로스가 의도한 숙고적 의미에서 생각하는 것이 실제로 무엇인지를 알기 위해서는 관련된 많은 경우들을 생각해야만 한다는 것이다.

　로스는 이상적 공리주의에 대해 제기한 최초의 논증에서 한 가지 이상의 경우를 자세히 살펴보았다(Ross, 1930, pp.17-18). 우리는 단지 우리가 약속을 했기 때문에 약속을 지켜야만 한다고 생각한다. 우리는 만약 처참한 결과가 뒤따른다면 그 약속을 지키지 않을 수도 있다고 생각한다. 하지만 두 번째 경우는 첫 번째 경우처럼, 약속을 지켰을 때의 결과이기 때문에 우리가 약속을 지켜야만 한다는 생각을 위해 우리에게 굳이 작동할 필요는 없다. 우리는 대신에 단지 우리가 약속을 했기 때문에 약속을 지켜야하는, 종종 좋은 결과를 가져오기 위한 하나의 조건부적 의무론에 의해 좌절되는 조건부적 의무가 있다고 말할 수 있다. 이것은 단지 좋은 결과를 산출하는 하나의 의무가 있다는 생각을 선호하는 것인데, 왜냐하면 우리는 약속을 지키는 것을 통해 만들어진 좋음의 양 X와 약속을 어김으로써 산출되는 X 사이를 신중하게 살펴보지 않았기 때문이다. 하지만, 여기서 결정적 것이 결정적 탐구인가에 주의하는 것은 결정들에 대한 하나의 주장이다. 즉, 좋음의 증진을 위해 하나의 의무를 택하는 것은 많은 경우 X에 대해 잘못된 결정을 내리는 것이다. 로스는 이러한 경우를 고려하지 않았고 그 이유들을 간과해버렸다. 하지만 잘못된 이유 논증은 그 자체로 홀로 성립되는 것이 아니다.

　반대의견 2 : 하이트의 피험자들은 근친상간에 대한 자신들의 판단을 정당화하는 데 실패했다. 하우저를 비롯한 일련의 학자들의 연구에서 피험자들은 자신들의 판단을 설명하는 정당화를 제시하는 데 실패했다. 가끔씩 정당화를 제시하는 데 성공하는 피험자들이 있기는 했지만, 제시된 물음과는 직접적으로 상관이 없는 것들이었다. 하우저는 다음과 같은 결론을 내렸다. "사람들은 대체로 자신들의 판단을 설명할 때 일관성을 갖지 못한다. … 사람들은 자신들의 정당화에 대해 아무런 존중감을 갖지 못한다. … 대부분의 사람들은 그들이 왜 주어진 사례[표준적 인 트롤리 경우: 다리 아래로 미는 경우]들을 구분하고 있는가를 알지 못한다. … 우리가 피험자들에게[금기사항을 다루는 사례들에 대한] 정당화를 요구했을 때, 그들은 아무런 가망이 없어 보였다(Hauser, 2006, pp.124-25, p.128, p.158)."

좀 더 일반적으로, 내성introspection의 신뢰 불가능성을 보여주는 광범위한 문헌이 있다(일례로, Nisbett & Wilson, 1977; Wilson, 2002, 5장). 이 문헌은 피험자들이 자신들의 응답에 대한 원인으로서 내성을 부정확하게 사용하고 있는 사례들에 집중하고 있다. 실험자들이 실험 후에 피험자들에게 주어진 자극이 어떻게 피험자의 반응의 원인이 되었는가를 기술하도록 했을 때, 일반적으로 피험자들은 자신들에게 영향을 주는 효과적인 자극이 무엇인지를 알았다고 할지라도 자신들의 판단의 원인이 되는 인지 과정을 간과했다. 대신에 피험자들은(그럴듯하기는 하지만 그 사례에 직접적으로 작동하는 것은 아닌)다른 인지 과정을 인용했다.[20] 잘못된 이유 논증은 약속을 지키는 것이 옳다고 생각하기 위해 일반인plain man의 가능성에 의존하고 있다. 이러한 문헌은 하나의 연구 결과에 대한 보고서라기보다는(정확하게 반(anti)내성 연구를 목적으로 하는) 인지 과정에 대한 보고서이다. 이러한 내성이 그 보고서가 보여주고 있는 반응의 원인으로서의 내성보다 신뢰성이 있는 것이 아닌 한, 사람들이 그것이 언급하는 것을 믿어야할 이유는 많지 않다. 그들은 보고서의 주장처럼, 그들의 판단에 대한 이유인지 어떤지와 상관없이 약속을 지켜야할 그럴듯한 이유를 단순히 인용하는 것일지도 모른다.[21]

이상적 공리주의에 대한 로스의 마지막 논증은 특히 취약하다. 약속을 지키는 것이 갖고 있는 좋음의 상태가 어떤 사람이 왜 약속을 지켜야만 하는가에 대한 이유는 아니다. 왜냐하면, 우리가 당위적 주장을 정당화하기 위해 좋음을 생각하는 것이 아니기 때문이다. 더욱이, 우리는 오히려 사건들의 상태가 좋다는 주장을 정당화하기위해 당위적 주장을 사용한다. 후자는 당위적 주장과 좋음에 대한 주장 사이의 관계에 대한 매우 복잡한 관점은 숨김없는 사람에서 기인한다.[22] (로스는 '의무론의 패러독스'를 보여줌으로써 이러한 관점들이 자신에게서 기인한다는 것을 후퇴시킬 수 있을지도 모르는데, 말하자면 내가 하나의 약속을 어김으로써 다른 두 개의 약속을 지킬 수 있다면 나는 하나의 약속을 어겨야만 한다. 만약 약속을 지키는 것 안에 들어 있는 상태의 좋음이 의무를 설명하는 것이라면 이때, 나의 의무는 일반적인 생각과는 달리 약속을 어기는 것이다. 하지만 이것은 다시 잘못된 이유를 지지하는 잘못된 결정을 내리는 것이다.)

일반인들이 철학적 훈련을 받는 것은 경험적 문헌이나 보고서가 보여주는 것보다 훨씬 더 좋은 것일지도 모른다. 어쩌면 이것이 로스가 '최선의 사람', '사려 깊고 일정한 교육을 받은 사람'을 제시한 이유일지도 모른다. 하지만 이는 자칫 위험한 생각일 수 있다. 프리차드와 로스가 이유와 관련된 자신들의 논증을 전개할 때, 그들은 '일반적인' 사람들, 또는 '우리는', "일상적인 삶을 살아간다."고 서술했다. 로스는 "일반인이 약속을 이행할 때 그는 자신이 그것을 해야만 하기 때문이라고 생각하는 것이고, 그가 약속 이행의 전체적 결과를 생각하지 않는다는 것은 분명해 보인다. 더구나 이것은 최선의 가능한 것의 실행이라는 주장도 아니다."는 진술을 통해 공리주의자들의 반론 가능성을 열어놓았다(Ross, 1930; p.17; 20-21n. 1939, p.186). 이러한 언급은 약속 이행의 이유가 공리주의자, 칸트주의자, 그리고 이기주의자들을 언급하는 것은 아니라는 점을 더 분명하게 보여준다. 하지만 이때 그 논증의 가치는 떨어지고 만다. 왜냐하면 사려 깊고 일정한 교육을 받은 사람은 분명히 이러한 종류의 이유들을 제시할 수 있기 때문이다.

내성에 제기되는 우려에 대해 프리차드, 캐릿, 그리고 로스는 잘못된 이유 논증을 재구성할지도 모른다. 그 논증은 어떤 사람이 약속을 지켜야만 한다는 결정을 내리게 한 생각들을 찾기보다는, 단순히 그 결정을 내리게 한 확실한 이유의 타당성을 찾는 것이다. 일반인들은 약속 그 자체에 대한 주의를 통해 약속 준수를 정당화하지 않을지도 모른다. 말하자면, 약속 그 자체에 대한 주의보다는 약속을 지키는 것이 자신에게 적합한 행위이거나 어떤 대안적 행동보다 더 많은 좋음을 산출하는 행위이기 때문에, 그것을 행할지도 모른다. 대신에, 그들은 약속을 했다는 것에 대한 주의를 통해 약속을 지키는 것을 정당화할지도 모른다. 사실상, 하나의 과정으로 그 반대의견을 다루는 것은 하나의 결정 그 자체를 다루는 것일 수도 있기 때문에, 이것은 내성에 반대하는 논증에 쉽게 영향받지 않는다.

그러나 이처럼 재구성된 논증은 또 다른 위험을 내포하고 있다. 그 일반인은 지금 약속을 지켜야만 한다는 자신의 결정에 대해 숙고하고 있다. 이러한 정당화는 아마도 약속을 지켰던 당시의 상황 속에서 일어난 것이 지금으로 연기된 것이다. 이러한 정당화 속에 이기주의적 정당화나 공리주의적 또는 칸트주의적 정당화가 포함되어 있다는 것은 결코 분명하지 않다. 이를 통해, 일반적인 사람은 철학자의 입장에 더 가까워질 것이고 철학자가 제시하는 정당화에 더 가까워질 것이다.

그러나 프리차드, 캐릿, 그리고 로스는 적어도 만족스러운 정당화를 제시할 수 없다는 우려에 대해 더 성공적인 응답을 제시할지도 모른다. 쿠쉬맨Cushman을 비롯한 일련의 학자들은 어떤 경우에는 피험자들이 자신들의 결정에 대해 상당히 성공적인 정당화를 제시한다는 것을 발견했다. '어떤 행위 대 어떤 행위를 하기 위해 제외되어야 하는 것들'의 경우를 한 쌍으로 제시할 경우 피험자들은 자신들의 결정에 대해 상당히 성공적인 정당화를 제시했다(예를 들어, 트롤리 앞에 있는 한 사람을 다리 아래 떨어뜨리기 위해 레버를 밀어야 하는 경우 대 레버를 밀지 않는 것이 다리 아래로 떨어지는 한 사람을 구하는 사례, 두 개의 사례 모두 다섯 명의 생명을 구하는 사례이다). 바론 Baron 또한 피험자 내적 설계 안에서 비결과주의자들의 생각을 드러내기 위해 설계된 사례들의 범위 안에서 피험자들이 자신들의 결정을 정당화하는 데 성공적이라는 것을 찾아냈다(Baron, 1994, p.9). 하이트의 근친상간의 경우, 일부는 피험자들이 근친상간을 근본적으로 옳지 않은 것으로 판단했다고 생각할지도 모른다. 아마도 그들은 피험자에게 더 타당한 이유를 제시하도록 할 것인데, 왜냐하면 단순히 '근친상간은 옳지 않다.'는 것이 아니라 옳지 않다는 것이 무엇인지 또는 이에 대한 충분한 설명을 원하기 때문이다.[23] 또는 어쩌면 하이트 자신이 제시한 것처럼, 문제는 피험자들이 결정할 수 없는 것들 사이에서 경쟁하는 정당화를 갖고 있다는 것이다. 일면에서, 무해하거나 합의에 의한 개인적 행위들은 허용할 수 있다. 하지만 또 다른 측면에서 보면 '자연스럽지 못한', 전통에서 벗어난 행위들은 의심스럽다.[24] 만약 그렇다면, 피험자들은 자신들의 판단에 대한 이유에 접근할 수 있다. 그들은 자신들이 왜 그러한 이유에 비중을 두었는가를 정당화하는 데는 다소 부족할 수 있지만, 이것이 판단 그 자체에 대한 결점이 아닐 수도 있다. 만약, 프리차드와 로스가 제시한 예를 가지고 생각해본다면, 관련하여 여기서 언급할 만한 일반적인 것은 전혀 없다. 더욱이 일반인들은 아무것도 할 줄 모른다는 하우저의 주장은 트롤리와 금기 사례들로부터 성급하게 일반화된 것처럼 보인다.

이와 유사하게, 하이트의 노선을 따르는 프린츠는 하이트의 사례를 가지고 "사람들이 종종 피상적이고 먼저 있었던 것을 정당화로 제시한다. 만약 그 이유가 성공적으로 도전된다면, 도덕적 판단은 종종 남겨지게 된다. … 그 판단을 위한 논증들은 일반적으로 판단이 이루어진 후에 고안된 것"이라고 추론한다(Prinz, 2007, p.29). 근친상간과 다른 금기들을 진실로 만들어주는 어떤 것이 다른 도덕 판단에서는 어떤 경우인가를 보여줄 필요는 없다. 실제로, 하이트는 콜버그의 하인즈 딜레마(하인즈는 아내의 생명을 구하기 위해 약을 훔쳐야 하는가?)를 다양한 금기 사례들과 함께 제시했을 때, 피험자들이 "어떤 추론을 사용하는 것처럼 보였고, 그들은 실험자들이 제시한 반대논증에 대해 어느 정도 즉각적으로 대응한다."라는 것을 찾아냈다(Haidt & Bjorklund, 2008, p.198).[25] 직관에 대하여 여전히 남아 있는 여러 사례들이 프리차드와 캐릿, 그리고 로스가 사용한 단일하지만 논쟁의 여지가 적은 사례들에 의존하고 있지 않다는 우려는 하우저, 프린츠, 그리고 하이트의 주장처럼 절망적이지는 않다.

경험적 문제들은 비자연주의에 대해 또 다른 문제를 제기할지도 모른다. 예를 들어, 사람들이 단순히 자연주의에 동의하지 않는다는 것은 낡은 것이 되었지만, 경험적 연구는 자연주의에 새로운 생명을 부여했다(일례로, Doris & Stich, 2005, pp.4-5).[26] 나는 단지 구조화의 직관에 대한 신뢰를 떨어뜨리는 경험적인 연구 성과에 대한 기이한 반응들만을 다루었다. 하지만 경험적 연구는 특정한 종류의 논증 즉, 잘못된 원인 논증에 대한 신뢰성을 떨어뜨릴 것이다.

1 이러한 언급에 대한 주된 논의는 쉐이버(2007)를 살펴보라. 고전적인 비자연주의자들로 내가 의도하는 학자들은 시즈윅, 라쉬달(Rashdall), 무어, 캐릿, 어윙, 그리고 브로드(Broad)이다.

2 일부 비판가들은 선험적 종합의 가능성을 보지 못했다. 더욱이 프린츠는 만약 "행복이 내재적 가치를 갖는다."는 것이 '하나의 개념적 주장'이나 '개념적 진리'가 아니라면, 이것은 아마도 하나의 경험적 주장일 것이라고 서술했다(Prinz, 2008a, p.195).

3 윤리학에서의 프레임 효과에 대한 우려는 도리스와 스티치(2005, pp.138-141); 시놋-암스트롱(2006b, pp.352-356; 2008b)를 살펴보아라.

4 프레임 효과에 대한 또 다른 사례는 바텔스와 메딘(Bartels & Medin, 2007)의 연구를 참고할 수 있다. 아마도 프레임 효과는 트롤리의 표준적인 옆길 경우에서 스위치를 조작하는 것의 옳음에 대한 서로 다른 연구들 사이의 불일치를 부분적으로 설명해줄 수 있을지도 모른다-하우저 외(2006), 페트리노비치, 그리고 왈드맨과 디테리치(2007), 그리고 BBC 여론조사(www.newsvote.bbc.co.uk/2/hi/uk_news/magazine/4954856.stm)는 75~90%가 스위치를 조작하는 것은 옳다는 것에 동의한다고 밝힌 반면에, 오닐과 시놋-암스트롱(2006b)는 동의를 유도하기 위해 설계된 경우조차도 많은 사람들이 별로 동의하지 않는다는 것을 찾아냈다. 그러나 이러한 실험들 사이에 프레임 효과가 작동했는지는 분명하지 . 한 가지 문제는 페트리노비치와 오닐이 "무엇을 하는 것이 옳은가?"라고 묻기보다 "당신은 무엇을 할 것인가?"라고 질문을 한 것이다(1996, p.149). 일부는 그들이 자기 스스로 해야 할 옳은 것을 대답하지 않았을지도 모른다고 생각할지도 모른다(Baron, 1992를 살펴보라). 순서 효과에 대해 일부 철학자들의 추측은 Kamm(2008, pp.131-132), Norcross(2008, pp.66-68), Otsuka(2008, pp.109-110), Unger(1996, pp.88-94)를 살펴보라.

5 일부는 이것이 피험자를 헷갈리게 하는 구분의 사례인지 어떤지에 대해 물음을 제기할지도 모른다. 왜냐하면 톰슨이 주장하는 것처럼 그것을 하나로 보는 것이 의미 있는 것이 될지도 모르기 때문이다(Thomson, 1986, p.108). 하지만 나는 그러한 구분이 의미가 있다는 캄의 입장을 따르고자 한다(Kamm, 1996, pp.163-165; Thomson, 1990, 7장).

6 실제로는 이것보다 더 좋지 않다. 597명 중 267명은 그 사례에 대한 어떠한 정당화나 추가적인 논증을 제시하지 못했다. 330명의 70%도 제시하지 못했다. 유사하게, 이 연구에서 주목하고 있는 68명 중 45명도 어떠한 정당화나 추가적인 논증을 제시하지 못했다(Hauser *et al.*, 2006, p.14, p.15).

7 그러나 하우저 외의 학자들은 단지 옆길/밀어내는 경우 또는 사물을 치는 것/사람을 치는 것에 대한 다른 유형에 대해서만 정당화를 요구했을 뿐이라는 점에 주목해야 한다(2006, p.12). 동일한 논증을 쿠쉬맨 이외의 학자들도 제시했다(Cushman *et al.*, 2006, p.1083). 동일한 결정에 대해 어느 한쪽의 쌍의 제시받은 참여자들은 쉽게 충분한 정당화를 산출해냈다. 이에 단지 12%만이 밀어내는 것을 허용했고 이것은 갓길/밀어내기 쌍에 대해서는 적은 수치이다. 하지만 사물을 치는 것과 사람을 치는 것을 하나의 쌍으로 제시했을 때는 이보다 훨씬 높은 수치의 사람들이 사물을 치는 것에 동의했다.

8 파악된 개념들의 경우에 대한 유사한 결론은 Ludwig(2007), Sosa(2007)을 참고할 수 있다. 특히, Cullen(2010), Kauppin(2007), N. Pinillos, G. Nair, P. Marchetto, C. Mun의 '철학의 새로운 도전: 실험, 그리고 의도적 행위(Philosophy's New Challenge : Experiments and Intentional Action, 2011)'를

살펴보라.

9   최초의 조사에서 사물을 치는 것은 허용 가능하고 사람을 치는 것은 허용 불가능하다고 생각한 사람들을 후에 만난 그들이 보지 못한 사례를 제시했다. 33%는 그 경우들에 대하여 상이한 판단을 내렸다. 이것은 하우저 외의 학자들이 제시한 말하자면 "이중효과의 원리는 모집단의 광범위한 범위를 넘어서서 작동한다."는 결론이 매우 취약한 해석이라는 것을 보여주는 것이다(2006, p.10). 두 개의 사례를 모두 제시받았을 때, 이중효과는 가정 적게는 5.8% 가장 크게는 33%의 차이를 보여줬다. 최초의 조사에서조차도 56%는 사람을 치는 것을 허용 가능하다고 생각했다(72%는 사물을 치는 것을 허용 가능하다고 생각했다).(Hauser *et al.*, 2008, p.127; 어딘가 다른 수치에 대해서는 그린(Greene, 2008b, pp.112-113); 미하일(Mikhail, 2008, p.88)을 참고하라; 주요한 생각은 이것이 이중효과의 작동을 어렵게 하는 것을 허용 가능하다고 생각한다는 것이다.) (이상하게도 하우저 외의 학자들은 사람을 치는 것을 '대부분' 허용하지 않는다는 한 가지 점에만 초점을 맞추었다[2008, p.129])

10 크리스티(Jason Christie)는 하이트의 근친상간 사례의 피험자들이 성공적으로 해내지는 못했지만 자유의 변형에 대해 숙고한다는 점에 주목했다. 나는 이번 챕터의 두 번째 섹션에서 그러한 가능성을 다루고 있다.

11 이와 관련해서는 스타노비치와 웨트(Stanovich and West, 2008, p.673)를 참고하라. 샤페어(Shafir, 1998)와 카흐네만(Kahneman, 1994)은 일상적 사건들의 차이점에 주목하고 이를 보여주는 최선의 모델로 피험자들 사이의 구조와 철학자들의 피험자 내적 사고실험을 제시했다(이를 간단하게 요약한 것은 Kamm, 1998, p.469를 보라). 카흐네만은 "영향력의 측정은 한 번에 숙고된 다양한 경우들에 대해 명확한 비교의 어려움을 갖고 있는 순차적인 구조나 피험자들 사이의 구조 둘 중 하나의 판단을 요구한다. 그에 반해서, 판단 안에서 하나의 요소의 관련성에 대한 규칙들은 오로지 변수 안에서 구분되는 사례와의 비교를 통해서 평가된다. 그 규칙들은 필연적으로 별개로 고찰된 경우들을 통해 환기되는 것이 아니다. … 도덕적 문제에 대한 철학적 분석은 전형적으로 사례들에 대한 비교에 의해 안내된 규칙들에 대한 탐구를 포함한다. … 이러한 설계는 규칙들에 대한 도덕적 직관을 연구하기에 적합하기는 하지만 별개의 사례들에 대한 직관을 결정하는 영향력은 필연적으로 이러한 조사 방법의 범위를 넘어서는 것이다. … 신중하게 구상된 사고 실험에 의해 환기된 직관은 피험자들 사이의 설계 안에서 보이는 사례들에 대한 반응을 정확하게 예측할 수 없을 것이다(Kahneman 1994, p.8, p.15)."라고 서술했다. 여기서 중요한 점은 그 반대의 경우 또한 진실이라는 것이다.

12 이것은 또한 비철학자들이 '앎'의 다른 개념을 가지고 있는 것보다 '옳지 않음' 또는 '허용할 수 있는'에 대한 다른 개념을 가지고 있다는 생각에 대해 더 적은 가능성을 가지고 있는 것으로 보이게 한다(이것은 또한 윤리학에서 비철학자들이 이러한 개념들이 포함된 것에 대하여 논증하는 것을 간과하는 것이 건전하지 못함을 보여준다).

13 이러한 차이점에 대한 성찰의 관점에서 경험적으로 설명하고 있는 것은 Livengood *et al.*(2010)를 참고하라.

14 아시아 지역의 전염병 사례에서 피험자들은 600명이 산다는 것이 '200명을 구하는 것인지' 또는 '400명이 죽는 것인지'에 따라 자신들의 정책 순위를 구분했다. '200명을 구하는 것'에 대한 정교화는 '200명을 구하고 400명은 죽는다.', '200명은 구하고 400명은 구할 수 없다.'이거나 어떻게

200명을 구하는 것이 400명을 불행한 운명에 빠지게 하는가에 대한 설명이었다. 프리스치 (Frisch, 1993)는 '200명을 구하고', '400명이 죽는 것'을 제시하고 연속적으로 양쪽 모두의 사례들을 (다른 질문으로 구분되는)을 제시했을 때 31%가 선행하는 구조에 영향을 받는다는 것을 찾아냈다. 그들은 아마도 이러한 정교화로 인해 중요한 정보를 차단되었을 것이다.

15 르부에프와 샤페어는 "하나의 갈등하는 구조의 즉각적인 제시에 대해 좀 더 신중한 생각을 갖고 있는 사람은 발견할 수 있을 것이고 잠재적인 모순을 피할 수 있을 것이고", 프레임 효과를 피할 수 있을 것이다(LeBoeuf & Shafir, 2003, p.86, p.89). 그들의 제안은 피험자들이 프레임을 구성할 수 있는지 어떤지에 대해서는 분명하지 않다.

16 다른 방식으로도 구조화를 언급할 수 있다. 쿨렌(Cullen)은 스와인(Swain) 외의 학자들이 주목한 '유망한 질문 테스트'로서 조사를 보여주는 것과 독립적으로 개별적 사례에 대해 고찰하기 위한 설명과 함께 개별적 사례들로 서두를 여는 것을 통해 사라지는 구조화를 만들었다(Cullen, 2010). 하우저를 비롯한 학자들은 프레임 효과는 "글자 나열이 다른 딜레마의 집합을 넘어서서 가능한 한 지속성을 유지한다면 종합적 판단에서 적은 효과를 발휘한다."고 주장한다(예를 들어, 만약 허용 가능성 물음이 "'구하는 것(saving)으로' 구조화되었다면, 그때 계속되는 모든 딜레마에서 '구하는 것(saving)'을 사용하는 것")(Hauser et al., 2008, p.143).

17 이러한 개념들에 대해 같은 지적을 하고 있는 것은 Kauppinen(2007, p.106, p.107, p.109); Ludwig (2007, p.151)를 참고하라.

18 이 생각은 릿치(Brenden Ritchie)에게서 기인한 것이다.

19 시즈윅과 비교해보자. "특수한 상황에서 무엇을 해야만 하는가에 대한 것으로서 실천적 인간의 판단이 종종 그들이 그것들에 대하여 제시한 이유들보다 종종 더 건전하다는 것은 하나의 일상적인 관찰이다(Sidgwick 1998, p.21)." 종종 관련된 요인으로서 도덕적 직관을 바라보는 관점에 대해서는 우드워드와 알맨(Woodward and Allman)을 살펴보라(2007, pp.190-191, pp.197-198).

20 예를 들어, 불면증을 앓고 있는 A와 B집단에게 위약을 처방했다. A집단은 자신들의 증상에 별로 도움이 되지 못했다고 진술했고, B집단은 증상이 개선되었다고 진술했다. A집단의 구성원들은 평소보다 더 잘 자고 B 집단은 그렇지 못할 것이라고 기대할 것이다. 그 이유는 아마도 A집단이 자신들이 불면증이 원인이 문제라고 생각하기보다는 자신들의 증상이 개선된 것이 그 알약 때문이라고 생각하기 때문일 것이다. 그리고 B집단은 불면증을 극복하는 그 약의 완화 효과를 매우 심각한 문제로 취급하기 때문일 것이다. 하지만 이에 대한 설명을 요구받았을 때, 피험자들은 실험의 스트레스나 관계 등과 같은 요인들을 언급했다. 그들은 그 알약에 대한 생각을 부정했다. 무엇이 이유인가에 대해 언급할 때, 그들은 다시 사고의 과정에서도 알약을 통한 생각을 부정했다(Nisbett and Wilson, 1977, p.238).

21 하이트 역시 프리차드에 의존하지 않고 이러한 주장을 하고 있다(2001, p.822).

22 로스는 캐릿의 노선을 따라 이러한 관점에 기여하는 증거의 일부를 제시했다. 우리는 그 약속은 약속하는 사람의 행위 없이 이것이 일어날 때 이것이 약속을 한다는 항목을 얻는 것이 좋다고 생각하지 않는다. 이것은 좋음이 의무의 수행에 의존한다는 것을 보여준다(Ross, 1939, pp.287-289; Carritt, 1928, pp.72-73). 하지만 공리주의적 생각은 좋은 것이 되는 것을 선택하는 것은 약속이라는 항목을 얻지 않는 것이라는 응답을 할 수 있지만, 그것은 약속하는 사람에 의해 야기되는 것이다.

23 프린츠는 피험자들이 프린츠가 종종 하나의 감정적 반응처럼 다루는 결정과 함께 작동하는 것
    으로 생각하는 '기본적 가치'의 하나로 근친상간을 생각하고 있을지도 모른다고 제안했다(Prinz,
    2007, pp.31-32; 2008b, p.160; 2008c, pp.428-429). 기본적인 것들은 정당화를 하지 못하는 것을 설
    명하기 위해서 감정에 대한 언급 없이도 충분하다. 쿠쉬맨을 비롯한 학자들은 그 결정을 설명하
    는 것으로서 '남매 사이에 성적 관계를 갖는 것은 옳지 않다.'라는 원리를 제시했다(2006, p.1087).
24 하이트는 근친상간에 대해 이러한 점을 제안하지는 않았지만 오히려 동성애에 대한 보수적인
    반응에 대해서 이러한 주장을 했다. 근친상간에 대해서는 보수적 입장과 자유적 입장이 별로 구
    분되지 않았다. 그래서 누군가는 근친상간에 대한 양쪽 모두의 집단에게 동성애를 적용하는 것
    에 대한 보수적인 말막힘에 대한 설명으로 생각할지도 모른다(Hadit and Hersh, 2001, pp.214-
    215). 자유적 입장조차도 근친상간의 경우에서 '추정되는' 어떤 것들을 예로 들었다(Hadit and
    Hersh, 2001, p.206).
25 하이트 또한 내가 해야만 하는 것은 무엇인가에 의한 '도덕적 결정하기'가 아니라 그가 의미하는
    다른 것들의 판단에 의해 '도덕적 판단'에 대한 자신의 설명을 현재 제한하고 있다. 그는 도덕적
    결정하기에서 일어나는 말막힘에 대하여 논하지 않았다(Hadit and Bjorklund, 2008, pp.242-244).
26 그들은 직관에 반대하는 시놋-암스트롱의 논증을 고려하지 않았는데, 왜냐하면 누군가 프레임
    효과에 대하여 알고자 한다면 그것은 직관을 신뢰하지 않는 것이기 때문이다. 어떤 사람의 직관
    적 판단은 비추론적인 어떤 것이라기보다는 하나의 전제와 더불어 관련된 지식과의 추론이다
    (Sinnott-Armstrong, 2008c, pp.70-72, p.99, p.104; 2006). 시놋-암스트롱은 이것을 하나의 문제로
    제기했는데, 왜냐하면 그는 회의적인 퇴행 논증을 피하는 방식으로서 비추론적-신념을 제시했
    기 때문이다. 직관을 추론적으로 만드는 것이 이러한 문제에 대해 적합한 것은 아니다. 그러나
    고전적인 비자연주의자들은 전형적으로 회의주의를 패배시키기 위한 방식으로서 비추론적 신
    념들을 적용시키는 데 관심을 갖고 있었다. 실제로 그들은 회의주의에 대한 관심을 보여준다. 일
    례로 시지윅뿐만 아니라 로스도 그들이 비추론적으로 알게 되는 것이 무엇인가로부터 그것들
    을 추론하는 것들 통해 특정한 도덕적 판단을 정당화하는 것에 관심을 두고 있다(Ross, 1930,
    pp.30-32; Sidgwick, 1907 : p.379). 그리고 그들은 하나의 지실한 판단을 위해서는 어떤 사람은 신
    뢰성을 높이기 위한 조건들 안에서 만들어져야 한다는 시놋-암스트롱에 동의한다. 비추론적
    판단이 '가장 높은 확실성'을 갖고 있는지 어떤지에 대한 시즈윅의 4개의 테스트를 생각해보자.
    그는 어떤 사람은 그 테스트를 통과될 수 있는지 어떤지에 대한 정당화된 신념을 반드시 갖고 있
    어야 한다고 가정한다(Sidgwick, 1907, pp.338-342). 비추론적인 것으로서 어떤 도덕적 판단을 특
    징화하는 데 있어 핵심은 단순하게 어떤 도덕적 판단이 다른 도덕적 판단이나 완전하게 비도덕
    적 판단 중 어느 하나로부터 추론되는 것인가라기보다는 이해된 그것들의 내용으로부터 진실
    하게 보이는가의 문제이다.

제11장

외재주의, 동기, 그리고 도덕적 지식

Sergio Tenenbaum

/////////////

제11장
외재주의, 동기, 그리고 도덕적 지식

Sergio Tenenbaum

11.1 들어가는 말

윤리적 자연주의의 한 유형인 도덕적 동기에 관한 외재주의 externalism는 매력적인 관점이다. 대부분의 윤리적 자연주의는 도덕적 속성을 자연적 속성으로 간주한다. 반면, 도덕적 개념들은 서술적, 혹은 비도덕적 개념들로 환원될 수 없다는 입장을 지지한다. 이러한 입장에 설 때, 도덕적 속성들은 자연적 속성들이다. 그리고 이러한 속성들을 언급하는 도덕적 용어들은 경험적으로 관찰 가능한 현상들에 관해 설명하는 역할을 한다. 인식론적으로 우리가 물리적 속성들 혹은 화학적 속성들에 쉽게 접근할 수 있는 것처럼, 이러한 속성들에도 쉽게 접근할 수 있고, 또 후험적 a posteriori으로 도덕적 사실들을 알게 된다. 그리고 도덕 인식론 moral epistemology에서 도덕적 용어들의 설명적 역할은 그것들의 기본적인 역할이다. 이와 같은 입장을 지지하는 사람들은 도덕적 지식이란 '최고의 설명을 위한 추론'에 근거하여 정당화된 것이라고 생각한다.[1]

반면, 도덕적 동기와 관련하여 내재주의자 internalist들은 'x는 도덕적으로 옳다'는 판단과 x가 동기화되는 것 사이에 필연적, 개념적 관계가 존재한다고 생각한다. 비분석적인 윤리적 자연주의자들의[2] 주장에 따르면, 도덕적 속성은 자연적이고 객관적인 속성이다. 그리고 우리는 이러한 속성의 인과적인 힘에서 비롯되는 구체적인 예화instantiation들을 배우게 된다.[3] 그러나 이런 종류의 자연적 속성이 모종의 행동 유형을 통해 또는 모종의 방식으로 행해진 행동의 결과로 예화된다는 판단(혹은 믿음)은 *개념적으로* 완전히 서로 다른 용어들과 어떻게 연결될 수 있는가? 다시 말해 그것들이 어떻게 행위의 동기와 연결될 수 있다는 것인가? 비록 판단, 믿음은 그 자체로 동기를 부여할 수 없다는 흄의 테제를 인정하지 않는 경향이 있다고 하더라도, 어떤 자연적, 설명적 속성들은 행동을 통해 예화된다는 것이 동기와 개념적 연결을 보여주는 것은 아니다. 그래서 윤리적 자연주의자들은 외재주의를 수용하는 경향이 있다. 그리고 도덕적 행동에 대한 욕구 혹은 도덕적으로 옳은 행동을 실천하고자 하는 욕구를 통해 유덕한, 도덕적인 행동을 설명하려고 한다. 그래서 도덕적 동기는 어떤 행위가 도덕적으로 옳다 혹은 그르다는 믿음과 연결된다. 도덕적 동기는 행위자 스스로 도덕적인 사람이 되고 싶다는 욕구를 통해 설명된다. 이는 분명 흄의 입장을 수용하는 것이다.[4]

그러나 스미스Michael Smith는 이러한 형식의 윤리적 자연주의에 반대 입장을 천명해왔다.[5] 그에 따르면, 도덕적인 사람이 되고자 하는 욕구에 의존한다는 것은 유덕한 행위자로 하여금 페티시즘fetishism의 혐의를 받게 할 수 있다. 이 맥락에서 유덕한 행위자는 오직 그러한 욕구를 갖는 덕분에, 그것들이 행위를 도덕적으로 옳은 것으로 만든다는 그 이유 때문에 행위의 속성에 관심을 기울인다. 행위의 속성 그 자체에 관심을 갖는 것이 아니다. 이러한 관점에서 볼 때, 절실히 도움을 필요로 하는 사람들을 배려하는 데서 사람들의 돕는 행위가 동기화되는 것이 아니다. 오히려 옳은 것이 무엇인지 관심을 갖고, 도움이 필요한 사람을 돕는 것이 도덕적으로 옳은 것이라는 깨달음 속에서 도움이 필요한 사람을 돕는 유덕한 행위자의 행동이 파생되는 것이다. 하지만 스미스의 입장에서 이는 유덕한 행위자로 하여금 너무 많은 것을 생각하게 하는 것일 뿐만 아니라, 도덕적 행위자의 동기를 적절하게 포착하지도 못하는 것이다. 유덕한 행위자는 도움이 필요한 이들을 돕기 위한 *직접적인direct* 동기를 갖고 있다. 나는 스미스의 자연주의에 대한 반대가 실패할 것임을 말할 것이다. 비분석적 자연주의의 관점에서 도덕성이 명령하는 특정 목적들을 추구하려는 직접적 동기로부터 유덕한 행위자가 동기화될 수 있다는 것을 인정하지 않는 스미스의 생각이 틀렸다는 것을 주장할 것이다. 스미스의 문제제기에 대응하면서 비분석적 자연주의는 도덕적 지식과 도덕적 동기 사이의 관계를 어떻게 보아야 하는지 좀 더 나은 이해를 얻게 될 것이다. 이 글은 도덕적 동기에 관한 이러한 설명이 적절하다는 것을 보여주지는 않는다. 비분석적 자연주의는 유덕한 행위자가 도덕적으로 옳은 사람이 되려는 욕구에서 직접 동기화되어야 한다고 요구하고, 이러한 동기화에 문제가 있다는 스미스의 생각은 일정 부분 적절하다고 할 수 있다.[6] 하지만 문제가 있다면, 그것은 외재주의가 유덕한 행위자에게 너무 많은 생각을 갖게 강제한다는 사실이 아니다. 그들은 자신들의 이론 내에서도 유덕한 행위자들이 정의, 정직, 고통 완화 등을 직접 배려한다고 말할 수 있는 여지를 충분히 갖고 있다.

11.2 외재주의에 대한 스미스의 반대

스미스에 따르면, 윤리적 외재주의자들은 유덕한 행위자의 동기를 설명하는 데 일반적인 관점들과는 양립할 수 없는 그런 입장에 헌신할 수밖에 없다. 스미스는 합리적이고 도덕적인 행위자는 도덕적 믿음의 변화에 따라 동기가 변하는 이유를 설명해야 할 필요가 있다고 지적한다. 합리적이고 도덕적인 행위자(메리)에 관해 생각해보자. 메리는 X와 Y 중 하나를 선택할 때, Y보다는 X를 하는 것이 도덕적으로 옳은 것이라고 설득되었다. 그리고 이는 평소 그녀의 생각과 상반되는 것이다. 이 경우 우리는 메리의 동기에서도 변화가 일어나기를 기대할 것이다. 메리가 유덕한 사람인 한, 믿음에서의 변화는 상응하는 동기의 변화를 수반할 것이다. 즉, 메리는 Y보다는 X를 선택하도록 동기화될 것이다.

스미스에 따르면, 외재주의자들은 유덕한 행위자의 동기 변화를 옳은 것을 하려는 욕구에서 비롯되는 도덕적 믿음의 변화를 통해 설명할 수 있다(*비지시적 해석 de dicto*). X에 대한 동기가 도덕적으로 옳은 것을 하려는 욕구에서 비롯될 때, 동기의 변화는 도덕적 믿음의 변화에서 비롯된 것이라고 설명할 수 있다는 것이다. 외재주의자들의 관점에 따라 도덕적 믿음과 동기 사이에는 아무런 내적인 관계도 존재하지 않는다고 가정하면, 어떤 행위자가 'X는 옳다'는 믿음을 갖는다면, 그리고 동시에 X를 하기 위한 비파생적인 욕구를 갖는다면, 이것은 정말로 믿기 어려운 우연의 일치이다. 외재주의자들은 그런 변화들은 오직 도덕적으로 옳은 것을 하려는 도덕적인 행위자의 비파생적인 *비지시적*non-derivative de dicto[7] 욕구에서만 비롯된 것이라고 설명할 수 있다.

그래서 만약 스미스의 주장이 옳다면, 메리가 (아이들의 재능을 계발하는 데 관심을 갖기보다는)[8] 아이들에게 재미와 즐거움을 주어야 한다고 배웠을 때, 그녀는 그러한 학습으로 인해 아이들과 함께 노는 데 필요한 비파생적인 동기를 가질 수 없게 된다. 아이들과 함께 놀려는 그녀의 동기는 옳은 것을 하려는 동기에서 비롯된 것이고, 아이들과 함께 노는 것이 도덕적으로 옳다는 새롭게 획득한 믿음에서 비롯되는 것이다.

물론 스미스의 문제 제기가 도덕적으로 옳은 것을 하려는 욕구가 존재한다는 것에 이의를 제기하는 것으로 간주되어서는 안 될 것이다. 믿음을 구분하는 고전적인 접근의 맥락에서 믿음을 가진 사람이 믿음의 명제에 동의한다면, 그러면 그는 *비시적* 믿음을 갖는다.[9] 욕구에 대한 이러한 입장을 욕구로 확장하면, 어떤 것을 비시적으로 욕구한다는 것은 곧 행위자가 그 욕구의 대상을 원한다는 사실을 함축한다고 예상할 수 있다.[10] 래리에게는 성 마리 고등학교 미식 축구 팀의 주장인 메리라는 딸이 있다고 가정해보자. 메리는 2010 시즌 미식축구 최우수 선수에 뽑힐 가능성이 있는 딸이다. 좋은 아버지들이 그렇듯이, 래리는 메리가 잘 되기를 바란다. 그러면 다음의 문장들을 비교해보자.

(1) 래리는 메리가 최우수 선수상을 수상하기를 바란다.

(2) 래리는 그의 딸이 최우수 선수상을 수상하기를 바란다.

(3) 래리는 성 메리 고등학교 미식 축구 팀의 주장이 최우수 선수상을 수상하기를 바란다.

만약 래리가 메리는 자신의 딸이고, 그녀는 고등학교 미식축구 팀 주장이라는 것을 알고 있다면, (1)~(3)의 의미를 비시적으로 해석할 경우에도 그것은 래리에게 참이다. 이러한 서술들을 통해 그는 욕구의 대상을 추가하게 되고, 또 그러한 욕구의 대상을 원하게 된다. 그래서 교장 선생님이 승인하는 경우에 한해 고등학교 미식축구팀 주장이 최우수 선수상을 탈 수 있다고 이해한다면, 그는 교장이 관련 서류에 사인하도록 만들고 싶을 것이다. 마찬가지로 메리가 상을 탔다고 래리가 믿는다면, 욕구를 비지식적으로 해석할 때조차도 그에게 다음의 내용들은 모두 참일 것이다.

(1) 래리는 메리가 최우수 선수상을 수상했다고 믿는다.

(2) 래리는 래리의 딸이 최우수 선수상을 수상했다고 믿는다.

(3) 래리는 성 메리 고등학교 미식 축구팀 주장이 최우수 선수상을 수상 했다고 믿는다.

모종의 이유로 유덕한 행위자는 도덕적으로 옳은 것을 하려는 비지시적 욕구를 갖는다. 아마도 그 이유는 유덕한 행위자가 도덕적으로 옳은 것을 하는 것이 옳다고 믿기 때문인 것으로 생각된다. 그러므로 행위자가 지금 비합리적이지 않다면, 그것은 도덕적으로 옳은 것을 하려는 동기인 스미스의 실천성 요구practicality requirement의 결과이다.[11] 그러나 이것을 행위자가 원하는 것을 서술하는 것으로 보아서는 안 될 이유가 없어 보인다. 다시 말해, 이러한 이유로 행위자의 유덕함을 깎아내리는 것 없이, 불확실한 상황에서 우리는 욕구를 유덕한 행위자가 도덕적인 존재가 되려는 것으로 생각할 수 있다.[12] 그러므로 전체적인 관점에서, 유덕한 행위자가 X는 도덕적으로 옳다는 것을 인식할 때, 그는 X를 하려는 비지시적 욕구를 갖는다고 할 수 있다. 두 입장에서 유덕한 행위자가 가난한 사람을 돕는 것이 도덕적으로 옳다고 인지할 경우, 그러면 그는 가난한 사람을 돕고자 하는 비지시적 욕구를 갖게 된다. 왜냐하면 적어도 행위자는 자신이 바라는 것에 대한 정확한 기술로써 '가난한 사람을 돕는 것'을 인지하고 있기 때문이다. 그래서 우리는 유덕한 행위자에 관해 스미스의 관점 혹은 외재주의자의 관점을 취할 경우, 비지시적 욕구와 지시적 욕구 양자 사이의 차이점을 발견할 수 없다. 따라서 핵심은 욕구의 토대 혹은 그것이 도출된 상황에 관한 것이다. 욕구가 비지시적이라고 구체화할 필요는 없다. 우리가 행위자의 추론 혹은 믿음의 토대를 검토하는 맥락은 전형적으로 태도가 비지시적인 것으로 묘사되는 그런 맥락들이다.

유덕한 행위자들은 동일한 욕구들을 갖는다고 해도 그들이 그것을 동일한 방식으로 생각하는 것은 아니다. 스미스에 따르면, 외재주의자들은 유덕한 행위자의 동기화 구조에 함축되어 있는 비지시적 동기들을 우리가 어떻게 가질 수 있는지 설명하기 어렵다.

> 선한 사람은 비파생적으로 아이들과 친구들의 행복과 고통, 동료들의 행복, 정의, 평등, 정직 등과 같은 그 자체로 가치가 있는 것들에 관심을 갖는다. 이는 곧 옳다고 믿는 것을 하는 것이고, 이것은 지시적인 해석이 아닌 비지시적인 해석을 하는 경우이다(Smith, 1994, p.75).

외재주의자들에게 심각한 어려움으로 다가오는 문제는 '파생적인 derivative'과 '비파생적인 non-derivative'이라는 두 개념을 어떻게 분명하게 설명할 수 있는지 그 방법에 관한 것이다. 그리고 이는 비분석적인 자연주의적 외재주의자들에게도 해당되는 문제이다. 다음 절에서 살펴보겠지만, 이 문제는 생각만큼 그리 녹녹치 않은 문제이다.

11.3 파생적인, 비파생적인 동기와 도구적인 동기

우리는 '파생적인'을 어떤 합리적인 혹은 추론적인 관계(또는 행위자의 합리성에서 비롯되는 인과적 관계)를 언급하는 것으로 가정하는 데서 시작할 수 있다. 즉, 그것은 욕구의 토대가 되는 것 혹은 추론을 통해 그것이 어떻게 도출되는가와 관계가 있다. 결국, 어떤 동기는 인과적 기원을 필연적으로 갖는다는 사실은 그것이 올바른 동기가 될 자격을 박탈하기에 충분하다. 그래서 만약 래리가 체스 선수들에게 매혹되었기 때문에, 혹은 그가 감정적으로 상처받기 쉬운 때마다 두 사람이 만났고, 그래서 최근 함께 이야기를 자주 나누어 왔기 때문에 그 부인과 사랑에 빠진 것이라면, 그러면 이러한 동기들은 그 부인을 도우려는 동기의 인과적 경로 속에 자리할 것이다. 그러나 이러한 각 요소들이 래리가 그 부인을 도우려고 하는 동기의 인과적 기원이라는 사실이 그녀의 생명을 구하기 위한 래리의 욕구를 '파생적인' 것으로 만드는 것은 아니다.[13] 반면에 부인을 구하기 위한 행위자의 동기가 순수하게 부인을 보살펴야 한다는 도덕적 요구에서 비롯된 것이라면 그것은 객관적일 것이다. 즉, 이러한 유형의 동기는 부인을 구하려는 행위자의 욕구가 도덕적으로 옳은 행동만을 실천하고자 하는 욕구에서 *추론을 통해 도출*[14] 되기 때문에 혹은 그것에 토대를 두고 있기[15] 때문에 객관적일 수 있는 것 같다. 우리는 어떤 욕구 또는 동기를 파생적인 것으로 만드는 양 '극단'에 관해 생각해볼 수 있다.

[MAXIMUM] φ를 하려는 동기가 어떤 다른 심적 상태에서 추론을 통해 도출된 것(혹은 그것에 토대를 두고 있는 것)이라면 파생적이다.

그리고

[MINIMUM] φ를 하려는 동기는 φ하는 것이 인과적으로 반드시 p에 대한 욕구와 함께한다는 믿음에서 추론을 통해 도출되는 경우 오직 그 경우에만 파생적이다.[16]

한마디로 [MAXIMUM]은 '이렇다 할 동기가 없는 욕구들 unmotivated desires'[17]로 파생적이라는 의미를 설명한다. 반면, [MINIMUM]은 파생적이라는 의미를 행위자 자신의 도구적인 욕구들로 설명한다.[18] 그러나 우리는 외재주의를 반대하는 일련의 형식화된 논의를 볼 수 있고, 이미 [MAXIMUM]에 대한 거부를 인정한 바 있다. 결국 우리가 앞서 본 사례에서 메리는 자녀들에게 즐거움과 재미를 주는 것이 도덕적으로 옳다고 믿는다. 그러나 아이들에게 재미와 즐거움을 주는 것이 도덕적으로 옳다는 믿음은 그녀의 아이들에게 재미와 즐거움을 제공하려는 그녀의 동기에 일정 부분 기초한 것이다. 사실 [MAXIMUM]은 아이들에게 재미와 즐거움을 주고 싶은 그녀의 동기가 단순히 그녀의 규범적 믿음에 토대를 두고 있을 때 조차도, 그것을 부적절한 파생물로 만든다. 아마도 스미스 역시 이러한 관점을 인정할 것이다. 도덕적 동기에 대한 외재주의자의 설명은 결함이 있을 뿐만 아니라 대체로 도덕적 동기는 규범적 믿음에 토대를 둔다고 믿게 만든다. 그러나 [MAXIMUM]은 엄밀한 조건과는 너무 거리가 멀다. 반면에 [MINIMUM]은 자연주의자들이 예를 들어 '가난한 사람을 돕는 것'은 '도덕적으로 옳은 것을 실천하기' 위한 인과적 수단이라는 입장을 수용하는 경우, 스미스의 주장을 지지해준다. 그러나 외재주의자들은 '가난한 사람을 돕는 것'과 '도덕적으로 옳은 행위를 하는 것' 사이의 관계가 이러한 유형의 것이라고 말할 필요는 없다. 외재주의자들은 '가난한 사람을 돕는 것'의 속성을 예화하는 행동을 함으로써 '도덕적으로 옳은 행동을 하는 것'이라는 또 다른 속성을 예화한다고 말할 필요가 없다는 것이다. 좀 더 그럴싸한 관점은 '가난한 사람을 돕는 것'은 단지 '도덕적으로 옳은 행동을 실천하는' 하나의 방법, 또는 예라고 보는 것이다. 어떤 외재주의자들도 가난한 사람을 돕는 것이 도덕적으로 옳은 행동을 하기 위한 도구적인 수단이라는 입장을 승인하지 않는다. 그리고 비분석적 자연주의자들이 특별히 이러한 움직임을 보일 것 같지도 않다. 자연주의자들은 아마도 그것을 도덕적으로 옳은 것이 속성으로 갖는, 곧 '가난한 사람을 돕는 것'을 그 구성 요소로 갖는 복합적인 속성으로 취급할 것이다.[19]

유력한 선택지 중 하나는 파생적인 동기들이 다른 욕구들 혹은 동기화 상태에서 추론을 통해 도출된다고 제한하거나, 그것들에 토대를 둔다고 한정하는 것이다. 우리는 이러한 중간적인 입장을 다음과 같이 규정할 수 있다.

[INTERMEDIATE 1] φ를 위한 동기 A는 ψ(혹은 p)를 위한 동기화 상태와 ψ를 하는 것에 서로 관련이 있다[20]는 확실한 믿음에서 추론을 통해 도출되었거나, 그것에 토대를 둔다면, 그러면 그것은 파생적이다.

이것은 유덕한 행위자에 대한 외재주의자들의 입장을 한층 부적절하게 만들 것이다. 그러나 [INTERMEDIATE 1]을 받아들이기는 어렵다. 스미스의 동기에 관한 합리적 요구, 곧 우리가 가지고 있는 특정한 욕구들에 체계적인 정당화를 제공하는 좀 더 일반적인 욕구들을 확보해야 한다는 요구에 관해 살펴보자.[21] 행위자의 동기 체계에 새로운 욕구를 더하는 것이 동기체계가 좀 더 일관성을 확보하게 된다는 인식 하에, 행위자가 새로운 동기를 확보할 경우 오직 그 경우에 새로운 욕구는 [INTERMEDIATE1]의 의미에서 파상적인 것이 된다. 그러나 쏘샤나 Shoshana는 자신의 동기를 좀 더 일관성 있게 만듦으로서 직접적으로 그녀의 도덕적 관점 moral outlook을 개선한다고 생각한다. 곧 그녀가 변호사들을 대하는 방식과는 완전히 다르게 교사를 대한다는 사실을 알았다고 가정해보자. 이러한 앎의 결과로 그녀는 교사를 대하는 방식에 변화를 준다. 교사와 변호사를 다르게 대하는 것이 도덕적으로 잘못된 것이라는 분명한 논증의 결과를 통해 그녀가 교사를 대하는 방식에 변화를 준 것이라면, 쏘샤나는 유덕한 성품을 지닌 것으로 보인다. 그러나 [INTERMEDIATE 1]은 쏘샤나의 새로운 동기를 파생적인 것으로 분류한다. 또 구성적 의미를 포함하고, 동기가 파생적이 되는 필요조건이 아닌 충분조건을 확보하기 위해 의미의 범주를 확장한다.

[INTERMEDIATE 2] φ를 하는 것은 (인과적으로 혹은 구성적으로) 필연적으로 p(혹은 ψ)가 p 혹은 ψ에 대한 욕구와 함께한다는 믿음으로부터 추론을 통해 도출되었거나 혹은 그것에 토대를 두고 있다면, 그러면 φ를 위한 동기는 파생적이다.

[INTERMEDIATE 2]의 첫 번째 문제점은 구성적 의미들의 사례들이 왜 동기를 파생적인 것으로 만드는지 그 이유를 알기가 어렵다는 것이다. 예를 들어, 당신이 딸과 함께 오후 시간을 보내고 있다고 가정해보자. 딸이 당신에게 묻는다. "왜 아빠는 나와 함께 산책하기 위해 직장에 휴가를 냈어요?" 당신은 다음과 같이 대답한다고 해보자. "너와 함께 시간을 보내고 싶기 때문이지." 그리고 당신의 딸이 실망하여 말한다. "나는 아빠가 공원에서 나와 함께 산책하기를 바랐다고 생각했어요." 딸의 실망을 정당화할 수 있는 당신의 대답에 대한 해석 방식이 존재한다. 만약 당신이 더 좋은 부모가 되려는 원대한 계획을 갖고 있다면, 그리고 좋은 부모가 되는 것은 딸과 함께 시간을 보내는 것을 포함하여 다른 많은 것들을 포함한다는 것을 깨달았다면, 그리고 오늘이 이러한 계획을 행동으로 옮길 좋은 기회라는 것을 알았다면, 그러면 당신은 딸과 함께 공원에 산책을 갈 것이다. 반면 당신이 차기년도

부서 예산을 논의하는 회의에서 동료에게 경계심을 느낀다면, 당신의 딸은 당신에게 그 이상의 기대를 할 수 있고 또 아마도 그 이상의 기대를 할 것이라는 것은 의심할 여지가 없다. 그러나 만약 당신이 단순히 딸과 함께 시간 보내기를 즐긴다면, 그리고 당신이 그것을 더 좋아한다는 것을 깨닫고, 당신이 즐기는 '딸과 시간 보내기'의 한 활동이 딸과 도심을 산책하는 것이며, 그것을 바로 오늘 행동으로 옮기기를 바란다면, 그러면 당신의 딸은 아마도 당신에게 그 이상의 기대를 할 수도 없고 또 하지도 않을 것이다. 스미스는 아마도 외재주의의 동기를 첫 번째 범주로 분류할 것 같다. 반면 [INTERMEDIATE 1]은 둘 사이를 구분하지 않는다. 사실, 하나가 다른 하나보다 더 파생적인 동기라는 것을 통해 둘 사이의 차이점을 도출해낼 수 있는지 분명치 않다. '가난한 사람을 돕는 것'은 결국 '어려운 사람을 돕는 것' 혹은 '자신의 자비로운 성향을 표현하는 것'의 구성요소가 될 수 있다. 주장하건대, 후자는 '많은 것을 생각하는' 경우이지만, 전자는 그렇지 않다.[22] 그리고 이런 포괄적인 방식으로 '파생적인'을 정의하는 것은 두 종류의 동기를 구분할 수 없게 만드는 것이다.

　　[INTERMEDIATE 2]와 관련된 또 다른 문제들을 살펴보는 것은 의미 있는 일이다. 가난한 사람을 돕는 것의 구성요소가 되는 것들 중 하나는 그 자체로 가난한 사람을 돕는 것이다. 그러므로 [INTERMEDIATE 2]는 '파생적인'과 '비파생적인' 사이의 구분이 별것 없다고 경고한다. 물론 사람들이 이런 문제를 해결할 수 있는 방법들을 찾는 것은 그리 어렵지 않다. 그러나 최소한 자연주의적 외재주의자들에 반대하는 비판적 입장들을 어려움에 처하게 하지 않고도 그것을 별것 아닌 것으로 만들 수 있지는 확실하지 않다. 결국 비분석적 자연주의자들은 일반적으로 도덕적으로 옳은 것의 속성은 어떤 자연적 속성과 동일하다고 주장한다. 그러나 만약

이러한 자연적 속성이 그 자체를 목적으로 예화하는 것이기를 바란다면, 그렇다면 자연주의자들이 반대할 만한 방식으로 도덕적 동기를 파생적인 것으로 만드는 것은 아닐 것이다. 예를 들어 유덕한 행위자가 직접적으로 반응을 보이는 유일한 속성이 도덕적으로 옳은 것에 반응함으로써 기대된 유용성을 극대화하는 것이라면, 유덕한 행위자는 기대된 유용성 극대화의 속성에 반응하는 것이다.

그러나 이것은 잠재적 문제들을 외재주의자들에게 향하게 하는 방법이다. 어떤 이는 도덕성이 실제로 요구하는 것이 무엇인가와 별개로 행위자가 잠재적으로 혹은 명시적으로 알고 있는 내용이 동기가 되어 행동할 것을 요구한다고 주장한다. 그러나 외재주의자들은 어떻게 유덕한 행위자가 도덕적 관점에서 도덕적 동기를 신뢰할 수 있는 방식으로 가질 수 있는지 설명할 수 없다. 그리고 동시에 외재주의자들은 항상 그런 것은 아닐지라도 종종 도덕적 관점의 변화와는 관계가 없는 대상에 대한 욕구들에 의해 동기화되는 것을 허용한다. 사실 이러한 반대 주장들에 스미스는 다음과 같이 답한다.

> 그러나 만약 도덕적 동기를 일으키고 지속시키는 어떤 메커니즘이 도덕적으로 요구되는 것을 하려는 욕구라면, 그들은(도덕적으로 유덕한 사람들) 적극적으로 (가족과 친구들에 대한) 비도구적인 관심을 피할 것이다. 결국 가족과 친구를 돌보려는 비도구적인 욕구는 도덕적 믿음을 변경한다는 조건 하에서 옳은 것을 하려는 욕구를 통해 억제될 수 없을 것이다(Smith, 2004c, p.286).

어떤 이들은 이러한 논증이 '비파생적' 혹은 '직접적' 동기에 대한 좀 더 정밀한 이해를 내놓아야 한다는 요구를 회피하는 것이라고 생각한다. 우리는 외재주의자들이 생각하는 동기가 옳은 것이 될 수 없다는 것을 이미 알고 있다. 때문에 외재주의자들의 그림 속에서 유덕한 행위자는 옳은 종류의 동기를 *회피*해야만 신뢰할 수 있는 수준에서 도덕적으로 옳은 것을 하려고 동기화될 수 있다. 그러나 이러한 종류의 비판은 외재주의의 자연주의 버전이 이용할 수 있는 근거들 혹은 내가 주장할 것들을 과소평가하는 경향이 있다.

11.4 스미스의 논증에 대한 응답

'도덕적으로 옳은morally right'은 다양한 가중치를 통해 분류된 것들 중 최소한의 점수를 얻는 행위를 통해 예화되는 복합적인 속성들과 동일시된다는 작은 자연주의 이론을 사용해 논의를 전개해보자. 예를 들어, '고통을 d 정도 덜어주게 하는 것'이 이러한 속성들 중 하나가 될 것이다. 그리고 d 정도로 친구 돕는 것을 예화하는 것이 이와 같은 또 다른 속성이 될 것이다. 물론 어떤 속성들('고통을 야기하는 것' 등)²³은 부정적인 가중치를 가질 것이다. 가중치의 합산은 도덕적으로 옳은 것이 무엇인지를 결정한다. 단순하게 나는 이 이론을 다음과 같은 의미로 이해한다. 항상 도덕적으로 옳은 어떤 행동이 있다. 그 행동은 도덕적으로 최고이다.²⁴ 나는 이러한 작은 이론에 초점을 맞출 것이지만, 나는 그것을 통해 자연주의의 다양한 버전들이 스미스의 반대에 동일한 종류의 대응을 할 수 있다는 것이 분명해 질 것이다.²⁵ 친구를 돕는다는 이유를 근거로 어떤 행위는 도덕적으로 옳다고 가정해보자. (그리고 그 상황에서 도덕적으로 옳은 행위를 할 수 있는 다른 가능한 대안은 없다고 가정해보자.) 외재주의자들은 유덕한 행위자가 이런 행위가 도덕적으로 옳다는 것을 알기 위해서 모든 관련된 가중치의 합을 알아야 하는 것은 아니다. 사실 신뢰할 수 있는 수준에서 어떤 행위가 옳다고 말할 수 있게 됨으로써 행위자는 행위가 도덕적으로 옳다는 것을 알게 된다는 외재주의자들의 관점과 양립 가능하다. 예를 들어, 행위들이 이러한 속성들 중 하나를 예화할 때, 유덕한 행위자는 다음에 관하여 안다고 할 수 있다.

[A] 이 행위는 속성 X를 d만큼 예화하므로 도덕적으로 옳다.

그러므로 적어도 이상적인 조건하에서 유덕한 행위자는 각각의 속성들에 주목한다는 외재주의의 관점과 양립할 수 있다. 그리고 행위자는 친구를 돕는 것 혹은 고통을 완화하는 것과는 별개의 동기를 갖는다. 어떤 행동이 도덕적으로 옳다는 것을 행위자가 아는 경우에 도덕적으로 요구되는 것을 행하려고 동기화된다. 그러나 도덕적으로 옳은 것을 하려는 비파생적인 욕구는 행위자의 동기에 어떠한 주요한 역할도 담당하지 못한다. 하지만 분명히 이것은 스미스의 우려에 대해 답이 되지는 않는다. 이러한 논의의 틀 속에서 유덕한 행위자는 무엇이 도덕적으로 옳은 것인지, 또 믿을 수 있는 행동에 관해 자신의 마음을 어떻게 바꿀 수 있는지 확실치 않다. 결국, 이러한 구도 속에서 행위자의 동기는 도덕 판단에서의 변화와 잘 들어맞지 않는다. 그러나 도덕적으로 옳은 것을 하려는 욕구가 다른 것을 수행할 수 있고, 그것에 완벽하게 부합하는 역할을 수행할 수도 있다. 만약 우리가 속성들의 상대적 중요도와 관련해 도덕적 믿음의 근본적인 변화를 먼저 탐지한다면, 이러한 경우들은 좀 더 쉽게 이해될 수 있다. 즉, 우리의 작은 이론 toy theory을 통해 구성 속성들의 상대적인 무게와의 관련 속에서 믿음의 변화를 설명할 것이다. 이 이론에 따르면, 유덕한 행위자는 이미 어떤 속성을 예화하기 위해 행동하려는 직접적인 동기를 갖기 때문에, 도덕적인 존재가 되려는 욕구는 이러한 구성 속성들 중 하나에 좀 더 가중치를 부여하려는 동기로 작동한다.

예를 들어, 메리는 타인의 감정에 상처를 주게 될지라도 항상 진실만을 말해야 한다고 생각한다고 가정해보자. 그러나 친구와 대화를 나눈 후 그녀는 친구의 감정을 보호하기 위해 때로는 거짓말을 해야 한다는 확신을 갖게 되었다. 특히, 지금 그녀는 래리에게 그가 쓴 시는 유치하다고 솔직히 말해서는 안 된다고 믿는다. 메리는 래리를 만날 것이고, 그의 시가 유치했다는 것을 알려주어야 한다. 그러나 지금 그녀는 그의 시에서 깊은 감동과 영감을 얻었다고 말하고 있다.[26] 래리와 대화를 하기 전과 후, 메리는 정직함, 친구의 기쁨과 슬픔에 관해 계속 직접적으로 마음을 썼다. 그러나 도덕적인 사람이 되고자 하는 욕구는 그녀로 하여금 정직에 좀 더 가중치를 둘 것과 친구의 감정이 상하지 않도록 할 것을 요구한다. 그리고 도덕적인 사람이 되려는 욕구의 동기유발적인 힘은 도덕적으로 옳은 것이 무엇인지에 대한 믿음에 따라 어느 한쪽을 지지하며 균형추를 한쪽으로 기울어지게 한다. 그러나 정직한 사람이 되려는 동기에 대해서 반대할 수 있다는 것이 그 역할을 수행하는 것인지 분명하지는 않다.

만약 서로 다른 두 유형의 도덕적인 믿음에 상응하는 두 가지 독립된 욕구들이 있다고 본다면 이것을 좀 더 분명하게 이해할 수 있다. 도덕적 믿음의 한 가지 유형은 '도덕적으로 옳은'을 구성하는 요소인 속성들[27]에 관한 것이고, (그런 속성들을 예화하는) 도덕적으로 옳은 행동에 참여하려는 욕구에 상응하는 것이다. 이러한 믿음들은 친구의 감정을 보살피고, 정직한 사람이 되려는 직접적인 동기를 유발한다. 그리고 이러한 동기는 직접적이다. 왜냐하면, 유덕한 행위자는 그런 것들이 도덕적으로 옳은 것을 하는 데 *수단이 된다*고instrumental 믿지 않기 때문이다. 오히려 그것들은 도덕적으로 옳은 것의 *사례*들instances이다. 두 번째 유형의 도덕적 믿음은 도덕적으로 옳은 것을 구성하는 속성들에 다양하게 가중치를 부여하는 것과 관련된 믿음이다.[28] 우리가 앞서 다룬 사례에서 보면, 친구의 감정을 상하게 하지 않는 것이 더 중요하다는 행위자가 새롭게 갖게 된 믿음이 이 유형에 해당된다. 그리고 이 관점에서 우리는 도덕적 행위자가 도덕적으로 *최선*best의 것을 하려는 욕구를 가지고 있다고 생각할 수 있다. 그리고 그 욕구는 처음에는 정직한 사람이 되려는 직접적 동기의 편에 있었고, 지금은 친구의 감정을 다치게 하고 싶지 않다는 직접적 동기의 편에 서 있는 그런 욕구이다.

후자 유형의 동기가 왜 반대할 만한 것인지 지금 여기에서 살펴보기는 어려운 일이다. 결국, 만약 "친구를 위해 당신은 왜 거짓말을 했는가? 왜 당신은 정직, 진실만을 말해야 한다는 것을 유념하지 않았는가."라고 묻는다면, 이에 대해 메리는 "나는 둘 다 마음을 썼지만, 이 경우에 있어서 친구의 마음을 다치지 않게 하는 것이 더 중요했다."와 같은 적절한 답을 할 수 있을 것이다. 이러한 일련의 생각과 대답은 외재주의적 자연주의자들이 위의 사례에 대해 말하는 것과도 합치한다. 이런 유형의 진술은 두 가지 경쟁하는 동기들이 작동할 때 옳은 것을 하려는 욕구가 우리의 동기를 결정한다는 것을 나타내는 것이라고 생각할 수 있다. 그러한 유형의 직접적인 동기는 유덕한 행동을 하는 토대가 된다는 점을 생각하면, 이러한 입장을 수용하는 것이 유덕한 행위자가 친구를 보살피기 위한 혹은 정직해지기 위한 직접적인 동기를 부정해야 할 필요성을 함축하는 것은 아니다.

비록 도덕적 옳음을 예화하는 것과 관련된 믿음의 유형으로부터 도출되는 동기가 문제의 소지가 있다고 생각할지라도, 자연주의자들은 스미스의 반대입장에 대응할 수 있도록 쉽게 자신들의 입장을 수정할 수 있다. 우리 자연주의자들이 오랫동안 구성 속성들의 목록을 가지고 있지 못하는 동안, 유덕한 행위자가 그런 속성을 예화하기 위해 독립적인 직접적 동기를 가지고 있어야 한다는 것은 유덕한 행위자 개념의 일부가 되었다. 그래서 이러한 유덕한 행위자 개념에 근거하여 어떤 사람을 유덕한 행위자로 설명할 수 있게 하는 부분은 그 행위자가 정직한 사람이 되려는 직접적 동기를 갖고 있거나, 친구의 행복을 배려하려는 직접적 동기를 가지고 있다는 점 등이다. 도덕적인 사람이 되려는 욕구를 갖는다는 것이 어떤 역할을 하는지 동기의 측면에서 이해하고자 하는 접근을 제외한다면, 남은 길은 행위자의 도덕적 믿음과 도덕적 추론의 균형에 관심을 갖는 것이다.[29]

만약 유덕한 행위자가 가지고 있는 믿음의 변화가 좀 더 근본적인 본질에 관한 것이라면, 이러한 수정된 해결책은 실패할 것이다. 수정된 해결책은 이전에는 도덕과 무관한 것이라고 생각했던 속성의 예화를 통해 어떤 행위가 도덕적으로 옳은 것이 될 수 있다는 처음의 믿음에 적용될 수 없다. 제인은 처음에 어떤 행위를 지지하기 위한 설명으로 국가에 대한 애국심이 도덕적으로 옳다고 확고히 믿고 있었다고 가정해보자. 그리고 그녀는 이전에 애국적인 행동을 하기 위한 어떠한 직접적인 동기도 갖고 있지 않았다고 가정해보자. 우리의 설명 방식에 따르면, 도덕적으로 옳은 것에 대한 이러한 새로운 믿음이 제인은 애국자가 되고자 하는 직접적 동기가 있음을 보증하지 못한다. 믿음의 변화가 이러한 방식으로 직접적인 동기를 산출할 수 있다는 것이 도덕성 개념에 대한 일반적인 이해에 해당되는지 분명치 않다. 제인은 도덕적으로 옳은 것을 하려는 욕구에 기반하여 나라에 대한 자신의 의무를 단지 수행하는 경우가 될 것이다.[30] 유덕한 행위자는 행위와 관련된 직접적인 동기를 얻기 위해 이차적 욕구를 갖는다. 그러나 그것은 그녀가 애국적인 행동을 하는 것이 도덕적으로 옳다고 생각하자마자 그녀는 애국적인 행동에 직접적으로 관심을 가져야 한다고 생각할 필요가 없다. 그녀가 이전에 그것들에서 어떤 가치도 느끼지 못했고, 애국적인 행동을 수행하기 위한 동기도 전혀 갖고 있지 않을 때조차도.

자연주의자들은 단지 도덕적으로 옳은 것을 하려는 비파생적인 욕구의 가정을 통해 유덕한 행위자의 신뢰할 수 있는 동기를 설명할 수 있다는 스미스의 주장은 옳다. 하지만 그런 욕구가 도덕적 동기에서 두드러진 역할을 한다는 생각에는 문제가 있다. 도덕적으로 옳다고 판단되는 특정한 목적들과는 별개로 유덕한 행위자가 정말 직접적으로 도덕에 마음을 쓴다고 생각하는 것은 적절한 것인가? 비분석적 자연주의는 도덕적 동기에 대한 이러한 설명방식에 문제의 소지가 충분하다는 것을 보여준다. 예를 들어, 사회적 사실을 설명하는 데 어떤 속성이 어떤 역할을 한다는 새로운 발견으로 인해 유덕한 동기가 그것의 방향을 변경할 것이라고 생각하는 것은 좀 이상하다.[31] 아마 이러한 종류의 도덕적 동기는 도덕적 헌신의 또 다른 특징들과 양립할 수 없을 것이다. 나는 여기에서 이러한 모든 우려들을 가라앉히기 위해 노력하지는 않았다.[32] 외재주의자들의 입장에서 도덕적으로 옳은 것을 하려는 직접적인 동기의 내용, 그런 동기의 존재, 혹은 그것의 역할이 무엇이든 간에 특정한 목적들을 지향하는 유덕한 행위자의 직접적인 동기와 양립 불가능하지는 않다.[33]

1   구체적인 분류를 무시한다면, 이와 같은 유형의 입장을 지지하는 이들로 보이드(Boyd, 1988; 2003), 브링크(Brink, 1989), 밀러(Miller, 1985), 레일톤(Railton, 1986)이 있다.

2   이것은 윤리적 자연주의의 한 유형일 뿐이다. 가능한 유형들의 목록들에 관해서는 브링크(1989) 를 보라.

3   이것이 내가 이 논문에서 관심을 가질 윤리적 자연주의의 한 유형이므로, 맥락상 오해가 발생하 지 않는다면 나는 '비분석적인 윤리적 자연주의(non-analytical ethical naturalism)'를 이하 '윤리적 자연주의'라고 칭하도록 하겠다.

4   윤리적 자연주의를 받아들이는 자연주의자들의 예에 관해서는 브링크(1989)와 레일톤(1986)을 보라.

5   스미스(1994)를 보라.

6   나는 '도덕적 신념과 도덕적 추론(미간행)'에서 이런 종류의 동기화가 도덕적 헌신의 중요한 측 면들과 양립할 수 없다고 주장한 바 있다.

7   나는 '비지시적(de dicto) 욕구'와 '지시적(de re) 욕구' 사이의 유사성을 위해 양자를 느슨하게 사 용할 것이다. 그러나 이는 두 종류의 욕구에 관해 말하는 것이라기보다는 오히려 욕구를 바라보 는 혹은 욕구를 생각하는 서로 다른 두 가지 방식에 관해 말하는 것이다.

8   아이를 기르는 스크루톤(Roger Scruton)의 논평에서 영감을 받은 관점: "샘이 유년시절을 즐기 지 않을 것은 말할 나위가 없다. … 그러나 그것이 핵심이 아니다. 유년 시절은 그 자체로 끝이 아 니다. 오히려 그것은 성장을 의미한다." 헬러(Heller, 1999)에서 인용함.

9   분명히 욕구에 대한 구분을 이해하는 또 다른 방식들이 존재한다. 실제 대상과의 관계로써 혹은 태도 동사와 관련하여 존재적으로 수량화된 범위의 차이로써 '언어적 믿음들'을 이해한다. 그러 나 이러한 독해들은 분명 페티시즘에 대한 거부를 통해 스미스가 의도한 의미의 상실보다 훨씬 더 많은 것을 잃게 된다.

10 나는 욕구 혹은 원함이 명제적 내용을 갖는 태도라는 관점을 피하기 위해 좀 더 복잡한 형식화를 사용하고 있다.

11 좀 더 정확하게 말하면, 실천성 요구는 다음과 같다. "만약 행위자가 C라는 환경 하에서 Φ를 하 는 것이 옳다고 판단한다면, 그러면 행위자는 C라는 환경 하에서 Φ를 하기 위해 동기화되거나 또는 실천적으로 비합리적이 된다(Smith, 1994)." 하지만 우리가 'Φ'를 '도덕적으로 행위하는 것' 혹은 '도덕적으로 옳은 것을 하는 것'으로 대체할 때, 그리고 'C'를 어떤 환경으로 대체할 때, 스미 스의 주장은 유덕한 행위자에게 참이므로, 유덕한 행위자는 도덕적으로 옳은 것을 하려는 비지 시적 욕구를 갖는다는 것이 따라 나온다.

12 예를 들어, 올슨(Jonas Olson)은 유덕한 행위자는 두 유형의 욕구를 모두 가질 수 있다고 주장한 다(Olson, 2002). 내 생각이 옳다면, 스미스는 유덕한 행위자는 두 유형의 욕구들을 모두 갖는다 는 입장을 받아들이고 또 인정할 것이다. 나는 그가 이것을 부정할 이유가 없을 것이라고 생각한 다. 핵심은 유덕한 행위자만이 *지시적인 비파생적(de re non-derivative)* 욕구들을 확실하게 자기 것으로 만들 수 있다. 올슨 또한 도덕적 행동은 도덕적으로 옳은 것을 하려는 비지시적 욕구을 통해 동기화될 수 있다고 지적한다. 이 주장은 옳은 것으로 보인다. 그러나 스미스가 이러한 주 장을 하는 데 필요한 것은 유덕한 행위자가 X가 도덕적으로 옳을 때 X를 하려는 비파생적인 지

시적 욕구에 의해서 확실히 동기화될 필요가 있다는 것이 전부이다. 하지만 반드시 그렇게 동기
화될 필요까지는 없다.

13 물론, 욕구의 인과적 기원이 다양한 방식에서 동기를 의심스러운 것으로 만드는 경우들이 있을
수 있다. 그러나 이러한 방식의 논의를 통해 욕구의 인과적 기원이 욕구를 파생적인 것으로 만든
다고 주장하기는 어렵다.

14 "추론을 통해 도출했다."는 여기에서 약한 의미로 이해해야 할 필요가 있다. 즉, 우리는 욕구가
명시적인 숙고를 통해서 도출될 때 오직 그때에만 객관적일 수 있다고 말하는 것이 아니다. 나는
"추론을 통해 도출했다."를 어떻게 이해할 수 있는가의 문제를 열어둘 것이다. 내가 요구하는 것
은 욕구를 인도하는 모든 인과적 경로를 추론의 과정으로 간주하지 않는 것이다.

15 즉, 도덕적으로 옳은 것을 하려는 욕구는 부인을 구하려는 욕구의 토대 혹은 이유들 중 일부가
된다. 역시 여기에서 관계를 어떻게 이해할 것인가의 문제는 논쟁의 소지가 있다. 그러나 나는
관계가 단지 이런 방식으로만 이해될 수 있는 것은 아니라고 생각한다.

16 물론, 우리는 여기에서 다음과 같은 가정과 함께 '파생적인'을 정의하고 있다. 이러한 의미에서
파생적인 것은 유덕한 행위자에게서 발견되리라고 기대하지 않는 도덕적으로 옳은 것을 하려
는 이런 유형의 파생적인 동기는 도덕적 행위자에게 부적절한 파생적인 동기의 형태이다.

17 네이글(1970)을 보라.

18 어떤 점에서 브링크(David Brink)는 페티시즘에 대한 반대가 도구적 욕구에 한해 적용된다고 주
장하는 것처럼 보인다. 브링크(1997)를 보라.

19 『도덕적 문제(1994)』에서 스미스는 외재주의자들이 수용하는 것을 기술하기 위해 '파생적인'과
'비파생적인'이라는 용어를 조심스럽게 사용하였다. 이후의 논문에서 스미스는 '도구적인'과 '비
도구적인'이라는 용어를 사용한다. 그는 '파생적인'을 [MINIMUM]의 의미로 사용한다. 스미스
(2004c)를 보라. 그러나 외재주의자들은 좀 더 특수한 욕구가 [MINIMUM]을 통해 정의되는 의
미에서 파생적인 것이라는 주장을 꼭 수용해야 할 필요는 없다.

20 이것은 그 의미가 모호한데, 이 조건의 핵심은 추론을 통해 어떤 종류의 동기에서 다른 종류의
동기로 나아가는 것을 배제하고 있기 때문이다.

21 스미스(1994, pp.159-161). 스미스는 분명히 이러한 방식으로 좀 더 일반적인 욕구들을 '비파생적
인(underivative)'으로 분류한다.

22 '많은 것을 생각한다.'는 것은 잘못된 방식으로 문제를 표현하는 것을 의미한다. 스미스가 자신
의 주장을 '기본적인 가치들(fundamental values)'과 관련된 마음의 변화로 제한하기 때문에 이
문제는 아무런 관련이 없다. 그러나 이것은 옳지 않다. 기본적인 가치들은 또 다른 기본적인 가
치들의 구성요소가 될 수 있다. 유덕한 행위자들이 관심이 있는 스미스의 목록들은 이러한 관계
속에 있는 기본적인 가치들을 포함한다는 것에 주목하라.(예를 들면, '가치가 있는 것을 얻는 것'
과 '정의')

23 물론 두 번째 것은 자연적 속성의 분명한 사례가 아니다. 그러나 우리 논의의 목적상 그것은 문
제되지 않는다.

24 나는 역시 관계들을 무시할 것이다.

25 예를 들면, 보이드(Richard Boyd)의 관점에서 도덕적 선함의 속성은 여기에서 상세히 설명된 도
덕적 동기에 대한 설명에 쉽게 적용될 수 있는 속성들과 동일시된다. 보이드(1988)를 보라.

26 말할 나위도 없이, 나는 여기에서 도덕 판단을 부정하지 않는다.

27 대략 '속성들은 *어느 정도(pro tanto)* 선하다.'의 선에서 말하는 속성들.

28 대략, 이것은 *어느 정도* 선한 도덕 판단에서 완전히 선한 도덕 판단으로 옮겨가는 방법에 관한 믿음이 될 것이다.

29 아마도 도덕적 행위자의 도덕적 믿음 중 하나는 이러한 유형의 직접적인 동기를 얻어야 한다는 것, 그리고 행위자가 어떤 것에 대한 직접적인 욕구에 대한 이차적 욕구를 갖게 된다는 것이다. 이러한 관점에서, 이러한 욕구가 부분적으로라도 충족되지 않는다면 행위자는 유덕한 행위자로 간주될 수 없다. 드라이어(Jamie Dreier)는 이차적 욕구들이 외재주의자들에 대한 스미스의 도전에 대응하는 데 도움이 될 수 있다고 제안한다(Dreier, 2000). 그러나 X는 도덕적으로 옳다는 믿음을 행위자가 갖게 될 때 X를 위한 직접적인 동기를 얻기 위한 이차적 동기들은 행위자가 합리적인 한 자신의 도덕적 믿음을 바꿀 때 유덕한 행위자가 믿을 만한 직접적인 동기를 얻을 수 있는 경우로 만들 수 없다. 합리성(rationality) 홀로 우리가 갖기를 바라는 일차적 동기를 갖는다는 것을 보증하지 못한다. 예를 들어, 약물 복용을 바라는 프랑크푸르트의 유명한 정신과 의사의 사례를 인용하면, 이차적 욕구는 정신과 의사가 실제로 약물 복용을 (본능적으로) 원한다는 것을 보증할 수 없다. 이때 정신과 의사가 얼마나 합리적인지는 전혀 문제가 되지 않는다. 비슷하게, 브리셀 스프라우트(꼬마 양배추)를 먹고 싶다는 본능적인 나의 욕구가 불행히도 내가 합리적인 존재라는 것을 통해 충족되지 않는다. 드라이어가 보여줄 수 있는 것은 도덕적 행위자는 일차적 동기를 갖게 되기를 바랄 것이라는 점이지 그가 그것을 얻을 것이라는 것이 아니다. 물론, 어떤 이들은 단순히 일차적 욕구의 형성을 보증하는 유덕한 행위자 내부의 메커니즘을 가정할 수도 있다. 그러나 그러면 그들은 역시 도덕적 믿음에서 직접적으로 작동하는 메커니즘을 가정해야 할 것이다.

30 이것은 올슨(2002)이 생각했던 경우들과 어떤 점에서 유사하다. 또한 의무감이 유덕한 행위를 수행하는 데 어떻게 이차적 동기가 되는지에 대한 흄의 논의를 보라(2000[1739]).

31 아담스(1999)는 유사한 입장에서 반대를 했고, 보이드(2003)는 아담스의 반대에 대한 답을 제공하려는 시도를 한 바 있다.

32 사실, '도덕적 믿음과 도덕적 추론(Moral Faith and Moral Reason, 미출간)'에서 나는 외재주의의 비분석적 자연주의 버전은 도덕적 헌신의 중요한 특징들과 양립할 수 없다고 주장한 바 있다.

33 이 논문에 대해 매우 유용한 논평을 해준 후르카(Tom Hurka), 네이글(Jennifer Nagel), 쉐이버(Rob Shaver)에게 감사하는 마음을 전한다.

제12장

자연주의, 절대주의, 상대주의

Michael Smith

/////////
제12장
자연주의, 절대주의, 상대주의
Michael Smith

하만은 다음과 같은 말을 통해 자신의 논문, "단 하나의 진실한 도덕성이 있는
가? Is There a Single True Morality?"를 시작한다.

> 내가 최대한 기억할 수 있는 데까지 기억을 되돌려 도덕성을 생각해본다
> 면, 나에게 도덕성은 일종의 관습이나 각각의 사람들은 각각 다른 이해
> 방식을 지닌다는 전제에 기반한 합의에 기원을 두고 있고, 모든 사람들
> 에게 적용할 수 있는 기본적인 도덕적 요구가 없다는 것은 분명해 보인
> 다(Harman, 2000a, p.77).

그러나 하만은 이러한 자신의 견해가 많은 철학적 동료들 사이에 공유된 견해
는 아니라는 점을 인정하고, 그들과 자신을 구분하는 문제를 탐구한다. 하만의 가
설은 그들이 자연주의에 대해 다른 입장을 견지하고 있다는 것이다. 하만이 우리

---

*   이 글의 초고는 레이쟈빅 대학의 도덕철학 컨퍼런스와 베를린의 홈볼트 대학의 철학 강좌에서
    이미 발표되었다. 이 글을 발표할 기회를 마련해주고 초고에 대해 유용한 많은 코멘트를 해준 사
    람들에게 감사의 마음을 표한다. 나는 또한 이 글의 마지막 단계에서 그들의 조언을 수용하기 위
    해 노력했다. 더불어 이 연구는 홈볼트 대학의 연구상을 수여한 덕분에 이루어졌다.

에게 말하는 자연주의는 결정적으로 기본적인 도덕적 요구moral demand는 단지, 일부의 사람들에게만 적용된다는 관점을 선호한다. 이러한 이유로, 그는 위에서 제시한 자신의 논문에서 자연주의와 도덕적 요구 사이의 관계를 보여주는 시도에 대부분을 투자한다. 만약, 그의 관점이 옳다면 매우 중요한 결론에 도달하게 된다. 그래서 본 논문의 주요한 목적은 하만이 자신의 가설을 지지하기 위해 제시한 논증이 무엇인지를 고찰하는 것이다. 미리 말해두자면, 나는 도덕적 요구가 단지 일부에게만 적용될 수 있다는 상대주의적 관점이 자연주의로부터 지지를 얻을 수 없음을 논증할 것이다. 그리고 이러한 논증을 지지하기 위한 진정한 토대를 모색해볼 것이다.

12.1 절대주의 대 상대주의

논의를 전개하기 위해 도덕성에 대한 두 개의 관점을 분명하게 해보자. 그중 하나는 우리가 이미 살펴본 것처럼, 기본적인 도덕적 요구는 단지 일부의 사람에게만 적용될 수 있을 뿐, 모든 사람에게 적용될 수 없다는 관점이다. 하만은 이러한 관점을 '도덕적 상대주의moral relativism'라고 칭하고, 상대주의의 반대 관점을 '도덕적 절대주의moral absolutism'라고 칭한다.

내가 선택하고자 하는 도덕적 절대주의는 도덕적 이유를 사람들이 해야 할 것과 하기를 원하는 것 또는 어떤 것에 대한 기대를 갖고 있는 것으로 규정하는 것이다. 나는 절대적 가치에 대한 신념을 모든 사람들이 원하거나 기대하는 어떤 것에 대해 신념을 갖게 되는 것으로 이해하고자 한다. 말하자면, '모든 사람들에게 적용되는' 도덕법칙은 모든 사람들이 그

법칙을 따라야 할 충분한 이유를 갖고 있다고 말하는 것이다(Harman, 2000a, p.84).

절대주의에 대한 하만의 이러한 규정적 정의는 그가 상대주의에 호소함으로써 얻고자 하는 것이 무엇인가를 분명하게 보여준다.

모든 사람에게 적용되는 기본적인 도덕적 요구는 확실히 없다는 하만의 언급은 모든 사람들의 요구나 기대에 대한 충분한 이유(절대적인 도덕적 가치는 없다)와 모든 사람들이 해야 할 충분한 이유는 아무것도 없다(도덕적 법칙을 따라야 할 절대적 이유가 없다)는 것을 의미한다. 따라서 하만에게 절대주의를 넘어서는 상대주의에 대한 호소는 우리가 무엇을 하거나 우리의 요구나 기대에 대한 어떤 이유를 갖고 있다는 이론 안에 놓여 있다. 상대주의에 따르면, 비록 도덕적 가치들이 도덕적 가치에 대한 우리의 요구나 기대에 대한 충분한 이유를 포함하고 있을지라도 그것은 단지 일부 사람들의 요구나 기대 또는 일부 사람들을 위한 충분한 이유만을 포함하고 있을 뿐이라는 것이다. 이것은 도덕 법칙이 우리에게 요구하는 것을 하기 위한 충분한 이유들을 포함하고 있을 때에도 마찬가지이다.

상대주의와 절대주의 사이에 분명한 차이가 있다고 할지라도 그것을 하만처럼 비교하는 것은 너무 극단적으로 보인다. 우리는 하나의 애매한 지점에 주의를 기울여야만 한다. 도덕적 절대주의자들은 모든 *인간 행위자*every human agent가 어떤 것을 하기 위한 충분한 이유와 요구 또는 기대에 대한 충분한 이유에 대하여 알고 있다고 생각하는 것인가? 또는 이를 좀 더 밀고 나가면, 그들은 *모든 가능한 인간 행위자*every possible human agent가 어떤 것을 하기 위한 충분한 이유와 요구 또는 기대에 대한 충분한 이유에 대하여 알고 있다고 생각하는 것인가? 또는 이를 좀 더 밀고 나가서, 도덕적 절대주의자들은 *모든 가능한 합리적 행위자*every possible rational agent — 여기서 우리는 인간에 대한 제약을 이동시켰다 — 는 어떤 것을 하기 위한 충분한 이유와 요구 또는 기대에 대한 충분한 이유에 대하여 알고 있다고 생각하는 것인가? 이와 같은 물음에 대한 규정 stipulation을 통해 '절대주의'를 정의할 수 있고, 하만이 '모든 사람들'에 대한 자신의 해석을 제시하지 않았기 때문에 우리 스스로 절대주의에 대한 규정을 내릴 필요가 있다.

나의 제안은 우리가 절대주의에 대한 하만의 규정적 정의를 최대한 관대하게 해석할 수 있다는 것이다. 그렇게 하면 우리는 하만이 매우 강한 종류의 절대주의를 의도하고 있음을 주장할 수 있다. 왜냐하면, 만약 절대주의가 단순하게 모든 행위자가 어떤 것을 하기 위한 충분한 이유와 요구 또는 기대에 대한 충분한 이유에 대한 약한 주장이라면, 그리고 만약 자연주의자가 이러한 약한 주장에 반대하는 언급이라면, 그때 이것은 자연주의 또한 절대주의가 매우 강한 방식으로 해석될 때 절대주의에 반대하는 언급이라는 것을 따르는 것이기 때문이다. 하지만 그 역은 사실이 아니다. 이처럼 강한 방식으로 절대주의를 해석하는 것은 자연주의가 절대주의에 반대하고 상대주의를 지지한다는 하만의 가설을 확인하는 것을 더 용이하게 만들어준다.

더욱이, 이와 같은 강한 방식으로 절대주의를 해석하는 것이 하나의 급진적 관점임에도 메타윤리학에서는 매우 익숙한 관점이다. 도덕적 합리주의자들이 해석하고 지지하는 절대주의의 유형에 의하면, 도덕적 요구는 합리성이나 이성의 요구이기 때문에 합리적 행위자에게 구속력을 갖는다. 합리주의를 따르면, 기본적인 도덕적 요구는 단지 필연적인 것은 아니지만 합리적 행위자가 되기 위해 선험적 지식을 따르는 것이다. 이것이 모든 가능한 합리적 행위자가 기본적인 도덕적 요구를 따라야 하는 이유다. 이에 나는 적어도 하만의 많은 철학적 동료들 — 특히, 내가 영향을 받은 학자들은 칸트, 네이글(Nagel, 1970), 다월(Darwall, 1983), 그리고 코스카드(Korsgaard, 1996)와 같은 이론가들이다. 또 사실과 태도들 사이의 적합관계를 주장한 브렌타노, 어윙이나 스캘런(Scanlon, 1998)이나 파핏(2011)과 같은 학자들도 적지 않은 영향을 주었다 — 이 지지하는 이러한 관점을 택하고자 한다. 그리고 도덕적 합리주의에 대한 이러한 두 입장을 모두 유지(현대의 도덕적 합리주의자들은 이러한 입장을 갖고 있다)하고 이것을 확고하게 마음속에 새겨두는 것은 우리가 절대주의와 자연주의의 관련성을 고찰할 때 충분한 가치를 갖는다. 이것이 바로 내가 하만을 허수아비 입후보자로 세운 이유다.

　이러한 논의에 대해, 나는 이제 내 카드를 논의의 테이블 위에 올려 놓고자 한다. 비록, 나에게는 무엇을 하거나 어떤 것에 대한 요구나 기대는 단지 모든 가능한 합리적 행위자가 그것을 하거나 모든 가능한 합리적 행위자가 그러한 요구나 기대를 할 경우에만 충분한 이유가 있다고 주장하는 것이 상당히 타당해 보인다. 하지만, 우리가 하만이 기술한(특히 Smith, 1994, pp.182-184를 보라) 급진적 유형의 절대주의를 수용해야만 하는지에 대해서는 확신할 수 없다. 나는 이제 무엇을 하거나 어떤 것에 대한 요구나 기대에 대한 충분한 이유가 있다는 관점에 관련된 절대주의에 대한 하만의 주장에 담겨 있는 의혹들을 설명할 것이다. 이것이 내가 요구와 이유 사이의 관계에 대한 하만의 생각에 동의하는 것을 의미할지라도, 이로 인해 하만과 내가 모두 도덕적 요구의 본성에 대한 하나의 확실한 관점에서 멀어진다는 것을 기억하는 것이 중요하다. 왜냐하면 그 관점은 완전히 자연주의적이지만 상대적인 것은 아니라는 것을 의미하기 때문이다. 나는 도덕적 요구에 대해 레일톤(Peter Railton, 1986)이 윤곽을 제시하고 정의한 '도덕 실재론 Moral Realism'의 설명을 염두에 두고 있다.

레일톤은 한 개인이 좋은 사람이 된다는 것은 무엇인가에 대한 자연주의적 설명을 제시하는 논문을 도덕적 요구에 대한 설명으로 시작한다. 레일톤에 따르면, 도덕적 요구를 우리가 무엇을 하거나 어떤 것에 대한 요구나 기대로 보는 관점은 도덕적 요구를 단순히 개인적 좋음을 극대화하는 측면에서 주장한 것이다. 이러한 설명은 도덕적 요구의 영역 안에서 어떠한 제한도 받지 않기 때문에, 도덕적 요구를 모든 가능한 광범위한 의미에서 모든 사람에게 적용할 수 있다고 가정하는 것이 타당하다는 것이다. 모든 가능한 합리적 행위자들은 개인적 좋음을 극대화하는 데 실패했을 때, 도덕적 요구를 따르는 것에도 실패한다. 객관적으로 생각해 보면 이것은 타당한 측면도 있고 이에 레일톤도 그러한 주장을 하는 것으로 보인다. 그러나 중요한 것은 이러한 설명이 합리적 행위자들이 도덕성의 요구로 무엇을 해야 하거나 어떤 것에 대한 요구나 기대에 대한 아무런 이유도 갖지 않을 수 있다는 도덕적 요구에 대한 설명의 여지를 열어두었다는 것이다. 반복하자면, 상대주의에 대한 하만의 논증은 이와 같은 도덕적 요구에 대한 설명을 쉽게 간과하고 있다. 이 점에 대해서는 마지막 부분에서 다룰 것이다.

요약하자면, 하만은 도덕적 요구와 충분한 이유 사이에 관련성이 있고, 절대주의자로부터 상대주의자를 구분하는 문제는 그러한 이유들을 갖고 있는 사람들의 범위라고 규정한다. 하만의 규정에 따르면, 절대주의자들은 모든 사람들이 그러한 이유를 갖고 있다고 주장한다. 그리고 '모든 사람들'을 모든 가능한 합리적 행위자로 해석하고 그들이 도덕성이 요구하는 무엇을 하거나 어떤 것에 대한 요구나 기대에 대한 충분한 이유를 가지고 있다고 주장한다. 따라서, 도덕적 절대주의는 도덕적 요구가 사람들이 갖고 있는 이유에 대한 주장이고 이러한 주장들은 필연적인 동시에 선험적이라는 도덕적 합리주의의 일종이다. 반대로, 도덕적 상대주의는 어떤 가능한 합리적 행위자가 도덕성이 요구하는 무엇을 하거나 어떤 것에 대한 요구나 기대에 대한 충분한 이유를 갖고 있다고 할지라도, 그것은 어떤 가능한 합리적 행위자는 그러한 이유를 갖지 않을 수 있다는 주장이다. 도덕적 요구의 실재는 모든 사람들이 도덕성이 요구하는 무엇을 하거나 어떤 것에 대한 요구나 기대에 대한 충분한 이유를 갖고 있다는 것을 요구하지 않는다.

12.2 도덕적 절대주의에 반대하는 하만의 논증과
그에 대한 단호한 대응

내가 시작할 때 강조한 바와 같이, 하만의 가설은 자연주의가 도덕적 상대주의를 선호하고 있다는 것이다. 하지만 그가 말하는 자연주의란 정확하게 무엇인가? 그가 우리에게 말하는 자연주의는, 도덕 철학(윤리학)을 하나의 학문으로 하는 데 있어서 "우리는 반드시 과학을 통해 드러난 사실들의 세계 안에서 가치와 의무의 자리를 찾는 데 집중해야만 한다."라는 익숙한 방법론적 원리이다(Harman, 2000, p.79). 우리는 그가 왜 이러한 익숙한 방법론적 원리를 상대주의의 진리를 주장하기 위한 근거로 생각하고 있는지를 반드시 확인해야만 한다.

우선 '무엇인가를 해야만 하는 이유'로 논의를 시작해보자. 하만은 만약 모든 행위에 해당하는 어떤 절대적인 도덕적 이유가 있다면, 그때 모든 사람은 타인에게 피해를 주거나 상해를 입히면 안 된다는 것에 대한 충분한 하나의 이유를 갖고 있다는 가정과 함께 논의를 시작한다. 이러한 가정은 적어도 일면 타당하다. 왜냐하면, 이 주장은 도덕적 이유에 대한 주장으로 매우 최소화된 것이고, 사실상 많은 도덕적 합리주의자들이 지지하기 때문이다. 따라서 우리는 이에 대한 자세한 논증을 해야하는 시간을 아낄 수 있다. 이러한 가정을 통해, 하만은 우리가 자연주의를 따른다면 적어도 모든 사람이 그러한 충분한 이유를 갖고 있지 않다는 결론을 끌어내기 위한 전제들을 다음과 같이 제시한다.

> 첫 번째 전제 : 만약 어떤 사람이 어떤 것을 하고자 의도하지 않았고, 그렇게 하지 않은 것이 그 또는 그녀가 그것을 하고자 하는 결정에 대한 이유를 어떤 경험적으로 탐구 가능한 방식으로 — 부주의, 시간의 부족, 확실한 논증에 대해서 숙고하지 않는 것, 확실한 증거에 대한 무시, 추론상의 오류, 비합리성이나 이해 불가능성, 의지의 결핍으로 — 찾는 데 실패했기 때문이라면, 자연주의자들에 따르면 그때 그 사람은 어떤 것을 해야만 하는 충분한 이유를 가질 수 없다.
>
> 두 번째 전제 : 타인에게 피해를 주거나 상해를 입혀서는 안 된다라는 요구와 일치하지 않는 행위를 하는 전문적인 professional 범죄자와 같은 사람들의 행위는 (첫 번째 전제에서 언급된) 어떤 실패 때문이 아니다(Harman, 2000a, pp.86-87).

이러한 전제들에 따르면, 전문적인 범죄자들은 타인에게 피해를 주거나 상해를 입혀서는 안 되는 것에 대한 충분한 이유를 갖고 있지 않다. 결론은 만약 이러한 전제들이 사실이라면, 그때 행위의 이유에 대한 절대주의는 실패한다는 것이다. 가치절대주의를 보여주기 위해 구성된 유사한 논증 또한 실패한다. 우리가 단지 제시된 논증의 전제에 대한 타당성에만 제한적으로 초점을 두고 이러한 전제를 단순화하면 이것은 잘못된 것으로 드러날 것이고, 이때 절대적 가치에 대한 비유적 논증의 전제 또한 아마도 잘못된 것으로 드러난다.

첫 번째 전제를 살펴보자. 이 전제는 행위에 대한 충분한 이유를 갖는다는 것이 무엇인지, 그리고 자연주의자들이 그러한 이유를 갖는다는 것이 무엇인지를 제시하기 위해 반드시 언급해야만 하는 것들을 상세하게 설명하고 있다. 첫 번째 전제는 어떤 사람이 무지하거나 비합리적이지 않은 상태에서 행위에 대한 충분한 이유를 갖고 있을 때, 그 사람은 자신의 행위에 상응하는 이유를 갖고 있다고 말할 것이다. 다른 말로 하면, 행위에 대한 모든 이유들처럼 행위에 대하여 환원되지 않는 이유들은 결정이나 의도에 대한 이유로 환원되지 않는다 ─ 또는 좀 더 신중하게 말하면, 만약 결정이나 의도가 그 자체로 행동이라면, 그때 그것은 결정이나 의도에 대한 이유들처럼 정신적 행위에 대한 이유들로부터 분리된다. 따라서 행위에 대하여 환원되지 않는 이유들은 없다.

이러한 전제는 우리가 동의해야만 하는 것일지도 모르는데, 왜냐하면 이러한 전제는 하만의 많은 경쟁자들의 공통된 토대이기 때문이다. 일례로 스캘런은 다음과 같이 주장했다.

> '행위에 대한 이유'는 '의도에 대한 이유'와 대조를 이룰 수 없다. 의도에 대한 본질적인 행위의 관계는 그것들에 대한 타당한 종류의 이유들을 결정한다. 하지만 판단 민감성 태도와의 관계는 사건 행위를 만들고 따라서 이러한 종류의 이유들은 민감하게 요구될 수 있고, 모든 경우에 제시될 수 있다(Scanlon, 1998, p.21).

하지만, 스캘런은 의도에 대한 충분한 이유를 갖고 있는 어떤 사람이 그 의도를 갖고 있는 것에 대한 그 자체의 이유를 갖고 있다고 해서 그가 이유에 대한 민감성을 가지고 있고, 이유에 대하여 민감하지 못하다고 해서 그 자체로 비합리적이라는 가정에 대해, 어떤 사람이 무지하거나 비합리적이지 않은 상태에서 행위에 대한 충분한 이유를 갖고 있을 때 그 사람은 행위에 상응하는 그 자체의 이유를 가지고 있다는 생각에 기꺼이 동의할지도 모른다.

첫 번째 전제는 또 만약, 어떤 확실한 방식으로 행위의 의도 그 자체의 이유를 찾는 데 실패한다면, 그러한 실패는 경험적으로 다루기 쉬운 것이라고 우리에게 말해준다. 이 지점이 바로 자연주의가 우리의 그림 안으로 들어오는 지점이다. 하만이 제공하는 가능한 설명들의 리스트 — 부주의, 시간의 부족, 확실한 논증에 대해서 숙고하지 않는 것, 확실한 증거에 대한 무시, 추론상의 오류, 비합리성이나 이해 불가능성, 의지의 결핍 — 는 누군가 하나의 의도에 대한 그 자체의 이유를 설명하는 데 실패했을 때, 그 이유를 제시해줄 수 있을지도 모른다는 점에서도 중요하다. 그리고 이러한 설명에 호소하는 것과 행위자에 대한 어떤 경험적 사실에 호소하는 것 각각의 경우에서 하나의 사실은 과학적 이해보다 더 받아들이기 쉽다. 대체로 심리학자들은 이러한 설명 각각에 해당하는 좀 더 잘 정련된 요지를 우리에게 제공해줄 수 있다.

첫 번째 전제는 사람들이 행위의 이유와 어떤 것을 해야 하는 충분한 이유를 가지고 있지만, 그것에 대한 의도를 갖는 것에는 실패했을 때, 우리는 그것을 포기해야 한다는 설명에 대해 자연주의적 존중감 naturalistic respectability을 주장한다. 반면에, 두 번째 전제는 어떤 사람이 '전문적인 범죄자'처럼 타인에게 해를 끼치고 상해를 입히고자 의도했을 때 그러한 설명은 가능하지 않다고 우리에게 말한다. 두 가지 점이 이 전제를 가치 없는 것으로 만든다. 우선, 만약 두 번째 전제가 사실이라면 그때는 우리가 고찰해온 가장 약한 해석의 절대주의조차도 옳지 않다. 뿐만 아니라, 모든 가능한 합리적 행위자는 타인에게 피해를 주거나 상해를 입혀서는 안 되는 것에 대한 충분한 이유를 가지고 있다는 점도 옳지 않은 것으로 드러난다. 하지만 우리는 그러한 이유가 결핍되어 있는 합리적 행위자가 있다는 것도 알고 있다. 둘째, 비록 두 번째 전제가 사실이라고 할지라도, 그래서 우리가 고찰해온 가장 약한 해석의 절대주의조차도 옳지 않다고 할지라도 절대주의자들은 모든 가능한 합리적 행위자들이 가지고 있는 도덕적 요구와 이유 사이의 관계에 대하여 조금은 다른 주장에 대해서는 한 발짝 물러설지도 모른다.

내가 생각하고 있는 대안적 형태의 절대주의는 비록 타인에게 피해를 주거나 상해를 입혀서는 안 된다는 도덕적 요구가 있다고 할지라도 그때, 모든 가능한 합리적 행위자가 타인에게 피해를 주거나 상해를 입혀서는 안 된다는 것에 대한 충분한*sufficient* 이유를 가지고 있는 것은 아니라는 것이다. 대신, 이러한 절대주의는 만약 타인에게 피해를 주거나 상해를 입혀서는 안 된다는 도덕적 요구가 있다면, 그때 모든 가능한 합리적 행위자는 타인에게 피해를 주거나 상해를 입혀서는 안 된다는 것에 대한 조건부적 *pro tanto* 이유를 갖는다고 주장한다. 일찍이 우리가 생각해온 고전적 형태의 절대주의와 이러한 대안적 형태의 절대주의 사이의 차이점은, 고전적 형태의 절대주의가 도덕적 요구가 타인에게 피해를 주거나 상해를 입혀서는 안 된다는 (다른 이유들보다 더 중요한 것으로 여겨질 수 없는) 의도에 대한 이유를 포함하고 있다고 주장하는 반면에, 대안적 형태의 절대주의는 다른 이유나 동등하게 비중을 갖는 이유들 또는 동일한 기준으로 평가할 수 없는 이유들의 가능성을 허용한다는 것이다. 두 번째 전제가 비록 사실이라고 할지라도, 대안적 형태의 절대주의의 입장과 일치한다. 비록, 전문적인 범죄자가 타인에게 피해를 주거나 상해를 입혀서는 안 된다는 것에 대한 조건부적 이유를 갖고 있다고 할지라도, 그러한 이유를 충족시키는 행위를 하지 않은 이유는 단지 타인에게 피해를 주거나 상해를 입히는 다른 이유들에 대해 어느 하나가 더 중요한 것으로 여겨지거나 동등한 비중으로 갖거나 또는 같은 기준으로 평가될 수 없는 것이기 때문이다.

내가 대안적 형태의 절대주의를 언급하는 것은 단지, 그것이 하만의 논증에서 간과하고 있는 논리적 여지 안에 위치하고 있어서라기보다는, 합리주의자 또한 이러한 형태의 절대주의를 받아들일 수 있기 때문이다. 울프 Susan Wolf는 도덕적 이유는 '개인적 완성 personal perfection'에 대한 이유와의 갈등과 저울질을 통해서 반드시 드러나야 한다고 생각했다. 더 나아가 그녀는 적어도 때때로 도덕적 이유는 그러한 경우에서 보다 더 중요하게 얻어지는 것이라고 생각했다(Wolf, 1982). 개인적 완성에 관련된 이유들은 인접한 행위에 대한 이유들을 포함하는 도덕적 이유보다 더 중요할지도 모른다. 그것은 행위자가 가지고 있는 재미있음 또는 냉정함과 같은 행위자의 개인적 스타일을 보여준다. 물론, 울프는 행위자가 가지고 있는 다수의 또는 특정한 개인적 스타일을 생각하지 않았을지도 모른다. 범죄 행위를 한 전문적인 범죄자들은 타인에게 피해를 주거나 해를 끼쳐서는 안 된다는 그 자체의 이유보다는 유머러스하고 스타일리시하거나 냉정한 행동의 이유에 더 큰 중요성을 부여할 수 있다. 하지만 논리적인 문제는 남아 있다. 비록 울프가 도덕적 요구가 우리에게 이유를 제공한다는 것에 동의한다고 할지라도 그녀는 도덕적 요구가 충분한 *sufficient* 이유를 포함한다는 것은 부정한다.

대안적 형태의 절대주의가 보여주고자 하는 것은 하만의 가정이 우리가 생각할 수 있는 최소한의 것이 아니라는 것이다. 하만은 만약 행위에 대한 어떤 절대주의적인 도덕적 이유가 있다면 그때, 거기에는 모든 사람이 타인에게 피해를 주거나 상해를 입혀서는 안 된다는 충분한 이유를 가지고 있다는 가정과 함께 논의를 시작했다. 이것은 상당히 최소한의 가정이고 많은 도덕적 합리주의자들이 이를 수용했다. 하지만 하만이 좀 더 최소한의 가정을 수용한다면, 행위에 대한 절대적인 도덕적 이유가 있을 때 모든 사람은 타인에게 피해를 주거나 상해를 입혀서는 안 된다는 것에 대한 조건부적 이유를 가지고 있을 것이다. 그러나 나는 이제 이러한 대안적 형태의 절대주의를 규정하는 것에 대하여 더 이상 언급하지 않을 것이다. 왜냐하면 우리가 앞으로 보게 될 것처럼 하만의 논증이 자신이 서술한 절대주의의 더 강력한 형태에 반대하는 자연주의적 설명을 보여주는 데 성공한다면, 그때 동일한 논증에 대한 약간의 변형은 아마도 대안적 형태의 절대주의에 반대하는 자연주의적 설명 역시 보여줄 수 있기 때문이다.

이제 우리는 하만이 제시한 논증의 전제가 우리가 명료화할 수 있는 방식에서 사실인지 어떤지를 생각해보자. 두 번째 전제에서 하만은, 피해자에게 피해를 주고자 하는 범죄자의 의도는 '부주의, 시간의 부족, 확실한 논증에 대해서 숙고하지 않는 것, 확실한 증거에 대한 무시, 추론상의 오류, 비합리성이나 이해 불가능성, 의지의 결핍'에 의해 설명될 수 없다고 주장했다. 하만은 우리가 살아가는 일상은 좋은 의도를 가진 사람 일부와 그렇지 못한 사람의 일부로 이루어진 다수의 합리적 사람들로 이루어졌다는 상식에 의존하고 있다. 하만에게 전문적인 범죄자는 단지 좋은 의도를 갖고 있지 않은 사람들의 특별한 예이다. 하지만 이러한 관찰은 두 번째 전제를 지지하기 위해서는 매우 허약하다. 두 번째 전제를 지지하기 위해 하만에게 필요한 것은 전문적인 범죄자들은 단지 최소한으로 합리적인 것은 아니지만 그들이 범죄에 대한 의도를 갖고 있다는 것에 반대하거나, 그것을 위한 논증에 관련된 어떤 것에 대해 무지하지도 둔감하지도 않다는 것이다. 다른 말로 하면, 두 번째 논증을 지지하기 위해서 하만에게 필요한 것은 적어도 상대적인 측면에서 그들이 최대한으로 합리적이라는 가정이다. 하지만 하만의 상식적 관찰에 대한 수용 여부는 하만에게 동의할지의 여부에 해당하는 것인지, 그것이 자연주의에 대한 헌신 여부를 드러내는 것은 아니다. 차라리 그것은 우리가 확실한 의도로 보이는 것을 갖고 있다는 것에 대한 하나의 논증을 형성하는 특정한 가설을 보여준다.

예를 들어 행위자의 의도가 주로 정합성의 규칙에 지배받는다고 생각해보자. 행위자의 의도는 어떻게 그들의 본래적 욕구를 만족시킬 수 있는가에 대해 자신의 본래적 욕구와 신념에 일치할 것을 합리적으로 요구한다. 이것을 수단−목적 MEANS-ENDS이라고 부르자. 물론 한 행위자의 의도가 주로 수단−목적에 의해 지배받는다고 할지라도, 우리는 거기에 행위자의 본래적 욕구와 수단−목적 신념까지 지배하는 추가적 원리가 또 있다고 생각할지도 모른다. 예를 들어 우리는 자신의 신념이 경험적으로 잘 지지되는 동시에 사실이기를 바랄 수 있고, 자신의 고유한 욕구가 타동적인 동시에 완전히 충족되기를 요구할 수 있다. 이러한 확장된 원리의 집합을 수단−목적+라고 부르자. 그러나 결정적으로 만약 수단−목적+가 의도를 지배하는 원리들을 철저하게 규명한다면 또는 좀 더 상세하게, 만약 의도를 지배하는 원리가 수단−목적+처럼 행위자의 본래적 욕구의 내용을 직접적으로 비판하는 것을 우리에게 허용하는 어떤 원리를 포함하지 않고 이런 이유로 의도의 내용을 포함하지 않는다면, 그때 그 결과는 우리가 행위자가 갖고 있는 확실한 의도에 대해 제시할 수 있는 것은 그것이 타인에 대한 의도라기보다는 그 행위자가 가지고 있는 본래적 욕구에 의존해서 출발한다는 것이다.

수단−목적+에 대한 전념이 한 행위자의 욕구와 신념은 어떤 행위를 하기 위한 의도에 대한 추론이라는 신빙성 없는 요란스러운 관점에 대한 헌신을 동시에 요구하는 것은 아니다(이런 관점은 '심리주의'라는 이름 아래 조나단 덴시에 의해 논의되었다(Dancy, 2000)). 우리는 당신이 누군가를 공격함으로써 그에게 피해를 주거나 상해를 입히게 될 것이라는 사실처럼 비희구적 non-desiderative 사실을 가정할 수 있을지도 모른다. 어떤 사람이 누군가에게 이유가 된다는 사실은 확실한 본래적 욕구를 갖는 것이 누군가를 공격하기 위해 의도한 것은 아니라는 사실과 일관성을 가질지도 모른다. 만약, 한 행위자의 본래적 욕구가 인식론적으로 정당화되고 사실은 신념을 동반한다면, 그것은 이러한 방식을 통해 그 자체로 이유가 되는 것이 아니라 이유들이 이유가 되는 비희구적 사실들의 한 조건이 될 수 있을지도 모른다(Schroeder, 2007도 함께 살펴볼 수 있다).

하지만 수단-목적+에 대한 전념이 우리에게 행위자의 본래적 욕구와 신념은 확실한 방식으로 행위의 의도에 대한 행위자의 이유라는 행위자에 대한 신빙성 없는 요란한 관점을 요구할 필요가 없는 반면에, 의도에 대한 이유가 비록 비희구적 사실이라고 할지라도, 그것에 주목하는 것은 의도에 대한 이유가 여전히 믿음에 대한 이유와는 매우 다른 것으로 보이기 때문이다. 이것은 우리가 살펴본 것처럼, 의도에 대한 숙고는 행위자가 가지고 있는 확실한 욕구에 대해 단지 조건부적 이유이기 때문이다. 어떤 숙고가 믿음의 이유에 대한 것인지의 여부는 믿는 것을 사실로 지지하고 있는가의 여부에 의존하고 있는 반면, 한 행위자가 어떤 것이 일어나기를 원하는 것은 상당히 독립적이다. 따라서 믿음의 이유에 대한 숙고는 단지 한 행위자가 가지고 있는 확실한 욕구에 대한 조건부적 이유가 아니다. 우리는 다시 원점으로 돌아왔다.

만약 수단-목적+와 같은 것들이 행위자의 의도 형성을 지배하는 원리들을 철저하게 규명할 수 있다면, 두 번째 전제는 사실로 드러날 것이다. 전문적인 범죄자의 본래적 욕구는 다른 사람을 공격해 그들에게 피해를 주거나 상해를 입히게 될 것이라는 비희구적 사실이 그들을 공격하기 위해 의도한 것이 아니라는 이유는 매우 특이한 것이다. 왜냐하면 비희구적 사실의 결정적 조건이 되는 이유가 부재하기 때문이다. 따라서 그러한 전문적인 범죄자가 타인에게 피해를 주거나 상해를 입히기 위한 의도를 갖고 있다는 것은 어떤 논증에 대한 그들의 둔감성의 결과가 아니다. 따라서 수단─목적+가 행위자의 의도 형성을 지배할 수 있는 원리들을 규명한다고 가정하는 것은 단지, 일부의 사람만이 타인에게 피해를 주거나 상해를 입혀서는 안 된다는 것에 대한 충분한 이유를 가지고 있다는 결론으로 우리를 이끌지도 모른다(실제로 그러한 가정은 단지 일부의 사람만이 타인에게 피해를 주거나 상해를 입혀서는 안 된다는 조건부적 이유들을 가지고 있다는 결론으로 우리를 이끌지도 모른다. 이것이 내가 앞서 하만이 제시한 논증의 한 변형이 절대주의자들이 비록 모든 가능한 합리적 행위자들이 도덕적 이유를 갖고 있다고 주장했다고 했을지라도, 그들에게 반대해 도덕적 이유가 단지 조건부적 이유가 될지도 모른다고 주장한 이유이다). 하지만 이러한 논증에 타격을 주는 것은 자연주의가 이러한 논증 안에서 아무 역할을 하지 못한다는 것이다. 그 논증은 순전히 우리가 만들어낸 의도를 통제하는 원리들과 수단─목적+ 가정이 이러한 원리들을 규명한다는 특정한 논증에 의해 유도된 것이다. 만약, 우리가 다른 가정을 한다면 매우 다른 결론이 드러날지도 모른다.

일례로, 한 행위자의 의도가 단지 수단─목적+에 의해 지배되는 것은 아니지만, 완전하게 합리적인 그들이 보편화의 요구를 충족시키는 경우를 생각해보자. 만약 우리가 조금만 더 생각해본다면 일부 칸트주의자들이 그랬듯이, 일부 전제를 추가해 칸트의 보편화의 정식으로부터 (말하자면) 인간성에 대한 칸트의 정식 ─ 이 두 개의 완전한 묶음을 보편화가능성+(Korsgaard, 1996의 입장과 비교해보라)라고 부르자 ─ 을 이끌어낼 수 있다면, 그때 우리는 전문적인 범죄자는 타인에게 피해를 주거나 상해를 입혀서는 안 된다는 이유를 가지고 있다는 결론을 내릴 수 있다. 의도를 갖고 있다는 것을 보여주기 위해, 그들이 그 논증에 대한 둔감하다는 것을 보여줄 수 있는 유일한 의도는 사람을 대우할 때 결코 단순히 하나의 수단으로서가 아니라 언제나 목적 그 자체로서 대우해야 한다는 의도다. 만약 이러한 가정이 옳다면, 두 번째 전제는 오류로 드러난다. 이유가 보편화가능하다는 가정에 반anti 과학적인 것은 전혀 없다.

또는 사람들은 자신의 욕구에 대해 독립적이라기보다는 모든 사람들이 확실한 본래적 욕구를 갖고 있다는 설명에 찬성하는 가정을 생각해보자. 어쩌면 피해를 주거나 상해를 입힌다는 사실이 모든 사람에게 피해를 주거나 상해를 입혀서는 안 된다는 본질적 욕구에 대한 이유를 제시하는 본래적 속성을 갖고 있다면, 이러한 이유들은 믿음이 무조건부적이라는 이유와 단지 동일한 방식에서 무조건부적이다. 이것을 이유+관점이라 부르자(Scanlon, 1998). 이 경우에서도 역시 우리는 전문적인 범죄자들이 타인에게 피해를 주거나 상해를 입혀서는 안 된다는 이유를 갖고 있다고 결론을 내릴 수 있다. 피해를 주거나 상해를 입히고자 하는 의도를 갖고 있다는 것을 보여주기 위해 그 범죄자가 그 논증에 대한 둔감하다는 것을 보여주고자 하는 경우를 생각해보자. 만약 그 범죄자가 둔감하지 않다면, 그리고 어떤 사람이 피해를 주거나 상해를 입히려는 본래적 욕구를 갖고 있다는 것에 대해 그가 매우 둔감한 것이 아니라면, 어떤 사람이 피해를 주게 되거나 상해를 입히게 되는 본래적 욕구를 가지고 있다는 것에 대한 피해 주기와 상해 입히기의 본래적 속성으로부터 그 범죄자를 제외시켜야 할 것이다. 그리고 이것은 그 범죄자가 피해를 주거나 상해를 입혀서는 안 된다는 의도를 갖고 있다는 것과 일관성을 갖는다. 만약 이러한 논증이 옳다면 두 번째 전제는 또 다시 오류로 드러난다. 하지만 욕구와 혐오에 대한 이유를 단지 무조건부적 신념에 대한 이유처럼 생각하는 것이 '과학을 통해 드러날 수 있는 사실들의 세계 안에서 가치와 의무의 자리'를 찾기 위한 시도와 반대되는 방식으로 보이지는 않는다.

지금까지 내가 제시한 모든 논의들은 하만의 논증에 대한 상당히 단호한 대응이다. 첫 번째 전제는 어떤 것을 하거나 원하거나 또는 바라는 것에 대한 이유와 사람들이 그러한 이유에 대해 민감하지 않다는 설명 양쪽 모두에 대한 자연주의적 존중감을 강조한다. 사실상 두 번째 전제는 절대주의자들이 주장하는 이유는 자연주의적으로 존중받을 수 없다는 주장이다. 하지만 하만의 두 번째 전제는 오직 우리가 한 행위자의 의도를 지배할 수 있는 이유의 원리에 대해 확실한 가정을 할 수 있을 때에만 사실이다. 그러나 하만은 그러한 가정과 자연주의가 어떻게 관계를 맺을 수 있는가에 대하여 아무런 언급을 하지 않는다. 만약 수단 − 목적+가 행위자의 의도를 지배할 수 있는 원리들을 충분하게 규명한다면 그때 두 번째 전제는 사실이다. 하지만 만약 의도가 보편화가능성+이나 이유+ 중 어느 하나에 지배된다면, 그때 두 번째 전제는 오류이다. 즉, 하만의 논증에 대한 나의 단호한 대응은 첫째, 자연주의가 특별하게 보편화가능성+와 이유+와 같은 것보다 수단 − 목적+와 같은 의도를 지배하는 원리들에 동조한다는 주장에 대한 타당한 이유가 부족하다는 것이다. 둘째, 자연주의는 하만이 제시한 두 번째 전제가 사실인지의 여부와 아무런 관련이 없다는 것이다. 따라서 자연주의는 상대주의와 절대주의 사이의 불일치에 대해 아무런 관련성을 갖지 않는다는 것이다.

12.3 단호한 대응에 대한 하만의 첫 번째 응답

나의 주장에 대해, 하만은 다음과 같은 유형의 응답을 제시했다.

절대주의자는 범죄자가 반드시 비합리적이거나 적어도 불합리하다는
점에 동의할 것이다. 행위의 절차를 살펴보는 것은 아마도 어떤 제3자에
게 심각한 상해를 입히는 원인을 찾아내는 절차가 될 것이다. 하지만 범
죄자는 행위의 절차를 살펴보는 것을 자신의 행위에 대한 하나의 이유로
생각하지 않을 것인데 이것은 분명히 비합리적이거나 불합리하다. 왜냐
하면 그러한 숙고는 단순히 분명하지 않은 추론을 통해 어떤 복잡한 방
식을 으로 이끌어지는 것이 아니라 명백하고 분명한 이유에 대한 것이기
때문이다. 하지만 이때, 비합리적이거나 적어도 불합리하다는 것은 그
범죄자들이 타인에 대해 충분하게 관심을 기울이지 않았다는 것에 대한
것이다. 이와 같은 범죄자들의 관심의 부족은 제시된 행위의 절차에 반
대하는 이유가 되는 제3자에게 피해를 주지 않을 수 있는 가능성을 책임
감 있게 선택하지 않았다는 것이다. 이것이 절대주의자들의 주장할지도
모르는 하나의 방식이다.

이러한 논증에 대한 상대주의자들의 대응은 절대주의자들이 이 세계에
대한 과학적 개념의 일부로서 합리성이나 비합리성을 특징지으려고 하
는 것을 단지 오류라고만 생각한다는 것이다. 어떤 사람에게는 제3자에
대한 존중이나 염려를 전혀 느끼지는 못하는 것이 완전하게 합리적일 수
있다. 하지만 물론 이러한 대응은 자연주의에 호소하는 것이다. 자율적
성격의 윤리학은 합리성과 비합리성의 환원할 수 없는 규범적 특징에 달

려 있다는 것에 찬성하는 절대주의자들은 자연주의를 거부한다(Harman, 2000a, p.90).

하만은 여기서 합리성이나 타당성에 대한 상대주의자들의 관점이 그 자체로 절대주의보다는 자연주의로 기울어져 있다고 주장한다. 그것은 절대주의자들이 자연주의자과 다르게 '합리성과 비합리성의 환원할 수 없는 규범적 특징에 달려 있다'고 생각하기 때문이라고 서술한다. 하지만 정말로 그러한가?

하만에 따르면 행위에 대해 환원할 수 없는 충분한 이유는 없다. 이를 통해 생각해보자. 행위에 대한 모든 충분한 이유는 의도에 대한 충분한 이유로 환원된다. 그러나 지금 살펴본 하만이 생각하는 절대주의자의 관점은 이를 부정하고, 대신에 행위의 절차에 대한 사실은 아마도 어떤 제3자에게 심각한 상해를 입히는 것은 행위의 절차에 착수하기 위한 '기본적 이유'나 '누구나 분명하지 않은 추론을 통해 어떤 복잡한 방식으로 이끌어진 것을 갖지 않는' 것이라고 주장한다. 절대주의자들에 따르면 다른 사람에게 피해를 주거나 상해를 입혀서는 안 된다는 범죄자의 이유는 다른 사람에게 피해를 주거나 상해를 입혀서는 안 된다는 의도를 갖는 것을 통해서는 설명될 수 없지만 그 반대는 가능하다. 그리고 나는 이것이 바로 하만이 의미하는 어떤 것이라고 생각한다. 하만이 생각하는 절대주의자들에 따르면 범죄자들이 타인에 대해 충분하게 생각하고 있지 않다는 것은 '비합리적'이거나 적어도 '불합리'하다. 왜냐하면, '범죄자들의 관심의 부족은 제시된 행위의 절차에 반대하는 이유가 되는 제3자에 피해를 주지 않을 수 있는 가능성을 책임감 있게 선택하지 않았기' 때문이다. 다른 말로 우리는 한 행위자의 의도의 합리성이나 타당성을 설명하는 데 행위의 환원될 수 없는 이유들에 호소해야 하는 것이지 그 반대

는 아니다. 이러한 이유로 절대주의자들이 첫 번째 전제를 거부한다고 가정하는
것이다.

하만은 이것이 '절대주의자들이 주장할지도 모르는 하나의 방식'이라고 신중
한 자세를 취했다. 이것은 사실이다. 하지만 이러한 방식이 그가 논증할 수 있는 유
일한 방식도 아니고 그를 위해서도 최선의 방식이 아니다. 나는 이것을 보여 주기
위해 하만의 논증에 대한 두 명의 절대주의자들의 입장을 서술했고, 두 입장 모두
첫 번째 전제에 동의했다. 그들은 행위에 대한 충분한 이유는 의도에 대한 충분한
이유로 환원될 수 있다고 생각했다. 하만이 그랬던 것처럼 그들 또한 의도에 대한
충분한 이유를 설명하는 데 매우 단순한 입장을 택했다. 하지만 우리는 의도에 대
한 충분한 이유를 설명하기 위해 의도를 지배하는 합리적 원리가 무엇이든 간에
그것에 호소할 필요가 있는데, 왜냐하면 그것이 의도에 대한 이유를 결정하기 때
문이다. 내가 기술한 절대주의자들과 그들의 경쟁자인 상대주의자들 사이의 차이
점은 단순히 그들이 다른 *different* 합리적 원리에 호소하고 있다는 것이다. 상대주
의자들은 수단-목적+와 같은 합리적 원리들이 작용한다고 가정하고, 절대주의
자들은 보편화가능성+나 이유+와 같은 원리들이 작동한다고 가정한다. 따라서
이러한 원리를 가정하는 절대주의자들은 전문적인 범죄자들의 다른 사람에 대한
관심 부족의 비합리성이나 불합리성을 설명하기 위해 행위에 대한 환원할 수 없는
이유에 호소할 필요가 없다. 대신 그들은 전문적인 범죄자들이 다른 사람에게 피
해를 주거나 상해를 입혀서는 안 된다는 의도에 대한 충분한 이유를 가지고 있다
는 사실에 호소함으로써 왜 그들이 다른 사람에게 피해를 주거나 상해를 입혀서는
안 된다는 충분한 이유를 가지고 있는지를 설명하고자 한다. 따라서 행위에 대하
여 환원할 수 없는 이유는 없다는 자연주의의 주장은 절대주의를 반대하는 데 아

무런 효과가 없다. 즉, 자연주의와 절대주의는 그 자체로 모순된 입장이라고 할 수 없다.

12.4 단호한 대응에 대한 하만의 두 번째 응답

아마도 하만은 다른 또 다른 반대의견을 갖고 있었을 것이다. 앞서 제시한 인용문의 같은 단락에서 그는 우리에게 "합리성이나 비합리성을 단지 오류라고만 생각한다는 것이다. 어떤 사람에게는 제3자에 대한 존중이나 염려를 전혀 느끼는 못하는 것이 완전하게 합리적일 수 있다."고 말한다. 그의 언급처럼, 우리가 이 세계에 대한 과학적 개념의 일부로서 합리성과 타당성을 특징지려고 하는 것은 보편화가능성+나 이유+와 같은 의도를 다스리는 원리들에 대한 반대를 언급하는 것일지도 모른다. 하지만 합리성과 타당성을 특징짓는 것과 이 세계에 대한 과학적 개념을 갖는 것 사이에는 어떠한 관련성이 있는가? 이러한 물음에 대답하기 위해서 우리는 우선 선결 물음에 답할 필요가 있다. 우리는 합리성과 타당성을 특징짓는 것을 통해 무엇을 하는 것인가?

한 가지 대답은 합리성이나 타당성의 규범이 우리의 신념과 욕구의 개념과 더불어 상호 정의된다는 생각에 영향을 받은 것으로, 합리성이나 타당성의 한 특징화가 신념이나 욕구에 대하여 선험적인 것을 알 수 있다는 것을 자세하게 설명하는 것이다. 예를 들어, 우리가 수단-목적+과 같은 측면에서 합리성이나 타당성을 철저하게 특징화할 수 있다고 생각하는 상대주의자들은 우리가 신념과 욕구에 대하여 선행하는 모든 것을 알 수 있다는 사실을 인정하는 것은, 신념과 욕구의 특징적인(하지만 상호보완적인) 적합성의 방향 덕분에 그것을 진술할 수 있는 것이라고 주장할지도 모른다. 신념은 어떤 것이 그 자체의 방식으로 존재하기 때문에 확실한 방식에서 그것이 그 자체로 재현되는 것을 목적으로 하는 하나의 상태이다. 욕구는 그 자체의 충족을 목적으로 하는 하나의 상태이다. 신념과 욕구의 목적에 대한 이러한 주장은 좀 더 분명하게 규범적 용어로 동등하게 옮겨질 수 있을지도 모른다. 신념은 진실true이 되기 위하여 가정하는, 그리고 그것들이 잘 정당화된 상태들이다(신념들은 지식이 되는 것으로 가정할 수 있다). 욕구들은 충족되기 위한 것으로 가정되는 상태들이다. 또는 그것들은 동등하게 조건법적 서술의 용어로 옮겨질 수 있을지도 모른다 : 완전하게 합리적이고 타당한 행위자 안에서 신념은 참인 동시에 잘 정당화된 상태이고 욕구는 충족되기 위한 상태이다.

상대주의자들은 만약 우리가 신념과 욕구의 특징적이고 상호보완적인 적합성의 방향에 대한 이러한 주장들을 강조한다면, 그때 우리는 다른 대안을 가질 수 없을지도 모르지만 수단-목적+와 같은 원리들이 신념에 따른 신념, 그리고 욕구에 따른 신념의 상호작용을 다스리는 합리성이나 타당성의 원리들을 규명할 수 있다는 결론을 내리게 된다고 주장할지도 모른다. 신념이 진실을 목적으로 하고 욕구가 그 자체의 충족을 목적으로 한다는 생각이 우리에게 수단-목적+와 같은 원리들을 가정하는 것에 대한 충분한 이유를 제시해준다고 할지라도 ― 왜냐하면 본질적 욕구의 충족은 우리가 의도에 일치하는 것을 통해 욕구를 충족시킬 수 있다는 것에 대한 신념과의 결합에 조건부적이기 때문이다 ―, 이것은 우리에게 보편화가능성+나 이유+와 같은 원리들을 가정하는 것에 대해서는 어떠한 이유도 제시해주지 못한다. 이러한 방식으로 상대주의자들은 수단-목적+의 측면에서 합리성이나 타당성의 적절한 특징화는 행위의 이유들에 대한 상대주의를 지지한다고 주장할 것이다.

그러나 안타깝게도 만약 우리가 합리성이나 타당성의 특징화를 통해 무엇인가를 해야 한다면, 그리고 그것이 왜 결국 우리가 이러한 개념들의 적절한 특징화가 행위의 이유에 대한 상대주의를 지지하게 되는가를 분명하게 할지라도, 그 특징화가 이 세계에 대한 우리의 과학적 개념의 일부와 더불어 발생하게 되는가라는 물음에 대해서는 어떠한 역할도 하지 못한다. 모든 것은 우리가 신념과 욕구에 대하여 선험적인 무엇을 말할 수 있는지와 이것은 무엇을 포함하고 있는가의 문제로 귀결된다. 더욱이 우리가 살펴본 것처럼 비록 그러한 선험적인 고찰이 우리를 행위의 이유에 대한 상대주의의 주장을 옳은 것으로 지지하도록 할지라도, 그 논증은 이러한 결론을 도출하기 위해 제시된 것이고 절대주의자들은 이에 동의하지 않을 것이다. 따라서 합리성이나 타당성의 적절한 특징화로부터 행위의 이유에 대한 상대주의를 논증하는 것은 자연주의와 아무런 관련성이 없을 뿐만 아니라 상당한 논란의 여지가 있는 문제이다.

예를 들어, 일부 절대주의자들은 우리가 선험적으로 욕구에 대해 알 수 있는 토대가 욕구는 하나의 법칙과 같은 방식 *in a lawlike way*으로 그 충족을 목적으로 한다는 진술에 동의하지 않을 것이다. 한 행위자가 어떤 본래적 욕구를 가지고 있고 그 욕구는 충족되었지만, 그것이 적절하게 보편적인 다른 욕구의 충족과 상반될 때, 그 행위자의 본래적 욕구의 형식적 특징은 그것과 일관성을 갖는 의도에 대한 합리적 비판에 토대를 둔 것이다(Korsgaard, 1996과 비교해보라). 따라서 그들은 만약 우리가 하나의 법칙과 같은 방식으로 신념이 진실을 목적으로 하고 욕구가 그 자체의 충족을 목적으로 한다는 주장을 완전하게 설명한다면, 그때 우리는 보편화가능성+와 같은 추가적 원리들이 있기 때문에 수단−목적+와 같은 원리들이 합리성이나 타당성의 원리들을 규명할 수 없다는 결론을 내릴 수밖에 없다.

또 다른 절대주의자들은 우리가 선험적으로 욕구에 대해 알 수 있는 토대가 욕구가 신념처럼 '판단 민감성 태도'에 있다는 것에 동의하지 않을 것이다. 즉, 이유들을 제시할 수 있는 하나의 욕구 진술의 이유에 대한 고찰은 단지 어떤 욕구의 존재에 대해 무조건부적으로가 아니라 조건부적인 이유들의 위상을 갖고 있는 신념에 대한 고찰이다(Scanlon, 1998과 비교해보라). 이러한 절대주의자들은 만약 우리가 신념이 진실을 목적으로 하고 욕구가 그 자체의 충족을 목적으로 하면서도 두 개의 상태가 모두 판단 민감성 태도를 유지한다면, 그때 우리는 수단−목적+와 같은 원리들은 이유+와 같은 추가적인 원리들이 있기 때문에 합리성의 원리들을 규명할 수 없다는 결론을 내릴 수밖에 없다.

만약 이러한 절대주의자들의 주장 중 어느 하나라도 옳다면, 합리성과 타당성에 대한 적절한 특징화는 행위의 이유에 대하여 상대주의가 아니라 절대주의를 지지할 것이다. 그러나 현재의 목적을 위해서 더 중요한 것은 절대주의자들이 이러한 방식으로 합리성과 타당성의 적절한 특징화로부터 자신들의 주장을 정당화하고 있다는 사실이 아니라, 그렇기 때문에 자연주의는 상대주의적 경쟁자들로부터 절대주의자들을 구분할 수 있는 문제에 대해 아무런 상관이 없다는 것을 보여줄 수 있다는 것이다. 절대주의자들을 구분시켜주는 것은 우리가 신념과 욕구에 대하여 선험적으로 말할 수 있는 것이 무엇인가이다. 이것이야말로 상대주의자와 절대주의자가 진정으로 불일치를 이루는 문제이다.

12.5 단호한 대응에 대한 하만의 세 번째 응답

이 지점에서 우리가 합리성이나 타당성에 대한 하나의 특징화를 제시할 때, 우리가 할 수 있는 것이 무엇인가라는 물음에 대해 과연 자연주의자들이 제시할 수 있는 대답이 무엇인가를 묻는 것은 좋은 질문이다. 결국 제시된 질문에 따르면, 적절한 신념과 욕구에 대한 선행적 이해를 따라 합리성과 타당성이 무엇인가에 대답하는 것은 특정한 규범적 주장에 대한 지식이다. 하지만, 우리가 그러한 선험적 지식을 갖는 것이 "우리는 반드시 과학에 의해 밝혀진 사실들의 세계 안에서 가치와 의무의 자리를 발견하는 것에 전념해야 한다."는 도덕 철학에서 사용되기는 하지만, 우리가 하는 도덕 철학 안에서 사용하는 방법론적 원리들을 그 자체로 위반하는 것인가? 이것은 우리에게 신념과 욕구가 상호작용해야만 한다 *ought*는 사실에 대한 선험적으로 발견 가능한 비환원적인 규범적 관계들을 가정할 것을 요구하는가(Scanlon, 2009와 비교해보라)?

　이것은 타당한 물음이기는 하지만 절대주의자들뿐만 아니라 상대주의자들도 반드시 이 물음에 대답해야 한다는 것에 주목하는 것이 중요하다. 자연주의적 성향을 갖고 있는 누군가는 분석할 수 없는 규범적 관계들과 함께 살아가는 것을 반대할 것이다. 하지만 나는 우리가 합리성과 타당성의 특징을 제시했을 때 단지 우리가 무엇을 해야 하는 것에 대한 설명이 환원할 수 없는 규범적 관계를 가정할 것을 우리에게 요구한다고 생각하지 않는다. 대신 나는 신념과 욕구에 대한 최선의 이해는 기능주의적인 것이라고 생각한다. 기능주의가 이러한 물음에 어떻게 도움을 주는가를 설명하기 위해서 상대주의자들이 선호하는 욕구와 신념에 대한 규범적 특징화를 신념은 진실이 되는 것, 그리고 욕구는 충족된다는 가정으로 고정해보자. 스탈네이터 Robert Stalnater는 기능주의적 맥락에서 신념과 욕구에 대한 진술을 다음과 같이 언급했다.

　　신념과 욕구…는 잠재적으로 합리적 행위자와 상관관계를 갖는 경향적인 상태들이다. P를 가져올 수 있는 방식으로 행동할 수 있는 경향성을 갖기를 원하는 것은 그것이 무엇이든 P가 사실이기를 바라는 것이고, P가 한 사람의 욕구를 만족시키는 방식으로 행동하는 경향성이라고 믿는 것은 그것이 무엇이든 다른 사람의 신념과 더불어 그 P가 사실임을 믿는 것이다(Stalnater, 1984, p.15).

만약 신념과 욕구에 대한 이러한 기능주의적 설명이 올바른 노선을 따른다면, 그때 다른 신념과 욕구를 가지고 있는 사람들 사이의 차이점은 그들이 완전하게 합리적이고 타당할 때 그들이 작동하는 상태의 기능적 역할이다. 물론, 사람들은 사실상 신념과 욕구가 작동하는 상태를 인식하지 못할 때조차도 여전히 신념과 욕구를 가지고 있을지 모른다. 단지 그러한 경우를 완전하게 합리적이거나 타당한 상태로 간주할 수 없을 뿐이다. 신념과 욕구에 대한 기능주의적 이해 방식이 갖는 매력은 우리가 이러한 심리적 상태들을 특징화할 수 있는 상당히 일반적인 규범적 주장들을 자연화하는 것을 허용한다는 것이다. 이러한 기능주의적 이해 방식은 규범적 주장을 이해하기 위한 또 다른 부류의 기능주의에서 제시하는 마치 "시계는 우리에게 시간을 알려주는 것으로 생각된다." 또는 "도둑들은 잡기 위해 생각된 것이 아니다."처럼 비슷한 규범적 주장과 상당히 유사하다. 각각의 경우에서 우리가 가지고 있는 것은 비록 그것들이 최적으로 기능하고 있지 않더라도 하나의 결과로서 최적으로 기능하는 것은 측정할 수 있는 어떤 것의 실제적 기능에 대한 하나의 기준을 제시해주는 하나의 기능적 종류이다. 느린 시계도 우리에게 시간을 알려주고 있는 것으로 생각할 수 있다. 왜냐하면 한 물체가 시간을 알려주는 완전한 기능을 하는 종류의 일부라고 할 때, 느린 시계라고 할지라도 그러한 역할을 하는 물체이기 때문이다. 시계의 규범적 특징화는 이런 식으로 규범적인 특징화에 대한 하나의 대안이 아니라 단지 기능적 특징화의 다른 방식이다. 유사하게 우리가 신념을 진실이라고 가정할 때, 이것은 단지 하나의 신념을 어떤 상태가 완전하게 작동하는 종류의 부분적인 한 상태라고 말하는 또 다른 방식이다(Zangwill, 1988과 비교해보라). 욕구의 문제도 필요한 부분만 약간 수정하면 이와 다르지 않다.

신념과 욕구의 규범적인 특징화를 해석하는 이러한 방식은 따라서 방법론적 원리에 대해 최대한으로 우호적이다. 왜냐하면 이것은 규범적 특징화 그 자체에 대해서는 아무것도 제시하지 않지만, 복잡하고 상호 관련된 방식으로 인과적 관계에 의해 지배되는 상태들은 서로에게 각각 영향을 주는 단지 규범적 관계라는 신념과 욕구를 요구하게 된다는 것을 제안하기 때문이다. 완전하게 합리적이고 타당한 행위자는 단지 욕구와 신념이 최상으로 그것들의 기능적 역할을 하는 사람이다. 비환원적인 규범적 관계들은 따라서 더 이상 시계나 도둑처럼 최선으로 기능하는 것이 무엇인가라는 이야기의 일부가 아니라 그보다는 신념을 갖고 있는 사람과 욕구를 가지고 있는 사람이 최적으로 기능한다는 것은 무엇인가라는 이야기의 일부가 되어야 한다.

물론 이러한 설명은 신념과 욕구의 본성에 대하여 상대주의자들이 선호하는 특징화가 옳다고 가정하고 이루어진 것이다. 하지만 이러한 설명은 유용한데 왜냐하면 이것은 우리가 앞서 다루었던 절대주의자들이 선호하는 신념과 욕구의 본성에 대한 각각의 규범적 특징화에 대한 하나의 유사한 기능주의적 해석을 제시할 수 있다고 주장하기 때문이다. 또 이것은 우리에게 상대주의자와 절대주의, 그리고 앞서 제기한 두 유형의 절대주의 사이에 정말로 일치하지 않는 것이 무엇인지를 제시해준다. 두 유형의 절대주의자들은 만약 한 행위자가 완전하게 합리적이거나 타당하다면(즉, 최적으로 기능한다면) 그 행위자가 갖고 있는 신념과 욕구의 상태가 서로 상호작용하는 방식에서 서로 동의하지 않는다. 상대주의자들은 완전하게 합리적이고 타당한 어떤 사람이 전문적인 범죄자의 경우처럼 다른 사람에게 피해를 주거나 상해를 입히려는 의도를 가지고 있을지도 모른다고 생각한다. 절대주의자들은 그러한 의도는 완전하게 합리적이고 타당한 행위자가 가질 수 없는 것이라고 생각한다. 그래서 우리는 이 지점에서 자연주의가 상대주의자와 절대주의자 사이의 논쟁에 관련이 없다는 또 다른 이유를 찾을 수 있다. 지금까지 제시된 욕구와 신념에 대한 불일치의 문제나 최적으로 기능하는 신념을 가진 사람 또는 욕구를 가진 사람에 대한 불일치는 자연주의자와 그것을 반대하는 사람들 사이의 불일치가 아니라, 자연주의적 진영 내부의 *within* 불일치라고 할 수 있다.

12.6 단호한 대응의 대한 하만의 네 번째 응답

하만의 네 번째 응답은 내가 절대주의자들을 대신에 주력했던 문제와 관련된 것이다. 상대주의자들과 절대주의자들이 진술한 기능적 진술의 종류가 무엇인가는 선험적 물음을 통해 해결될 문제가 아니라 경험적 물음을 통해 생각해야 할 문제다. 따라서 하만은 선험적 물음은 이차적 문제에 초점을 맞추고 있는 것이라고 주장한다. 중요한 물음이기는 하지만 그가 말하고 있는 모든 것은 경험적이다.

하만의 이러한 주장에 대해 두 가지 응답이 가능하다. 첫째, 비록 우리가 신념과 욕구를 갖고 있는 사람이라는 것이 분명히 하나의 경험적 사실이라고 할지라도 내가 신념과 욕구를 가지고 있다는 우리의 앎은(만약 실제로 우리가 그것을 가지고 있는 사람이라면) 모든 것에 선행하는 지식이 되어야 하는 것으로 여겨진다. 아마도 어떤 사람의 상태를 보여주는 지식을 통한 신중한 접근은 신념과 욕구의 기능적 개요를 갖고 있는 심리적 진술을 통해 이루어질 것이다. 둘째, 하만의 주장처럼 선험적 문제를 묻는 것은 이차적 문제에 초점을 맞추고 있는 것이라는 가정은 상당히 신뢰하기 어렵다. 우리는 전문적인 범죄자가 왜 타인에게 피해를 주거나 상해를 입힌 원인이 되었는가에 대해 단지 오래된 설명을 알고자 하는 것이 아니다. 우리가 알고자 하는 것은 그 범죄자의 타인에게 피해 주기와 상해 입히기가 그 자체로 피해자에게 피해를 주는 것과 상해를 입히고자 하는 그의 의도인지 어떤지와 같은 상당히 구체적인 것이다. 그가 무지 또는 논증에 대한 둔감성에서 기인한 의도를 갖고 있는가? 그리고 만약 그렇다면, 무지나 둔감성은 그가 무지나 둔감성과는 다른 능력을 갖고 있는 것이기 때문에 그 자체로 결핍이 있는 것인가? 따라서 우리가 대답을 찾고 있는 물음은 우리가 명료화하기 위해 노력해온 오로지 누군가의 본성이라는 측면에서만 그 윤곽을 그릴 수 있다.

결론은 비록 우리가 신념과 욕구를 가지고 있는가의 여부는 분명 하나의 경험적 물음이라고 할지라도 이러한 경험적 물음에 대답하기 위해서는 '우리' 그 자체에 대해서 다루어야 하고, 이것은 선험적 고찰과 경험적 탐구 양쪽 모두에 대한 이해를 요구한다는 것이다. 실제로 이와 관련된 증거들을 절대주의자보다 상대주의자들이 선호한다고 할지라도, 우리는 여전히 그 증거가 형성되기 위해 선행되는 어떤 것을 알아야 할 필요가 있다. 그 증거는 단지 일부의 사람들만이 어떤 것을 하기 위한 충분한 이유 또는 도덕성이 요구하는 것에 대한 희망이나 기대를 갖고 있다는 것을 보여주는가? 만약 상대주의자들인 올바른 선험적 이야기를 갖고 있다면 이것은 결론이 될 것이다. 또는 이것은 사람들은 어떤 것을 하기 위한 충분한 이유를 가질 수 없다는 것을 보여주는 것인가? 만약 절대주의자들이 올바른 선험적 이야기를 갖고 있다면 이것이 결론이 될 것이다. 주지하건대, 이러한 물음들은 앞서 논의한 것처럼 상대주의자들과 절대주의자들이 오랫동안 시도해왔던 물음들에 선행하는 물음 즉, 신념과 욕구, 그리고 합리성과 타당성의 본성에 대한 물음에 대한 대답을 통해서만 가능하다. 재차 강조하면 자연주의는 상대주의와 절대주의를 구분하는 문제와는 관련성이 없다. 왜냐하면 이러한 물음은 자연주의자들이 충분히 대답할 수 있고 물음 그 자체에 대해 동의하지 않을 수도 있기 때문이다.

Adams, R. 1999. *Finite and Infinite Goods*: A Framework for Ethics. New York: Oxford University Press.

Aristotle. 2000. *Nicomachean Ethics,* trans. R. Crisp. Cambridge University Press.

Armstrong, D. M. 1968. *A Materialist Theory of the Mind*. London: Routledge.

Audi, P. (Unpublished MS). "Property Identity and Non-Causal Determination."

Audi, P. 1989. *Practical Reasoning*. London and New York: Routledge.

    1993. "Ethical Naturalism and the Explanatory Power of Moral Concepts." In S. Wagner and R. Wagner (eds.), N*aturalism: A Critical Appraisal*. University of Notre Dame Press, 95-115.

    1997. "Moral Judgment and Reasons for Action." In G. Cullity and B. Gaut (eds.), *Ethics and Practical Reason*. Oxford University Press, 125-59.

    1999. "Self-Evidence." *Philosophical Perspectives* 13: 205-28

    2000. "Philosophical Naturalism at the Turn of the Century." *Journal of Philosophical Research* 25:27-45.

    2001. *The Architecture of Reason: The Structure and Substance of Rationality*. Oxford University Press.

    2002. "An Internalist Theory of Normative Grounds." *Philosophical Topics* 29, 1/2:19-46.

    2004. *The Good in the Right: A Theory of Intuition and Intrinsic Value*. Princeton University Press.

    2006. *Practical Reasoning and Ethical Decision*. London: Routledge.

    2008. "Intuition, Inference, and Rational Disagreement in Ethics." *Ethical Theory and Moral Practice* 11:475-92

    2010. "Moral Perception and Moral Knowledge." *Proceedings of the Aristotelian Society, Supplementary Volumes* 84: 79-97.

Austin, J. L. 1956-57. "A Plea for Excuses." *Proceedings of the Aristotelian Society*, 57: 1-30.

1962. *How to Do Things with Words.* Oxford University Press.

Ayer, A. J. 1956. *The Problem of Knowledge.* Harmondsworth, UK: Penguin Books.

1965: "On the Analysis of Moral Judgements." Repr. *in Philosophical Essays.* London: Macmillan, 231-49

Bagnoli, C. 2011. "Constructivism." *The Stanford Encyclopedia of Philosophy.* www.plato.stanford. edu/entries/constructivism-ethics (last accessed September 29, 2011)

Baker, M. 2001. *Atoms of Language.* New York: Basic Books.

Ball, S. W. 1988. "Reductionism in Ethics and Science: A contemporary Look at G. E. Moore's Open Question Argument." *American Philosophical Quarterly* 25: 197-213.

Baron, J. 1992. "The Effect of Normative Beliefs on Anticipated Emotions." *Journal of Personality and Social Psychology* 63: 320-30.

1994. "Nonconsequentialist Decisions." Behavioral and Brain Science 17: 1-10.

Barttels, D., and Medin, D. 2007. "Are Morally Motivated Decision Makers Insensitive to the Consequences of Their Choices?" *Psychological Science* 19: 24-28.

Beardsley, M. 1981. *Aesthetics: Problem in the Philosophy of Criticism,* 2nd edn. Indianapolis: Hackett Publishing Company.

Bechtel, W., and Richardson, R. 1998. "Vitalism." In E. Craig (ed.). *Routledge Encyclopedia of Philosophy,* vol. ix. London: Routledge, 639-43.

Bennett, K., and McLaughlin, B. 2005. "Supervenience." In E. Zalta (ed.). *The Stanford Encyclopedia of Philosophy* (Fall 2005 edn.), www.seop.leeds.ac.uk/entries/supervenience/, accessed Jully 1, 2011.

Bentham, J. 1988[1789]. *An Introductions to the Principles of Morals and Legislation.* Buffalo, NY: Prometheus Books.

Blackburn, S. 1984. *Spreading the Word.* Oxford: Clarendon Press.

1985. "Supervenience Revisited." In Ian Hacking (ed.), E*xercised in Analysis: Essays by Students of Casimir Lewy.* Cambridge University Press, 47-67.

1993. *Essays in Quasi-Realism.* New York: Oxford University Press.

1998. *Ruling Passions.* Oxford: Clarendon Press.

Bloomfield, P. 2001. *Moral Reality.* New York: Oxford University Press.

Boghossian, P. 1994. "The Transparency of Mental Content." *Philosophical Perspectives* 8: 33-50.

Boyd, R. N. 1988. "How to Be a Moral Realist." In G. Sayre-McCord (ed.), *Essays in Moral Realism,* Ithaca, NY: Cornell University Press, 182-217.

1993. "Metaphor and Theory Change: What Is 'Metaphor' a Metaphor For?" In A. Orotney (ed.), *Metaphor and Thought,* 2nd edn. Cambridge University Press, 481-533.

2003. "Finite Beings, Finite Goods: The Semantics, Metaphysics and Ethics of Naturalist Consequentialism, Part II." *Philosophy and Phenomenological Research* 66, 3: 505-53.

Brandom, R. 1994. *Making It Explicit*. Cambridge, MA: Harvard University Press.

Brandt, R. B. 1954. *Hopi Ethics: A Theoretical Analysis*. University of Chicago Press.

1979: *A Theory of the Good and the Right*. Oxford University Press.

Brink, D. O. 1989. *Moral Realism and the Foundation of Ethics*. Cambridge University Press.

1992. "A Puzzle about the Authority of Morality." In J. Tomberlin (ed.), *Philosophical Perspectives*: Ethics. Atascadero, CA: Ridgeview Publishing Company, 1-26

1997. "Moral Motivation." *Ethics* 108, 1: 4-32.

Broad, C. D. 1971, *Broad's Critical Essays in Moral Philosophy*, ed. David Cheney. London: George Allen & Unwin.

Burge, T. 1996. "Our Entitlement t Self-Knowledge." *Proceedings of the Aristotelian Society* 96: 91-116.

1998. "Reason and the First Person." In C. Wright, B. C. Smith, and C. Macdonald (eds.), *Knowing Our Own Minds*. Oxford University Press, 243-70.

Capitan, H., and Merrill, D. (eds.) 1967. *Art, Mind, and Religion*. Pittsburgh University Press.

Carnap, R. 1935. *Philosophy and Logical Syntax*. London: Kegan Paul, Trench, Trubner & Co.

1950a. *Logical Foundations of Probability*. University of Chicago Press.

1950b. "Empiricism, Semantics, and Ontology." Repr. in *Meaning and Necessity*. University of Chicago Press, 205-21.

1967[1928]. *The Logical Structure of the World*. London: Routledge & Kegan Paul.

Carritt, E. F. 1928. The Theory of Morals. London: Oxford University Press.

1937. "An Ambiguity of the Word 'Good.'" *Proceedings of the British Academy* 23: 51-80.

Chan, D. (ed.) 2008. *Moral Psychology Today:* Essays on Values, Rational Choice, and the Will. Berlin: Springer.

Chomsky, N. 1972. *Language and Mind,* enlarged edn. New York: Harcourt Brace Jovanovich.

Copp, D. 1995. *Morality, Normativity, and Society*. Oxford University Press.

2001. "Rationality, Autonomy, and Basic Needs. "In N. Roughley (ed.), *Being Humans*. Berlin: de Gruyter, 334-55.

(ed.)2006a. *Oxford Handbook of Ethical Theory*. New York: Oxford University Press.

2006b. "Introduction: Metaethics and Normative Ethics." In Copp (ed.) 2006a, 3-35.

2007. *Morality in a Natural World*. Cambridge University Press.

2008. "Realist-Expressivism and Conventional Implicature." In R. Shafer-Landau (ed.), *Oxford Studies in Metaethics*, vol. IV. Oxford University Press, 167-202.

2009. "Toward a Pluralist and Teleological Theory of Normativity." *Philosophical Issues* 19: 21-37.

2010a. "Normativity, Deliberation, and Queerness." In R. Joyce and S. Kirchin (eds.), *A World without Values: Essays on John Mackie's Error Theory*. Berlin: Springer, 141-65.

2010b. "The Wrong answer to an Improper Question?" In S. Black and E. Tiffany (eds.), *Reasons to Be Moral Revisited. Canadian Journal of Philosophy*, Supplementary Volume 33: 97-130.

Cullen, S. 2010. "Survey-Driven Romanticism." *Review of Philosophy and Psychology* 1: 275-96.

Cuneo, T. 2007. *The Normative Web*. Oxford University Press.

Cushman, F., Young, L. and Hauser, M. 2006. "The Role of Conscious Reasoning and Intuition in Moral Judgments: Testing Three Principles of Harm." *Psychological Science* 17: 1082-89.

Dancy, J. 2000. Practical Reality. Oxford University Press.

2004. *Ethics without Principles*. Oxford University Press.

2006. "Nonnaturalism." In Copp (ed.) 2006a, 122-45.

Danto, A. 1997. *After the End of Art*. Princeton University Press.

Darley, J., and Schultz, T. 1990. "Moral Rules: Their Content and Acquisition." *Annual Review of Psychology* 41: 523-56.

Darwall, S. 1983. Impartial Reason. Ithaca, NY: Cornell University Press.

1992. "Internalism and Agency." In J. Tomberlin (ed.), *Philosophical Perspectives*: Ethics. Atascadero, CA: Ridgeview Publishing company, 155-74.

Darwall, S. Gibbard, A., and Railton, P. 1992. "Toward a Fin de Siècle Ethics: Some Trends." Philosophical Review 101: 115-89.

Davidson, D. 1991. "What Is Present to the Mind?" *Philosophical Issues* 1: 197-213.

Davidson, D., and Harman, G. (eds.) 1972. *Semantics of Natural Language*. Dordrecht, The Netherlands: D. Reidel.

Doris, J. 2002. *Lack of Character*. Cambridge University Press.

(ed.) 2010. *The Moral Psychology Handbook*. Oxford University Press.

Doris, J., and Stich, S. 2005. "As a Matter if Fact: Empirical Perspectives on Ethics." In F. Jackson and M. Smith (eds.), *The Oxford Handbook of Contemporary Analytic Philosophy*. Oxford University Press, 114-52.

2008. "Moral Psychology: Empirical Approaches." In E. Zalta (ed.), *The Stanford Encyclopedia of Philosophy* (Fall 2008 edn.), http://plato.stanford.edu/archives/win2008/entries/moral-psych-emp/, accessed July 1, 2011.

Dreier, J. 2000. "Dispositions and Fetishes: Externalist Models of Moral Motivation." *Philosophy and Phenomenological Research* 61, 3: 619-38.

Druckman, J. 2001. "Evaluating Framing Effects." *Journal of Economic Psychology* 22: 91-101.

Dummett, M. 1959. "Truth." *Proceedings of the Aristotelian Society* 59: 141-62.

1981. *Frege: Philosophy of Language*. Cambridge, MA: Harvard University Press.

Dupré, J. 1993. *The Disorder of Things: Metaphysical Foundations of the Disunity of Science*. Cambridge, MA: Harvard University Press.

Fagley, N., and Miller, P. 1987. "The Effects of Decision Framing on Choice of Risky versus Certain Options." *Organizational Behavior and Human Decision Processes* 39: 264-77.

Fine, K. 1982. "First-Order Modal Theories III – Facts." *Synthese* 53:43-122.

Finlay, S. 2010. "Recent Work on Normativity." *Analysis* 70: 331-46.

Foot, P. 1972. "Morality as a System of Hypothetical Imperatives." *Philosophical Review* 81, 3: 305-16.

    2001. *Natural Goodness*. Oxford: Clarendon Press.

    2002. "Morality as a System of Hypothetical Imperatives." Reprint in *Virtues and Vices*. Oxford University Press, 157-73.

Frankena, W. K. 1939. "The Naturalistic Fallacy." *Mind* 48, 192: 464-77.

Frisch, D. 1993. "Reasons for Framing Effects." *Organizational Behavior and Human Decision Processes* 54: 399-429.

Fumerton, R. 1990. *Reason and Morality*. Ithaca, NY: Cornell University Press.

Gallie, W. 1955-56. "Essentially Contested Concepts." *Proceedings of the Aristotelian Society* 56:167-98.

Garner, R. 2010. "Abolishing Morality." In R. Joyce and S. Kirchin (eds.), *A World without Values*. Berlin: Springer, 217-33.

Gibbard, A. 1990. Wise Choices, *Apt Feelings*. Cambridge, MA: Harvard University Press.

Goldman, A. 1986. *Epistemology and Cognition. Cambridge*, MA: Harvard University Press.

Greene, J. 2008a. "The Secret Joke of Kant's Soul." In Sinnott-Armstrong (ed.) 2008a, vol. III, 35-79.

    2008b. "Reply to Mikhail and Timmons." In Sinnott-Armstrong (ed.) 2008a, vol. III, 105-17.

Haack, S. 1976. "The Pragmatist Theory of Truth." *British Journal for the Philosophy of Science* 27: 231-49.

Haidt, J. 2001. "The Emotional Dog and Its Rational Tail: A Social Intuitionist Approach to Moral Judgment." *Psychological Review* 108: 814-34.

Haidt, J., and Bjorklund, F. 2008. "Social Intuitionist Answer Six Questions about Moral Psychology." In Sinnott-Armstrong (ed.) 2008a, vol. II, 181-217.

Haidt, J., and Hersh, M. 2001. "Sexual Morality: The Cultures and Emotions of conservatives and Liberals." *Journal of Applied Social Psychology* 31: 191-221.

Hall, E. 1950-51. "The 'Proof' of Utility in Bentham and Mill." *Ethics* 61: 66-68.

Hare, R. D. 1993. *Without Conscience: The Disturbing World of the Psychopaths among Us*. New York: Pocket Books.

Hare, R. M. 1952. *The Language of Morals*. Oxford University Press.

Harman, G. 1963. "Generative Grammars without Transformation Rules: A Defense of Phrase Structure." *Language* 39: 597-616.

1977. *The Nature of Morality*. New York: Oxford University Press.

1996. "Moral Relativism." In G. Harman and J. J. Thomson, *Moral Relativism and Moral Objectivity*. Malden, MA: Blackwell, 1-64.

1999. *Reasoning, Meaning, and Mind*. Oxford: Claredon Press.

2000a. "Is There a Single True Morality?" In *Explaining Value and Other Essays in Moral Philosophy*. Oxford: Claredon Press, 77-99.

2000b. "Moral Agent and Impartial Spectator." In Harman(2000a), 181-95.

2009. "Guilt-Free Morality." In R. Shafer-Landau (ed.), *Oxford Studies in Metaethics*, vol. IV. Oxford University Press, 203-14.

Hattshorne C. and Weiss, P. (eds.) 1934. *Collected Papers of Charles Sanders Peirce*, vol. V. Cambridge, MA: Harvard University Press.

Hauser, M. 2006. *Moral Minds*. New York: HarperCollins.

Hauser, M., Cushman, F., young, L. Jin, R., and Mikhail, J. 2006. " A Dissociation between Moral Judgment and Justification." *Mind and Language* 22: 1-21.

Hauser, M. Young, L., and Cushman, F. 2008. "Reviving Rawls's Linguistic Analogy: Operative Principles and the Causal Structure of moral Actions." In Sinnott-Amstrong (ed.) 2008a, vol. II, 107-43.

Heller, Z. 1999. "Talk of the Town: The Bench." *The New Yorker,* May 24: 29.

Hinckfuss, I. 1987. The Moral Society: Its Structure and Effects. *Discussion Papers in Environmental Philosophy* 16. Canberra: Philosophy Program(RSSS), Australian National University.

Hirstein, W. 2005. *Brian Fiction: Self-Deception and the Riddle of Confabulation.* Cambridge, MA: MIT Press.

Horgan, T. 1993. "From Supervenience to Superdupervenience: Meeting the Demands of a Material World." *Mind* 102: 555-86.

Horgan, T., and Timmons, M. 1992. "Troubles for New Wave Moral Semantics: The 'Open Question Argument' Revived." *Philosophical Papers* 21: 153-75.

2008. "What Does Phenomenology Tell Us about Moral Objectivity?" *Social Theory and Policy* 25: 267-300.

2009. "Analytical Moral Functionalism Meets Moral Twin Earth." In Ravenscroft (ed.) 2009, 221-36.

Hubin, D. 2001. "The Groundless Normativity of Instrumental Rationality." *Journal of Philosophy* 98, 9: 445-68.

Huemer, M. 2005. *Ethical Intuitionism.* Houndmills, UK: Palgrave Macmillan.

Hume, D. 1885[1748]. *An Enquiry concerning Human Understanding*, ed. L. A. Selby-Bigge. Oxford University Press.

1955[1748]. An Enquiry Concerning Human Understanding, ed. C. W. Hendel. Indianapolis:

Bobbs-Merrill.

2000[1739]. *A Treatise of Human Nature,* ed. D. Norton and M. Norton. Oxford University Press.

Hursthouse, R. 1999. *On Virtue Ethics.* Oxford University Press.

Jackson, F. 1992. "Critical Notice of S. Hurley, *Natural Reasons.*" *Australasian Journal of Philosophy* 70: 475-87.

1998. *From Metaphysics to Ethics: A Defence of Conceptual Analysis.* Oxford: Claredon Press.

2003. "Cognitivism, A Priori Deduction, and Moore." Ethics3: 557-75.

2004. "Why We Need A-Intensions." *Philosophical Studies* 118, 1/2: 257-77.

2005. "what Are Cognitivists Doing When They Do Normative Ethics?" *Normativity, Philosophical Issues.* Supplement to Noûs 15: 94-106.

2009. "Reply to My Critics." In Ravenscroft (ed.) 2009, 387-474.

Jackson, F., and Pettit, P. 1995. "Moral Functionalism and Moral Motivation." *Philosophical Quarterly 45,* 178: 20-40.

Johnston, M. 2010. *Surviving Death.* Princeton University Press.

Jou, J., Shanteau, J., and Harris, R. 1996. "An Information Processing View of Framing Effects: The Role of Causal Schemas in Decision Making." *Memory and Cognition* 24: 1-15.

Joyce, R. 2001. *The Myth of Moralisy.* Cambridge University Press.

2006. *The Evolution of Morality.* Cambridge, MA: MIT Press.

2007a. "Morality, Schmorality." In P. Bloomfield (ed.), *Morality and Self-Interest.* Oxford University Press, 51-75.

2007b. "Moral Anti-Realism." In E. Zalta (ed.), *The Stanford Encyclopedia of Philosophy* (Fall 2007 edn.), http://plato.stanford.edu/entries/moral-anti-realism/, accessed July 1, 2011.

2011a. "The Accidental Error Theorist." In R. Shafer-Landau (ed.), *Oxford Studies in Metaethics,* vol. VI. Oxford University Press.

2011b. "The Error in 'The Error in the Error Theory.'" *Australasian Journal of Philosophy.*

Kahane, G. 2011. "Evolutionary Debunking Arguments." 45 *Nous* 103-125.

Kahneman, D. 1994. "The Cognitive Psychology of Consequences and Moral Intuition." The Tanner Lecture in Human Values, University of Michigan, Ann Arbor, November.

Kamm, F. M. 1996. *Morality, Mortality,* vol. II. Oxford University Press.

1998. "Moral Intuitions, Cognitive Psychology, and the Harming-versus-Not-Aiding Distinction." *Ethics* 108: 463-88.

2008. "Responses to Commentators on *Intricate Ethics.*" *Utilitas* 20: 111-42.

Kant, I. 1948[1785]. *Groundwork of the Metaphysics of Morals,* trans. H. J. Paton. London: Hutchinson.

Kauppinen, Antti. 2007. "The Rise and Fall of Experimental Philosophy." Philosophical

Exploations 10: 95-118.

Kim, J. 1984. "Concepts of Supervenience". *Philosophy and Phenomenological Research* 45, 2: 153-76. Repr. in *Supervenience and Mind.* Cambridge University Press(1993), 53-78.

King, J. 1998. "What Is a Philosophical Analysis?" *Philosophical Studies* 90: 155-79.

Kohlberg, L. 1981. *Essays in Moral Development*, vol. 1, *The Philosophy of Moral Development.* New York: Harper & Row.

1984. *Essays in Moral Development*, vol. II, *The Psychology of Moral Development.* New York: Harper & Row

Korsgaard, C. 1996. T*he Sources of Normativity.* Cambridge University Press.

Kühberger, A. 1995. "The Framing of Decisions: A New Look at Old Problems." *Organizational Behavior and Human Decision Processes* 62: 230-40.

1998. "The Influence of Framing on Risky Decisions: A Meta-Analysis." *Organizational Behavior and Human Decision Processes* 75: 23-55.

Kuhn, D. 1991. *The Skills of Argument.* Cambridge University Press.

Kunda, S. 1999. *Social Cognition: Making Sense of People.* Cambridge, MA: MIT Press.

Ladd, J. 1957. *The Structure of a Moral Code: A Philosophical Analysis of Ethical Discourse Applied to the Ethics of the Novaho Indians.* Cambridge, MA: Harvard University Press.

LeBoeuf, R., and Shafir, E. 2003. "Deep Thoughts and Shallow Frames: On the Susceptibility to Framing Effects." *Journal of Behavioral Decision Making* 16: 77-92.

Levin, I., and Chapman, D. 1990. "Risk Taking, Frame of Reference, and Characterization of Victim Groups in AIDS Treatment Decisions." *Journal of Experimental Social Psychology* 26: 421-34.

Levin, I., Johnson, R. and Davies, M. 1987. "How Information Frame Influences Risky Decisions." Journal of Economic *Psychology* 8: 43-54.

Levine, J. 1983. "Materialism and Qualia: The Explanatory Gap." *Pacific Philosophical Quarterly* 64: 354-61.

Lewis, D. K. 1970. "How to Define Theoretical Terms." *Journal of Philosophy* 67: 427-46. Repr. in *Philosophical Papers*, vol. I. Oxford University Press(1983), 78-95.

1989. "Dispositional Theories of Value. Part II." *Proceedings of the Aristotelian Society, Supplementary Volume*s 63: 113-37.

Livengood, J., Sytsma, J., Feltz, A. Scheines, R., and Machery, E. 2010. "Philosophical Temperament." *Philosophical Psychology* 23: 313-30.

Loeb, D. 1998. "Moral Realism and the Argument from Disagreement." *Philosophical Studies* 90, 3: 281-303.

Loke, W. 1989. "The Effects of Framing and Incomplete Information on Judgments." *Journal of Economic Psychology* 10 : 392-41

Loke, W. and Lau, S. 1992. "Effects of Framing and Mathematical Experience on Judgments." Bulletin of the Psychonomic Society 30 : 393-95.

Loke, W. and Tan, K. 1992. "Effects of Framing and Missing Information in Expert and Notice Judment." Bulletin of the Psychonomic Society 30: 187-90.

Lowe, E. 2010. "Ontological Dependence." In E. Zalta (ed.), The Stanford Encyclopedia of Philosophy (Spring 2010 edn.), http://plato.stanford.edu/archives/spr2010/entries/dependence-ontological/, accessed July 1, 2011.

Ludwig, K. 2007. "The Epistemology of Thought Experiments: First Person versus Third Person Approaches." *Midwest Studies in Philosophy: Philosophy and the Empirical* 31: 128-59.

Macdonald, C., and Macdonald, G. 2010. "Introductions." In Emergence in Mind. Oxford University Press, 1-21.

McElroy, T., and Seta, J. 2003. "Framing Effects: An Analytic-Holistic Perspective." *Journal of Experimental Social Psychology* 39: 610-17.

Machery, E., Mallon, S., Nichols, S., and Stich, S. 2004. "Semantics, Cross-Cultural Style." *Cognition* 92: B1-B12.

MacIntyre, A. 1981. *After Virtue.* University of Notre Dame Press.

Mackie, J. L. 1977. *Ethics: Inventing Right and Wrong. Harmondsworth,* UK: Penguin Books.

Maley, C. Forthcoming, "Toward Clarifying Guilt and Shame." *Southern Journal of Philosophy.*

McLaughlin, B. 1997. "Emergence and Supervenience." *Intellectica* 2: 25-43.

McNaughton, D., and Rawling, P. 2003. "Naturalism and Normativity." *Supplement to the Proceedings of the Aristotelian Society* 77: 23-45.

McNeil, B., Pauker, S., and Tversky, A. 1988. "On the Framing of Medical Decision." In D. Bell, H. Raiffa, and A. Tversky (eds.), *Decision Making: Descriptive, Normative and Prescriptive Interactions.* Cambridge University Press, 562-68.

Mikhail, J. 2007. "Universal Moral Grammar: Theory, Evidence and the Future." *Trends in Cognitive Science* II, 4: 143-52.

    2008. "Moral Cognition and Computational Theory." In Sinnott-Amstrong (ed.) 2008a, vol. III, 81-91.

Milgram, S. 1974. *Obedience to Authority.* New York: Harper & Row.

Mill, J. S. 1979 [1861]. *Utilitarianism.* Indianapolis: Hackett Publishing Company.

Miller, P., and Fagley, N. 1991. "The Effects of Framing, Problem Variations, and Providing Rationale on Choice." *Personality and Social Psychology Bulletin* 17: 517-22.

Miller, R. 1985. "Ways of Moral Learning." *Philosophical Review* 94, 4: 507-56.

Moore, G. E. 1903. *Principia Ethica.* Cambridge University Press.

    1922a. "The Conception of Intrinsic Value." In Philosophical Studies. London: Routledge & Kegan Paul, 253-75.

1922b. "The Nature of Moral Philosophy." In *Philosophical Studies*. London: Routledge & Kegan Paul, 310-39.

1953. *Some Main Problems of Philosophy*. London: George Allen & Unwin.

1968. "Reply to My critics." In P. A. Schilpp (ed.), *The Philosophy of G. E. Moore*, 3rd edn. La Salle, IL: Open Court, 535-677.

1993a [1903]. "Preface to the Second Edition." *In Principia Ethica*, rev. edn., ed. T. Baldwin. Cambridge University Press, 1-27.

1993b [1903]. *Principia* Ethica, rev. edn., ed. T. Baldwin. Cambridge University Press.

Mormann, T. 2007. "Carnap's Logical Empiricism, Values, and American Pragmatism." *Journal for the General Philosophy of Science* 38: 127-46.

Nagel, T. 1970. *The Possibility of Altruism*. Princeton University Press.

1974. "What Is It Like to Be a Bat?" *Philosophical Review* 83: 435-50.

Nehamas, A. 2008. *Only a Promise of Happiness: The Place of Beauty in a World of Art*. Princeton university Press.

Nichols, S. 2008. "Moral Rationalism and Empirical Immunity." In Sinnott-Amstrong (ed.) 2008a, vol. III, 395-407.

Nisbett, R., and Wilson, T. 1977. "Telling More Than We Can Know: Verbal Reports on Mental Processes." *Psychological Review* 84: 231-59.

Norcross, A. 2008. "Off Her Trolley? Frances Kamm and the Metaphysics of Morality." *Utilitas* 20: 65-80.

Nozick, R. 1968. "Moral Complications and Moral Structures." *Natural Law Forum* 13: 150.

1969. "Newcomb's Problem and Two Principles of Choice." In Nicolas Rescher (ed.), *Essays in Honor of Carl G. Hempel*. Dordrecht, The Netherlands: D. Reidel, 114-46.

Nuccetelli, S., and Seay, G. (eds.) 2007a. *Themes from G. E. Moore: New Essays in Epistemology and Ethics*. Oxford University Press.

2007b. "What's Right with the Open Question Argument?" In Nuccetelli and Seay (eds.), 261-82.

O'Connor, T., and Wong, H. 2005. "The Metaphysics of Emergence." Noûs 39: 658-78.

Olson, J. 2002. "Are Desired De Dicto Fetishistic?" *Inquiry* 45, 1: 89-96.

Otsuka, M. 2008. "Double Effect, Triple Effect and the Trolley Problem: Squaring the Circle in Looping Cases." *Utilitas* 20: 92-110.

Paese, P.. Bieser, M., and Tubbs, M. 1993. "Framing Effects and Choice Shift in Group Decision Making." *Organizational Behavior and Human Decision Processes* 56: 149-65.

Parfit, D. 2011. *On What Matters*. Oxford University Press.

Peirce, C. S. 1934a. "Practical and Theoretical Beliefs." In Hartshorne and Weiss (eds.) 1934, 376-85.

1934b. "Judgment and Assertion." In Hartshorne and Weiss (eds.) 1934, 385-87.

Perry, R. B. 1970 [1926]. "Value as Any Object of Interest." Excerpted in W. Sellars and J. Hospers (eds.), *Reading in Ethical Theory*. New York: Appleton-Century-Crofts, 138-51. Originally published in *General Theory of Value*. Cambridge, MA: Harvard University Press.

Petrinovich, L. and O'Neill, P. 1996. "Influence of Wording and Framing Effects on Moral Intuitions." Ethology and Sociobiology 17: 145-71.

Pigden, C. R. 2007. "Desiring to Desire: Russell, Lewis and G. E. Moore." In Nuccetelli and Seay (eds.) 2007, 244-60.

Pinillos, N., Smith N., Nair, G., Marchetto, P., and Mun, C. 2011. "Philosophy's New Challenge: Experiments and Intentional Action." *Mind and Language* 26: 115-39.

Pitcher, G. 1970. "Pain Perception." *Philosophical Review* 74: 368-93.

Pollock, J. 1995. Cognitive Carpentry: A Blueprint for How to Build a Person. Cambridge, MA: Bradford/MIT Press.

Prichard, H. A. 2002. *Moral Writings*, ed. J. MacAdam. Oxford: Clarendon Press.

Prinz, J. 2007. *The Emotional construction of Morals*. Oxford University Press.

2008a. "Empirical Philosophy and Experimental Philosophy." In J. Knobe and S. Nichols (eds.), *Experimental Philosophy*. Oxford University Press, 189-208.

2008b. "Resisting the Linguistic Analogy: A Commentary on Hauser, Young, and Cushman." In Sinnott-Amstrong (ed.) 2008a, vol. II, 157-70.

2008c. "Reply to Dwyer and Tiberius." In Sinnott-Amstrong (ed.) 2008a, vol. I, 427-39.

Putnam, H. 1967. "Psychological Predicates." In Capican and Merrill (eds.) 1967, 37-48

1975. "The Meaning of 'Meaning.'" Repr. in *Mind, Language and Reality: Philosophical Papers*, Volume 2. Cambridge University Press, 215-71.

Quine, W. V. 1960. *Word and Object*. Cambridge, MA: MIT Press.

1975. "On Empirically Equivalent Systems of the World." *Erkenntnis* 9: 313-28.

1981. *Theories and Things*. Cambridge, MA: Harvard University Press.

1986. "Reply to Roger F. Gibson, Jr." In L. Hahn and P. Schilpp (eds.), *The Philosophy of W. V. Quine*. La Salle, IL: Open Court, 684-85.

1989. "Three Inderterminacies." In R. Barrett and R. Gibson (eds.), *Perspectives on Quine*. Oxford: Basil Blackwell, 1-16.

1990. *The Pursuit of Truth*. Cambridge, MA. Harvard University Press.

Railton, P. 1986. "Moral Realism." *Philosophical Review* 95: 163-207.

1992. "Some Questions about the Justification of Morality." In James Tomberlin (ed.), *Philosophical Perspectives: Ethics*. Atascadero, CA: Ridgeview Publishing Company, 27-53.

Ravenscroft, I. (ed.), 2009. *Minds, Ethics, and Conditionals: Themes from the Philosophy of Frank Jackson*. Oxford: Clarendon Press.

Rawls, J. 1971. *A Theory of Justice*. Cambridge, MA: Harvard University Press.

1993. *Political Liberalism*. New York: Columbia University Press.

Ridge, M. 2007. "Anti-Reductionism and Supervenience." *Journal of Moral Philosophy* 4, 3: 330-48.

2008. "Moral Non-Naturalism." In E. Zalta (ed.), The Stanford Encyclopedia of Philosophy (Spring 2010 edn.), http://plato.stanford.edu/archives/spr2010/entries/moral-non-naturalism/, accessed July 1, 2011.

Roedder, E., and Harman, G. 2010. "Linguistics and Moral Theory." In Doris (ed.) 2010, 272-95.

Roemer, J. 1996. *Theories of Distributive Justice*. Cambridge, MA: Harvard University Press.

Roorda, J. 1997. "Fallibilism, Ambivalence, and Belief." *Journal of Philosophy* 94: 126-55.

Rosenbaum, S. P. (ed.). 1995. *The Bloomsbury Group*. University of Toronto Press.

Ross, L., and Nisbett, R. 1991. *The Person and the Situation*. Philadelphia, PA. Temple University Press.

Ross, W. D. 1930. *The Right and the Good*. Oxford: Clarendon Press.

1939. *Foundations of Ethics*. Oxford University Press.

1954. *Kant's Ethical Theory*. Oxford University Press.

Rowe, W. 1993. *Philosophy of Religion: An Introduction*. Belmont, CA: Wadsworth.

Russell, B. 1910. "Pragmatism." In *Philosophical Essays*. London: Longman, Green. and Co., 87-126.

Scanlon, T. 1998. *What We Owe to Each Other*. Cambridge, MA: Harvard University Press.

2009. "Being Realistic about Reasons." John Locke Lectures, Oxford University, www.philosophy.ox.ac.uk/lectures/john_locke_lectures/past_lectures, accessed November 20, 2010.

Schilpp, P. (ed.) 1963. *The Philosophy of Rudolf Carnap*. La Salle, IL: Open Court.

Schnider, A. 2008. *The Confabulating Mind: How the Brain Creates Reality*. Oxford University Press.

Schroeder, M. "Realism and Reduction: The Quest for Robustness." *Philosophers' Imprint* 5, 1 (February), http://quod.lib.umich.edu/cgi/t/text/text-idx?c=phimp;rgn=main;idno=3521354.0005.001, accessed July 1, 2011.

2007. *Slaves of the Passions*. Oxford University Press.

Schroether, F., and Schroete, L. 2003. "A Slim Semantics for Thin Moral Terms?" *Australasian Journal of Philosophy* 81: 191-207.

Searle, J. 1969. *Speech Acts: An Essay in the Philosophy of Language*. Cambridge University Press.

Shafer-Landau, R. 2003. *Moral Realism: A Defence*. Oxford: Clarendon Press.

2005. "Error Theory and the Possibility of Normative Ethics." In John Hawthorne (ed.), *Philosophical Issues* 15: *Normativity*. Oxford: Blackwell, 107-20.

Shafir, E. 1998. "Philosophical Intuitions and Cognitive Mechanism." In M. Depaul and W. Ramsey (eds.), *Rethinking Intuition*. Lanham, MD: Rowman and Littlefield, 59-74.

Sharp, F. C. 1928. *Ethics*. New York: The Century.

Shaver, R. 2007. "Non-Naturalium." In Nuccetelli and Seay (eds.) 2007, 283-306.

Shiloh, S., Salton E., and Sharabi, D. 2002. "Individual Differences in Rational and Intuitive Thinking Styles as Predictors of Heuristic Responses and Framing Effects." *Personality and Individual Differences* 32: 415-29.

Sidgwick, H. 1907. The Methods of Ethics, 7th edn. London: Macmillan.

1998. *Practical Ethics*. New York: Oxford University Press.

2000. "The Distinction between 'Is' and 'Ought.'" Repr. in *Essays on Ethics and Method*, ed. M. G. Singer. Oxford: Clarendon Press, 59-62.

Sieck, W., and Yates, J. 1997. "Exposition Effects on Decision Making: Choice and Confidence in Choice." Organizational Behavior and Human Decision Processes 70: 207-19.

Singer, P. 2005. "Ethics and Intuitions." *Journal of Ethics* 9: 331-52.

Sinnott-Amstrong, W. 2006a. *Moral Skepticisms*. Oxford University Press.

2006b. "Moral Intuitionism Meets Empirical Psychology." In T. Horgan and M. Timmons (eds.), *Metaethics after Moore*. New York: Oxford University Press, 339-66.

(ed.) 2008a. Moral Psychology, 3 vols. Cambridge, MA: MIT Press.

2008b. "Framing Moral Intuitions." In Sinnott-Amstrong (ed.), vol. II, 47-76.

2008c. "How to Apply Generalities: Reply to Tolhurst and Shafer-Landau." In Sinnott-Amstrong (ed.) 2008a, vol. 2, 97-105.

Skinner, B. F. 1971. *Beyond Freedom and Dignity*. New York: Alfred A. Knopf.

Slote, M. 1979. "Assertion and Belief." In J. Dancy (ed.), *Papers on Language and Logic*. Keele University Library, 177-90.

Smart, J. J. C. 1959. "Sensations and Brain Processes." *Philosophical Review* 68: 141-56.

Smith, M. 1994. *The Moral Problem*. Oxford: Blackwell.

2000. "Moral Realism." In H. Lafollette (ed.), *The Blackwell Guide to Ethical Theory*. Oxford: Blackwell, 15-37.

2004a. "Objectivity and Moral Realism: On the Significance of the Phenomenology of Moral Experience." In Smith, M. (ed.) 2004 *Ethics and the A Priori: Selected Essays on Maral Psychology and Meta-Ethics*. Cambridge University Press, 234-58.

2004b. "Instrumental Desires, Instrumental Rationality." Supplement to the *Proceedings of the Aristotelian society* 78: 93-109.

2004c. "In Defense of 'The Moral Problem': A reply to Brink, Copp, and Sayre McCord." In Smith, M. (ed.) 2004 *Ethics and the A Priori: Selected Essays on Moral Psychology and Meta-Ethics*. Cambridge University Press, 259-96.

Smith, S., and Levin, I. 1996. "Need for Cognition and Choice Framing Effects." *Journal of Behavioral Decision Making* 9: 283-90.

Sosa, E. 2007. "Experimental Philosophy and Philosophical Intuition." *Philosophical Studies* 132: 99-107.

Sperber, D. 1973. *Le Structuralisme en anthropologie.* Paris: Éditions du Seuil.

Sperber, D., and Wilson, D. 1986. *Relevance: Communication and Cognition.* Oxford: Blackwell.

Stalnaker, R. 1984. *Inquiry.* Cambridge, MA. MIT Press.

Stanovich, K., and West, R. 1998. "Individual Differences in Framing and Conjunction Efforts." *Thinking and Reasoning* 4: 289-317.

———. 2008. "On the Relative Independence of Thinking Biases and Cognitive Ability." *Journal of Personality and Social Psychology* 94: 672-95.

Street, S. 2006. "A Darwinian Dilemma for Realist Theories of Value." *Philosophical Studies* 127: 109-66.

Sturgeon, N. 1985. "Moral Explanations." In D. Copp and D. Zimmerman (eds.), *Morality, Reason, and Truth.* Totowa, NJ: Rowman and Allanheld, 49-78.

———. 2003. "Moore on Ethical Naturalism." *Ethics* 113: 528-56.

———. 2006. "Ethical Naturalism." In Copp (ed.) 2006a, 91-121.

Swain, S., Alexander, J., and Weinberg, J. 2008. "The Instability of Philosophical Intuitions: Running Hot and Cold on Truetemp." *Philosophy and Phenomenological Research* 76: 138-55.

Takemura, K. 1994. "Influence of Elaboration on the Framing of Decision." Journal of *Psychology* 128: 33-39.

Thomson, J. J. 1976. "Killing, Letting Die, and the Trolley Problem." The Monist 59: 204-17.

———. 1986. *Rights, Restitution, and Risk.* Cambridge, MA: Harvard University Press.

———. 1990. *The Realm of Rights.* Cambridge, MA: Harvard University Press.

———. 2008a. *Normativity.* Chicago, IL: Open Court.

———. 2008b "Turning the Trolley." *Philosophy and Public Affairs* 36: 359-74.

Timmons, M. 1999. *Morality without Foundations.* Oxford University Press.

Tversky, A., and Kahneman, D. 1986. "Rational Coice and the Framing of Decisions." *Journal of Business* 59: 251-78.

Unger, P. 1996. *Living High and Letting Die.* New York: Oxford University Press.

Waldmann, M., and Dieterich, J. 2007. "Throwing a Bomb on a Person versus Throwing a Person on a Bomb." *Psychological Science* 18: 247-53.

Warnock, M. 1960. *Ethics since* 1900. London: Oxford University Press.

Wedgwood, R. 2007. *The Nature of Normativity.* Oxford University Press.

Weinberg, J., Nichols, S., and Stich, S. 2001. "Normativity and Epistemic Intuitions." *Philosophical*

Topics 29: 429-60.

West, H. 1997. "Mill's 'Proof' of the Principle of Utility." In D. Lyons (ed.), *Mill's Utilitarianism: Critical Essays.* Lanham, MD: Rowman and Littlefield, 85-98.

Wheatley, T. 2009. "Everyday Confabulation." In W. Hirstein (ed.), *Confabulation: Views from Neuroscience, Psychiatry, Psychology, and Philosophy.* Oxford University Press. 203-22.

White, A. 1958. *G. E. Moore: A Critical Exposition.* Oxford: Basil Blackwell.

Willett, J. 1957. *Brecht on Theatre.* New York: Hill and Wang.

Willians, B. 1966. "Consistency and Realism." *Proceedings of the Aristotelian Society, Supplementary Volumes* 40: 1-22.

____ 1985. *Ethics and the Limits of Philosophy.* Cambridge, MA: Harvard University Press.

Williamson, T. 2000. *Knowledge and Its Limits.* Oxford University Press.

Wilson, T. 2002. *Strangers to Ourselves.* Cambridge, MA: Belknap Press.

Wolf, S. 1982. "Moral Saints." *Journal of Philosophy* 79: 419-39.

Wollheim, R. 1965. "Minimal Art." *Arts Magazine* (January): 26-32.

Wong, D. 2006. Natural Moralities: *A Defense of Pluralistic Realitivism.* Oxford University Press.

Wood, A. 2008. Kantian Ethics. Cambridge University Press.

Woodward, J., and Allman. J. 2007. "Moral Intuition: Its Neural Substrates and Normative Significance." *Journal of Physiology-Paris* 101 179-202.

Wright, C. 2005. "Intuition, Entitlement and th Epistemology of Logical Laws." Dialectica 58: 155-75

Wynne, aM. 2005. *Emotional Experience and Religious Understanding.* Cambridge University Press.

Zangwill, N. 1998. "Direction of Fit and Normative Functionalism." *Philosophical Studies* 91: 173-203.

Zimmerman, M. 2001. *The Nature of Intrinsic Value.* Lanham, MD: Rowman and Littlefield.

기고자 소개

ROBERT AUDI
노트르담 대학교 철학과 정교수

DAVID COPP
캘리포니아 대학교 철학과 정교수

ROGER CRISP
옥스퍼드 대학교 세인 앤스 콜리지 강사, 로스턴 대학교 초빙 교수

TERENCE CUNEO
버몬트 대학교 철학과 조교수

GILBERT HARMAN
프린스턴 대학교 철학과 정교수

FRANK JACKSON
프린스턴 대학교 철학과 초빙 교수, 호주 국립 대학교 및 라 트로브 대학교 객원 연구원

RICHARD JOYCE
뉴질랜드 웰링턴 빅토리아 대학교 철학과 정교수

SUSANA NUCCETELLI
미네소타 세인 클루드 스테이트 대학교 철학과 정교수

MICHAEL RIDGE
에든버러 대학교 도덕철학과 정교수

GARY SEAY
뉴욕 주립 대학교 메드가 에버스 콜리지 철학과 정교수

ROBERT SHAVER
매니토바 대학교 철학과 정교수

MICHAEL SMITH
프린스턴 대학교 철학과 정교수

SERGIO TENENBAUM
토론토 대학교 철학과 정교수

편저자 소개

SUSANA NUCCETELLI
미네소타 세인 클루드 스테이트 대학교 철학과 정교수로 『*New Essays on Semantic Externalism and Self-Knowledge*』(2003)의 편자이고 Gary Seay와 『*Philosophy of Language : The Central Topics*』(2007)를 공동으로 편저했다. 저서로는 『*Latin American Thought : Philosophical Problems and Arguments*』(2002)가 있다.

GARY SEAY
뉴욕 주립 대학교 메드가 에버스 콜리지 철학과 정교수로 Susana Nuccetelli와 『*How to Think Logically*』(2007)와 『*Latin American Philosophy*』(2004)를 공동집필했고, 『*Themes from G. E. Moore : New Essays in Epistemology and Ethics*』(2007)의 공동 편자이다.

역자 소개

박병기
서울대학교 사범대학 윤리교육과 졸업
동 대학원 석사 및 박사과정 졸업(교육학 박사)
불교원전전문학원 삼학원(三學院) 수료(5년제)
전주교육대학교 교수, 고등학교 선택윤리 교육과정 심의위원장
국가생명윤리위원회 전문위원, 2015 개정 도덕과 교육과정 연구책임자 역임
현재 한국교원대학교 윤리교육과 교수
한국윤리도덕교육학회장, 동양윤리교육학회장, 윤리철학교육학회장
주요 저서(역서) 및 논문
『윤리학과 도덕교육 1, 2』, 『동양 도덕교육론의 현대적 해석』, 『의미의 시대와 불교윤리』,
『도덕철학과 도덕 심리학』(공역), 『보살의 뇌』(공역) 외 다수

김동창
한국교원대학교 윤리교육과 졸업
동 대학원 석사 및 박사과정 졸업(교육학 박사)
현재 안산 부곡 중앙고등학교 교사, 한국교원대학교 윤리교육과, 충북대학교 철학과 강사
주요 저서(역서) 및 논문
『중등학교 인성교육을 이끌어가는 도덕수업, 어떻게 해야 할까?』(공저), 『도덕철학과 도덕
심리학』(공역), 「물리계에서 마음의 존재론적 지위」(2011), 「자연화된 직관의 도덕교육론
적 함의」(2014)

이슬비
서원대학교 윤리교육과 졸업
한국교원대학교 윤리교육과 석사 및 박사과정 수료
현재 전주교육대학교 윤리교육과 강사
주요 저서(역서) 및 논문
『중등학교 인성교육을 이끌어가는 도덕수업, 어떻게 해야 할까?』(공저), 『보살의 뇌』(공역)

윤리적 자연주의

초판인쇄 2015년 12월 21일
초판발행 2015년 12월 27일

편   저 Susana Nuccetelli, Gary Seay
역   자 박병기, 김동창, 이슬비
펴 낸 이 김성배
펴 낸 곳 도서출판 씨아이알

책임편집 박영지, 서보경
디 자 인 김나리, 추다영
제작책임 이헌상

등록번호 제2-3285호
등 록 일 2001년 3월 19일
주   소 (04626) 서울특별시 중구 필동로8길 43(예장동 1-151)
전화번호 02-2275-8603(대표)
팩스번호 02-2275-8604
홈페이지 www.circom.co.kr

I S B N 979-11-5610-183-3 93130
정   가 23,000원